児玉幸多著

近世農村社会の研究

吉川弘文館・刊

序

私が日本農村史の研究に従事してから既に二十年余を經過した。しかし年月が過ぎ去つたというばかりで、研究には何らの進歩がなかつた。もともと私が農村の研究に従事したのは、農村の中に生長して、幼少の間に縄ないや桑摘みなどを経験した環境が一つの動機であつた。したがつて、その研究は、私にとつては、農民と共に喜び共に悲しみ共に憤るというていのものであつて、研究それ自体に私の楽しみがあつた。研究成果の発表ということは必ずしも当面の目的ではなかつた。また私が研究を志したころは、經済学者の方面からの經済史研究は活潑になつてきた昭和初年ではあつたが、東大の國史科などではまだ農村や農民の研究をする人が少かつた。人のあまりしないことをしようというのが、他の一つの動機であつた。初めには、平安時代の、はなやかな貴族生活の裏面にかくされている庶民の生活を調べようとしていたのであるが、前の動機と合した結果は、近世の農民や農村に中心を置くことになつた。

そして折にふれて発表したものもいくつかはできた。その間に農民・農村の研究は年々盛んになり、戦後においては特にめざましいほどの状態で、それにつれて研究もしだいに深くなり、幾多のすぐれた業績が示されている。今さらに古い論文を集めて公表する要もないようであるが、全然無意義とも思われない。新しい研究もすぐれた成果も、そこへ到達するまでには、必ず經過しなければならない道程があるはずである。ここへ収めた論文は、その道の凹みに投げこんだ埋石のようなものである。無くても通れるが、あつたほうが少しはつごうがいいという程度のものであろうと思う。しかしそれも、私の思いあがりであつて、路傍の雑草ぐらいにしか価しないのかも知れない。そう考えると出版しようという勇気が挫けるのであるが、枯木も山のにぎわいということがあるから、雑草も時には旅人の情を慰める役ぐらいには立つかも知れないと思い返し、すべてを読者諸賢の評價に委ねようと思うのである。

前述の意味からして、既に發表したものにはほとんど手を加えないで、仮名遣いを新仮名遣いに統一する程度とした。ただ一、二において、発表当時のつごうで削除した分を少し附け加えたものがある。

第一編には近世の村落全般にわたるものをまとめたが、最初の「近世初頭の農村に関する一考察」は大学の卒業論文を要約したもので、発表後、田村栄太郎氏や相川春喜氏の批判を受け、私にとつては思出の多いものである。また「村落社會の組成」の末尾に「今日あるが如き農民思想を保持する為には、今日あるが如き農村の秩序、農業經營の保持が要求されるのであつて、殊に「家」の存続が最も重要な問題である。」と記してあるのは、当時戰争が最後的な段階に入ろうとしていて、農民思想こそ日本を救う特効薬のように唱えられ、その思想は万古不変でもあるかのように説かれていたので、けつしてそんなものではなく、思想は社會組織の変化につれて変るものであるということを、ようやくこんな文章で表現したものである。そしてわずか二三年で農村の秩序にも、農業經營にも、「家」にも大変革が生じたことは改めていうまでもないところである。

第二編には特殊問題を収めた。第二編の「飛驒白川村の大家族制度とその經済的基礎」は、それまでの研究家が、ほとんど資料の採集をしていなかつたので、資料の面から研究する必要のあることを感じたのがきつかけで、たまたま在職中であつた農林省の用務で出張中の余暇を利用したのである。そして領主であつた高山の照蓮寺、高山の郡代の文書記錄を襲藏している岐阜県庁、それと現地の庄屋などを採訪したのであるが、ほとんど目的を達することができないで、僅かの資料を基に立論したもので、その点からすれば反論の余地も多いだろうと思う。しかし、従來の明治末年の戸籍や、口碑習慣のみに頼つていた研究方法に対して、若干の新境地を開いたということはできようと思う。附錄とした「大家族制度の新資料」は、未発表のものである。

「神社の特殊慣行の研究」は、内容が他と重複するところが多く、ことに後半は次の「賀茂別雷神社の往来田制度」の要点を記しているのであるが、論文の作成はこの方が早く、また往来田制度などを採り上げた意図を書いたものでもあるから、敢えて収錄することとした。

「賀茂別雷神社の往来田制度」は「賀茂別雷神社の集會制度」（社会経済史学第八巻第三號）、「賀茂清茂伝」（歴史地理第七十巻第六號）・「梅辻規清遠島始末」（神道研究第四巻第一號）・「京都上賀茂三手文庫に就て」（史蹟名勝天然紀念物第十八集第二、三號）などとともに、同神社に関する研究の一部をなすものである。しかし、もともと同神社の社記の中に出てくる往来田という名に興味をひかれ、だんだん調べているうちに特殊な土地制度であることが判り、二百年にわたる社記の中から、どうやらその制度の大略をつかみ出したものである。その他の上賀茂関係のものは、だれもしそうもないことであるから、ついでに調べておこうというつもりでやつた副産物である。私の研究目標からいうと、非常な道草となつてしまつたが、契冲の研究には缺くことのできない三手文庫のことなども明かにはなつた。この間幾夏かを上賀茂の社の森の中に過したが、當時まだ学生であつた松本新八郎、森田誠一、田丸秀治、中島馨等の諸君の助力を得たことなども懐しい思い出である。往来田のことはもつと調べるつもりでいたが、その後清水三男氏も研究され始めたので（「中世の村落」）地理的に研究に便宜のある清水氏に、これからの研究はあなたに委せるというようなことを申し送つたりしたものである。これは農村とは直接関係はないが、土地制度上注意すべきものとしてここに收めた。

「山田松齋伝」は、日本經済叢書巻二十一に收められている「譬稻性辨」の著書について、その解説に「信濃の人なり、天保十二年、年七十二にて歿したる由なれども、其の伝詳ならず」とあるばかりであるので、同じ信州人として不明のままにしておくのは学界に対してすまないように思つて調査にかかつたのであるが、北信濃の豪農であつた山田家はすぐに判つた。ただ明治初年の一揆のために古い資料はほとんど失われていたので、豪農としての性格等を明かにすることはできなかつた。

第三編には明治以後の問題に関するものを集めた。町村制度のことは、私の長い間の研究題目であるが、単に法制史的な問題としてではなく、村落社會にどういう影響を及ぼしたかを明かにしたいのである。岐阜県や長野県の資料も集めているが、ここには発表済みのものだけを収めた。山林地租改正についても、もつと具体的な問題を取扱いたいと考えているが、ようやく最近それに着手し始めたところで、まだ発表するまでにはなつていない。

これらのものを振り返つてみると、いずれも研究の端緒というものばかりで、一つも満足なものはない。これからやりたいことばかりが横たわつており、しかもどの一つをとつても一生涯の仕事となるものばかりである。私の力でなしとげ得るということなどは夢にも考えられない。その上、最近は多数の俊秀が輩出して、坦々たる大道が拓けつつある。埋石ももう必要がないようにも思える。しかし、研究の道は、これでよいというところはないだろうと思う。そうすれば、私なりの研究もまたなんらかの役に立つ時もあるであろうと考える。国道を作るばかりが大事な仕事というわけではなく、村里に至る小径を作る人も必要であろう。大道を車行する人も必要であろうが、露路を歩いて、農家の縁先で、出がらしの茶をすする人もあつてもよいであろう。

私にとつてはそれぞれに思い出の伴つている論文集を刊行して諸賢の批判を乞うに当つて、一言感懐を述べて自序とするしだいである。

昭和二十八年六月三十日

著者

目次

第一編

第二編

第三編

第一編

一、近世初頭の農村に關する一考究

序

歴史というものは兎角支配階級の興廃のみに就いて語られる。夫には色々な理由があろうが、資料の欠如なども大きな理由であろう。中世を過ぐる迄は被支配者達は殆ど人格を認められていなかつたと言つても差支えあるまい。して見れば彼等に関する記述が如何なるものか、又如何に乏しいものかは自明の理である。

今近世に於ける農村社会経済を調べんとして、先ず応仁文明以後を其初期として、それより所謂戦国時代を通して江戸幕府の確立する迄の間に於いて、農村が如何様な変遷発達したかを考え度い。特にここでは自治制度に触れてみたい。併し前述の如く資料が甚だ乏しい時代であるから、ともすれば演釈的な論に陥り易い事を断つて置かねばならない。

又近世初期として応仁文明迄溯つた事は、この時から旧組織が根本的分解をなし始めたからである。破壊には必ず建設がひそんでいる筈である。凡て発達史的に考察する場合には前組織の分解し始める時迄溯るのが当然と考えたからである。

一

鎌倉幕府時代の末から、南北朝時代を経て室町幕府が出現した頃には、社会状勢が漸次前代と趣を異にしてきた。今迄の支配者階級は其力を失つて衰え、これ迄歴史の外に置かれていた庶民階級が活動舞台に登場して来たのである。当時の一般傾向は下剋上の言葉を以て表されるが、夫は庶民階級の実力の把握と社会的の擡頭を示すものに外ならない。これはひいては個人主義の発達を促して大家族制度を崩壊させ、小家族制度に推移させる事由ともなつた。此状勢が急速に発展したのが近世初期である。応仁文明の大乱を期として政治的闇黒時代が開始され、日本全国土の上では戦闘にその明暮が過され、我国にては類例のない割拠時代を現出したのである。

こうした間に旧組織の殆ど全部が破壊されて根柢から作り直された。破壊の中に芽生えていた近世の萠芽は、天文頃を境として組織的な統一気運へ向つた。この建設的な気運を農村問題の上に見るならば、収斂と荒廃の中に置き捨てられていた農民の上に、新しい領主が初めて気附いたのである。之を換言すれば土地に新しい認識を加え、之を利用した者が近世封建領主である。秩序なき課税や統一なき使役が決して彼等の利益でない事を知つた。新土地制度の樹立、租税制度の劃一、新田耕地の開発、何れもが新時代の領主にとつては重要な題目となつた。夫と同時に戦乱の間に促進された農民の団結的態度は彼等自身の間に於ける自治を進め近世農村をして著しい発展の跡を示さしている。

中世末迄歴史記述から除外されていた農民達は実際あらゆる権利を奪われていたと同時に、一切の自覚をも忘れていたかに見える。人の数にも入らぬ如く取扱われると共に、自らもしかく考えていたことが、寺領の農民の間に見えている。（東寺百合文書八）それが永い抗争時代を終る頃から、支配者に反抗し自己の権利を主張し地位の向上を要求する所の運動を起し始めた。生命財産の保持を脅かされ、生業への従事を妨害された農民の必然的な現れが土一揆であつた。応永年間徳政一揆を起して「日本開闢以来土民蜂起是初也」（大乗院日記目録二）と言わしめた農民は、文明頃から頻々と一揆をなして（実隆公記、建内記等）「近日ハ不レ見二土民侍之階級一之時節也」（尋尊大僧正記）と言われるに至つた。其の頻繁さは、明かに農民の抑え難き自衛抗争である事を物語つている。と同時に旧社会が動揺を来たし夫が鎮静に帰する迄如何に永い年月を要したかは容易に推察される。

かくの如き戦争、飢饉、誅求に基く経済的窮乏から起つた農民の暴動反抗行為は、それを行いつつある間に、彼等の自己利益獲得への自覚を高めさせ、その協同目標を意識させ、団結力を強めさせる事となつたが、同時に支配者を牽制し其の警戒心を増加させる原因ともなつた。その事が此期の後半に於ける統一事業の完成と共に、諸領主をして、其の権益擁護の為に秩序と組織を維持する為に、又々農民を抑圧させる因由となつたのである。そして農民は其の武器を没収され転業と移住の自由をも失い、極端な身分制度によつて拘束されねばならない事となつた。けれども近世の封建領主は最早農民の力を全く軽視し去る事は出来なくなつた。所謂農民愛護の思想も、農民抑圧の政策も、凡てが農民の政治的経済的の実力を考慮する所から発現したものである。

今此の初期全般を通観すると、其社会状勢は最も複雑混乱を極めた時であるが、又それ丈けに最も変化に富み、中にも農民の勃興と農村の進展とは目覚しいものがあつた。且つ夫が織豊両氏から徳川氏に引渡され、更に今日に及ぶものである事を思えば、この期に於ける農村の結成は、今日の農村組織の基礎をなすものであると云い得るのである。

二

前述の如き社会状勢の下に於ける我国土地制度の変遷は如何かと言うに、概括して荘園制度の崩壊と、夫に代る近世封建的新知行制度の設定と観る事が出来よう。

抑〻我国に於ける荘園制度は鎌倉幕府によつて守護地頭の配置された頃、既に内容形式共に一大変革を受けたのであつた。即ち武士の勢力進展に伴つて本所の権益は漸次侵害され、土地は武士の封地又は押領地と化して制度そのものが前代とは著しく性質を異にしつつあつた。彼の鎌倉中期に始まり建武中興期に其の著しさを増した領家と地頭間に於ける下地均分の如き、これにより両者は夫々一方の完全なる領主となり、多くの土地が一円知行地にと変じて行つた。是れ即ち知行権の統一化の現象であるが、斯くの如き複雑より単調への変化は実力主義の世では常に求められる処である。

「丹後国諸荘郷保惣田数目録帳」（改定史籍集覧二七）によれば、長祿三年に於ける同国の土地知行の状態を知る事が出来るのであるが、例えば竹野郡鳴庄の条を見るに、貳拾八町歩余の内、地頭法住寺と領家三条家とが夫々折半して一円進止地となしていた事が明かである。地頭・領家の名目は存し乍ら、最早両者の間には何等所務関係のない独立の完全領主となつていたのである。又妙興寺文書に現れた尾張付牛野郷坪付注文に於ても、地頭領家中分地として文和以前より両者間に下地中分の行われていた事が明白にされる。其他の実例も亦何れもこの様に一荘一郷が二分乃至数個に分割されて、地頭・領家各自の所有地が、各一円の領地となつた事を示している。牧健二氏の「庄園村落の封建的知行」なる論文も、豊後大野庄志賀村に於て、地頭志賀氏が領家との間に下地中分を行つて一方の完全なる領主として、漸次将軍との直属関係を離れて大友氏の家臣と変じ、これに対して新なる封建関係を生じて行く過程を叙述している。（歴史と地理二六ノ六）

打続く戦乱は此の情勢を一層促進せしめて、地方土着者の勢力増進に伴う中央権力の衰退を顕著ならしめた。武力が一切の権利獲得の根本となり、自然旧来の習俗・制度は打破されて、土地領有の旧い形式と関係は破壊されて、新しい近世封建知行へと変化して行つたのである。一条兼良は桃花蘂葉（改定史籍集覧二七）に於て、報恩院領丹波賀舎庄が守護被管人に押領された事、一条家領摂津福原庄が守護赤松氏の被管人香川氏に領有されている事、越前国に於ける足羽御厨・東郷庄等が代官朝倉一族に押領されて更に貢納の無い事等を述べて嘆息しておるが、其子尋尊大僧正はかかる状況を概括的に、

就中天下事、更以目出度子細無レ之、於二近国一者近江・三乃・尾張・遠江・三川・飛驒・能登・加賀・越前・大和・河内此等ハ悉皆不レ応二御下知一、年貢等一向不レ進二上国一共也、其外ハ紀州・摂州・越中・和泉此等ハ国中乱ノ間、年貢等事不レ及二是非一者也、サテ公方御下知国々ハ播磨・備前・美作・備中・備後・伊勢・伊賀・淡路・四国等也、一切不レ応二御下知一、守護体於二別体一者御下知畏入之由申入、遵行等雖レ成レ之、守護代以下在国者中々不レ能二承引一事共也、仍日本国ハ悉以不レ応二御下知一也、（尋尊大僧正記八）

と言つている。孰れも本家領家たる権門寺社への貢納が漸く絶えて、租税は守護代以下の在国者に押領され、最早中央に於ける為政者の威令の及ばなくなつた様を記しているのである。牧野信之助氏はかかる過程を越前国河口・坪江両庄に於ける大乗院と朝倉氏との関係に於て詳細に説明されている。(註二)

かくの如くにして地方在住武士は今や完全な一円知行権を有する領主として実力に任せて一ヶ村・十ヶ村乃至一郡・一国と及ぶ限り自己の手中に収めて行つたのであるが、彼等は旧習に拘泥せず、伝統に束縛されず、極めて自由な立場に在つた。自己の実力に依つて其地位を克ち得た彼等は万般の施設に新しい気分と、自由な方針を以て臨み得た。

先ず第一に当時の経済生活の根源を成す農業経済の上に、更に其の基礎条件たる土地制度に根本的の変革が加えられた事も、敢て怪しむに足りない。彼等は荘園制度の下に於ける一切の権利関係を棄却して、検地を施行し新しい田土の制を定めると共に、社会情勢に適応した権利関係を設置したのである。此の意味に於て近世初頭に盛んに行われた検地は、夫が単なる土地の尺量に止まらず、之に附随する権益の変革として頗る重要な意義を有するものと言わなければならない。次に此の新土地制度の確立と夫が農村結成の上に及ぼした影響に就いて述べよう。

叙上の如く庄園制度が崩壊して中世の社会組織に根本的変革が加えられて新社会が建設されつつある時に、諸方に割拠した群雄は、一方に於ては野戦攻城に間暇少かつたけれども、莫大な軍資と戦功に報いる為の封地給禄を必要とするが故に、他面其の財政処理に費した辛苦も亦一通りではなかつた筈である。そして其巨額に上る財源は凡て土地其物に求めるより外に途はなかつたのである。ここに於て財政の基礎を立てる為に、是非共錯雑した中世の土地制度を一掃して、新たに税法を設定しなければならなかつた。此の時代で多少共民政に意を致し富国強兵の策を講じた大名が、挙つて検地事業を企てたのは当然な事であつた。その最も広範囲に組織的に施行され旧制を徹底的に廃し去つたのは、所謂「天正の石直し」であるが、検地は必ずしも秀吉によつて始められたものではない。北条五代記の著者は

秀吉天下を始(治カ)めて後百姓の年貢をむさふり、其上日本国中を検地し百姓の悲しみただ是秀吉一身欲するが故也、

是に付て思ひ出せり、云々（巻二）

と言つて北条氏は早雲以来年貢定つて検地を行わない由を記しているが、何ぞ知らん、北条氏にても既に検地を行つていたのである。永禄年中の文書に上野勢多郡女淵五郷に検地の行われた事が見え、（武州文書十六）天正八年には伊豆玉川郷方面に縄入のあつた事が其の検地帳から推知される。(註二)更に溯つては今川氏は早くも天文十五年以来度々検地を行い、(註三)その増分には新百姓を申付け、氏真の代永禄年中迄行われた。（西楽寺文書）畿内地方に於ても天文十九年より廿年にかけて山城国内にて検地が行われているのである。（賀茂六郷検地帳）只「天正の石直し」の意義は夫が全国的に行われた事にある。

戦国の騒乱以来各領域内には便宜の度量衡が使用され長短大小軽重の標準が不定であつたのが、(註四)秀吉に至つて統一され、天正十一年頃から十数年間に亙つて同一尺度によつて検地され、同一量によつて課税されたのである。何年にこの検地が始められたかに就いては種々異論もあり、近江にては天正十一年検地の行われた証拠が挙げられておるが（牧野信之助氏諸著）五奉行の設置其他から考えて全国的の検地は先ず山城国から天正十三年に開始されたと

考えるのが妥当ではあるまいか。(註五) 併し夫はここに於て問題とされるべきではない。今は夫の及ぼした影響に就いて観る。(今日では天正十年以来行われていることが明かにされている。)

中世末期から近世初頭にかけて戦乱に次ぐ戦乱、誅求に次ぐ誅求の間にあつて農民がその生活に僅に堪える事が出来たのは、新開田・隠田等が相当に多く、これによる収益を以て過重なる収斂に抗し得た為である。しかるに之に対して厳密に土地を丈量し課税する事になつたのであるから、農民が如何に因却したかは容易に想像される所である。

検地の事実に就いて調べるに、三浦浄心が其の北条五代記に於て「世澆末におよび武欲ふかうして百姓年中の耕作を検地し四つもなきをば五つといひかけて取り、此外夫銭棟別野山の役をかけあらゆる程の物を押て取、分際に過ぎたる振舞をなし花麗に心をつくし米穀を徒らについやす故に百姓苦しみ餓死に及ぶ」(巻四ノ三) と述べている様な事実も少くなかつたであろう。実に「検地ハ天下ノ大法地方ノ根元ニテ一旦縄入レバ往々其縄ヲ以テ年貢諸役を務メ誠ニ民ノ豊窮都テ検地ニヨル儀ニテ至ツテ大切成コト」であつて (地方凡例録二) 今川・武田・北条・織田諸氏によつて行われた検地を見ても、何れも本辻に相当る増分を見ており、(註六) 幾度かの検地毎に増分隠田が現れ、領主は盛んに隠田発見に努力して発見者には褒美を与えて奨励した。(竹中文書、森文書) そして中世に於ては守護不入を誇つた社寺領にても最早其特権は認められず、検地は如何なる土地にも例外なしに実行されたのである。(註七) 新封建領主は旧来の権利関係を認めずに、自ら丈量し自ら給与し寄進し又没収したのである。北条氏が「前々神社等之指置は兎あれ御国法如レ此之間可レ為ニ此分ニ」(相州文書) と言えるはよくその情勢を物語るものである。故に検地をしないで旧来の測量を其儘認める事は非常な恩典であつたが、其反面に農民にとつては夫丈け検地の迷惑だつた事が察知せられる。(註八)

殊に秀吉に至つては徹底的に組織立つた検地を行おうとした意図が、彼の奥羽検地の際浅野長政に下した所の百姓以下に至るまで、不相届に付ては、一郷も二郷も悉なできり可レ仕候、六十余州堅被二仰付一出羽奥州迄そさうニハさせらる間敷候、たとへ亡所に成候ても不レ苦候間、可レ得二御意一候、山のおく海ハろかいのつゞき候迄可レ入レ念事専一候、自然各於二退屈一者、関白殿御自身被二御座一候ても可レ被二仰付一候、急与此返事可レ然候也、という有名な法令によつて知られるのである。(浅野家文書)しかもとの文が決して誇張した空文でなかつた事は次の事実によつて明かである。即ち太閤検地に与つて力のあつた増田長盛が慶長三年紀州日高郡山地村に於て、如何なる原因に基くかは不明であるが、百姓が一揆反抗を企てたのに対して男女老若を論ぜず首一つに就いて米一石を賞として一ケ村の撫切を命令して首二十八の受取状を出しているのである。(十津川郷文書)封建領主が最も恐れた農民の離散逃亡をも顧みず敢て検地を企てた事は、如何に彼等が新土地制度設定に対して熱烈なる関心と懸命なる努力を払つていたかを物語るものではあるまいか。

斯く検地が励行されるに当つて、検者と被検者の利害は常に相反した。被検者たる農民が相互に戒め協力して検地者に向つて対抗しなければ、遂には郷村一統の損失をまねくこととなるから、彼等の間に於てこれに対して適当な処置が加えられたのである。例えば近江蒲生郡今堀に於ては、天正十一年の秀吉の検地が行われた時、次の様な掟が惣中の連判を以て定められた。

定　種目条々事

一検地之水帳付候物相さゝへべき事、

一人之田地のぞむべからざる事、

其ぬしがてん候ハヽ、不ㇾ有ニ別儀一事、

一為ニ百姓内一迷惑仕様仕物在ㇾ之掟目たゝしく中をたがい可ㇾ申候、（日吉神社文書七）

更に検地に対する訴訟に就いては、惣中として一致団結の行動を執る事を約し、若し訴訟が叶わなければ一同に逃散すべき旨を示し、一味に加らない者は之を惣中から除外すべしと定めている。併しかかる規約のあるにも拘らず、礼物礼銭等によつて検地を免れた者や、田畑の上中下の等級を乱した者、或は検地下役と馴合を行つた者のあつた事は同じく今堀の百姓等の翌十二年十月に立てた起請文によつて知られるのであるが、その相互制裁に至つては、更に厳粛な規定を立てている。即ち其の紬文に、

右条々少もあやまりかくし候儀御座候者、一類けんぞく女子供まではた物ニ御あげあるべく候、なをもつていつはり申上ニおいてハ、忝も此起請文御罰をかうふり可ㇾ申者也、（日吉神社文書七）

と記している。彼等が如何に強い団結を以て共同利害の為に努力せんとしたかが知れるのである。この様な事柄が漸次農民間に自治団結の意識を高めさせて行つたのであるが、それらに関しては次に述べようと思う。只ここには、中古以来諸荘園に存した種々の差別が次第に除かれ、少くとも同一領主の治下にては同一施設を受くる事となり、嘗て郷・庄・保・村雑然として統一する所なく、形状・広狭・位置何れもが極めて不規則であつた散在的村落が、

とに至つて同一規画の下に略対等なる団体的村落形態へと促進されて、国・郡・村なる段階的組織に統一された事実、并にその過程に於て近世村落社会に大きな影響を及ぼすべき幾多の内容を含んで居た事を示せば足りる。

註（一）「庄園制度崩壊の一例としての河口・坪江庄の研究」（武家時代社会の研究所収）
註（二）豆州玉川郷御縄打水帳
註（三）富士大宮司文書、諸州古文書、西楽寺文書
註（四）三宝院文書三十九、行樹院当知行田畑地子等目録、大徳寺黄梅院文書甲、菅浦文書四其他
註（五）柏木文書、西楽寺文書、宮川村検地帳其他
註（六）上賀茂御検地帳、離宮八幡記録
註（七）続宝簡集三十七、西川文書其他
註（八）相州文書、剣神社文書、甲斐国誌、小早川家文書、相良家文書

三

前段に於て村落組織というより寧ろ全社会組織の根柢を成す土地制度の変革を述べたが、夫は複雑な荘園制度から簡単な新封建知行制度への転移であつた。特殊な事情と由来とを有するものが劃一的な政治単位へ融解して行つたのであつた。かかる農村機構上の推移と共に、その実質的に認められる大きな特色は自治的結成である。以下節を分つて述べよう。

イ　農民の自治行動の発達

これらの問題は交通・産業・文化の諸関係によつて其発達経路が夫々違うのであるから一概に論ずる事は不可能

である。個々の場合に就いて調査研究の結果初めて結論出来るのであるが、遺憾乍ら今日残る材料の少い事と研究の不十分なる事とによつて的確な論断を下し得ない。併し僅かな例の中にも時代に伴う農民の意識は認め得られる。彼等の自治意識の発達や団体結合の因は要するに生活問題と社会情勢とであつた。中世末期迄年貢生産機関としてより認められなかつた農民が遂に堪えきれなくなつた時には、これ迄の自己卑下の憐愍同情を乞求する態度から団体的な強い反抗に変じて行つた。一人二人にては効果の無い事も多数の行動となれば力を得た。年貢の免除方を依頼して、「若万一自二地下一致二沙汰一候へとなど丶承候者地下をも退出可レ申候、能々御申御沙汰候者御目度候」(註一)という如きは明かに集団の威を借りて支配者を脅すものである。或は守護夫銭の立換料請求の為百姓一統に押寄せて訴えんとし、叶わぬ時は地下を退出しようとする気勢を示した等(註二)という事にも同様な意味があろう。

又社会情勢が及ぼす影響を考えてみても、建武年中東大寺領美濃大井庄々家訴状に、「弥隨二于日一両御方之軍勢等日夜朝夕上路刻令レ乱二入于庄家一牛馬已下資財等不レ知二其数一至二于米大豆等一者悉令二負運一雖レ及二散々呵責一依レ無下可二隠置一所上無代仁被二運取一之間所詮可レ及二餓死一之上者於二向後一者令レ会二同于一所一捨二身命一問答仕可二防申一之由令二同心一合レ力連日依二警固仕一雖レ停二無窮之乱妨一面々費者凡不レ可二勝計一」(東大寺文書四)と言つている様な事実からしても、社会の動乱が荘郷村落の自衛的結合を如何に促進させたかを知る事が出来よう。そして外部への自衛的対抗は当然内部の結束を強くする事となつた。村落団結の例の多くが農民の側よりされた事は、夫が自衛上止むを得なかつた事を物語るものである。延徳元年の江州今堀村の文書によつて早くもこの頃寄合や村規約の行われた具体的事実を知る事が出来る。其掟では、神事仏事に関する事柄を定め、請人なき他郷の者を置く事を禁じ、惣有地私有地の堺相論・惣分の森林地・家屋売買に関する規定をし、背反の者は村を落し又は「村外れ」とする事を定めている。（日吉神社文書）尤も今堀村は近江商人の根拠地として小売人足も多く居住していた関係上、日吉神社文書に現れた同村の村落的結合は頗る早く且つ非常な進歩を示している。今これを以て直ちに他を推量する事は少しく速断に陥るであろうが、其附近の大浦に於ても文明年中に地頭より「七村寄合不レ可レ叶事」「地下人而地下を不レ可レ計事」等の制札を出しておるのを見れば、(註三)寄合等の機関のあつた事は認められる。明応年中には同国奥島に於て、沙汰人・をとな・政所の名を以て、家を移して惣役を勤めぬ者は永代「村外れ」とし、移住する者の家屋田畠は惣中に没収する事とし、又他庄との売買を禁じている。(註四)沙汰人・をとな・政所等等は何れも村の代表者を指す名称であつたと考えられる。政所の職務を寺で執行して罪人を取扱つた事もあり（竹生島文書三）棟別銭を免除されていた事も判るが、（菅浦文書三）この名称機能は阿波等にては江戸時代迄存している。「をとな」も同様であつて、菅浦では天文頃惣中の代表者として、をとな・中老・若衆各二人が出て訴訟に当つておる事や、（菅浦文書五）後に前田氏が加賀にて下せる令にも「長百姓」を「をとな百姓」とも言つておる事や、(註五)各地に村役人の外に長百姓の存した事から考えて、をとなは即ち長老を意味するものである事が明かである。何れにしろかかる代表者が一村一荘を代表して仕事をしておる事は興味深い事実である。又永正年中江州高島郡にて善積庄の者が木津庄内に放火した為、善積では逃亡せる放火人を見附次第生害させる事を約し、其居宅を焼払つて謝罪した。（饗庭区有文書）

かかる村落内の自治の発達は天正頃になると頗る明かとなる。それは後に隣保制度の発達を述べる際に触れるつもりであるが、今堀では七人組を作つて種々の置目を定め、他郷の木草を盗伐した者があれば組中から犯人を検挙する事を約している。（日吉神社文書九）天正九年中野郷人の盗伐に関しても中野では犯人が逃亡した為居家を焼き、見合次第成敗する由を陳じて落着した。（日吉神社文書七）この外自衛手段として外に抗し内を治める方法は盛んに用いられて、或は惣中の衆罰により、或は惣中の起請文によつて村落の団結を講じ、或は耕作時間の制限其他農事の詳細な規定を設けたりしている例も存する。（註六）

天文十年に遠江見付の町人百姓は代官の領掌を嫌つて自分達の手に依て年貢を納める事を請い、百貫文の所を百五十貫文に増分してこれを許された。（諸州古文書廿三）武州鳩ケ谷の百姓達は天正七年に血判の上訴訟を企てたが、罪を被つて誓紙の一の筆に名を載せた者が責を負つて首を刎られた事もある。（武州文書二十）ここに傘連判状の発生する起因もあるが、兎に角利害関係に対して強い団結を企てて行く農民の力を見逃す事は出来ない。紀伊国山地村にて一村の百姓が領主増田長盛に一揆反抗を企てて一ケ村撫切にあつた事実や、（十津川郷文書）奥州葛西にて伝馬の命を受けたのに対して、地下の古奉公人・年寄等が出会つて其命を拒み、隠匿した刀剣を持出して相争い、遂に之も一村卅人程が磔刑を受けた例（浅野家文書五五）等から見ても戦国の世に馴れて集団を頼みとする農民等の姿が窺われる。

更に一ケ村の結合に限らず二ケ村が聯合して権利の主張擁護をした場合もある。江州西破村と三屋村とは両村共有の草場の検地に就いて、両村同前に他領との境に方爾を立てて互に違乱無き様約し、「従二他領一妨出来仕候ハ、如二先規一両村可レ為二一身一者也」との証文を交している。（三津屋共有文書）これが一層進んだ強い団結となれば彼の甲賀の郡中惣の如きものを形成するのである。例えば永禄八年甲賀の石部三郷と檜物庄との間に井水の係争が起つた時、郡中の判者衆として伴・山中・美濃部の三方惣中が判決を下したが、郡中惣は此判決意見を容れた上、檜物の名主中の二階門又は内門を悉く破壊してこれに放火し、本人・名主等は頭を剃つて石部三郷の名主中へ謝罪し、且つ檜物庄の百姓年老次第に家三十軒を焼く様に決断した。（山中文書）実に殺伐な規定とは言い乍ら、戦国の習止むを得なかつたものと思われる。又高野・柑木袋・夏見・岩根の各部落も惣の名の下に檜物庄に対して三方の判決を容れて弓矢の事を止める様に忠告し、若し同心しなければ「中違可ㇾ申」と言つている。（山中文書）

さて然らばかくの如くに充実した内容を持つ規約運用の中心主体が全然農民の中に在つたであろうかと言うに、決してそうではない。これらの規約の実行力は村落内に居住する武士に依つて強められたものである。即ちかかる郡中惣を支配した者も実は武士であつて、農民はその下に左右されていたに過ぎない。永祿九年に伴・山中・美濃部の三方惣は起請文を以て他国人の入部禁止、強盗山賊の成敗を誓約しているが、その中に「若党幷百姓計之儀三方同前に方々申付相破候」（山中文書）とあつて、明かに下人百姓のみの結合を禁じ妨害している。これを以て見ればとれ迄の農村の団結の中心は武士であつて農民は附帯的なものであつた事を認めない訳には行かない。併し乍ら結合の中心はたとえ武士であつたにせよ農村夫自体に就いてみれば、其自治的発展乃至結合という事実は決して否定し去れるものではない。殊に純粋農村の成立した後に於ける自治行動の準備は全く此間になされたものである。

要するに村落に於ける自治と団結とは、其自衛手段として又生活方法として漸次発達したものであるが、一度社会が統一的気運に向うと支配者に利用される処多く、急速な発達をして遂に村落が政治上経済上の単位として完全な協同体となつたのである。而してこれに就いて重要な働きをしたのは連帯責任の制度である故に、次に此制度に就いて考えて見たい。

前節に述べた農民又は村落間の結合は、領主に利用される事によつて非常な発達をしたのであるが、夫は如何なる経過を持つたろうか。

ロ　連帯責任制度の発達

中世末期以来の全国的社会動乱は、敵軍の侵略や領内の背叛を全く推測出来ないものとしたから、諸領主の施政態度は頗る抑圧的となり武断的となつて厳罰主義を以て臨む事となり、其一方租税徭役の賦課は益々多事煩雑となつて、これを個々人に対して命令する事は到底不可能であるから、郷村の自衛的団結を利用して此等の事務を一村の代表者に委託して、其責任を一村に負担させる政策を執つたのである。犯罪防止に就いても同様に一村の連帯責任制を採る傾向が著しくなつた。この事は既に一条兼良が「樵談治要」(群書類従十七)に於て足軽の跋扈を論じた後、在所をして自治的に犯罪を防止させる事の得策である事を説いているが、これが法文に現れたのは天文五年の伊達家御成敗式目である。即ち他国の商人修験者の殺害された場合は罪を其村里に懸けるが、若し郷内の者が科人として申出れば其村を安堵するというのである。又他国の商人や往復の者が事に乗じて財宝を奪略する時は、前後の郷村に罪を課する。(伊達家文書一五〇)犯罪の防止と犯人の検挙とに連帯制を利用して居るのである。これより少し後の天文十六年の武田信玄の家法に於て未進欠落人の損害を避ける為に、特に細心の注意を払つて厳重な郷村の連帯責任制度をとつている。先ず各郷村に其郷の負担する棟別銭の額を定めた「日記」を交附し、交附後逐電又は死去した者があつても、其郷中にて速かに辨済する事を命じ、其の為に既定以外の民屋に課する事は許さない。

又棟別銭を忌避して家を捨て或は売つて国内を徘徊する者は、何処迄も追求するが、若し事実一銭も有せぬ時は屋敷を買つた者に之を負担させる。此場合屋敷が二百疋以内ならば其分限に応じて沙汰をし、其上は郷村一統に辨償させている。(信玄家法上)天正二年に北条氏が郷村にえびす銭を借した際に「懸落者有レ之者郷中出合辨ニ本利共一済可レ申者也」と言つているのも同様な事実である。(諸州古文書十二)

かくの如くに逐電百姓の租税金銭を郷村より辨納させる事は徴収者が納入の確保を期し得ると共に、郷中の農民をして各自の利益保護の為に相互の逐電を監視させるものであつた。尚又犯罪防止の方法として連帯責任制が用いられた事は前述の通りであるが、更に一歩を進めて在所をして犯人の成敗を許し防止の目的を一層貫徹させようとする事もある。(雨森文書、佐竹文書、上京文書其他)

この郷中連帯責任の制度が更に一層緊密な制度として現れたのが五人組制度である。併しこの時代には未だ五人組の確たる制度はなく、完全な組織となつたのは江戸幕府開設以来である。只其根源は此初期に存するのであるから特に節を分けて述べる事とする。

ハ　隣保制度の発達

郷村の連帯責任制度は自治の進歩に与つて力のあつた事は前記の通りであるが、これでは租税負担の時等は兎も角、犯罪防止・協同保護の為には其範囲が広きに過ぎる憂がある。一郷村内の犯罪に対して各人が責任を持つという事は容易でなく、其結果は却て当初の目的を十分達し得ない事となる。ここに於て治安維持と近隣相互扶助の目的を達するには、更に緊密な組合団結の制が必要となる。

勿論かかる比隣検察を目的とする組合責任の制度は既に中世末期の高札の例にも、博奕双六等の禁令を犯す者がある時には「となり三間」として成敗するという一条が見え、(京将軍家並管領諸式) 大永七年の法隆寺衆分掟条々中にも博奕を行つた隣三間は過怠在るべき事を契定しているが、(法隆寺文書) この様な必要を領主等が最も強く感じたのは戦国の擾乱状態から平和統一社会に移ろうとする時代に、擾乱の余弊たる強盗・夜賊・殺人等の犯罪を防ぐ必要に迫られた時であつたろう。其起源に就ても種々考えられるが、要するに相互扶助等の必要から農民の間に発生した要素と、支配者が治安維持と比隣検察の目的に出た要素と相合したものといえる。従って夫等組合の戸数に就いても素より一定の制があつたのではない。或は「となり三間」「となり七間」或は「五人組」「七人組」「十人組」等、時と所によつて種々の異同があつたのである。夫が慶長二年三月秀吉の五奉行の名を以て、

一辻切・すり・盗賊之儀ニ付而諸奉公人侍は五人組、下人は十人組に連判を続、右悪逆不レ可レ仕旨請定可レ申事、

一侍五人下々十人より内のものは有次第組たるべき事、(上坂文書・毛利家文書)

等の掟を下し、同時に諸侯に対してもこれを励行する様伝達した。(佐竹文書二乾) ここにては専ら治安維持・悪逆防止を目的として居るが、これは当時国内統一の業成つて平和施設を行おうとする時期であつた一方、朝鮮に出兵の挙があつた故に、戦時平時両様に備える士民の組合を結成させたものと考える事が出来る。けれども此の組合制度がどの程度に実施され、如何なる範囲までの隣保組織を形成したかは不明である。当代記に「此年 (慶長八) 京都町人ヲ十人組ト云事アリ、依ニ将軍仰ニ也、洛中上下迷惑ス。十人之中一人犯ニ悪事ニハ九人ノ者可レ行ニ同罪ニノ由也(中略)此政治於ニ洛中ニ先代不レ聞之由」とあるのは、果して秀吉の令が実行されておらなかつたものか、或は夫が一時

的のものとして秀吉の薨去及び朝鮮陣徹退に伴つて弛んでしまつたものか、乃至は当代記の著書の誤解であるか、疑問とすべきであるが、この後慶長十九年京都にて十人組の制が行われていたのみならず、(註七)同年十一月小笠原秀政が領地信州松本にて下した令にも「拾一月以後百姓欠落候ハヾ、蔵入之儀者代官、給地之義者地頭幷其在所之庄屋拾人組曲事ニ可ニ申付一候」（広沢寺文書）とあるのによつて、地方にても此組合組織のあつた事が判る。してみれば秀吉の命は必ずしも行われなかつたのではなく、むしろ先の五奉行連署の掟書や諸侯への通達書の厳重さより推しても、相当に施行されていたのではあるまいか。慶長四年家康の代官横田村詮の出した法度に、令に背いた場合は「其村肝煎之儀は不レ及レ申隣家の者まで可レ有ニ御成敗一候」と言い、（駿河大淵村文書等）同十一年阿波で細川氏が出した掟書の中にも犯科に対して「其屋敷主茂隣端之者茂可レ令ニ成敗一事」（阿波国古文書十）とあるのは何れも隣保制度の行われておつた事を示すもので、十人組の如きは各地にあつた事を裏書するに足りよう。

而して徳川氏治世中を通じて重要な働をした五人組制度の発令の時日は不明であるが、元和元年と覚しい文書の煙草栽培嗜喫の禁止に対する請状中に「そにん次第ニ五人くみ共ニ御せいはい可レ被ニ仰付一候」（安川文書）とある事からすれば慶長・元和の境辺に其時期を置くべきものか。穂積博士の示された諸例からもそう推測される。（五人組制度論）

扨て飜つて此等組合は如何なる責任を負担していたかを考究するに、先に博奕・双六等に就ての禁令があつたが、同じ室町幕府が天文十四年に下した伺事々書には「仮令於ニ一町内一重科人出来時、雖レ不レ知ニ子細一及ニ隣三間一有ニ御成敗一者哉」(註八)とて重科人の防止を企てており、天正二年秀吉が検地に際して近江浅井郡に下した令では「ふみかくしこたへさけある」者は糺明すべきに就て、其前に有り様に申すべく「もし無沙汰のともがらあらば、となり七間可二成敗一者也」(註九)と言つて土地隠匿を防いで居る。更に同十九年今堀村では惣分七十四名連署の掟書に於て、

一御代官より被二仰付一御年貢米之事、地下人中らけ状仕候上者、自然はしり候者見かくし候ハヾ、となり為三間一御年貢納所可レ仕候、(日吉神社文書七)

と言い、一村に対して課せられた年貢を惣分として更に小区劃に分つて責任を持たせ、相互検察を厳にして未進欠落者を防止せんとして居る。又同村の年月未詳の置目には、

一七人組に仕上者、徒者於レ有レ之は組中としてあらため披露可レ仕候事、

という箇条があつて、一ケ村が七人組に編成されて相互警戒を行つた事実を知る事が出来る。其次の条には、

一人の田地之上にて木草を取申間敷候、他郷へ罷出ぬすみ仕候者其組〻あらため候て出可レ申事、

とあつて盗人の検挙を組中に託している。(日吉神社文書九)又天正十六年に前田氏は荒地の開作を一組の百姓に命じ「若荒候共組中の百姓にかゝり可二収納一候」(註十)と言つている。外にも一部落一組合と思われるものが存在している。(註十一)その人数の如何は知り難いが、組合制度の緊密さは考えられる。こうして此制度は治者側にとつても被治者側にとつても必須のものとして発達を遂げ、特に治者側に於ては納税確保に好都合なるものとされ、江戸幕府にては其最も特色ある制度として利用されたのである。

上述した様に、近世初期を通じて農民間に萌した自治の萌芽、団結、共同の要求は村落の結合を促進させると共に、一層緊密な小団体を結成させ、同時に諸領主の財政々策・治安政策に基く共同分担・比隣検察の法度はここに

十分な発達をして、次の時代の重要な社会組織構成の基礎をなしたものと言わなければならない。

註(一)・(二) 東寺百合文書ニ六、九ニ九八
註(三) 蓮敬寺文書(滋賀県史第五巻所收)
註(四) 大島奥津島文書(同上)
註(五) 古蹟文徴六、菅君雜錄、三輪氏文書
註(六) 広田文書、日吉神社文書七、大森共有文書
註(七) 鈴木治三郎氏所藏文書(大日本史料十二編ノ十七)
註(八) 前田家所藏文書「伺書記錄裏書文書」
註(九) 雨森文書(東浅井郡志四所收)
註(十)・(十一) 能登古文書(加賀藩史料第一編所收)

四

前段に於て近世初頭の土地制度の変革と、夫に伴う庶民階級の社会意識の発達に関聯して簡単なる考察を試みたのであるが、次には農村内部の諸問題に触れて考えて見たい。先ず初めに農村構成員の身分的分化即ち兵農分離・商農分離に関して述べようと思う。

武士というものが元々荘園と密接なる関係の下に発達し来つたものであるから、彼等が村落内に居住し、下級武士と農民との区別が殆ど存せず、農民が亦戦時に徵発されて従軍した事も怪しむに足りない事実であるが、一面兵農分離の行わるべき幾つかの原因が現れた。第一に、近世封建領主部下の武士が農業経営者から職業的戦士に移つ

て行つた事が考えられる。夫には又領主の封域の拡張、戦術の進歩、戦線の拡大、権力の城下集中政策等がそらなる事を余儀なくさせたのではあるが。そして農業経営を離れた武士は専ら農民の貢納に依存する階級を構成し、農村は貢納地としての義務に束縛される事となつた。即ち第二の原因として刀狩によつて示される封建諸侯の意図的政略が存する。柴田勝家は天正四年に其領地越前に於て、民間所有の武具馬具の類を徴集して之を毀ち、凡て農具に改鋳させたと伝えているが、（福井県史第一巻四七九頁）天正十六年七月豊臣秀吉による発令は、夫が全国的に行われた点と其目的を明示した点とで注目すべきである。（小早川家文書五〇三豊臣秀吉掟書）即ち条目の第一条及び第三条に述べられた如く、百姓は農具さえ持ち耕作を専らにすれば子々孫々迄長久である。要らざる武器を携うるが故に年貢所当を難澁し、一揆を企て新儀を働くのは不都合であつて、夫を防止するが為に一切の武器を没収するというのである。併し没収の便宜上、第二条に於て、

一右取をかるべき刀脇指ついえにさせらるべき儀にあらず候之間、今度大仏御建立の釘かすがひに可レ被二仰付一、然者、今世之儀者不レ及レ申、来世までも百姓たすかる儀に候事、

とて、仏教信仰に名を借りた。これにより如何に多くの武器が没収されたかは、溝口文書に見える加賀江称（沼カ）郡の武具請取状にも、一郡から刀千七十三腰、脇差千五百余腰、鑓百六本、とうがい五百本、小刀七百本を収め、尚領主溝口伯耆守が、その員数の少き事が秀吉の意に添わざらん事を憂えて居る事実に徴しても明白である。又其徴収の励行が甚だ厳重であつた事は、前田氏が各村の長百姓を尾山（金沢）へ召出して誓紙をさせた事や、（古蹟文徴六菅君雑録）伝馬の命に背き隠匿せる刀を以て反抗した一箇村の者卅名程が、悉く磔刑に処せられた事によつても知られ

る。（浅野家文書五五）この刀狩は、農民に土地不可離の義務を与えた事と共に、やがて所謂農民保護の制度を執るに至つたと同様の理由に由来するものとして意義ある事柄であるが、ここに於ては夫が兵農の身分分化に及ぼした影響を考えたのである。次に戦争の終結、又領主権確立の為の中央集権主義、夫等は武士を農民より隔離した。殊に信長秀吉以来盛んに行われた国替・所替に伴つて移住を余儀なくされた武士は、最早在所に居住する事が不可能となつたのである。（朝倉敏景十七箇条、集古文書、大内家壁書、溝口文書等）

更に一方村落内の商業的分子の離脱を考える必要がある。中世末期に徳政令・関所設置・交通不安其他の理由によつて一時不振状態にあつた商業は、社会の安定と共に再び活躍を続けんとしたのであるが、これ亦中央集権主義によつて城下町が形成され、人口の人為的集中に伴つて商業的要素をも集中され、延いて都市外に於ける商業は否定されるに至つた。（小野均氏著「近世城下町の研究」）夫と共に農民の転業も厳禁されて、一定の土地職業を自由に離脱する事は不可能となつた。天正十九年豊臣秀吉は前年の奥州出陣以後奉公人・侍等の百姓・町人となつた者を吟味すると共に、百姓が耕作を捨てて商い賃仕事に出る事を厳禁し、（小早川家文書、河毛文書、弓削文書等）諸侯は之を其領内に於て更に徹底させたのである。（池野文書、高田共有文書、弓削文書、河毛文書、南部文書、西村氏所蔵文書）これが先の刀狩の命令と同一の意義を有するものである事は既述の通りであるが、要するにかくの如くにして兵農・商農の分離が行われて、近世の農村が形成されて行くのである。しかも此等の分離状態は永く江戸時代を引続いて保持され、現今に尚存続する意味を有するものである。

五

以上述べた所は荘園制度の崩壊、近世封建制度の確立に伴う社会情勢の改変と、自治的団結の促進並に農村構成の要素に関して主として外部からの考慮をなして来たのであるが、更に農村内部の組織活動等に就いて注意をしてみたい。

イ 村落

村落の成因・形態は地理的環境・経済的事情に由つて千差万別であり、これが分類方法も種々存する。（小野武夫博士は「日本村落史考」に於て成因により分類され、新渡戸稲造博士は「増訂農業本論」に於て形態により分類さる。）此期に於ては古来からの村落の外に、開発事業や商工業交通の発達に伴う所謂新田村・出村或は街道村落・宿駅村落等が頗る増加したという事はいえるが、夫等に関する論議は避けて、先ず当時の村落の大きさに就いてみる。即ち社会が漸く統一の緒に就き始めたと考えられる天正から慶長初年迄の資料により、近江・陸奥・越後・甲斐・信濃・駿河等の二十数ケ村に就いて見るに、(註) その包含する家数は頗る区々であつて、大なるは百家以上なるに反し、小なるは十家に満たず、越後の一切経村は四戸に過ぎない。（歴代古案）勿論家数のみを以て標準となし、これを今日の概念より推す事は極めて過失を犯し易い事は言うを俟たない。平野荘郷記にも、

戦国ト申テ世ノ乱タル時ハ、何ノ村モ人数ハ多クシテ、家ノ軒数少ナシ、如何ニト云ニ、軍役ト云テ甚タ重銭米穀ノカヽリ物多キ故、一軒之中ニ仕切何人モ住居致シケルトナリ、（中略）御帳ニ名請人数多シトイヘドモ、屋舗ノ

名請少キハ此謂ナリ、

と言つておるが、かかる事由も考えられなければならない。且又、下百姓は検地帳に記載しない場合もあるから、（能登鹿島郡真館氏覚書加賀藩史料一ノ八七九頁）検地帳に現れた家数のみで推定する時は、其実際内容を誤る事もあるが、概数を知る為の手段としては止むを得ない所である。

以上は戸数より見て村落の大さを推定したのであるが、之を村高から見ると例えば加賀江沼郡百三ケ村の平均は一箇村三百八十石である。（溝口文書）この中二百石と三百石の中間にある村が最も多く、上下に漸減して居るが、千石以上のものも数ケ村あり、百石以下も十数ケ村あるという状態で、村落の大さが甚だ不同である事を知る。これは村落が未だ自然発生的な状態にあり、人為的な配合の行われなかつた頃として当然の結果であろう。

ロ　住　民

近世初期に於ける村落住民は、其前半に於ては必ずしも農民のみでなく、武士・商工業者等の要素をも含んでいた事は既述した通りであるが、後半に入ると異分子は多く除去され、又は同化されて殆ど農民のみがその構成員となつた。而して中世以来の土地所有者と小作人との関係は一度混合した上、分離して一部は武士又はその部下となり、一部は依然小作人として残つたが、他の大部分は土地所有者であり、且つ耕作者である所の階級と成つた。この最後のものが村落員の中堅であるが、彼等の中にも社会的に経済的に優劣の差を生じ、その最も優勢な地位を占めるに至つたものが代表者となつた。

一　代表者　近世に入つて農村が自治的団結を強くすると共に、多くの場合その代表者を有したが、彼等には統一的な名称はなく、土地により時により様々の称呼を有した。即ち庄屋・名主・名本・長百姓・をとな・肝煎・政所・刀禰・沙汰人・年寄・老百姓等と呼ばれたのが夫である。彼等の中には多くの武士の土着者や開発者等を含んでいたが、又領主に任命される事もあり選挙される事もあつた。（新編武蔵風土記稿、家伝史料、武州文書十二、信濃千村文書、有賀家文書（加賀藩史料一ノ八九五頁））前田利家は加賀入国に際して、百姓中種々奔走して功績のあつた者に扶持米を与えて其地の肝煎となしたが、これが其儘一ケ村乃至数ケ村の代表者となつた。（国田文書、能登古文書（加賀藩史料一ノ一六八））彼等は多くは給分を受け、又は夫役を免除される等の特典を有して居たのであつて、（諸州古文書廿一、菅浦文書三）一面から言えば支配者の代理人でもあつた。

二　一般農民　殆ど全部の農民が之に属する。併し大体に於て二つの種類に分つ事が出来る。本百姓と水呑百姓とが夫である。後者に類するものには、名子、小作人、奉公人等があるが、二つに大別した結果は略ゝ半々となる事を知る。（池野文書、河毛文書、高田村共有文書、慶長四年信夫郡家数人数帳等）時には水呑が本百姓より多い部落もあるが、（南魚沼郡誌）これらの事実は荘園制度下に於ける農村組織の一面を暗示しておるものと考えられ、時と共に本百姓の率が高まつてゆくのである。概して下百姓は戸数割の税を免ぜられておつたものの様である。（能登鹿島郡真館氏覚書（加賀藩史料））

三　特殊住民　牢人・神官・僧侶・山とり・番匠等で、多少の相違はあつても少数乍ら各村落に居住しておるのが常であつた。彼等は村落内でも特殊な待遇を受けた。例えば番匠・石工・杣の如きはそれ専門の労役を命ぜらるる代りに、他の役を免除された。甲斐で井上梅雲が在々名主に宛て「国中杣をが諸役御免許之処ニ、田役をかけ理不尽質物を取由、曲事之次第候」と言い、（「甲斐国志」百一巻）又「国中山伏衆諸役並田地役夫錢共被ㇾ成ニ御赦免ㇾ」と言つて居る如き、（「甲斐国志」九十一巻）又近江岩倉村の石工が夫役を課せられたのを不服として訴出で有利なる裁決を与えられた如きは、（岩倉石工共有文書）其の例証となし得るものである。尤もかかる事例は、中世以来の座の発達、換言すれば商工業の独占権其他に関聯して考えねばならぬ事柄であり、時と共に夫は破壊されて行くのではあるが、近世初期という時代には未だ多分に其機能が存続していたと考えるべきであろう。

註　南部文書、西村氏所蔵文書、河毛文書、弓削共有文書、池野文書、信夫郡内家数人数帳、歴代古案、甲斐国志、信濃川中島検地帳、信濃田野口村水帳、植松文書、芹沢文書、鈴木文書、出戸村検地帳、日吉神社文書等

六

次に農村の自治機関及びその活動状況は如何なるものであつたかに就いて観るに、要を摘むならば農民はこの時期から村落に対する権利並に義務を有するに至つたと云い得る。荘園の発生以来、村落は一個人の所有となり、村民は奴隷的状態を続けて来たが、その制度の崩壊と共に、彼等は相当に開放された自由民としての活動をなし得た。然るに、統一期に入つて、移住と転業とを厳禁された結果は、一定の土地職業への固着を余儀なくされ、連帯責任制度は領主によつて極度に利用されて、村は政治上、経済上の基本単位にまで定着せしめられた。その結果、村落の構成員たる農民は直接領主に対する関係は、表面上明瞭でなく、村そのものに対する関係に於て不離のものとなり、夫に対して責任を有する事となつたのである。固より村民は個別的に種々の義務を課せられたのであるが、一

切の義務の完済という段になると、村全体が連帯の責任を負うこととなつたのである。従つて実際に於ては賦課は先ず村全体に課され、各村はその村民に割当てて課するという方法が多く用いられたのである。今、農村の自治機関並に夫を中心として取扱われた村民の義務及び事務に就いて述べよう。

イ　自治機関

村落の自治機関は村民の代表者と寄合会議とより成立すると言う事が出来よう。代表者は前述した如く、半官半民的性質を有し、両者の中間に介在するものである。清良記に「役人非道の行いむだ手をせば名本助言して」と言い、一方一般農民に対しては、「庄官能助言いたさばむだ手は致間敷事候。其上にむだ手をなす者あらば、庄官見はからいて、其田畠取上、別人に可レ付也。其差別なく悪くはからう庄屋は是徒者也。庄官給とて過分の田地を被レ下、其領地役に農を進る役を疎略に仕る庄官に、なんぞ是を宛行れんや。名本庄官とて百姓の司をして下を支配する者に候はずや」とある通りである。彼等の職能として具体的に定められた点を「長曾我部元親百箇条」に就いて見ると、(1)奉行の命を触れ渡すこと、(2)通行人の取調べ、(3)盗賊逮捕の指揮、(4)年貢、田畑の管理、(5)井水道路の管理、の如くである。其の他にも人夫徴集を行い、又農村の臨時代表者に命ぜられることもあつた。この点に関しては他に例も多い。例えば北条氏が新しい掟を申付ける為に百姓一人ずつを召寄せたり、(武州文書十二)武田氏が「可レ有二御尋一旨候、郷中乙名敷者五六輩、甲府へ可レ致二参上一」(諸州古文書十三)と命じたり、前田氏が刀狩令を徹底させる為に、村々の長百姓を尾山へ召集して誓紙を奉らせたりしたのは臨時の役目であつた。要するに彼等は領主の命を奉じ農民を指導する一方に農村の代表者として領主に対して責任を有するものであつた。この代表者を内部から動かしたものは村民の共同機関である寄合であつた。彼等が自治生活に転入して行くと共に、この協議機関は発生した。古くは既に文安年中の日吉神社文書に今堀村の例があるが、此等は特殊なものとして暫く措くとしても、彼の年貢を一村切に課せられ、犯罪人の検挙を命ぜられ、或は先に述べた如く、村掟が頻りに規定された事等は協議機関としての寄合の成立を必然的なものたらしめるに役立つた。岩倉石工共有文書文禄三年の「申定」に、「ヨリあひニ一度よび、二度目ニよらざる物ハ米三升くは(過)可ㇾ為」とあるのは、会合が慣習的に頻繁に行われて居た事を示すものである。伊賀の野寄合の如きは更に村落を結合した大規模なものであつた。（山中文書）特に注目すべき事は、此等の寄合で多数決によつて意見の定められた事である。甲賀の寄合でも「郡中可ㇾ然条多分に可□《付カ》事」（同文書）とあり、又近江大原附近三ケ村の訴訟にても一味同心の相談に応じない者には向後の同心を断ち、「人数内ニ一人成共多ク被ㇾ申方へ可ㇾ有二同心一候」とある。（御上神社文書）或は今堀惣中掟書の中にも、「諸事申合候義多分可ㇾ付事」という一条があつて、「此きわめ之時出ざるともがらはくせ(曲)事同然た(る脱)べき事」と云つて居る。（日吉神社文書七）これらの事実に徴し、多数決を重じて居る事を知り得る。

この寄合の成立当初を考えるに、多くは信仰対象であり、同時に経済融通の中心であつた所の社寺を中心として行われて居たものと考えられる。三上三村が永禄元年、簗の事に就いて訴訟した文中に「毎年正月廿五日神館方人数仁テ、両人衆ゑひす講仕、簗川面置目衆議申事」（御上神社文書）とあるのは、その会合の状態を示して居る。天文四年に相模篠窪で百姓中の座席順位を定めた事がある。（相州文書十六）永禄十年の頃のものについては、家伝史料巻六に「正月十三日於二高畑不動堂一名字中座敷之次第」（史籍雑纂第三、一九五頁）とある故、之も信仰中心の寄合機関として発生したものと考えられる。その場合に差別的意識強く、席順を重じて居ることとは注目される。以上の外にも天文十八年、今堀村で三日講の料足を過分に負つた者が末席に下つたという例もある。(日吉神社文書六)

村落の自治的発達に際して、特に村落政治の発達に際して、多く宗教的起因を有する事に就いては、小泉八雲が「日本に於て武権によつて出来た社会は、外観は欧洲の封建制度の如くであるが、内実に於ては全く異つたものがある。その差異は日本の幾多の社会(村落)の宗教的組織にある。この社会は独自の祭祀と族長的行政とを保留し、その中から習慣と法律とが生れた。これによつて絶対恭謙な服従が要求され、公私の生活のあらゆる細目に亙つて規定された」(日本)と述べて居るが、彼の日本史観には甚しき錯誤と時代混交はあるが、上述の如き議論の中には、ある真実なるものを含んで居る。

更に寄合の発達に関しては座の規定、その経済機能等の方面より観察せねばならないものと信ずるが、今は夫には触れぬ事とする。

とまれ、かかる寄合の存した事は支配者の為政の目的に甚だ好都合であつた。彼等が常に神仏信仰の事を規定して居る事によつても(信玄家法、長曾我部元親百箇條、北條早雲廿一箇條等)当時の信仰利用の態度を知り得るが、同時に寄合を中心としての支配者と農民との夫々の立場に於ける意義の差異を知る事が出来る。而して近世に入つての商業経済の発達は、従来の農業経済時代の集約機関であつた社寺から、経済の中心を奪つて、之を都市に於ける商人の手に委ねた為に、村政の中心も亦社寺より離れ去る事となつたのである。従つて寄合が宗教的色彩を失つた事は当然である。而して江戸幕府の法令では、寄合を年貢賦課、或は其の他の村政の協議機関として認めて居たが、封建諸侯は此より早く、右の如き機能を強めんが為に積極的な態度を以て臨んだものである。その先駆としては、文禄四年三河で原隠岐守長頼の下した「年貢米割付之割、惣様一度ニ寄合、田畠ひ□応二上中下一無二高下一様仁□仕候」、（参州岡崎領古文書下）という令であろう。併し実際には、かかる性質を有する寄合の以前より行われて居たことは明瞭である。（日吉神社文書七）

ロ　農民の義務及び権利

農民は当時我国に於ける主要生産者であつた。むしろ唯一の生産者というべく、他の階級は皆之に依存して生活したものである。彼等はこの非生産者階級を養う義務を有し、時には只その義務を遂行するが為にのみ生存したといえるかも知れない。彼等の義務とは、

第一。年貢の収納。これは最大の義務であつて、他の一切の活動組織は此を目標として整えられたものとも云える。領主は未進を防ぐ最適の方法として連帯責任制度を利用し、一村限の負担を割当てたのである。武田氏は「以二日記一其郷中え相渡」、（信玄家法上）北条氏は「郷中所務辻明白に書立」てて、之を数人の百姓に委託したりした。（武州文書十）地下の百姓は之に対して請負の証文を提出し、寄合協議の上で、上中下に応じて高下のない様に配賦すべきであつたが、往々にして庄屋年寄等が専横を企てた事なしと云えない。（参州岡崎領古文書下）而して「一度請負之一札明鏡之上者少も於二無沙汰一者可レ為二曲事一」（名倉文書、小野文書、武州文書、飯野文書等）して、棟別について一切の侘言は許されず、（信玄家法）如何様にしても納付せねばならなかつた。この為に或は借金をしても、田地を売却質入しても、乃至は妻子牛馬を奪われても亦止むを得なかつた。（武州文書、南家文書、参州岡崎領古文書）そして年

貢収納無き内は借銭借米を返済する事も許されず、売買は勿論一粒も他所へ持出す事は出来なかつたのである。(清良記巻七。元親百箇条)

かくの如くにしても尚年貢割当額に充たざる時、即ち、失踪者、死亡者等が生ずれば、之を郷中で負担せねばならなかつた。郷中では之を隣保組合に転嫁する事も出来たが、(日吉神社文書七)多くは郷中へ配分したらしい。信玄家法では逐電者、死亡者多く、棟別銭が倍額に達したならば披露せよと言つて居るから、附加配賦させた事は明かである。又未進者の屋敷畠を惣中として売払つて、其の償いをした場合もあり、(平野荘郷記、中)窮民の田地を買収してやる場合もあつた。(日吉神社文書六)或は責任者として庄屋等が負担させられた事もあるが、(元親百箇条)これ等は当然村中へ再転嫁された事であろう。納入の規定方法その他此等に関する一切の事情は甚だ広汎に亙り、且重複する故ここには省略して義務としての説明に止める。尚当時年貢は米で納入されるのが普通であつた事を附説する。(相州文書、諸州古文書、天正十七年家康定書、佐野文書、尋憲記、その他)

第二。夫役。之も亦重要な義務であつた。上世の庸の制に相当するものであるが、乱世の間に於ては、之に関する規定を詳かに知り難いが、必要に応じて召集したものの様である。六角氏は「権門諸官によらず其働あるべし」(竹生島文書三)と言つて居り、北条氏は用件発生に従つて、郷村に割当てて僧俗を選ばず召集した。(相州文書廿三)徳川氏の天正十七年の条令では弐百俵の地から一人一疋又は二人の陣夫馬匹を出すことを命じ、扶持米として米六合を給与した。(名倉文書、小野田文書、武州文書、飯野文書等)若し又事故の為召集に応じられぬ者からは、高一反に就き米一斗宛を夫米として収納した。(坂名井文書等)石田三成は人口調査の上、夫役人たるものの人員を調べ、詰夫数を定めた。之を勤めざる家又は出作人よりは高一石について弐升ずつ出させ、之を詰夫の雑用に供し、余分は地下の得用とさせた。（三成が文祿五年に出せる掟書、池野文書等）武田氏も常に年貢夫工事と併称し、「百姓所レ出夫、於二陣中一被レ殺之族者、彼主其砌三十日者、可レ令二免許一、然而如二前々一可レ出レ夫、」（信玄家法上）と命じて居る所から見ても、常に軍役に徴集して居た事が知られる。猶、朝鮮役の如く長期に亙つて徴集した場合には、其留守中、郷村で田畠を耕作し、其夫の田畠を荒置するに於ては名主及び郷中に成敗が加えられたのである。（吉川家文書、武家事紀巻第三十一）又、陣中より夫の逃亡せる場合にも夫の一族は勿論、名主、郷中が成敗を受けたのである。（香取文書纂四）

此等の諸規定に於て注意すべき事は、殆ど全部が村を一単位として賦課して居る事と、中世末期以来の商品経済の発達が実物貢納を以てする事を免ずるに至つた点とである。前者は村落単位制の発達の上に、後者は農民の人格的服従を解放する上に少なからぬ影響を与えた。

第三。井水、用水、道路の管理。此等は、農民の日常生活に直接に重大な関係を有するものであるから、其利害関係から、屢隣村相争うことも起るに至つた。（南部文書、その他に多数見ゆ）伊達家では「用水は万民の助なり、一人の損亡により之を止めん事、頗る民をはごくむ道理に叶はざるもの也」とて、引水方法に就いて細い注意を与えて居るが、（伊達家塵介集（大日本古文書伊達家文書）長曾我部氏は井普請並に在所の井奉行は庄屋をして十分管理させ、大破に及んで使用者のみで修理し得ぬ場合には、在所中にて協力修理するように規定して居る。（元親百箇条）又前田玄以は田地用水の堤を損ずる者は、在所中で召捕えて差出すように布告を発して居る。（天龍寺文書六）其の外堤下の者に普請をさせたり、（雨森文書等に見ゆ）出水の時は百姓に夫々の受持区域を警戒させて居る。（参州岡崎領古文書下）或は又、普請の費用を徴集して居るものさえある。（天龍寺文書六）而して此等は皆農民の負担すべき義務であるという観念を抱かしめようとして居る。堤普請の行われるに先立つて立退く者は厳しく罰せられ、立退者の行衛不明の場合には、残当者にその罰が転嫁された事を見ても、（参州岡崎領古文書下）農民にとつてそれが如何に重き負担であり、重大問題であつたかを知り得るのである。道路の管理も同前であつた。伊達家塵介集では小径はその地主の責任となし、街路は、郷村又は地頭にその修理を命じ、時には、勧進をしても修理を果すべきことを命じて居る。元親百箇条に於ては、本道の幅員を二間と定め、その修理の不完全なる時は科銭を取立てると規定して居る。

第四。犯罪者の処罰。之は戦国時代の農村の自衛策を基礎としたものであつた。所謂村限りの掟書を定めて之を励行したものであつて、違背者には一味としての制裁を加えたのである。この権利は領主から与えられた犯罪人処罰の権利であるが、勿論領主が隣保制度を利用するに当つて採つた策であつて、彼等にとつては、権利であると共に義務であつた。先に村落の自治的結成の条下に於て、之に関連して述べた故、ここには、その際に引用しなかつた二三の例証を示すに止める。元親百箇条には、

一盗賊之事、即時搦捕、奉行方迄申届、於二歴然一者、可レ斬レ頸事勿論也、若搦捕事於レ難レ成者、則可二相果一、右、此旨猥申付候者、在所庄屋可レ為二曲事一事（群書類従第四〇三巻）

とあり、又姦通する女のある時に、其の夫が不甲斐なくして、自ら之を成敗し得ぬ場合、若くは夫の当守の場合には、在所中に於て相果すべしと命じて居る。（同上）又同じ頃、近江でも死刑囚が逃亡したるを以て、其地方及び附

近にて召捕える事を命じ、その際妨害をなす者は、「打ふせたたき殺候而も不レ苦候、」と言い、見聞し乍ら、之を訴えぬ者は処罰すると申し渡して居る。（伊波太岐神社文書）

第五。村落の所有権、売買権。当時代に於ても村落は所有権と売買権とを有して居た。近江堅田では永正頃から惣有の蘆につき論議を起し、（堅田小番城共有文書）同菅浦では永祿頃から領主より金銭米穀を借用しておる事があり、（菅浦文書五）北条氏領内でも郷中の責任として借銭した事は既述の如くである。近江今堀では惣有の田畑を有し、（日吉神社文書六）又家を売つた者からは、参貫について卅文宛徴収して居る。（同上）この様に村が所有貸借の権利を有つて居た事は、所謂村の人格的構成として注意すべきものである。

尚当時の村民は直訴の権利を有つて居た。領主が中間に介在する者の非義を防止する為であつた事は勿論であつた。北条氏は常に「対二百姓等一毛頭成共非分申懸候者、則小田原へ来、竹はさみを以可二申上一事」というが如き言葉を添え、前田氏も同様な態度を以て臨んだ。又石田三成も、文祿五年領中に下した法令で直訴を許したが、軽挙不法の直訴は厳禁して居る。（南部文書、その他諸書に見ゆ）併し乍ら、直訴が如何なる効果を齎し、如何に利用されたかは問題である。清良記に、伊予中野の領主河野通民が「百姓中にても申度事あらは可レ申」と触れた時に、或る百姓が役人の不義を申告した結果、役人及び侍中の憎悪を買い、遂に其の地に居る事能わず、土居領に移つたとある。（続日本経済叢書第一巻七〇頁）その効果たるも推して知るべしである。

兎もあれ、農村に於ける諸義務及権利は叙上の如くであつて、村民たる以上之を忌避する事は許さるべくもなかつた。武田信綱は「惣並之御ふしんをふさたし、郷なみの人やくをけたい（懈怠）致候ともからは、彼郷中を可レ有二追放一」

と命じて居る。（諸州古文書十五、信州）又香取宮の大禰宜は天文廿一年の宛行状に於て、村中同心に百般の公事を勤めざる場合は、その証文を取消すべしと記して居る。（香取文書纂四、大禰宜家蔵三）之に対し、借主は「村にしたかい万端とりはからい申物に候」（同上）と述べて居る。

村民として有する多くの権利は、又彼等の厳重な義務行為によつて償われねばならなかつた。然もかくの如き彼等の生活と不離の関係にある義務権利に関して、果して幾人の百姓が明確なる知識を有して居たことであらう。「只夜を日に続で耕作を専にし無二他念一農事を事と」（清良記巻七、続日本経済叢書第一巻六二頁）して営々たる生活を行ら者が最良の百姓であつたのである。清良記の著者は「農業いとまなき云立之事」と題して「一、公役、一、大風、一、軍役、一、盆祭、一、節供、一、祝言、一、祭礼、一、雪中、一、庄官役、一、正月、一、彼岸、一、愁、一、父母任、一、諸礼、一、洪水、是等はなくて不レ叶事也、此外に検見、名寄、地割、下札、煩、一族の煩、近所方角の公事、火事、此八つの外不レ可二勝計一、それらは皆不レ遁事共也」（同書六一頁）と言つて居るが、此等が、平常時に於ける彼等の日常生活ではなかつたろうか。しかも長い伝統と、習慣とに拘束さるる所多く、真に彼等の生活の如何なるものであるかを自覚せる者は、極めて稀であつたであろう。「指当る事ばかりに愚成は土民百姓」（清良記、同上六二頁）であつたのである。時代の風潮に棹すことの最も遅き者は農民であつた。文化の到達する最後の地は農村である。当時に於ても相当に完備せる自治機関を有し乍ら、彼等は運用の術を殆ど知らなかつた。少数の有識者、即ち所謂代表者によつて、僅かに彼等の機関は其の活動を辛うじて続けたに過ぎなかつたのである。

七

以上に於て近世初期に於ける農村の外貌並に機能に関して大体の記述をなしたのであるが、更に振り返つてその発達状況を観るに、他の方面に於けると同様に、村落も亦此時期に一度荒廃し次に新しき蘇生をなしたものと言えよう。軍勢一度通過すれば、その路次幾里民屋は追捕され神社仏閣は焼払われ、在家一宇もなき程に打払われ、蹂躙されたのが常であつたとするならば、(末森記(群書類従三九二巻)) 積極的に反抗する術を持たぬ農民とそいい迷惑であつた。所詮彼等の逃避口は、進みて野伏山盗の群に入るか、逃れて安住の地を他に求むるかであつた。後者と雖も多くは妻子を伴つて逃亡したのであれば、(宇津木文書等) 戦毎に田園が荒廃し農村が疲弊した事は言うを俟たない。されば後半社会の整備期に入ると共に、封建領主は各自の経済基礎の確立の為に、百方手段を講じてこれが恢復振興を企つるに至つたのである。今これを二つの方面から具体的事実に就いて考究しよう。

イ　消極的振興策

元来農民は移動性の極めて微少なるものである。之が敢えて移動したのは此時に於ては上述の如き社会動揺の余波に外ならぬのであるから、これらの事情が消滅すればその事の止むは勿論である。諸領主は戦争が終滅し領域を夫々に確保すると共に、先ず有利なる条件を附して百姓の帰還を要望し、同時に救済方法を講じて農民の困窮防止の策を建てたのである。今具体的な諸事実に就きて観るならば、次の如きものがある。

今度敵働に付て、在々百姓共隠候由尤候、押へ人数を遣候間、早々可二立帰一候旨、村々其手引手引へ可二申触一、若此度不レ出百姓は、末代可レ払二在所一者也、（能登古文書（加賀藩史料第一編一六九頁））戦雲動くや、直ちに此所彼処に逃れ行く百姓の姿や、之を「尤候」と肯定しながらも、不安は除去したから立帰れと要求して居る有様がよく窺われるのである。或は天文十九年北条氏が「国中諸郡就二退転一諸郷公事赦免」の為に出せる文書によれば「百貫文之地六貫文懸可レ出」此外は「昔より定候諸公事一も不レ残令二赦免一」「細事之儀も」申付けずして、領内の救済法を計ると共に「退転之百姓還住候者、借銭借米可レ令二赦免一」とて困窮の為に逃亡せる農民に徳政を施しても帰住を求めて居る。（相州文書、武州文書）但し、之は「従二今日一以前之儀」にて「自二今日一以後欠落之者」は許さるべくもなかつた。又能登でも天正十九年在々の百姓が年貢の催促に堪え兼ねて逐電した為、代官は驚きて催促を止め、京都へ、その旨を報告すると共に、村々の有米を調査し、その多少に従つて米を貸与し、利米を徴集せずに、農民の帰還を求めて居る。（能登古文書（加賀藩史料第一編四二四頁））或は、「方々へ打ちり」たる百姓に「如二前々一役等之儀一切申付間敷候、」（甲斐金川原組共有文書）とて還住を勧めて居るが、いずれも「耕作肝要」に「作毛可レ仕」為であつて、仮令、還住しても、「田畠不レ作候付者、役等之儀」を堅く申し付けられたのである。北条氏の如きは、周到にも欠落者の行方を悉く調査してその召還を命じて居る。（宇津木文書その他）かくの如きは、諸領主等が其封建知行権確立の為に、農民と土地との結合を如何に真剣に考慮して居たかを示すものである。

扨て、又かくの如き欠落者、沈淪者を呼寄せ、或は旧地に返し、或は一箇村に集合させる（諸州古文書廿三、摂津名塩村文書、その他）一方には、農民の移動、他出が禁じられた。例えば伊達家塵介集に見られる如く、

ひやくしやうゆうしよ《（由緒）》の在家をしさり、他領に候而、出つくり《（作）》いたす事、且以きんせいたるへし、此はつとをそ

むき、ゆうしよの在家帰らすは、今すむ所の地たう（頭）、くたん（件）のひやくしやう共にもつて成敗をくはふへき也。

（大日本古文書伊達家一五〇）

とあつて、他領に移住して耕作する事も禁ぜられた。諸侯としては、領内の秩序維持の為そして又自己の地位擁護の為当然なさるべき事であつた。北条氏も、

一、当郷之百姓、自然背二領主之儀一、他郷移而有レ之者、一往領主断可二召返一、莵角令二難澁一者、経二大途一召返、百姓従類共可レ切レ頸事、（伊豆小出文書）

と命じて居るが、前者より更に厳重である。

更に、親族又は郷中に連帯責任を負わせて、十分警戒する方法も採られ、倘逐電する者あれば、郷中から年貢を徴して辨済させ、或は科米を取り（諸州古文書十五、慶長以来古文書（加賀藩史料一ノ八八五頁）等）或は、領主間の協定により、人の出入を防止する等の事も行われた。（国初遺文（加賀藩史料第一編八八四頁））

かくの如き田地の荒廃防止と年貢の収納を確実ならしむる為に、農民の移動と他出を禁止した事も、割拠時代には自己の領内に於てのみ計画されたが、統一期に入るに従い全国的な農民の固定がより望ましきものとなつた。

秀吉は天正十四年三月年貢を二公一民と定めると同時に「他郷へ罷越百姓アラハ其身事ハ不レ及レ申相抱候地下人共可レ為二曲事一事」（武家事紀巻三七）と令し移住を禁じたが、更に全国が彼の掌中に帰した天正十九年には、「在々百姓等田畑を打捨、或あきなひ、或賃仕事ニ罷出輩有レ之者、其ものゝ事ハ不レ及レ申、地下中可レ為二御成敗一」と令して移住と転業とを厳禁した。（小早川家文書．毛利家文書）かくの如き農民の固着方針は大名の転封の際にも行われ、

家中の侍以下奉公人に至る一人も残らず召連れる事を命ぜられ、移住を肯んぜぬ者は、成敗すべしと命じ乍ら、百姓は一切召連れて行く事が許容されなかつた。（溝口文書等）かくの如くにして農民の一定地への土着は決定的となり、更に土地の整理、人口の調査の結果は、完全に移動の途は絶たれた。併し乍ら、之を農村の発達という側面から考えるならば、少からぬ影響を有するものであつて、一定の農村に一定の農民が土着すると云う事は、彼等の結束を促し、自治観念の促進に与つて力あるものである。勿論それは刺戟と活潑性とを失つたという大なる欠陥を有し、爾来二百数十年に亙つて、農民をして他を顧る暇を与えず、諸侯が比較的容易に其地位を保持し得た事に少からず役立つたのである。

ロ　積極的振興策

次に考えらるべき問題は新耕地の開発と保護とである。社会階級の一部たる武士が全くの消費者として、一方には商業の発展を利用すると共に、他方には層一層彼等の依存すべき生活資料を豊富ならしむる為には、農村の生産力を増進せしめる必要があつたのである。此等の振興策に関する資料は、永祿元亀天正以来近世を通じて頗る豊富であるが、一二の例を用いるならば、欠落者が帰住を希望する場合には、之に荒地の開発を命ずるとか、（武州文書十三）牢人を集めて野畑を開墾せしめるとか、（駿河芹沢文書）あるいはまた荒地を「切開き次第」給与するとか、（武州文書十二）十五ケ年間諸役を免許する（阿波国徴古雑抄巻一五、町田文書）等の特典を与えて新田畑の増加を計つたのである。

更に進んでは、年限を限つて荒野開墾を命じたり、（武州文書十二）その責任を組中郷中に持たせたり（国田文書

能登古文書）するに致つたのである。例えば

郷中百姓等縦如何様之儀申候共、無ニ承引一不作の田畠如何程も可レ致ニ開発一候、（武州文書十四）

と述べて居る如きは、強制的な開墾奨励の手段を示すものである。かくの如き結果は当然新村の増加となつたのである。或場合には新村が成立して後開発が行われ、或場合には開墾地に百姓が召集されたりした。（越中古文書（加賀藩史料第一編八九二頁））いずれにせよ、近世初期以後の農村の成因は主としてこの新田開墾にあつたのである。

これを要するに、戦乱荒廃の農村を振興する為に採つた諸領主の主要政策は農民固着主義にあつたというべく、之が為に近世を通じて農民の個人的発展の途を阻止したのであるが、他面農村に固定性を与えて、其内部組織の整備を十分ならしむるに効果あつたものである。

以上によつて、近世初期の農村に関して簡単なる発達史的考察を終えるのであるが、結論を之に附するという事は必要ないと思われる。唯農村が此の時代に如何に大なる変化を来たしたか、又農民生活が如何なるものにまで変化進展したかを甚だ浅薄なる知識を基礎に、僅少なる資料を以て述べたものであるから、訂正さるべき箇所の極めて多い事を恐れる。しかも斯くの如き問題は単に此時代の資料のみを以て観る事は頗る誤を犯し易く、此の期に前後する、中世末期と、近世中期以後とを考究観察する事によつて、此の期の特徴を一層明瞭ならしめ得るものと信ずるのである。

（追記）本論引用の文書は刊行書の外は殆ど凡て東京大学史料編纂所々蔵の影写本によるものであり、番号等も従つてそれに附せられたものである。

（昭和八年五月六月、歴史地理第六十一巻第五號第六號掲載）

二、近世に於ける新村落成立の過程

――その一例としての丹波広河原村――

序

村落が新しく成立する過程に就いて簡単な考察を試み、更にその或る一つの場合としての丹波山国庄広河原村（現在の京都府北桑田郡黒田村）に就いて触れ得た資料を基礎に述べて見ようと思う。勿論これは更に十分な資料を得た後補正さるべきものであるが、不十分乍らも一つの過程を見る事が出来ると考えたので、敢えて例として取上げたのである。

一

近世に於ける村落自体の増加に就いては略〻二つの原因が考えられる。其一つは知行権の分裂によるものであり、他は新開地の増加に伴うものである。前者は既に鎌倉中期以来現れた彼の下地均分に相関聯するものである。即ち中世末期に領家地頭の間に行われた知行権の分裂は、両者が二重に支配した庄郷を分つて夫々の一円知行地とした事であるが、（註一）かくて知行権を分つた際には則ち村落を分離したのである。例えば越前大野郡に森政領家村・森政地頭村・平沢領家村・同地頭村・大本領家村・同地頭村が存し、同国坂井郡・陸奥大沼郡に領家村の名があり、陸奥稲河領に上中政所村・下政所村、越中新川郡に公文名村が存するが如きは（註二）この事実を語るものであり、かかる知行権の分裂に伴う村落自治体の増加は亦江戸時代にも所謂入組村に於て考えられる。民間省要の著者が「国土の村々段々私領に渡り、寺社領に成て其度繁く、百石五十石、或は二十石三十石と足し石抔に分れ分れて、大高の村々次第次第に小高となり云云」（上編巻六）といえるが如きは、かかる事実を述べたものである。

後者の新開地の増加に基く村落の分立は前者よりも遙かに多かつた。江戸時代に於ては、小百姓の増加を恐れて高分分家を制限した事は著名なる事実であるが、勿論これは貢納力を保持し難き小高百姓の増加を防ぐ為に外ならなかつた。稀には会津藩の如く屋作材木の制限の為に「以後は毎村の家数を定め一宇も不レ増様に可二申付一候」といい、「若人数多きもの有レ之候はゞ家内を仕切候か又は廊を下し一家に致二居住一可レ然候」などと命じた例もあるが、これとて其裏面には高分を嫌つた事が主なる原因をなしたと考えられる理由も存するから、（註三）高分制限は新開地の出来ぬ限り村落内の戸数増加を妨げたと言い得る。従つて此時代に於ける村落の膨脹又は増加は、主として耕地開発に基くものであつた。換言すれば此時代に於ては人口増加よりも耕地増加が戸数増加の基本条件であつたのである。が、とにかく永年の戦乱後に来る人口増加の自然現象と幕府又は諸藩の開墾奨励とで否応なしに多数の新村落が生じた。新田村・今在家村・新屋敷村・新某村の名が激増し、一村落の膨脹は、上中下・大小・東西南北等の名を冠する事を必要とした。寛文印知集によれば、松平大和守領内の越後蒲原郡の内五百四ケ村中百拾貳ケ村、三島郡内六拾二ケ村中二十六の新田村を算するのである。又豊臣時代に百三ケ村であつた加賀江沼郡は寛文には百四十三ケ村に増加している。(註五)此地方が特に開墾が盛んに行われたとはいえ、誠に著しき増加と言わねばならぬ。

この外にも街道村落・宿駅村落の成立もあるのであるが、前二者に比すれば遙かに少いものであつたと思われる。

而してこの新開地に出来た新村落が直ちに完全なる自治体―勿論この時代の概念に於て―に成つたとは言えないのである。村の名称こそ有すれ、完全に独立せる自治体となるには余程の年月を要したものであることは考え得る。即ち此時期には本郷又は親郷と呼ばれる村の支配を受けなければならなかつたのである。内部的には略〻自治体の形を備えたとしても、対外的には未だ独立せず、所謂村の人格を有しなかつたのである。この時期に於ては、対外文書には新村の村役人が署名加判する外に親郷の村役人が末判することを必要とし、更にその新村が幾つかの村から出た人達によつて構成された場合、従つて幾つかの親郷を有する場合は、其凡ての加判を必要とした。(註六)この意味に於て、かかる状態の新村は、支郷・支配郷・枝郷・寄郷・帳尻郷等の名を以て呼ばれた。(註七)従つて此反面親郷は対外的にはこれら枝郷に於ける事件に関しては其責任を有したものである。(註八)

然らばかくの如き枝郷が完全なる自治体になるには如何なる過程を経たか。勿論夫は凡ての場合に夫々の事情が存したのであろうが、その一例として次に丹波国桑田郡山国庄広河原村の場合に就いて述べてみることとする。

註(一) 前稿「近世初頭の農村に関する一考究」
註(二) 寛文印知集
註(三)(四) 家世実紀九十一、九十二
註(五) 溝口文書、寛文印知集

註（六）秋田県仙北郡檜木内村文書

註（七）御郡方木山方御立会羽根沢御政記録

註（八）日本林制史資料秋田藩編二五二頁

二

或る一つの村落の成立と、夫に伴う種々な関係等を観る為に広河原村の場合を取上げたのであるが、これは普通一般の村落ではない。山村の、しかも特殊なものである。にも拘らず特殊であればある丈けに、一面非常に強化された点が見出される。それによつて又一般を推す一つの手段たり得ると考えるのである。

初めに、広河原村が如何なるものであるかについて同村の諸文書によつて簡単に述べるならば、其処は古くは山国庄の中に包含された山地であつて、杉・檜・椎等が繁茂しており、元より住民もなかつたのである。もともと山国庄は禁裡御料であつて、必要に応じて角木・屋根板等の類を納入し来り、山入に際しては村々より人夫を出して木屋掛けを為し、杣人を出して御用木を伐採し、更に筏に組んで川下をしたのであつて、山国を御杣御料と言い、奥山の惣名を御杣山と言い伝えておつたのである。然るに江戸幕府が創設されると同時に家康はこれを幕領とし、用木を貢納する事を廃して役銭を毎年百三拾二貫二百七十二文宛納めしめた。これを検山役と称するのである。然るにもと御杣山と称せられた奥山に隣郷より杉檜の盗伐に入込む者多き為に、寛永年中山番として山国村々より人を出して山裾に居住せしめた。この子孫が次第に増加して遂に一村を為すに至つたのであるが、これが即ち広河原村である。

併し寛文頃には未だ広河原村と称するには至らず、山国の出村の形式であつた。山国庄は江戸時代には十ケ村に分れており、これらの村々より出でたもの故、普通の出村とは稍々様子を異にするものであつたが、併しこの十ケ村は元来一個の庄として発達し来つたものであり、経済的にも共同の利害関係を有したのみならず、宗教的にも共通の神祠を有しておつたのである。これらに就いては他日述べる機会があると思らが、兎に角出村独立に際してはこの十ケ村が共同しておつたのである。寛文五年に出村から山国十ケ村に対して出した証文を見ると、

一従二前々一如二御仕置一諸事廿ケ年以前古法を守り新儀之所作仕間敷事、

とあり、出村の出来初めた寛永末年頃よりの両者間の契約を守るべき旨を誓約しておる。更に又、

一従二先年一御法度のごとくさゑん(菜園)場之外少も切畑仕間敷事、

一親子兄弟之内たりといふ共其身之買請之外自余之山内にて草壹本にてもみだりに□んばい仕間敷候事、

一山国より無二指図一ヲ私ニ杉檜井雑木山林商売仕間敷候事、

と言い、又

一不レ依二何事ニ一奥山中ニ新儀之作法仕間敷候、在々所々下方郷方之分は万事本郷之指図を請、兼而倹約ニ可二相心得一候事、

と言つておる。これによつてみれば、未だ全く親郷に束縛された不自由部落であつた事が判る。併しかくの如き証文を十ケ村が要求した裏面には、此の新出村が次第に経済的に又自治的に独立しつつある状態と、夫に伴つて既存

権益の犯される事を憂うる様子とが看取される。行政上から見れば未だ村というには足らず、僅かに組を形成しておるに過ぎない。即ちその含む部落は十一、各に組頭を置いておるが、その人数は多きは十人十三人、少きは三人又は一人という様なものもある。広河原はこの当時に於てはこれらの中の一部落名で、人員三である。これら十一の新部落の総数六拾八人は同時に又戸数を示すものであれば、僅か廿年間に異常なる増加といわねばならない。既にかかる数に達すれば当時に於ては一ケ村として成立するに十分なるものであるが、夫にも拘らず前記証文の如く畑地の開発を制せられ、林木の伐採販売を禁ぜられる事は、経済的に其独立を危くするものであつた。其経済的独立を得る為に、新村があらゆる場合に本郷村々の束縛を逃れんと試みた事は推測に難くない。特に切畑の禁止は其生活上大きな問題であつてこの約を実行する事は不可能であつた。その為又々山国本郷より咎を受くる仕儀を仕出かし、同十三年六月には、

一山国御蔵入御領分奥山之内ニ罷在候者共小屋場幷な(菜)大根畠之外ニ少ニ而も畑仕五こくざうこく(雑穀)作り申儀は従ニ先年ニ堅く御法度ニ而御座候処、此度又弥被レ入ニ御念ニ被ニ仰付ニ候間猶以ざうし畑之外少ニ而も仕間敷候、

という一札を入れねばならなかつた。

けれども其翌延宝元年には広河原村の一部落船ケ原を以て往古より山城施薬院領であるとなして山国庄と相争うに至つた。尤もこれは山城国愛宕郡八舛村・大布施村の二ケ村と山国十ケ村の境界争論の形式であるが、この際に広河原村が、自村の一部落が他国他領に移るを拒まず、八舛・大布施二村と結合して山国本郷に対抗した事は注意すべきである。この争論は翌二年三月に次の如き裁許が下つて落着した。

一丹波国桑田郡十ヶ村と山城国愛宕郡八舛村・大布施村就二領境争論一為二御検使一笹山甚右衛門・荒川長兵衛・市川利右衛門差遣之、遂二糺明一之処、八舛村・大布施村よりは論所船ヶ原は先規より施薬院領知として毎年歳貢致二収納一山城領之由雖レ申レ之、領境たしかならず、十ヶ村よりは山林之役銭等致二公納一其上古来より建置候制札之場所有レ之而丹波領ニ紛無レ之候、雖レ然向後年貢壹石九斗船ヶ原ゟ為二越米ト一施薬院へ可二相立一之、村境之儀は腰かけ岩より朴の木を見通し限レ之、南は大布施・八舛領、北は山国十ヶ村領たるべし、因レ玆絵図之面領境に墨引加二印形一双方へ出レ之置訖、此旨不レ可二違失一者也、仍如レ件、

山国にては此判決を以て「山国利潤ニ出入相済候」と言つている。地域的には奥山の諸部落は十ヶ村領として公認されたわけである。

前述の如く親郷十ヶ村より切畑等を制せられていたが、其不可能なる事は言う迄もなく、漸次夥しき田畑が新開されたのであるが、これに対して親郷より検地を願出し、延宝四年代官五味藤九郎によつて棹入が行われ、高七十石余となり、初めて広河原村の村名が附せられた。併し乍らこれによつて直ちに独立村落となつたのではなく、依然として十ヶ村の干渉を蒙らねばならなかつた。広河原村の独立は同時に十ヶ村より御杣山たる山林地帯の分離を意味するに近いものがあつた。山国庄が古来此の山林を重要資源として生活して来た事は明白であるから、その分離は村民の生活上死活に係わる問題である。されば飽く迄も広河原を出村の形式に止め置き、経済的に行政的にこれが自由を制限する必要は十分に存した。が兎に角広河原にとりては村名を附せられ高を割賦されたる事はその独立上重要なるものであつた。如何となれば初めて公認を得たからである。

元来江戸時代に於て、否封建社会経済時代に於て、領主が欲する所は地代貢物であつた。地代貢物の確定乃至増加こそ彼等が追求する所であり、夫が為にあらゆる政策が講ぜられたのであるが、それに関係なき村落内部の、又は相互の事件には相触れず、彼等自身の解決に委ねる方がより得策であつた。此時代に於ける自治はこの為に、而して其範囲内に於て許された所のものであつた。広河原村の場合に於ても代官所としては貢納高を賦課した上は一村として承認したのであつて、其内部に於て山国十ケ村より如何なる制肘を受けておろうとも、両者が如何に相対抗して居ようとも何等関知する所ではなかつた。問題は両者の争いが年貢収納に迄影響を及ぼすと考えられた時に発生するのであつた。かくて兎に角に広河原村が内実に於ては十ケ村より制肘される所が多かつたとは言え、代官所の公認を得た事は、其後の独立運動に極めて有利であつた。

延宝六年山城国中の検地に際しては、山国庄は松平九十郎の手によつて検地され、広河原村は高八十九石二斗余となつて二年前に比して十二石の増加を見ておる。この内広河原村銘々名前高は五十四石三斗余、残りは十ケ村の惣作高である。尚此際山国全体に対して家康以来の山役に更に新しく反当り貳合宛の新検山役が増課された。

此時の広河原村検地帳は古来の由緒に基くものとして山国十ケ村に渡されたのであるが、十ケ村としては広河原の独立を防ぐ為には是非これを収めて置く必要があつた。これによつて広河原村の年貢は一応山国へ納められ、山国より代官所へ納入する形式を取る事となつていたのである。前述の如く代官所としては斯くの如きは問題とする所ではなかつた。只旧習を守る事により秩序が維持され貢納が確保されるとなれば夫は最も好ましき事であつた。

併し事実としては広河原は殆ど独立に近く、行政的にも貞享三年頃には既に庄屋年寄等の村役人が設置されておつた。貞享三年には広河原の市郎兵衛なる者が十ヶ村惣作畑を自作畑と混同した事によつて訴訟が提起された事件があつた。これは結局十ヶ村側の勝利に帰し、広河原より一札を入れたが、その中に、

一拾ヶ村名前之田畑御公儀様水帳之通少も境目等我がまゝに申掠申間敷候、毎年下作ニ請申田畑之儀は御断ヲ申十ヶ村之指図次第作り可レ申候事、

一我々共家之近所ニ有レ之内、其之外何方ニ而も新開伐畑かや畑少も仕間敷候事、

一十ヶ村御支配山々之内ニ而用木雑木壹本に而も盗伐取申間敷事、

一材木御伐出被レ成候節は十ヶ村名前之田畑之儀は不レ及二申一、我々畑之内に而も材木立場は入用次第相談之上除レ之、才(材)木立置可レ申候事、

右之通今度御僉議之上惣百姓不レ残御吟味被レ成得二其意一申候、自今以後拾ケ村之指図を請相勤可レ申候、

とあり、庄屋伝右衛門年寄太兵衛以下六十七人の惣百姓が連印しているのである。この中に於て広河原が束縛されておる所は畑地新開と材木伐出の場合入用次第畑を材木置場とするという二項目であるが、前者は前々より繰返されたる文言であつて、しかも嘗て実行されなかつた事は広河原の発達がこれを証明している。後者は「相談之上」行われる事であつて十ヶ村の都合によつて広河原の耕地が勝手に侵害されるという訳ではない。勿論「自今以後拾ケ村之御差図を請相勤可レ申候」と言つてはおるものの、既にかく対立関係となつておる以上、それが行われる筈がなかつた。

而して此時に戸数としては寛文五年に比して一を減じておるものの、庄屋・年寄等の村役人の存在は村落の行政

機関の具備を示すものであり、元祿四年にはこの外に九人の頭百姓が存し、五人組制度の実施されておる事を明示している。かく行政関係に於て十ケ村より殆ど離脱した広河原村は更に其後に於てあらゆる機会を利用して十ケ村の干渉を脱せんと試みていたのであるが、元祿十一年に至つて山国十ケ村中五ケ村は杉浦内蔵允、四ケ村は田中内匠の支配となつて三つに分裂した機会を窺い、翌十二年「検地帳十ケ村に有レ之事難儀之段」に就き自村へ交附されんことを願出た。よつて京都町奉行滝川丹後守は「広河原村御検地帳用に候間持参致候様に十ケ村へ」命じ、十ケ村にては中江村杢右衛門方にあつた検地帳を直ちに持参した処「何之御僉儀なく広河原村へ御帳面御渡し」となつたのである。これにて広河原は一の目的を達した。今後年貢は直接支配者に納入する資格を得たのである。併し十ケ村にてはこれを黙視しておる筈がなかつた。「追々罷登り右之様子聞驚入」つて所司代松平紀伊守に対して訴訟を企てたのであるが、「最早御渡被レ成候事に候へば本のごとく取返ス事難レ叶、広河原村之もの共に古来よりの式法相守り十ケ村之差図請山抔等相妨ケ不レ申様に証文被二仰付一」この証文を受取る事で我慢しなければならなかつた。

その証文には、

一広河原村者古来山国十ケ村之出在家故、御検地帳御下ケ札共中江村杢右衛門方に預り置被レ申候処、去ル(元祿十一年)寅年山国十ケ村之内九ケ村御給知に相渡り候に付御公儀様へ御訴訟申上、右御検地帳御下ケ札共此度請取申候、雖レ然村方之儀は前々之通無二違背一十ケ村へ対し妨ケ間敷事仕間敷旨被二仰付一奉二承知一候事、

とあり、他は大体貞享三年九月の証文と同様である。がここに於て広河原村が自治村落へ一歩を近附けた事は否定出来ぬ。反面十ケ村の側よりすれば、其生活上重大なる関係の存する山林地帯の山元に自治村落が出現する事は其

経済上の利益を脅かされる事は言う迄もなく、従つて其立場から独立を妨げるは勿論、又其時代の封建社会意識よりしても、自己の中より派出したる、彼等が「家来筋」と呼ぶ所のものが、彼等と同様なる地位を得る事に対しては強い反感を有した事は明白である。

これより先延宝年中に広河原村には寺院が存せず、生滅に際して難儀の旨を十ケ村側に嘆願の結果、同五年十ケ村より小庵一寺を造立し、東禅寺と号し、住持は山国の寺々より輪番に勤めることとしたのであるが、正徳年中に広河原村にては社を造営し禰宜を定めた為、十ケ村より代官小堀氏に「新規に社立させ候而は末々山国十ケ村之難儀に成、山方支配何角古来より之格式取失ひ候様に相成、十ケ村難儀之段々」書付を以て願出し、之は十ケ村の要求通りとなつたが、元文年中に広河原に再び社殿を造営したる為、十ケ村より大工・人夫を遣して之を破壊流却せしめた。かくの如く神社造営に対して迄圧迫を加える理由は、直接には「山方支配何角古来より之格式取失ひ候様に相成」ることを憂える封建社会意識が形に於て示される所のものであつた。

寛保三年正月に広河原村は代官小堀仁左衛門の支配を離れて牧野備後守に引渡された。これは広河原にとりては極めて好都合なる事であつた。十ケ村と其支配者を異にすることは自由村落たるべきよき機会であつた。同年二月備後守方より栗原六右衛門が丹波筋神社改の為に巡廻し来つて、広河原村にも入つたのであるが、十ケ村側にては広河原が愈々分離することを憂えて、直ちに惣代四名が広河原に馳付け、「古来よりの由緒申上度」願に及んだが「此度者寺社改に相廻候得は願の筋有レ之候はゞ上京之節相願候様」とて聴届けられなかつた。其後に於ても支配者の交替する毎に古来の由緒を書面にて差出し、広河原を独立村落と認められざる様要求している。

寛保三年六月に広河原の村民が十ヶ村の材木山拵を妨害した廉を以て十ヶ村惣代六名が面談詰問に及んだが、広河原にては態度頗る強硬にて前々の如く直ちに服従せず「以之外成横道申、殊に検見モ請不レ申、惣作地は勿論筏場も備後守様御領分之由申、是迄之証文も不レ残反故と申、何分下に而難ニ相済ニ」という状態で、遂に奉行所へ訴願に及んだ。これは仲裁する者があつて示談に終つたが、その条件は

一八ヶ所材木置場之儀帳面に相極メ置候通り、

一惣作地幷名前地之内耕作不ニ相成ニ荒所之分勝手次第に材木御立置可レ被レ成事、

一耕作仕付置候田畑作毛苅取地面明キ候はゞ相対之上材木立置可レ被レ成事、

一私共(広河原村民)下作に預り候田畑之内材木場入用之節者、地面明ケ、作仕付申間敷候、尤畝歩相当に相対之上用捨請可レ申事、勿論無益之地面明ケ間敷候、

一拾ヶ村之衆中広河原村へ御越之節者是迄之通宿致、飯代相応に請取可レ申事、

というのであり、且つ十ヶ村の惣作地作徳米は一定して広河原村へ下作に領け置き、毎年毛見に行く事は廃止となつたのである。これらの条件は明かに広河原に有利となりつつあるのであるが、十ヶ村側では「今度之出入十ヶ村利潤に取嗳に而相済」と称して我慢しなければならなかつたのである。尚此際問題となつた施薬院領越米の事は、広河原の態度強硬にて決定せず、其後種々交渉の結果延享二年四月に至つて協定が成立した。即ち

一施薬院様へ広河原村之内船ケ原より越米之儀延宝二寅年より広河原村より山国十ヶ村へ相渡し右拾ヶ村より施薬院様へ収納被レ致候処紛無ニ御座ニ候、然ル処去々亥春より広河原村御私領に相渡り越米壹石九斗之儀広河原村

より直立に被レ仰出レ奉レ畏収納仕候、以来又々御料に相成候はゞ右壹石九斗十ケ村へ相渡し可レ申候、施薬院様へ山国拾ケ村より収納可レ被レ成候、

というのである。越米を山国へ渡して貢納しようと直納にしようと実際上何等差違あるのではないが、飽く迄自由村落たることを望む以上、名実共にこれを実現せんとして、先に年貢直納を欲して支配者の移動を利用して検地帳を手に入れたと同様の理由を以てこの僅か壹石九斗の越米を直納とすべく相争つたのである。そして一時的にせよ広河原の要求が徹つたのである。

其後寛延四年八月に広河原村は小堀仁左衛門支配に戻り、宝暦六年九月山城愛宕郡八舛村・大布施村小物成山見分の為に幕府役人が出張して八舛村に逗留中、広河原村より越米の事或は地方等の事につき訴願する所あり、見分役人より小堀数馬に対して広河原村所在の十ケ村山の件、地方開発の件、十ケ村居村山の件、越米の件等尋ねる所があり、十ケ村は小堀を通して古来由緒を書立て返答に及ぶ等の事があつた。

同年九月広河原の村民が山国の塔村・中江村にて立木三本伐採したとて訴訟が起り、広河原にては「三本立木之儀は十ケ村山に而は無レ之畑に植置候」と言い立てて容易に決せず翌年に至るも裁許が下らなかつた。此事件に就き十ケ村側にては次の如く言つている。

右奥山に付往古より古実式法数多有レ之といへ共悉難レ尽二筆一ニ候、

〇中略

前々より広河原村之者共山国拾ケ村之下知を請候事を心外に存、十ケ村と離れ度日々に物工ミ止む事なく折を

窺ひ敵対ひ致候得共、古来より広河村之申分之相立候儀曾而無レ之候得共、十ケ年か貳拾ケ年に壹度は是非に拾ケ村江相背き騒動に及ビ候、自今も弥時々物エミいたし地方山方に妨け可レ申間、古法取失ひ無レ之様に勘辨を以取計可レ被レ成候、捌方権強くきびしければ気ふくせず背き、又用捨過れば是又破れの基とかや、時之宜きに隨ひ万事拾ケ村心一致にして能々熟談肝要に候者也、

と言つている。

以上は大体宝暦六年二月の「山国領奥山古実書」及び証文一札等によつてそれまでの経過を述べたのであるが、この事件の結末は知る事が出来ない。

此後明和元年に広河原村より折合・払谷・八丁原の三谷の山裾を切開き一反歩余を耕地とした所、これは山国庄支配の地域であつた為「右切開候地所撥散し申付候」との奉行所裁許があつた。同年中に広河原の村役人より山国十ケ村宛に

一広河原村中惣百姓一統心得違山国領之山内において都而山国郷中相対なく狼藉致候はゞ仮令聊之義たりとも如何様にも御訴可レ被ニ仰上一候、其時一言之違義申間敷候、

一向後広河原村中百姓共不レ残山国領山内において狼藉ケ間敷義は勿論、小木壹木に而も山国郷江無ニ相対一理不尽に手差し致間敷候、

との一札を入れておる事よりして両者間に何等かの紛争のあつた事は明かである。天明四年にも村役人より

山方御支配之節御差構に相成候義は曾而致間敷候、自今以後何事に不レ寄是迄山国拾ケ村へ数通差出し置候証文

之通り急度相守り新規新法之義は一切致間敷候、

との一札を入れている。(註)

この後の状況に就いては遺憾乍ら知る事が出来ない。今後新しき資料を得た際に補校するより外ないのである。併しこれ迄記述して来た経過によつて大体の推測はなし得ると考えるのである。

註　文化七年四月十一日広河原村一札之写

三

前項に於て極めて不十分な、しかも甚だ不手際なる叙述を以て丹波広河原村の場合に於ける新村成立の過程を述べた。

新村の成立には種々なる原因と夫に伴う様々の型とがある。が其中かくの如き場合に於ける山国十ケ村と広河原村との関係を親村落と子村落の名称を以て示したい。ちようど希臘諸市と其植民市の場合に於けるが如く、或る植民的意図を以て或村落より分派したる部落とその本村との間にいうのである。勿論親村落が一個の場合にも数個の場合にも言い得るものである。又更に孫村落が存在する場合もある。而して子村落が親村落と全く対等の地位に達し得た場合に、これを自由村落と呼ぶを妥当と考える。自由村落は、単に行政上の単位となつたのみではしか呼び得ぬのである。広河原が行政上の単位となつたのは延宝四年に棹入が行われ年貢高が賦課された時である。併し夫を以て直ちに自由村落となり得たとは言えないのである。未だ親村落より種々の束縛干渉を蒙つて居た。永い間の抗争はこの自由村落となる為のものであつた。村役人が設置されても未だ自由村落とは称せられず、行政単位となつても未だ自由村落となり得ぬが、経済的に親村落の束縛を完全に脱した時、即ち親村落の干渉圧迫が何等効果を齎さなくなつた時を以て自由村落たる目的が達せられるのであるが、広河原にては其時期を明瞭ならしめる事が出来なかつた。

併し兎に角に子村落が自由村落となる為に親村落との間に如何なる関係が生ずるか、又親村落が如何なる態度にてとれに対するか、その或る一つの型と過程とを不完全乍ら示し得たものと考える。

（昭和九年八月、歴史地理第六十四卷第二号掲載）

三、村落社會の組成

――家格の成立――

序

今日国家的な立場に於て国民中農民の占める人口率の最低限度が考慮されている。それには種々の原因があろうけれども、農民思想というものが重視されていることは疑ない所である。農民思想の一つの特徴は、それは時には保守的となり停滞的となることはあるけれども、概して言えば堅実性安定性を有するということであろう。勿論そうした性質はその生活その伝統の中から生じてくるのであるが、就中我国に於ける農業経営の形態なり技術の発展段階なりが広い基盤を与えている。それともう一つは、それに深い関聯を持つことではあるが、農村社会に於ける秩序の持続ということが大きな要因である。秩序の持続ということは広く言えば村の伝統である。政治的経済的又精神的な強靱なつながりである。そうしたつながりをはつきり認めてゆくことが今日必要な課題の一つであると思う。

さて村落社会に於ける秩序を最も特徴付けるものは何であるかと言えば「家の格式」ということであろう。今日の都市生活の中からは殆ど消失し去つた、又は顧られなくなつた家格の問題こそ、都市と農村とを区別する重要な一点であろう。何故なら「市民的」であるということは、「家格」の観念を振り捨てることを一つの条件としていたからである。「市民」にとつて大事なものは現在であつて過去ではなかつた。というよりは殆ど過去を持たなくなつたのである。昔でさえも、生粋の江戸つ子は三代土着の者であることを条件とした。換言すれば三代経てば誰でも江戸つ子になれた。今は、二代とは言わない。何年とも言わない。過去を重要な要素とする「家格」はそこでは成立することができなくなり、それに代つて「人格」が重視されるに至つたのである。

村では、二代三代は新家である。そこでは家々の格式が未だに重要な意義を持っている。恐らく家格というものは人間の生活が全く同一な条件でなくなつた時、又はそう意識された時に始つたものであろう。従つて条件が異れば異る程強められる。封建社会に於ける複雑な身分制度は家格の観念を最も強めることに役立つた。その意味では封建意識の一特徴として採上げられるべきである。併しその観念が封建社会と共に消失し去つたのではない。少くとも農業の経営方法が今日の如く家を単位としている限り農村に於ては存続するに違いない。言つてみれば農民意識である。

村落社会研究の為にはこうした問題をも採上げてゆかなければならぬと思い、この小論を以てその序説とする次第である。

一

農村社会を都会の夫と比較する時、そこには或る動かないものが存してゐる様に思われる。政治上経済上その他あらゆる動揺波瀾が決して農村を訪れないわけではなく、寧ろ絶えず深刻な影響を与えてゆくのであるが、それにも拘らず一つ一つの村を見る時、何十年経つても殆ど何等の変化もなかつた様な静けさがある。住む家居も一つ二つは新しくはなつていようが大部分は百年二百年の煤に染つている。何村のなにがしと呼ばれる家は依然として変らない。明治大正昭和という激動を伴う世界にあり乍らそれほど著しい変化は見られない様に思われる。

しかし一歩中に入ればやはり変化はある。あそこの家もいけなくなつたという。どこそこではめきめき身代を起したという。門構えも荒れ果てた家もあれば、新しく建て増した家もある。村の人々に出入りもある。緩漫ではあるが色々な変化が起つている。殊に都会に近い所や新しい事業の起つている所では急激な推移も見られる。併し大体が農民生活というものは安定しているもので、特別によくなつたとか悪くなつたとか言うのは何か農業以外のことが関係している。相場に手を出したとか政治に深入りしたとか、農家の没落は別な所に原因を持つている。身代を起すにも農業だけというのは極めて稀である。

農業一本で一代の間に産をなすというのは実際そう多くはない。親子兄弟が三度の飯よりも仕事が好きで、朝飯前に二度も刈草に行つて、飯前一荷という不文律を覚えている者に陰口をきかれたり、旗日にさえ肥し桶を担いだりする程の家。戦時の召集を受けて、外の者と一緒に一番列車で出発したのは村人の迷惑を考えてのことで、次の駅から逆戻りして、夜中まで働いて又出直して行く程の男、それ程に働かなければなかなか身上は起せない。労働量に比例して生産が増すというわけではないからである。農業技術の改良は恐らく最も生産を高めるのに効果があるのであろうが、彼等は新しい方法を採入れるのに極めて臆病である。間違いないという自信のつくまでは敬遠する。一分の余裕もない生活が万一を警戒させるのである。

こうして弛みない生活が要求され、又多くの村人はそうした生活を続けているのである。そこでは些かの怠りも許されない。一人前でないといわれる程の恥辱はない。精一杯の生活がその現状を維持させてゆくのである。その故にこそ、農村には動かないものが存しているが如くに考えられるのである。

村人の個々の生活を離れて、村全体を考える時、そこには一層動かし難いものが存している。人々が住んでおるというだけで村は成立していない。そこには当然一つの社会意識が形造られている。それは人々が集つたからできたというだけのものではなくて、村と共に、或は人々と共に、昔からその祖先から受けつがれて来たものである。色々な習慣や言い伝えが伴つている。即ち村の伝統が織り込まれている。例えば村の中には家々の格というものがある。家の格というものは特別に取上げて論ずる者はいない、併し村人は皆それを知つている。言わず語らずの中に自分の家が村の中のどういう所に位するかを知つている。同様に他の家々についても知つている。その格は富の力だけでは左右されないものであるから、経済上の動きよりも更に動かない。資産ができたからと言つて直に家の格が上るというわけではない。格を上げるためには格のよい家と縁組をする。それを組み上げるという。その格がやかましい為に縁組もたやすくはできない。相手の人物とか資産とか同じ様に、又はそれ以上に家の格が物を言う。縁談がまとまれば一族姻戚に之を報じて諒解を求めなければならない。金に眼が暗んで家の格を落したという非難を避けなければならないのである。そうかと言つてそれらの家の格が常に頭の中におかれているわけでもない。改まつた席に坐る場合とか縁組の話でも起つた時とかに、意識的無意識的に出てくるのである。茶呑話に家々の格を聞いた子供はやがて自分らが成人した時その格を問題にする。一度はそういう考えに強い反抗を持ちながら、やはりそうした考に落込んでゆくのである。その様にして自分の家の歴史や伝統と一緒に村中の歴史や伝統が何十年何百年と語り継がれてゆく。そういう事が文書などによつて裏付けられると記録しか信用しない者が驚くことがある。

何十里も隔てた郷土史家から問合せが来て、こちらからそちらへ何某という家が移住したという言い伝えがあるが、心当りはないかという。そういう家はある、その家でもそちらから来たと言い伝えている、そう返事をする。それが慶長年間のことである。今住んでいる者のことのみではない、既に移り住んで何の関係もない家についてさえ、なおこうした伝えが残されている。ましてその時一緒に移り来つた家来筋の家のことは未だにこちらの村中では口にする。しかもそれについては最早何等の証跡も残つてはいないのである。残つているものは口碑であり、それは又如何なる文書にも勝る力強さを持つている。家格は歴史家の考証によつて成立するものではなく、村人達の何世代何十百年に亙る判断の結果であるからである。

二

こうした家格を論じ門地を尊ぶ風は、明治維新を境にして余程薄れてきた様に思われる。維新前に於てこうした観念が更に強かつたことはその社会組織の然らしめた所であろう。

御維新ノ前封建ノ際、領主其土地ヲ異ニスル尾州領笠松郡代其外旗本知行所或ハ地頭アッテ民情風義モ亦不レ同、或ハ村長旧家ノ者門閥ヲ重シ細民ヲ束縛シ、甚シキニ至テハ細民小前ノ者或ハ被管ノ者ニ衣服ノ制度ヲ限、上下《カミシモ》羽織袴及下駄雪踏傘等用フルヲ不レ許、又細民ノ者富ルト雖モ家作ヲ新築スルニ至テハ瓦庇シ或ハ釣天井三尺床ニ框戸《カマチ》或ハ土蔵ノ土扉《トマヒ》等営ヲ不レ許、大キニ威権ヲ張リ、門地ヲ唱フル者（此ニ記ス門閥ハ従來村内ニテ名主庄屋或ハ頭分ト唱ヘ世襲セシノ徒ニシテ、貫ノ門地ノ家ハ全郡ニ少シ、所謂昔時富家ナル者累年檔ヲ取シ者ナリ）貧窮ニシテ無智文盲ト雖トモ村民ヲ蔑視スルノ弊アッテ、云々（美濃國民俗誌稿）

一村内に於て区別があるのみではなく、その領主が親藩であるか旗本であるかによつて村としても相違する所があつた。

尾張藩所轄ノ人民（藩臣ノ給地モ此ノ中ニ在リ）世系門地アル者、富有ニシテ用金等ヲ調達スルモノ双刀ヲ帯フコトヲ許シ、又年賀ノ謁ヲ賜フ等其格式階級有ル殆ンド士族ニ異ナラス、下民ニ至テモ尚其領主ノ位官尊クシテ門閥高ク、且其封域ノ大ナルヲ以テ頗ル傲慢ノ意ヲ含ミ他ヲ蔑如スルノ気風アリ、大垣藩所領ノ人民ニ於ケル格式等級有ル者ト雖モ更ニ驕態ノ色ナク、唯意気揚揚トシテ自得スルノミ、幕府領ノ人民ニ至テハ世系門地ヲ貴フノ習風有レトモ濫ニ格式等級ノ許可ヲ得ルコト能ス、然レトモ気格高クシテ敢テ両藩所轄ノ人民ニ下ラス、事有テ議席ニ臨メハ必ス上座ニ在リ、其澆季ノ世ニ及テ売官ノ法ニ倣ヒ、冥加金ト称シ巨多ノ金額ヲ富有ノ人民ニ課シ、其出ス所ノ大小ヲ以テ格式ヲ許可スルコト各等差有リ、又其ノ所轄ノ県吏種々ノ名目ヲ設ケ双刀ヲ帯スルコトヲ許ス、是ニ於テ一時競テ双刀ヲ帯フ者多シ、士カ農カ殆ント辨ス可カラサルニ至ル、有識ノ者竊ニ牛犢ヲ売リ刀劍ヲ買フノ歎有リ、又一種ノ悪習有リ、下民瓦室ヲ建築スルヲ禁ス、甚タシキニ至テハ庇檐ト雖モ瓦ヲ以テ葺クヲ許サス、之ヲ郷例ト称ス、若シ禁ヲ犯セハ其庁ヘ訴ヘ速ニ之ヲ毀タシム、（同上）

領主へ冥加金を納めたり、又特殊の功労によつて種々の待遇を与えられることは全国的であつた。例えば元治元年前橋藩にて御林取直の精勤者に与えた賞与によると、二人扶持加扶持・麻上下及二百疋・麻上下・其身一代直支配・其身一代苗字差免及二百疋・其身一代苗字差免及壹百疋・其身一代苗字差免・其身一代他処出帯刀差免・其身一代地廻帯刀差免・其身一代名主格及二百疋・其身一代名主格・其身一代組頭格等の差別があつた。（松平家記錄）又大垣藩の天保九年の令によると、帯刀を許された百姓は白洲内にて藁草履を用うることができたが、平百姓は履物無用であつた。（大垣藩舊慣）

美濃国本巣郡仏生寺村では堀部・鵜飼の二家に属するものが特殊な立場を占めていた。両家は中世以来土着の著姓で、席田井組の井頭を独占して来たものであるが、村内にては一般の村人とは隔絶した地位を保つてきた。氏神の春日神社の祭祀には両家の本家分家が座的結合をなして之を独占した。自らは惣頭分と称して新古高下なく相協力することを約していたが、一般村人は脇百姓と称して之と婚を通ずることは全くなかつた。脇百姓に対して裃着用を許可したり門構えを設けることを許したり賜分としての待遇を与えたりする権力と地位を有していた。（経済史研究三十ノ三、喜多村氏・井頭考）

苗字帯刀とか裃着用とか門構の有無とか、夫々が家の格式に関わり複雑な身分別を生じてくるのであつた。清水文弥翁の「農民生活を中心とせる郷土史話」の中に、

徳川時代に於ける一般の人の、階級観念が如何に厳格なものであつたかは、今日の人の到底想像に及ばぬほどであつた。而かも、恁うした階級思想は山間僻地の村落にまで及び、戸数僅かに百を越えざる農村の如きでさへ、其の間に幾つかの階級が置かれてあつたのである。

例へば、農民が会合をなす場合の如き、その土地の風習で大地主が上席を占めるところもあつたが、我が那須野地方に於ては普通名主、組頭、百姓代の順序、其他は一般出席者の先着順で席を占めたものであつた。此の如くに、その時代の名主といふものは、村中の首位所謂今日の村長ともいふべき地位にあつたものであるが、その名主にも一、割り元名主、二、代々名主、三、年番名主の三階級があつたのである。そして、割り元名主は名主中での大名主、また代々名主は割り元名主に準じたもの、更に年番名主は一年々々毎に小前一同から選挙されたもので、名主中の下位に属してゐたのである。（二二頁）

とあるのは又その一斑を示すものということができよう。

さてこの様にして格式というものが重要視されることは確かに封建社会全般の一特徴であるが、今その範囲を農村に限つて之を考察してみる時、その観念は未だに根強く残つているのである。一体家々の格式はその家の由緒歴史が先ず重要な要素を構成する。その土地の豪族の子孫であるとか古くからの郷士地侍であるという様なことはもとよりであつて、その村に居付いたのが古いか新しいかさえ大事な要素になる。或は産土神の祭礼に如何なる役を勤めるか、戒名がどうであるか、とかいうことが又要素となる。宮座の如きものでは往々にしてその座人を制限して新しい者を加入させない場合がある。そうすれば座に加つているか否かゞ大きな差別を生む。或は頭人となる資格に制限のあることがある。例えば長野県更級郡八幡村の県社武水別《たけみずわけ》神社の新嘗祭の頭人の如きはその興味ある例である。ここの新嘗祭は昔は十一月、明治の初めからは十二月の十日より十四日までの五日間に亘つて行われ、一番頭より五番頭まで五人の頭人が選ばれる。頭人は同郡八幡村・更級村、埴科《はにしな》郡五加村の七部落より選ばれ、嘗ては高三十石以上、明治以後は地価千円以上を所有する家より定められる。その決定は神籤によるのであるが、初めて頭人を勤むる家は十四日の五番頭、二代目は四番頭、三代目は十一日の二番頭、四代目は一番頭、五代目に至つて十二日の三番頭即ち大頭を勤める。頭人となるのは一生に一度と限られているから、少くとも五代目でなければ大頭は勤められないのである。大頭の子でも分家した時は一階下の一番頭を勤仕する。従つて頭人を勤め得る家ということは此地方に於ける社会的地位に重要な要素となる。大頭を勤めたということになれば少くも数代に亙つて経済的社会的に相当な地位を保つてきたことを示すものであつて、結婚の場合などには有力な評価材料となるのである。

もとより家の格式の評価にその家の経済力が加算されないことはない。現在衰えたとしても嘗ては必ず財力に於ても立勝つていたことは条件というよりは事実である。言い換えれば家格はその家が過去及び現在に於て占めた又は占めているあらゆる地位の綜合である。その経済的な地位、身分的な地位、過去に於て占めた地位、そうしたあらゆるものが綜合されて現在の家格が定められる。それぞれの要素を如何なる割合で計算するかは何の目安もない。併し村人の総意によつて自らその地位が与えられる。又その地位が変動してゆく。嘗ては門閥家として羽振りを利かせた家も村の秩序の下積になる時もある。

そうしてできた家々の格は、村々に於て秩序正しく積み重ねられている。その秩序が容易に動揺しないことが農村社会の特性である。それは農業経営の形態や技術の発展段階とも深い関聯を持つことであるが、農村に於ける伝統の尊重ということが之を支持する。それは又我国家そのものに於ける歴史伝統の尊重保持ということと密接な関係を持つている。村落は太古より自然発生的に成長してきた。新しく造られた村々も同じ様に組織構成されてきた。

国の歴史が一貫している如く村々の歴史も一貫している。家々の誇る由緒や歴史の規準も亦不動である。家格尊重の観念は未だに強固な地盤を持つているのである。しかも家々の格は、それが旧家であるとか門閥家であるとゆうことには限られず、凡ての村人によつて保持されている。家の格を持たない村人はおらないのである。その家格の中には祖先から受継いできた永い歴史や又伝説やらが一切含まれているのである。それを夫々に誇りを以て保持し又子孫に伝えてゆく。彼自身の一切の業績はその中に融け込んでゆくのである。

三

以上述べた所によつて村落社会に於ける家格の概念は不十分ながらも一応説明を終ることとし、それを前提として近世に於ける家格が如何にして成立したかを考えてみようと思う。勿論村々個々の家々について之をなすことは不可能である。そこで近世に於て村々で旧家と呼ばれた家は如何なる性質を持つていたかを考えてみたい。旧家と呼ばれるのは村に於ける家格としては最も上位に置かれているものである。その性質を考えることは村落の秩序の一斑を観ることになる。

新編武蔵風土記稿・新編相模風土記稿・紀伊続風土記等の江戸末期の編纂物には村々の旧家を掲げ簡単な由緒を記しているので、之を利用して旧家と呼ばれるものの性質を考えてみようと思う。言うまでもなくその由緒が悉く信頼できるものではない。併しその真偽を一々検討することは不可能であり且つ無意義に近いと思う。ここではその由緒を信じて之を旧家と認めたその時代の人々と同じ様に、それを信頼してゆくより方法がない。

今それらの諸書を通じて考えられることは、江戸時代末期に旧家と称せられるものの大部分は戦国時代に於てその素地を有していることが判る。中世的なものが解体して新しい組織が造り上げられる。その新しい組織の中で誇られるものは、その転換期に於て既に重要な地位を占めていたということである。庄園で言えば庄官層・名主層、戦国期で言えば在郷の下級武士、江戸時代に於ける郷士・村役人、それらは連絡ある筋途を辿ることができるものである。庄園の崩壊に伴つて庄官層・名主層はその持つ勢力の強弱によつて封建関係を結んでゆく。その関係が漸次上層に及ぶに従つて全体の力は極めて大きなものとなり戦国群雄の力を形成する。

相模武蔵の地に於てみれば北条氏支配の確立は要するにそうした地方小土豪を傘下にしたことにある。そこには北条氏を頂点とする幾段かの封建階層が成立した。大小の土豪は或は帰属し或は滅される。北条氏はそれらを旗下に加へる外に八王子・鉢形《はちがた》・松山・忍《おし》という様に各地に一族家臣を置いて之を統御した。村々では幾人かのものが在郷のまま之に服属する。彼等は村々を指揮し得る実力を持つている者である。彼等は北条氏より改めて名主職を命ぜられる。彼等は最下紙の武士たる性質と村役人たる性質を兼ね有している。この名主層は土地に密着している為に極めて安定した地位を保持する。北条氏が没落すれば北条氏との封建関係なり帰属関係は断たれるが、その村役人的地主的の立場は残る。北条氏の後に来たものが北条氏と同じ支配方法を講ずれば彼等は再び武士的な面を生ずるのであるが、実際には異つた方法が執られた。

天正十八年の小田原北条氏の滅亡は村落構成の上にも著しい影響を与えた。村からは武士的な要素は抜け去り、武士として都市に移らない名主層は完全に農民としてその位地を規定された。彼等は後に至つて之を帰農したとか牢人になつたとか称しているのであるが、実際には武士的な性質が脱落したことである。江戸時代の牢人の如く知行を奪われ扶持に離れた武士では農村で生活することは殆ど下可能である。併し江戸時代に於て由緒として誇るには嘗て武士であつたということが重要なのであつて、従つてその面のみが強調されてくることとなるのである。

一体旧家の由緒とは現実に如何なるものであつたかということを、新編武蔵風土記稿によつて若干掲げてみると、先に述べた小土豪小領主というものの子孫が存在する。例えば豊島郡下澁谷村の善右衛門の祖は澁谷村の領主であり豊沢の宝泉寺の開基者と伝える。同郡下板橋村の市左衛門の祖は豊島村の領主である、板橋の御東山に在城して板橋を氏となし、本家は旗本となり二男の家が土着して農民となつたという。葛飾《かつしか》郡平沼村の戸張五郎兵衛の祖も嘗て同郡戸張村の領主であり、一時北条氏に属したが、その後家康の旗本となり、一部は土着して代々名主を勤めたという。荏原《えばら》郡瀬田村の長十郎の祖は嘗てその地の城主であり北条氏に属していたが、その沒落後ここに土着したと伝える。

又豪族の家臣などがその地に集団的に残存している場合もある。荏原郡世田谷の城主吉良氏の家臣の子孫がその附近に多いことなどもその一である。世田谷村の大場氏は吉良家四天王の一と伝え、経堂在家村の松原・亀ケ谷・長嶋・石和田諸氏も吉良家の家臣という。野良田村の粕谷氏も嘗て弦巻村に在つて吉良氏に仕え、その沒落後此地に来つて村の開発者となつた。等々力村の利右衛門の祖も吉良氏に仕え大蔵村小山の辺を領していた。代田村の左内の祖鈴木重貞も吉良家の臣であつたが、その上総国に移るに及んで当つて郷士となり、家名を家人の益戸庄五郎に譲り、庄五郎の子孫が村内に繁衍した。

或は郷士の聯合して何衆何党などゝ称する者がある。橘樹《たちばな》郡菅村には七党と呼ぶものがあり、小机村には四人衆と称せられるものがあり、その外に多磨郡三沢村の三沢衆又は十騎衆と呼ばれるもの、同郡大久野村の大久野七騎、足立《あだち》郡の鴻巣七騎、入間《いるま》郡大井村の四人衆などがある。こういうものは如何なる性質のものかというに一概に論ずるわけには行かないが、大体郷士という性質のものであつた。菅村の七党とは同村内の広田・安藤・上原・田郷・関屋・小山・佐保田の七氏を指す。その内の佐保田氏の祖は山城守と称し北条氏康の家人であつて、その願によつて根ノ上社と法泉寺は天文二年氏康によつて再造された。その家の伝えでは山城守は其地を領していたという。それが他の六氏と如何なる関係にあつたか。七党中でも最も有力なものであつたと思われるのはその家が名主を世襲していることでも知られる。又鎮守の根ノ上社に於て毎年正月九日猿楽の男舞及び賭的があり、楊の弓青竹の矢を以て之を射ることが行われるが、名主二人（共に佐保田氏）と氏子七ケ村の者がその座に列するを永式としているというのも単に名主であるというばかりが理由ではないと思われる。

小机の四人衆とは同村の鈴木・野呂・藤井・酒輪の四氏で、北条氏分国時代に土着した侍であるという。「土着」という言葉は前に述べた様にその内容は明確を欠くものであるが、天正十八年の秀吉の禁制に、「小机庄之内四人衆抱分」ということがあれば若干の給地を有していたとも察せられる。延宝七年の検地に当つて此の文言ある為各々持地三反九畝余地とされた。正徳頃までは夫役のものを指揮したということも、前の時代の性質の一片を示すものであろう。元来小机は北条氏の家臣笠原氏の在城した所であるから、四人衆も恐らくこれと関係があつたものと思われる。

三沢村の三沢衆又は十騎衆と呼ばれるものは北条氏の指揮に従っていたもので、その一人たる土方氏の子孫は累代名主を勤めたが、その所蔵に係る年号不詳の文書に

三沢之郷之事、各無足に候へ共、被二走廻一に付而自二大途一被レ成二御落着一候、全相抱弥以可レ被レ励二忠節一候、於二此上に一も猶可レ被レ成二御扶持一状如レ件、

亥七月廿八日　　　　横　地（花押）

十　騎

とあり、亥六月廿二日附の文書には「三沢之儀拾騎衆に申請各々得令(ヒ)二配当一候」とあり、夫々扶持を給せられたことが判る。又三沢衆に宛てた出陣催促状もある。

今度之御働（中闕）甲立物無レ之付而者、可レ被レ為二改易一、如何にもきらひやかにいたして、走廻旨被二仰出一者也、

これらを通じてみれば三沢衆又は十騎衆というものの性質は在郷の士ともいうべき程のものであつたことが推察される。その勢力はそれのみでは極めて微弱であつて、それが更により大きな勢力の下に糾合されて地方小豪族の地盤をなすものである。天正十年七月上野中山城主赤見山城守が北条氏直に帰服したが、氏直は之に対して「走廻次第任レ望知行可レ被二宛行一旨」を伝え、（赤見文書）更に中山地衆拾八人・沼田浪人六人・上川田衆十一人・下川田衆十弐人・須川衆四人合せて五拾七人の交名を記し「右之者共預置候、能々致二指南一、各可レ為二走廻一者也」と命じている。（同上）中山地衆の外は前から赤見氏に属していたものか否か不詳であるが、川田衆・須川衆などというのは三沢衆などと同じ性質のものであつたろうと思われる。

足立郡の鴻巣七騎と称するのは岩槻の太田氏に属したもので、中下谷村の名主矢部氏、下中丸村の加藤氏、加納村の名主本木氏、上常光村の名主河野氏などは何れもその子孫と伝え、外にもこの附近には太田氏に属した家が少くない。鴻巣宿宮地分の名主深井氏の如きもその一であつて、元来長尾氏であつたが、深井村に住した為深井を氏としたもので、宮地分及び生出塚深井等にて三百余町を開発し、又文禄年中鴻巣市原宿を往還駅場に取立てたという。文政頃にも抱百姓十六軒を有していた。

宮内村の大嶋氏も同様太田氏に属していたが、天正十八年岩槻の落城によつて全く農民となつたものである。その所蔵する永祿二年の大島大炊助宛の文書には「当郷打明之事、其方深井致二談合一可レ為レ開候」とあり、深井は前記の深井氏と思われる。又永祿八年の同人宛の文書には「其方抱宮内地以上十貫五十文相出候、於二此上一厳密に可レ被レ為二走廻一事肝要候」とあり、給地を与えられると共に肝煎を命ぜられていることが判る。然るに天正十八年秀吉の小田原征伐があり岩槻城も亦攻撃を蒙り五月下旬落城するに及んで、太田氏に属したもの、殊にこうした村役人的のものは如何なつたか、それについて興味あるのは同じ所蔵に係る左記の文書である。

以上

汝等五人之事、如二前々一在所へ令二退住一耕作以下可二申付一候、若兎角申者於レ在レ之ハ、此方へ可二申来一候也、

六月一日　　浅野弾正長吉（花押）

武州足立郡鴻巣郷

大島大炊助

大島大膳助
矢部新右衛門
矢部兵部
小川図書
以上五人遣之

これで見ると岩槻攻城の将浅野長吉は郷士的なものの武士的性質を奪つて農に帰せしめているのである。これは新領土経営の為の最も適宜な方法であつたと思われるが、同時にかかる者の力を武士として利用せず農民たらしめる所に豊臣氏の支配方法があり、北条氏と相違する点であろう。

大井の四人衆というのは入間郡大井郷の支配を北条氏より命ぜられていた者達である。即ち天正七年霜月廿七日附の北条氏の奉書がある。

大井之郷塩野令二死去一付而、任二遺言一新井申付候処、四人之百姓従二前々一之異趣委細申立儀露顕候、殊塩野内匠時よりも郷中取立励二公務一、近年山野志度窪小田窪両地令二開発一、内匠跡をも引取可二走廻一之段、総百姓逼塞訴申付而、新井左京亮に出置翻二印判一、四人令二落着一候、雖レ然条々申上筋目就二相違一者、自余に名主可レ被二仰付一、猶尽二粉骨一郷中之儀可二走廻一者也、

この宛名は塩野庄左衛門尉・新井帯刀・小林源左衛門尉・新井九郎左衛門尉で、即ち大井の四人衆と称せられるものである。同年十二月十四日文書には、

大井郷名主職、従二世田谷一四人衆ニ被二仰付一書出披見候、尤任二此筋目一走廻、荒地令二開発一、可レ致二奉公之忠勤一者也、

とある。恐らく前の文書は世田谷北条氏の発した所で、後の文書は小田原にて之を確認したものであろう。この両通の文書を通じて「名主職」たる彼等の任務は自ら明かにされるのであつて、郷中の馳走、荒地の開発に尽力して以て奉公の忠勤を致すべきものであつたのである。之を監督すべき者として北条氏は郷々に小代官を置いている。

小代官に関しては天正十年十月廿三日北条氏勝が萩野主膳亮を大蔵郷の小代官に任じた文書がある。

大蔵給此度其方に出置候、著到以下無二相違一可二走廻一候、並小代官も如二前々一申付候、少も如在之儀有レ之者、給小代官共に可二召上一候、猶抽而奉公立も候者、彌可二引立一者也、（萩野文書）

それより少し前の五月四日に同人に与えた文書もある。

前々大蔵屋敷近年手前ニ指置候処に侘言候間其方に任置候、大蔵立山木能茂候由及レ聞候、猶念を遣竹木一本も不二切取一可レ被レ立候事尤至極に候、用所之時節者可二所望一候、色々無届之子細候者可二召放一候、猶給之儀も其方存分により又以二時節一可二申付一候、（同上）

これらによつて考えるには、小代官は平時には郷内の民政を掌り、戦時には軍勢の催促に当る者であることが知られる。戦時に備えては予め郷毎に人数を割当てて人名を書出させてある。「於二当郷一不レ撰二侍凡下一自然御国御用之砌、可レ被二召仕一者撰出其名可レ記事」と命ずる。人の撰定に当つては十分人物を撰ばしめる。「よき者を撰残、夫同前之者申付候者、当郷之小代官何時も聞出次第可レ切レ頸事」という。その一方にては「此走廻を心懸相嗜者は、侍

にても凡下に而も随レ望可レ有二御恩賞一事」という。

この様にして徴集される者には特別の訓練が施されるわけではない。「此道具弓鑓鉄砲三様之内、何成共存分次第、但鑓は竹柄に而も、木柄に而も、二間より短は無用に候」という。「腰さし類之ひらひら武者めくやうに可レ致二支度一事」と命ずる。出陣間際になれば

、自二小田原一御陣触被二仰出一候、重而一左右次第可二打立一候、此度之小旗に極候、古小旗不レ可レ持候、小旗ヲ新致立、其外諸武具兼而如二御軍法一致立、重而御一左右次第可二打立一候者也、（多磨郡三沢村土方文書）

と命ずる。時には証人を徴することもある。

大途御弓矢立ニ候間、小河内衆之証人、此度被二召上一候、然者十二ニ成子所持申候由被二聞召一候、□子を惣□ニ御扶持可レ被レ下間、速ニ証人被二進上一、心易谷中之走廻可レ致レ之、此度抽候走廻ニ付而は、随レ望知行可レ被レ下旨、被二仰出一者也、（多磨郡川野村杉田文書）

徴集される者は弓矢を取る者には限らない。工匠が集められることもある。

一此度大途御弓矢□者、御領分之番匠之儀悉相集、於二八王子一曲輪請取可二走廻一之事、

一番匠衆之妻子、何も八王子へ可レ入事、

一此度他へ罷移於二番匠一者、何方ニ有レ之共、被二召返一可レ被レ行二死罪一事、

これは多磨郡大久野の番匠落合四郎左衛門に宛てられたものであるが、（大久野村野口文書）この四郎右衛門は永禄十二年同所にて一貫七百文の知行所を与えられている者である。（同上）

との様に戦時に在郷の士を徴集し、且つ証人を徴し妻子を入城させるという方法は、既に近代的な方法ではなくなつていた。そこに北条氏の支配が、近世的な封建制度改編への基礎工作に終つた原因もあるかと思われるのである。更に旧家の由緒やその所蔵文書等によつて武士の土着する状況を知ることができる。多磨郡小比企村の彌八の祖小坂新兵衛は嘗て甲州の武田氏に仕え、弘治三年には信州水内《みのち》郡に於て戦功を立て信玄の感状を得ておる者であつたが、天正十年武田氏の滅亡後武蔵に移つた。氏政の弟八王子城主北条氏照は之を村山に置いて開墾に従わせている。

此度当表へ相移□、然者住所之儀村山之内立川分被二定置一候、荒野之地候間、知行開次第其者に被二下置一候、早々彼地へ罷移可レ令二居住一候、御出陣御留□守者玉川内に者他所之衆不レ被二指置一候、早々被二任置一候地へ罷移、宿被レ立、諸不入に被二定置一候間心易可レ令二居住一候、万一他所へ罷移候付而者、何方へ罷移候共、可レ被二召返一候、不入之地へ相移心易可レ令二住居一候、

とあり、宛名は「宮谷衆中　小坂新兵衛殿」となつている。ここに宮谷衆という一つの集団による開墾が行われるのである。

同郡原宿の栗原藤太郎の祖も武田氏に仕えたものである。

先祖は栗原彦兵衛と号し武田家に仕へしが、永祿の初ゆへあつて多くの家人を具し甲州を去て当国に来りこの所に蟄居す、山間にて耕作の地なければ炭焼の業をなせしに、其比は山々に定れる持主もあらざれば山続三四里の間を己が有とし、家人共に専ら此業をなさしめ在けるに、彦兵衛ことは甲州にかて筋目ある者なればとて

北条家より招かれしがそれにも応ぜざりしゆへ、左あらば百姓せよとて耕作の地を賜り、そのうえ炭焼司に命ぜられ家中の焚炭をぞ出しける、とかくするうち従ひしものも追々土着の農民とはなれるよし、

その家は後にその由緒を以て八王子千人組に入れられた。その所蔵文書に「百姓仕候下地弐貫弐百文之所被レ下候」とあるものの外に、永祿四年正月付の左の一通がある。

御家中炭焼之司被レ下候、皆々致ニ談合一炭釜を作、毎月炭上可レ申候、諸役之儀ハ御赦免候、納候処員数之儀、重而可ニ申付一由被ニ仰出一者也、

これは集団的移住であり、武士の土着する一つの例である。又北条氏の滅亡に遭つてその儘その地に土着した例は武蔵相模の旧家の由緒としては最も多く見られる所である。秩父郡三山村の斎藤氏、薄村の多比良氏・出浦氏の如き、何れも鉢形の北条氏邦に属し、永祿十二年の甲州勢との三山谷の戦には共に参加して感状を得ておる者であるが、天正十八年北条氏の亡びた後土着して農民となり名主となつた。殊に下日野沢村の名主阿佐美氏の如きは江戸時代にも郷士として遇せられ、屋敷五畝畑五畝の除地を有していた。その外同郡久長村の彦久保氏・野巻村の逸見氏・大宮郷の井上氏等何れも鉢形北条氏の家臣であつた者である。

四

前項に於て武蔵風土記稿を通じて旧家の誇る由緒というものには如何なるものがあるかということを二三の例によつて之を観察し、且つそれを通じて封建制改編の一面に触れてみた。併し旧家の由緒というものは右に述べた如

きものには限られないのであつて、いわば千差万別である。そこで広く旧家全般に亘つてその出自なり由緒なりを考えることが必要になる。その為に新編相模風土記稿に掲げられている旧家の総数百五十一家について簡単な分類を行つてみると次の通りである。

(一) 嘗て主取りをした者　六五
(二) 早くから郷士的な者　三五
(三) 村の草分の家　八
(四) 特殊職業の者　二三
(五) 徳川氏又は其家臣と縁故のある者　八
(六) 特別の由緒を記さない者　一二

これを更に詳しく調べてみることとする。

(一) 嘗て主取りをした者　六五

この内訳は左の通りとなる。

(イ) 北条氏に属した者　三六
(ロ) 武田氏に属した者　八
(ハ) 徳川氏及びその家臣に属した者　五
(ニ) 三浦氏・足利氏に属した者　各四

（ホ）今川・高城・里見・真田・松田氏に属した者　各一

（ヘ）岩崎城主・曾我領主であつた者　各一

（ト）伊豆牢人　一

この内訳は確定的なものではない。嘗て城主とか領主とかいう者も加えた。又前に足利氏に属し後に北条氏に属したものは北条氏の方に加えた。徳川氏の家臣で一時武田氏に属した者も徳川氏の方に算えた如く、極めて便宜的に分けた。しかしこれによつて大体の傾向は判ると思う。北条氏に属した者が過半数を占めているのも地理的関係より当然なことであつて、多くは天正十八年北条氏の没落と共に「帰農」したものである。

前にも述べた如く戦国時代に於ける武士は、その地方地方に於ける土豪が多く、そうでなくても給地を領有していた者が多いので、主家の没落後もなほ前に変らぬ地位を占めている者が多く、新しい支配者との間に主従関係を結んで行つたのであつて、戦国諸侯の地盤はそうした土豪的なものの上に築かれていたということもできる。その間に結ばれるものが封建関係である。封建関係は一種の契約である。一方が没落すれば当然その関係は断ち切られる。主家が没落に際して主従関係を断つ証文を与えて将来他家への結合を任意にさせる場合もある。例えば山中鹿之助が最後の奮戦をなして遂に捕えられた時、遠藤勘介に与えた書状がある。（吉川家文書）

永々被レ遂レ牢、殊当城籠城之段、無二比類一候、於二向後一聊忘却有間敷候、然者何へ成共可レ有二御奉公一候、恐々謹言、

というのがそれである。北条氏も亦天正十八年その滅亡に際しては家臣に対して封建関係解約の証文を出している

例がある。（大藤文書）

今度韮山之地に籠城走廻候、神妙之至候、自今以後何方へ成共可レ有レ之儀不レ可レ有ニ相違一者也、仍如レ件、

これは大藤与七に与えたものであるが、かかる解約状によつて従来の主従関係を断たれた者は新に主人を求めるか、或は自己の領地か縁故の地に土着するか、又前述の様な土豪乃至郷士的なものではその武士的性質を失つたままで農民となる。もとよりかかる解約を行わずしても同様な場合が生じてくる。

今北条氏の旧臣であつたものをみるに、足柄上郡金子村の若三郎の祖は間宮若狭守と称し北条氏の家臣であつたが、小田原の役に父豊前守が山中城にて討死の後ここに遁れて土着したという。大住郡寺田縄村の権兵衛の祖は石塚修理と称し北条氏没落後此の地に住した。同郡平沢村の五郎兵衛の祖は和田兵庫と称し大永頃北条氏綱に仕え、爾来子孫五代皆北条氏に仕えたが、小田原落城によつて民間に下つた。この様にして大部分は主家滅亡と共に帰農した者であるが、必ずしも全部が没落の時農民となつたのではない。

高座郡下溝村の旧家重兵衛・木工左衛門・伊兵衛の祖は北条氏照の臣で、氏照の女が山中大炊助に嫁した時之に随従し、その薙髪して貞心尼と称した後も猶勤仕し、その卒後遂に村民となつたのである。

武田氏の家臣であつたものには足柄下郡土肥堀ノ内村の旧家佐藤泉平の家がある。天文年中武田信玄に属し同十九年海津城にて軍功があつた為、甲斐八代郡都當《つる》郡にて百二十貫文余の加恩を与えられたこともある。又大住郡伊勢原村の加藤宗兵衛の祖丹後守景忠は甲州上野原一子沢の城主であつたが、天正十年武州多摩郡箱根ケ崎にて戦死し、其子助之進は幼少であつた為家臣高梨某が之を携えて城を遁れ、乳母の縁によつて相州愛甲郡煤ケ谷村に土着

し、次で大住郡粕谷村に移り、更にその子の代に伊勢原村に移つたという。

嘗て徳川氏に仕えたという者には鎌倉郡公田村の松平八兵衛の家がある。その祖藤三郎正則は家康に仕えて戦功があつたが一時勘気を蒙つて武田氏に身を寄せ、その後赦されて武州三川島にて采地を給せられ虎の間の御番を命ぜられた。その退隠するに及んで此地に宅地を与えられたのがここと関係を生じた初めであつて、その子重正も亦此地に退隠した。重正の嫡孫は罪を蒙つて遺跡を没収されたが、由緒ある旧家であるというので二男が召出されて下谷に宅地を賜えられ、その家は明和七年に絶えた。三男は公田村に住し、その子の代に民間に下つたという。

鎌倉郡城廻村の鋤柄八郎右衛門の祖先の中には足利高氏に属して箱根竹の下の戦に戦死した者があり、吉良氏に仕えて吉良東条の戦に死んだ者があるが、直正の時鳥居元忠に属してより数代鳥居氏に仕え、鳥居氏滅亡後松平正綱に仕えて当所に住し爾来子孫その家に仕えたが、直置に至つて多病の故を以て致仕して村民となつた。愛甲郡三田村の川口左善次の祖政道は旗本として大坂役に戦功あり、三千石を知行するに至つたが、晩年正信をして家督を継がしめ自らは采邑たる此村に隠栖し、子孫遂に農民となつたという。但し風土記稿の編者は寛永川口系譜等に合わざるを以て疑を存している。

三浦氏に関係あるものは四氏あるが、内三氏は三浦郡衣笠荘にある。長柄村の荒井団右衛門の祖は三浦道寸の子であつて、永正十五年北条早雲に新井城を落された後、一旦房州に遁れ次でこの地に移住した。大住郡寺山村の武庄右衛門の祖も元は三浦郡武村の住人で三浦氏に仕えて武功を立てたが、三浦氏没落後この地に土着したという。

足利氏に仕えたというのは何れも室町時代のことでその土着したのは多く古い時代である。足柄下郡曾我原村の中村貞吉の祖は曾我氏であつて、足利高氏・義満・義持・義量等に仕え、義満・義教の諱を与えられた者もあり、周防国田保庄安堵の判物を与えられたこともあるが、その後本国に下り曾我郷を初め近邑十五村の庄屋を勤めたのである。三浦郡久野谷村の六郎兵衛の祖富永三郎左衛門は鎌倉の足利持氏に仕え、その後この地に蟄居して応仁二年死し、その子の代より里正を勤めるという。又高座郡中新田村の彦三郎の祖大島正時は房州の人で、成氏に属して屢戦功を立て、その後この地に移つて海源寺を開基したという。その所持の文書に里見義堯が天文七年大島次郎なるものに与えた感状があり、里見氏に仕えたこともあつたと推側されている。

津久井の牧野村の神原五郎助の祖宮内少輔氏政は元は足利将軍家の御家人であつたが、後今川氏に属し桶狭間合戦には義元と共に討死した。その子徳兼は永祿十一年氏真が信玄に敗れて砥城の山家へ落ち延びた時、数代の居城蒲原を離れ、更に家康が遠州を領するに及んで全く牢籠の身となり、姻戚を頼つて牧野郷に来住したものである。その後慶長九年に至り伊奈忠次が関八州の百姓逃散無主の田畠並に諸処蟄居の牢人吟味の際、その子徳氏に永高二十貫文の地を与えたという。

嘗て城主であつたという者には大住郡石田村の岩崎武兵衛がある。その祖は奥州岩崎の城主であつたと伝える。又足柄下郡曾我谷津村の曾我八左衛門の祖も曾我の領主であつたという。

以上の場合を見ると徳川氏関係を除いては殆ど戦国時代よりそれぞれその地の豪家であつた者が多く、それより古い時代に溯ると明確な系譜伝承を欠いている者が多く、そこに一つの時期を劃することができると思う。その点は又他の場合に於ても略同様である。

（二）早くから郷士的な者

三五

これに属するものと前項に属するものとの区別は判然としない場合が多い。併し前項に掲げたものはとにかく嘗て戦国諸侯との間に封建関係を結んだものであり、この項に算えたものは、そういう主取りがなかつたもので、そこに若干の差違がなる。土豪としての勢力よりすれば主取りしたものより弱小であつたと見るべきであろう。又一般に土地への関係は密接であつて、前項に属する者が偶然その地に居付いたという場合があるのとは稍違う所があると思われる。

足柄下郡酒匂村の徳右衛門の条には、

小島を氏とす、先祖小島左衛門入道は徳治三年六月廿三日卒、中古の祖小島行西天文廿一年四月卒（以上二人村内大見寺に墓あり）其子左衛門太郎正吉天文二十二年七月村内駒形社に正体を寄附す、正吉は当郷の小代官職を勤む、（下略）

とある。三浦郡公郷村孫右衛門の条には、

石渡氏なり、家系に拠に清原元輔四代の孫伊豆国に住し、天城庄司と称す、其子又四郎嗣成、其子庄内、其子庄五郎等同国に在りて京都の大番を勤む、庄五郎の曾孫左衛門某建保五年日蓮房州より当郡に来りし時、己が宿所に滞留せしめ檀越となれり（金谷村大明寺傳には日蓮左衛門の請により深田村牛ヶ濱に草庵を營しと云ふ）其子を加賀則次と云ふ、則次二子あり兄は僧となり日栄と号す（金谷村大明寺に住す）弟を播磨と称し、夫より子孫連綿して今の孫右衛門に至るといふ、

とある。足柄上郡井口村四郎兵衛の祖は源為朝の次子島の冠者為頼とする。大坂両度の陣には兵粮米運送の事を掌り、功によつて持高六十三石余の貢税を軽くされ、寛永十七年春日局大山不動に参詣の時には其家を旅館となし、

公費を以て家作を修造したという。

その外多くは戦国時代に大庄屋・小代官・名主等の職務を勤めた者が多く、その家々の土着は遅くもその頃までになされていたとみるべきである。

(三) 村の草分の家　八

新しく田畑を開き家居を定めて村を創る百姓は草分百姓と称せられる。もとより村一番の旧家たる地位を占める。しかし余り新しい枝村や出村ではまだ草分とは言わず、まして旧家とは称しない。改めて草分と呼ばれ自らもそれを誇る様になるのは、村も古び秩序も整い、家の格がはつきりする様になつてのことである。そこで草分百姓が旧家として考えられる様になれば、実際には大部分の草分は判らなくなつていることが多いのである。

この風土記稿の中で草分と呼ばれる者も既に古くよりその地方の豪家旧族であつた者が大部分である。足柄下郡福浦村の浦右衛門の条には

当村草分の民なりと云、世々名主を勤む、先祖五郎左衛門は寿永元年四月廿八日死す、是より今に至り凡八百年余、五十五代相続すとなり、

とある。津久井県日連村の三右衛門の祖は鎌倉郡山崎村より移つて初めて此地を開いたというが、その時代は鎌倉時代の初めであるという。古碑には元暦のものと伝えるのがある。貞治六年二月六日と刻んだ祖先の墓がある。その外応永天文慶長等より近代に及ぶまで累累として墳墓を列ねている。これらは何れも「実に旧家と謂つべきもの」である。真鶴村の台右衛門と半左衛門の祖は頼朝七騎落の時之を隠匿したと伝える。これらについてはその村草創

の時の如きは殆ど知ることができないが、高座郡福田村の五郎右衛門の条には僅かにそれを伝えている。

開闢人田辺因幡守安時が子孫なり、安時は田辺冠者安広の第三子なり、安廣紀州田邊を領す故に氏とす永正四年当所に来り、保田筑後守等と同く開墾の功を起す、時に広田斎藤小林山下駒井広瀬等七人共に功を畢、保田以下八人の子孫も今相續せしものあれど家傳を失ひたれば詳ならず大永四年村名を定しとなり、当時の記今に五郎右衛門が家に二通蔵す、一通は大畧保田田邊を始め九人のもの永正二年より大永三年まで追々に土着の年代を記し、又筑後守因幡守は殊に草創の人たるを以て其餘皆彼が指揮に應ずべきの旨を載せ大永四年中二月四日と記し、末に廣田以下七人連署す、一通は因幡安時本國姓氏を自記し、永正四年八月十一月十六歳の時此所に來て農民となりし事を載す、是天正元年に書せしものなり、

これによつても知られる如く同じ草分と言い乍ら、なおその間既に差異が生じているのである。そしてその後に於ける家々の興隆衰微は更に又その差異を複雑なものとしてゆくのである。又田辺因幡守・保田筑後守をはじめ広田刑部助・斎藤民部などと名乗る人々は夫々に下人を持つていたことと察せられる。それらの人々との関係が如何なつてゆくか、村内の階層の成立からみれば興味深い問題といわなければならない。

（四）　特殊職業の者　二三

ここに数えたのは農民に属さない者である。それを内訳すると次の如くである。

神職	二
一遍上人の従者	三
工匠	四
鋳工・仏師・医師・魚家	各二
経師・刀匠・薬家・染匠・石工・畳職・湯戸	各一

右について更に細説すれば、大住郡坂本村の佐藤中務は大山寺の師職にして神家を兼帯する者であるが、その祖は嘗て足利氏に属して観応元年備中国笠岡にて軍功があつたとて高氏の感状を有し、長享二年の武蔵高見原合戦の時には鎌倉管領足利成氏の感状を与えられている。淘綾《ゆるぎ》郡万田村の慶蔵は国府新宿六所宮の神官として鑰取役を勤め、職名を出縄主水と呼ぶのであるが、その家は左程古くはなく、天正頃よりその職を相続したのであろうと風土記稿の編者は考証している。

一遍上人の従者というのは愛甲郡三田村の六左衛門と中荻野村の甚五兵衛の祖であつて、難波土佐・同若狭と呼ぶ兄弟で、下総国より上人に扈従し来つて土着したものと伝える。尚弟に主水という者があり、その子孫も中荻野村に在るという。

工匠の一人大住郡坂本村の手中明王太郎は師職を兼帯する大山寺の棟梁であつて、同寺の石尊及び明王社修造には必ず棟梁を勤め、少破の時は一人内陣に入つて修補して余人の入るを許さず、又大山寺祈禱幣束の串は世々その家にて造るという。

鑄工の一人は小田原宿に住む治郎右衛門で、その祖が河州日置荘より天文三年此地に下り、北条氏の命によつて銃筒陣鐘等を鑄造し、天正十四年鑄工棟梁となり、翌年鳥銃鋳造を命ぜられ爾後北条氏の滅亡まで及んだ。愛甲郡下荻野村の利左衛門の祖も北条氏の鋳工で、その後京都大仏の洪鐘鑄造の員に加つたこともある。風土記稿編纂当時村内に同じ氏の民十余戸あつたが、その業を継ぐものは一戸に過ぎなかつた。

魚家は国府津と東浦賀に在り、共に北条氏の頃より猟漁の事を掌る家であつた。経師は扇ケ谷村に住む神尾伊織という者で、古くは神納又は加納と唱え、往時宋版の一切経を将来する時それを護送して来た高麗の竹溪と云う僧侶の子孫であつて、代々村の里正を勤め、鶴岡八幡宮の経師を勤めるという。

薬家は小田原の外郎鉄丸である。染匠は足柄下郡板橋村の藤兵衛の家で北条氏時代よりの著名な染匠であつた。同村の石工石屋善左衛門も亦北条氏より石匠の棟梁たることを許されていたが、これらは何れも北条氏より給地を附せられていたものである。湯戸は底倉村の勘右衛門の家で、その祖安藤某は応永十年新田義陸を討取り鎌倉管領より此地と木曾を恩賞として与えられたという。「応永年間より当今に至るまで凡四百九十年間、子孫連綿としてここに土着して家声を落さず、実に旧家と云べし」と風土記稿の編者は附記している。その家に北条早雲が永正八年八月底倉村の万雑公事を免除し、同十年七月永代之を免除した文書を所蔵する所から推せばその家伝も略信ずるに足りるものであろう。

八

（五）徳川氏又はその家臣と縁古のある者

徳川氏又はその家臣と何等かの縁故を持つ為に特殊な扱いを受けるということは、やはり時代の特徴であるが、又そういうことの行われるという現象そのものは何時の時代にも存することであろう。

足柄上郡栢山村の義左衛門・五兵衛の祖は家康の放鷹の路次案内をしたという。小田原宿の半左衛門の祖は家蔵の茶壷を家康に献じて、その報として屋敷地の諸役を免除された。足柄下郡今井村の市郎左衛門の家は嘗て家康の陣所に宛てられた為に、その跡地二十石を除地とされた。又小田原陣の時酒井忠次の陣所となつたという同郡町田村の沢池形助の家、大久保忠世の陣所となつたという網一色村の劍持四郎右衛門の家の如きも同じ様な場合と考えることができる。

陣所になつた時は既に相当な旧家豪族であつたろうとは思われるけれども、そこに附加されるもののあることは否めない事実である。「屋敷の前に罷在候処、御覧被レ為レ遊、路次の御案内仕候へと御直に被レ為二仰付一」その為に「先祖より土民にて御座候」ものが旧家として数えられる。（栢山村義左衛門の條）由緒というものは相対的なものであつて、社会の主観に訴えるもので、こういう場合が又一つの条件をなすのである。

（六）特別の由緒を記さない者　　一二

これまで述べたものは、その祖先について何等かの伝えを持つているものであるが、それ程明確な伝えもなく、詳しい記録を失つているものである。例えば大住郡下糟屋村の安左衛門の条には、

能条氏なり、仁寿の頃既に村民たりしより今に連綿すと云、

とある。国府津村の市郎左衛門の条には、

里正なり、豊太閤小田原陣の制札を蔵す、

とあり、高座郡本郷村の一郎兵衛の条には、

里長なり、橋本を家号とす、家系を蔵せり、但馬正綱より系を起し、世代の名諱のみを記し、事実を載せず、

正綱は弘治年間の人、今の一郎兵衛十三代の祖なり、

とある。これらは家譜や由緒書の有無に拘らず「旧家」という地位を保つているものである。村の中に於ける地位は、一度それが与えられてから後には容易に変動は来さないからである。

例えば三浦郡公郷村の名主永島庄兵衛の家系によれば、その祖三浦大田和平六兵衛義勝は新田義貞の鎌倉攻の時先陣の功のあつた者であり、後北条時行に従つて足利高氏と戦い、後楠正成に属し暦応二年此地に帰住したという。且つ正成の四男庄六郎正徳を養子となし、その子孫相襲ぐという。北条氏に属してからは浦奉行又は浜代官海賊役等を勤め、この地にて三十五貫文余の地を給せられ、天正十八年その没落する時まで及んだ。かかる由緒によつて松平容衆の領分の時には軍船水主差配役を勤め苗字帯刀を許され、文政四年松平矩典が領主の時も旧に倣つた。又足柄下郡酒匂村の新左衛門の家は義経奥州落の時其臣鈴木重家がその子を托して去つた家で、之を後嗣として鈴木を氏としたのであるという。こういう類が多いのである。

以上新編相模風土記稿の編者によつて旧家とされているものを、その由緒について考えてみた。右の外にも神主などにて特別に掲載されている者が十七家程ある。又箱根湯本茶屋の村民定右衛門、須雲川の名主畑右衛門、仙石原の農民太郎兵衛の如くその由緒の記されている者もあるが、それらはここでは省いておいた。

さて右にみる通り江戸時代に於て旧家と目された家は、殆ど戦国時代に於てその地位を獲ている者であることが判る。そこにその時期が社会上の変動期として受取られ、そこを以て次の江戸時代の社会組織が編成される時期となす所以が存する。もとより旧家と称せられる家々には戦国時代以前よりの由緒を誇る家も少くはないが、概して言えばそれらは伝説の範囲を出でない。

一体関東地方に於いては民間の資料に室町時代以前のものを求めることは不可能に近いのであつて、結局それ以前は伝説に近くなる。従つて北条氏支配の以前と以後と如何なるつながりを持つかということは明かにし難いのである。その点近畿を中心とした庄園制の発達した地方とは相違する所が少くないのである。ここに紀伊続風土記を通じて戦国末期に於ける村の組成の一面を窺い之と対照することとする。

五

紀伊に於ける近世封建制度の成立過程に対して先に伊東多三郎氏が社会経済史学第十一巻第七・第八号に詳細なる研究を発表しておられるのであるが、ここでは村落員の構成という面から二三の点に触れてみようと思う。

紀伊に於ける近世封建組織の発起点は天正十三年の秀吉の南征にあるが、その与えた影響は北条氏の滅亡によつて蒙つた相武地方とは比較できない程の強烈さであつた。相武地方に於ける北条氏の支配は次の時代への過渡期とも地馴らしの時代とも見ることができるのであるが、紀伊の地方では中世的な組織から一挙に近世的なものへの転換を要求されたのであつて、そこに幾多の矛盾衝突を引起したのである。

秀吉の南征は先ず旧来の組織なり伝統なりを完全に破壊することを目的としていたかの如くである。「戦争の世郡中四分五裂して展転相争奪し統一する者なし、天正十三年豊太閤の一挙郡中始めて平定して著姓郷豪相雄張せるもの皆逃亡し神田寺領の類多く没収せられて始めて一統の地となれり」とは紀伊続風土記の編者が那賀郡の総論に於て述べた所である。神社寺院にしてこの時破壊焼失したものは殆ど枚挙に暇がない。その後の検地に於て神田寺領殆ど悉く没収せられた。例えば日前国懸神宮の条を見るに「天正十三年豊臣太閤当国発向の時国造並に神領の徒多く根来寺と一味なりとて根来寺を滅して余怒当社に及び宮殿を破却し社木を伐尽し神領悉く没収せらる」とあるのはその一端を示すものに過ぎない。

秀吉の南征に引続いて行われた検地事業は又村落の中にも著しい影響を与えた。村落の分合、名称の変更なども行われる。海部《あま》郡雑賀《さいが》荘の末時村と名草郡貴志荘の土入村を二ケ村共に小村であるとて浅野氏の慶長の検地に土入一ケ村とし、名草郡に編入した。名草郡平田荘の広西村は古くは西村と称したのが慶長検地の時に広西村とされた。検地の影響は行政問題に止らない。海部郡大窪村の木村先生社の来由はその一斑を物語るものである。

村中慶長検地の時は家数五十六軒ありしに検地畝詰り斗代高き故に次第に人家減じ、元和九年の比には纔に十三軒となれり、其時の代官木村八郎太夫当村の衰廃を憂ひ十三軒の者を備ひ自村中の田畑を作りしに年貢上納にも充ざれは、困窮の偽ならざるを知りて官に達し百五十石余の高を除き、寛永二年より離散の民を召集め猶土地の薄确生産の難きを察して荒地野山等に竹を植て農隙に蜜柑籠を作りて生産の助となさしむ、是より村中農事の易きのみならず他の業ありて飢寒の憂ひを免れたり、因りて其恩徳を感じて宝暦三年小社を造立して木村先生と奉崇すといふ。

浅野氏が慶長五年入部して検地を行つてから、元和九年まで僅に二十余年にして一村殆ど廃絶するに至つたのである。

村落の住民にも大きな変化が生ずる。嘗ては土豪として武士的性格を多分に備えていた者がやがて完全に農民たる地位を規定されてゆく。例えば日前国懸神宮領の太田村太田城に拠つた太田氏一族の如きその一例であつて、天正年中織田氏に応じて屢雑賀党と争い、天正十二年小牧の陣にはその一党十名は名草・海部両郡の郷士と血盟して家康方に応じ小牧三十六人衆と称せられた。然るに翌年秀吉の南伐に際して太田一党をはじめ連署の輩は多く太田城に拠つて反抗したが遂に水攻に遭つて城陥り一党四散してその武士的性格は剝脱された。その一部は徳川氏の入封に際して召出されて藩士となつたが大部分は農民となつたのである。

雑賀荘梶取村の南川氏の如きもそれで、秀吉に亡されてより村中に蟄居して郷士となり、慶長の検地に当つて農民となり、徳川氏入国後地士となり大荘屋職を勤めた。かかる例は極めて多く、紀伊続風土記の編者が、元和五年徳川氏入国し、「廃れたるを興し絶たるを継ぎ百爾の制度大に備はり著姓の遺蘖稍旧に復し離散の民各本土に帰り、村に長を置きて荘屋と称し、高野領を除き国中を六十七組に分ち組毎に長を置き大荘屋と称して荘屋を総ふ」と記しているのはその事であろう。一旦没落に瀕した著姓士豪が再び認められ用いられることとなる。いわば変革後の妥協的措置ということができよう。

そうした所謂旧家の中に庄園の公文《くもん》・刀禰《とね》などを勤めた家の多いことも相模武蔵などには見られなかつた地域的な特徴である。又番頭であつたと言う家も多い。例えば那賀郡小倉荘新荘村の地士西川安兵衛の条に、

其祖を西太郎左衛門尉信清といふ、西左衛門四郎の末孫なりとそ、当郡貴志荘開起の家筋なり、旧貴志荘中に十二人の番頭あり、其内二人を沙汰人といひて荘中の事を支配す、当家は其一人なり、

とある。この番頭というのは一般に荘民が本所へ宿直その他の徭役奉仕に出仕する際の宰領をなすものと解されている。東大寺領の黒田荘では承久二年までは古老の百姓中より器量の仁を撰補したが、非器量の者が番頭になるという理由を以て、以後は下司の進止として定め補せしめた。（社会経済史学五ノ三竹内理三氏論文）これは番頭が次第

に世襲化されてくることを意味するのであるが、番頭は単に庄園領主との関係に於て考慮されるのみではなく、神社の祭祀、例えば宮座に於ける頭人との関係についてなお研究すべき余地を持つていると考える。紀州の例で言えば番頭と称するものは何れも神社に対して深い関係を持つている。例えば名草郡栗栖荘の栗栖氏は元は荘の下司職を勤めた家であるが、その後分れて六軒となり六番頭と号したという。下司職であつたものが土着して庄内の著姓となつたと考え得る。その六番頭は氏神の紀氏栗栖神社を支配するものであつた。同郡大野荘の大野十番頭の如きもそれである。「大野荘中の免田春日社領の外は十人の番頭五十四人の中﨟是を知行す、十番頭の者荘中の諸事を下知して春日社に奉仕す」という。而して江戸時代に至るまで中村の春日大明神とその下宮と称える井田村の粟田大明神とは共に十番頭の支配する所であつた。岩橋荘岩橋村の海神宮にも左右の番頭なるものがあつて夫々免田を有していたという。

庄務に関わる地位と祭祀に与る地位とが発生的に同一であつたということはできないであろうが、両者が結合する可能性は初めから存したとも言える。初めに於ては恐らく共に世襲すべきものではなかつたが、その性質に於て固定化の傾向を執り両者が往々一致してきたのであろう。そして既に庄園制が崩壊し庄務についての性質が不明瞭になつてきた時、祭祀に関する部分のみが残されていたと言える。番頭といわなくとも、土地土地の旧家は多く祭祀に際して特殊な地位を占める。大野荘日方浦の産土神社では「別に神主はなくて当村座頭二十六人支配す」という。海部郡加太村の加太神社では三月三日の大祭に村中の旧家は皆素襖を着て神輿の供奉をする。名草郡和佐荘禰宜村の気鎮社では毎年正月射初の祭を行うが、「其式神主先六尺の的に払箭一手を射、それより村中座筋の者年の長幼を以て次第に射る」という。

又伊都郡皮張村の丹生狩場両大明神では正月九日の夜村中の旧家門氏を初め十人の座衆が順次に祭会を設け狩場明神の神影を懸けて集会して無言の神事を行い、之を古来の祕式とする。同村土公神社にても正月六日に十人の座衆が集会して神縄懸の祭という神事を行う。この様にして特定の家に或る権利が与えられ所謂宮座というものを形成する。そこに座が世襲の特権として譲渡されることにもなる。名草郡小野田村の産土神神主小野田氏の所蔵文書には宝治二年の座敷譲状がある。それは耕地山野と共に神社の庁の座で「横座主刀禰殿之座右脇二老」という特定の座を嫡女に譲るものである。(紀伊続風土記附錄古文書之部) 刀禰や神主の外に両番頭が証判を加えている。

こういう宮座が近畿地方に於て最も発達していることは明かであるが、相武地方に於ても存しなかつたわけではない。

足柄上郡篠窪村の名主甚左衛門の家には天文四年座次の掟を示した次の如き古文書がある。(相州文書)

篠窪百姓中座敷之事

一番　二郎衛門尉
二番　三郎衛門尉
三番　彦左衛門尉
四番　源六
五番　太郎左衛門尉

六番　　　　　　孫兵衛
七番　　　　　　孫太郎
八番　　　　　　太郎衛門尉
九番　　　　　　与四郎
拾番　　　　　　藤内四郎

右背ニ此旨ニ子細申候者座敷を可レ立者也、仍如レ件、

天文四年丙申九月廿九日　　　　　　花押

この十人の者は座持と称せられ、天保年間に於ても鎮守の祭礼には特別の席を占めたことは風土記稿によつて知られる。「其式古例を守り村民（篠塚）（七人）及び神山村の民(三人)凡て十人順次を逐て拝殿に着座し神酒の濁醪を飲移す、其座次古より甚厳なり、今里正(甚左衛門と称す)が所蔵に天文四年座次の掟を示せし古書あり」又曰く、「今此座に着する者を座持と云、此文書に載たる二郎右衛門は即ち甚左衛門が祖なり、彼は小島を氏とし当村草分の家なりと、又彦左衛門源六は神山村の民徳右衛門、其裔と云、」相武地方にはこの様な例は存しても概して数が少い。庄園制の発達やその残存の濃淡が関聯する所が多いのであろう。既に前に述べた如く旧家の由緒を比較してもそこには明かに地域的な区別が認められる。江戸時代に入つても紀州では旧来の著姓を荘屋大荘屋として利用した外に地士として待遇するの方法を講じた。相武の地方に於て郷士制が殆ど行われず苗字帯刀を許すことさえ少かつたのと比較すれば非常な相違であり、それが又江戸時代に於ける村落構成の差異として後に残るものであつた。例えば明治初年に於

ける西南諸地方に於ける動乱に際して、政府が郷士の存在地を警戒したということも、封建組織又は封建意識の強弱と結びつくことであろう。

六

以上極めて概括的にではあるが、近世初期を中心として村落社会が組成される一面の観察を試みた。その結論として述べたいことは、村落内部の構造が容易に破壊されないということである。庄園制の崩壊から封建制の建設に至るまで幾多の動揺があつたにも拘らず、村落に於ける中心勢力は容易に変らない。中世の庄官層名主層は戦国時代に於ける土豪郷士層と結びつき、それは江戸時代に於ける郷士や村役人の層となつている。そしてそこに一応の安定が得られた時、それぞれの家格が決定され村の秩序ができ上る。封建社会特有な身分別は力強く作用してその秩序は容易に崩れない。相模風土記稿に掲げられた旧家百五十一の内、天保年代に於て名主を勤むる者は五十四家を数える。その全部が世襲ではないが、風土記稿に「累世里正なり」「世々名主を勤む」「文明中より里正を勤め今に至りて十四代連綿す」などと記したものが二十四家ある。恐らく大半は世襲であつたと思われる。名主の外には本陣二、組頭・問屋・町年寄・御林見廻役・炮術場見廻役・石匠棟梁・畳職棟梁・紺屋役支配各一を数える。本陣二と組頭・問屋各一は元名主であつた家である。右の外に元名主を勤めた家が五家あり、その内小田原宿の藤右衛門の家は僻地に在る為公務に便ならずとして代官の命によつて他に譲つたものであり、日連村の三右衛門は父の代まで累世の名主職を謙退辞譲したものである。旧家百五十一家の内足柄下郡酒匂村の徳右衛門の家は嗣子なき為家名を存するのみであるというが、大多数の家は依然として昔に変らぬ地位を確保しているものと考え得る。しかもそれらの多くは又明治以降に於て村々の中心となる家々であつた。

旧家の伝統の永いということは又村の伝統の永いということに外ならない。旧家の存続を通じて我国農村の持つ伝統の深さを推し計ることができる。家格の観念を通じて農民思想の特性を観ることができる。今日あるが如き農民思想を保持する為には、今日あるが如き農村の秩序、農業経営の保持が要求されるのであつて、殊に「家」の存続が最も重要な問題である。（昭和十八年十月）

（昭和十八年十一月、社会経済史学第十三巻第八號掲載）

四、江戸時代農村に於ける家族成員の問題

――特に二男以下に就いて――

序

封建経済下に於ける二男以下の動きは社会的にも経済的にも大なる意味を持つている。彼等の動きはその社会経済組織を如実に示すものがあり、又次の組織の或程度重要な要素となるものであるからである。そうした点を幾何なりとも解明しようとしたにも拘らず、結果は余りに貧弱なものとなり、又意図した点が十分に示されぬ事となつてしまつた。更に機を得て訂補する事が出来れば幸である。

農村に於ける二男以下と言つても、農村住民の構成より解明して行かねばならぬのであるが、ここには大体に於て江戸時代の農村に於て主要なる部分を占める一般農民について、従つて、特殊な富農又は小作人奉公人等を除いたものを対象として考えてみる事とした。

一

飛驒の白川村で大家族制度が行われていた頃、家族に於ける家長の権力が極めて大であつた事は余りにも著名である。其頃には家長と其相続者のみが正式に結婚する事が出来たのみで、其配偶者を除く全女子と二男以下は表向

に結婚する事が出来なかつたし、又分家する事も出来なかつた。彼等は其一生を生家の為に働いて送つた。男女は夫々彼等の中で最も老巧なる鍬頭・鍋頭の指揮の下に耕作其他の労働に従事した。殆ど家長の農奴の如き状態であつた。正式に結婚する事が出来なかつたので、男が女の家に通つた。生れた子供はその生家で、父親とは何の関係もないものとして育てられ、其両親と同じ様な生活を続けた。そうして家族の数は次第に増加して行つたのであるが、それは通常の家族ではなかつた。家長と他の者とは単に血縁につながるというのみで明かに立場を異にしていたのである。

しかも彼等がそうした環境を脱出する事は殆ど不可能であつた。庄川に沿つた狭小な谷間に開かれた僅かな田畑は其生活資料の一部を供給したに止つて、粟や稗は常食であり、木の実や草が夫に混じて用いられた。繭や材木が越中方面から年に一二度入つて来る商人へ払う貨幣となつた。この閉された所ではかくて分家は不可能に近かつた。勿論絶対に禁止されていたのではないが、(註一)分家独立を禁止していたと考えられる(註二)程普通には困難であつた。かかる状況で家長権が強大となつた事は勿論である。相続者も同様であつた。長男は「アンサ」「アニマ」と称されて特別扱いを受けたのに反して、二男以下はいくつになる迄も「オジ」と呼ばれていた。

併しかくの如きは白川村に限られた事柄ではなかつた。本川桂川氏の「海島民俗誌」によれば伊豆諸島に於ても「家政の実権は家長にあり、長子のみ其の実権を継承し、他の弟妹は分家妻帯をさへも許されず、単なる家族として、其労働力を強要されるに過ぎ」ず、「御蔵島の場合を見ると、さうした状態は明治期の中年にまで及んでゐた」(註三)のである。

この二男以下の境遇は程度の相違こそあれ実に日本全国の農村に於て見られた現象である。産業が農業に限られ、耕作地に限度がある場合常に現れる事柄である。例えば「オジボー」というが如きも、二男以下が行く所なくして一生を生家の労働者として、又かかり人として過した者の事をいうのであるが、名称に多少の相違はあるが到る所にあつたのである。(註四) 先に白川村で長男を「アンサ」「アニマ」と言うのに対して二男以下を凡て「オジ」と称していたことを述べたが、この「オジ」こそ彼等の地位を示すものであつた。北陸地方でも富山附近では十七八歳までは長男を「アンチャン」二男を「オッチャン」と呼び、青年期の長男を「オッハン」二男以下は「オッサン」と呼び、下流社会では長男を「アンマ」二男以下を「オージ」と呼んでいる。高田附近では長男を「アニキ」二男を「オジ」と呼んでいる。酒田方面では長男を「アンチャ」二男以下を「オンチャ」、鶴岡でも一般には長男を「アンチャ」二男以下を「オンチャ」と呼んでいる。其他にも長男と二男を区別する名称は多く存している。勿論長男二男を区別する名称の存する事は不思議はないのであるが、併し当時二男以下を示す「オジ」又はこれに類し言葉が持つ概念には、単に「弟」「叔父」という意味の外のものが含まれていた事に注意しなければならないのである。

家の掟

家族内における長男と二男以下とに対する取扱い上の相違は、これらの呼称にもはつきり現れているのであるが、また左の「家の掟」などでは明白にそれを示している。(註五) これは越後岩船郡の豪農渡辺家の第七代三左衛門善映によつて書き記されたものであるが、また一般農民の長男二男に対する考えを示している。

一、量レ入制レ出、是身上の一大事也、

一、我が家の常ハ鍬鎌の職也、仍て主人着用帯に至迄木綿青梅嶋・棧留《とめ》の類に可レ限、他出或ハ人前の交リハ紬に可レ限、譬ハ羅綾の中に立とも家の例なるゆへ必恥辱にあらす、四拾才以上にして紬様の下着計ハ不レ苦候、五拾才以上にして常服ハ勝手次第の事、勿論妻ハ表を勤る事あらされハ、猶更世例より一段落の心得可レ有レ之事、

一、惣領の一子ハ拾歳迄の撫育ハ絹類着用差免候、拾歳以上ハ主人と可レ為二同断一候、就レ中相続の壹人なるゆへ、農事を始、仕来の商売体に心を用る事第一也、兎角に家を治、身を治るの道を為レ学事肝要也、勿論先祖仕来の道相守、商売替又ハ家付の外新職可レ為二無用一、且父母の教示をも相背、不孝不儀(義)にして不覚悟の人体に候ハヽ、生界(涯)見限の勘当可レ致事、

一、次男三男以下ハ七歳迄の撫育絹類不レ苦、七歳以上ハ下帯に至迄木綿着用に可レ限候、勿論拾七歳迄書算を為レ学、拾七歳以上ハ鍬鎌の職を急度為レ励候事、且流行の遊芸に偏るを堅禁候事、分家ハ持高拾五ケ一の録(禄)を相譲、家作其外共に是に可レ順候、若他へ縁付候事あらハ、支度料金弐拾両高に可レ限、女子ハ猶以可レ為二同断一事、

一、常々美食堅無用、有合を以一汁一菜に可レ限、親類出入のものハ別而同様可二取扱一、若不レ叶客来諸振廻ハ、有合の一汁二菜に可レ限候、勿論仏事ハ親類切手軽に相調へし、年賀婚礼同断たるへし、婚礼ハ絹類別而相用候儀無用、且召仕るものハ手足のことし、彼も又人の子なれハあわれを慈しミ、相構て賞美罰悪を儼にせす、争臣争友悪むへからす、又世にあわれなる鰥寡孤独を救遣り度ものに候、

右の法例末々に至まて可レ相二守之一、万々一法例違背之儀有レ之候節、重勤の家頼遂(来)レ穿二鑿之一、急度為二相守一へくも(マヽ)

の也、

寛政十年十月吉　　普映（花押）

註（一）岐阜県庁所蔵天保十五年文書
註（二）従来の白川村大家族制度に関する多くの論著
註（三）同書　七二頁
註（四）早川孝太郎氏＝所謂「おぢぼう」の事（社会経済史学二ノ二）
註（五）越佐研究第二、三集合併号「岩船郡渡辺家史料調査報告」による。

二

白川村や伊豆諸島の例の如きは最も極端なものであるけれども、江戸時代の農村には当然現るべき筈であつた。田畑の耕作を主とする経済組織に於て、開発が人口増加に伴わぬ時、そして他にその人口を吸収し得る産業の発達しない時、全般の生活程度を引下げるか、或は一部のものが犠牲になるかするより途はないのである、江戸時代に於ては後者が選ばれ、且つ二男以下がその犠牲を負担したのである。

江戸幕府は時に変動があつたけれども大体に於て名主は高二拾石、一般の百姓は高拾石を標準として分地の制限をした。(註一) 諸藩も大体これに準拠したが地方的事情で差異のあつた事は勿論である。肥沃な熊本藩では元文元年に「委細吟味之上二男末子之内へ高拾五石、弐拾石分ケ遣候而も、本家三拾石以上ニも候ハヽ、品ニより願之通ニも可レ被ニ仰付一候、何れにも弐拾石以下之高分ケ之儀者堅く御停止ニ候」(註二)と命じており、会津藩では初め里郷は十石以上、山郷は夫以下でも高分けを許したが、宝永三年に至つて里郷二拾石以上山郷拾石以上としてなるべく許可せぬ方針を執つた。(註三)

併し標準たる高十石を有する百姓は全体から見れば極めて少数であつた。例えば金沢藩の或地方では「文化辛未八年の記の農家二千二百家は、田六百石より百石以下に至る者二十家、田五十石より十石以下に至る者四百五十家、田五石より二石以下に至る者四百三十家、田一石より一斗已下に至る者千三十家、田なき者百九十家」(註四)といい、大地主が存する一方、五石以下の零細農が大部分を占めている。宝永三年武州多摩郡山入村五人組改帳(註五)には「一田譲候節高拾石ゟ内にあたり候様にわけ申間敷候、若無〻拠子細有〻之は可〻申付〻事」とあるが、百十五人の百姓中十石を越す者は僅か二人に過ぎない状態であつて、とにかく日本全国を通じて高十石以上所有する者は比較的少数であつた。従つてかくの如き高分禁止は又戸数の制限でもあつた。勿論新田開発等によつて田地が増加し戸数が増したことは言う迄もなく、又この法令が必ずしも厳重に励行されたのではないから、高十石地面一町以下の者が高分けをした事も少くはなかつた。それによつて益〻小百姓が増加した事も事実である。併し高分制限は領主の利益に基く許りでなく、農民自らにも制限する理由は存した。

領主が租税収納も出来ぬ零細農民の増加を恐れて高分を禁止したのは彼等としては当然な処置であろう。金沢藩では元禄六年以来次男三男への高分を禁じ親より願出があつても惣領一人に相続させ、(註六)大高持百姓が収納に詰つた節もなるべく高を分けず、家内の者を奉公に出すか、家財牛馬其他を売払つて支払う様に命じている。(註七)これは封建領主凡ての態度であつたろう。或は高四五十石あつてこれを分譲する場合にも弟は分附百姓として検地帳には惣領式の名を記し、「年貢諸役も惣領式之方へ相渡、分附之名之者と一緒に年貢諸役相勤」(註八)め、或は「弟之儀は惣領介抱仕、下百姓等に仕候様に申付」(註九)けると言つた、全く永代小作人と同様にした場合が多かつたのであろう。

農民自らが高分を制限する必要は、領主が夫を表向の口実とした如く、多くの子弟に分与した結果は「二男三男も少しく地面を扣へ、一軒を立るゆへ間もなく身上叶はずといへども総領の本家も同前にて合力する事ならざれば、兄弟中互に悪くなり終に田畑売はらひ、水呑と成で世を送」(註一〇)る様な状態に陥る恐れがあつたからである。さてこそ「世にあはうものを田分と云は、彼田地分より来る詞也」(註一一)と言われる。

幸に分家し得たとしても、本家に比較して遙かに小さくなることは、先の渡辺家の「家の掟」において、譲渡分は持高の十五分の一と定め、家作等もこれに准ずるとあるように、世間一般のことであつた。次に信州佐久郡原村の文之亟の弟八三郎が一家を建てた時の財産というべきものを挙げてみよう。その前にその時の規約文を掲げると次の通りである。(註一二)

相定申一札之事

一、此度文之丞弟八三郎と野沢村清九郎娘則喜兵衛姪実子致ニ執合一、縁談相極メ、茂左衛門跡式相続、御百姓相立申筈、当所御名主年寄中得心之上、相違無ニ御座一候、万々一八三郎夫婦合不相応ニ罷成、無レ拠離別ニ及候ハヽ、八三郎分ハ不レ残八三郎方江相返シ、家屋敷ハ喜兵衛方江請取申筈ニ相定、弥夫婦むつましく、末々実子無レ之候ハヽ八三郎甥之内子分ニ致シ様仕(候脱カ)筈ニ御座候、為ニ後日一両人連印を以一札仍而如レ件、

延享五戊辰年四月

茂左衛門子江戸ニ住所

喜兵衛印

原村八三郎兄

文之丞印

これは普通の分家とは少し違っているが、養子でもない。茂左衛門の子は江戸に出ていて、跡式があいている。それを八三郎新夫婦が跡を立てようというのである。しかし茂左衛門の家はなくなっているから、妻になる喜兵衛姪の実家から家屋敷を提供したわけである。そこで離別すれば家屋敷は妻の方に引取るという契約なのである。八三郎からすれば分家独立ではあるがほとんど養子に近い立場にあったと察せられる。恐らく八三郎には財産らしい財産もなかったのであろうと考えられるが、この一札には次の目録がついている。

一茶釜壹つ　一鍋壹つ　一盆八枚　一椀三具　一皿四枚　一味噌桶貳つ
一砂鉢壹つ（註、さはち、どんぶりの大きなもの）　一木鉢壹つ　一行燈壹つ　一櫃壹つ　一まな板一枚
一手箱壹つ　一椀箱壹つ　一茶碗貳つ　一かなづち壹つ　一くき《（釘）》ぬき壹つ　一きり壹本
一釿（てうな）壹つ　一まさ切壹ケ　一セ《（錢）》ニ箱壹つ　一肴箱壹つ　一徳り貳本　一花立一本
一はた道具　一かや壹釣り　一たはこ盆壹つ　一硯箱壹つ　一醬油樽壹つ　一鐇壹筋
一炮（註、庖丁の誤）壹丁　一ちやほん《（茶盆）》壹つ　一わたし壹つ　一はしこ壹丁　一本はち壹つ　一鍬壹丁
一はかり壹丁　一くるま壹つ

これと別に「覚書」というのがあり、同じ品目数量を記し、その末に「右之通原村茂左衛門家に付候分相渡し申候、只七母預有、喜兵衛」と書いてある。これによれば、茂左衛門の家はなくなつていたが、僅かの家財が残つていて、それを新夫婦に渡したものと思える。僅かのものと言つたが、新世帯とすれば少いとはいえないものであつたろう。妻の家屋敷と、跡式を継ぐ家に残された家財とをもつて、八三郎の新生活が始められたのである。そこに通常の分家と次に述べる養子の中間の如き境遇が与えられたわけで、二男三男としては恵まれた部類に入るのであろう。

註（一）日本財政経済史料二ノ九三八、九九六
地方凡例録（日本経済叢書三一ノ五八二頁）
註（二）井田衍義　郡中法令
註（三）家世実紀巻之九一
註（四）改作雑集録（近世地方経済史料一ノ一三八頁）
註（五）五人組法規集一一八頁
註（六）御改作方覚帳（近世地方経済史料一ノ一一六頁）
註（七）同上　（同上　一三〇頁）
註（八）勤農固本録上（日本経済叢書五ノ四五七頁）
地方凡例録（同上三一ノ五九四頁）
田法雑記（近世地方経済史料一ノ二四六頁）
註（九）御改作方覚帳（近世地方経済史料一ノ一一六頁）
註（一〇）農家貫行下（日本経済叢書五ノ三六五頁）
註（一一）同上

地方凡例録（同上三一ノ五九四頁）
勧農固本録上（同上五ノ四五七頁）
註（一二）長野県南佐久郡野沢町飯島信弥氏文書

三

前述の如く領主にも農民自らにも高分を制限する必要が存した以上は、言う迄もなく二男以下が犠牲とならざるを得なかつた。即ち弟は奉公に出るか養子に行くか、兄と竈を一にして耕作するか又は職人にでもなるべきであつた。（註一）養子に行く事は特殊な事情に基かなければならず、職人となる事も極めて狭い範囲しかなかつた当時に於ては、大体に於て奉公人となるか、生家の耕作に従事するかの二途であつた。

今後者に就いて考えれば、究極に於て既述した白川村や伊豆諸島の夫に近い状況が展開されざるを得なかつた。即ち幕制には、

諸国在々所々百姓、有来家居ノ外自今新タニ家作イタスベカラズ候、一家ノ内ニ子孫兄弟多、或ハ病身ノ者有レ之候テ同居難レ成子細有レ之者、一屋敷ノ内ニ小屋ヲ造リ、或ハサシ掛ケ等致候儀ハ可レ為ニ格別一事、（註二）

と言い、各藩も大体これに準じて制限した。例えば会津藩では宝永四年、「以後ハ毎村ノ家数ヲ定メ此後一宇も不レ増様可ニ申付一候……若人数多キモノ有レ之候ハヽ、家内ヲ仕切候カ又ハ廊ヲ下シ一家ニ致ニ居住一可レ然候」と命じている。（家世実紀九十二）

かかる状況の下に於て二男以下は「在所にて耕作之働に而渡世致」す「厄介」とならなければならなかつたので

ある。かくの如き独立難に加つて亦結婚難があつた。経済的の原因も元よりであるが、江戸時代は概して女の数が著しく少いのが常であつた。何処の村明細帳を見ても其他の人口調査数を見ても非常な懸隔がある。これは間引に際して男子の利用価値をより高く認めた事が主要な原因ではないかと考えられる。二男以下はここでも人間的本能を抑制されたのである。仙台藩の如きは延宝五年に「百姓子共嫁娶之儀次男末之子未地形不レ持者ハ男三十已前ハ女取べからず」と命じている。併し三十過ぎても結婚出来ぬ者も少くなかつたであろう。かかる事情が夜這其他類似の風習を生む一の原因になつた事であろうと考える。

その労働力を生家の為に提供するに過ぎない「厄介」は時には内々にて少しの耕地を分与されて下百姓となる事もあつた。その場合も本家に隷属しており本百姓として独立したものではなかつた。この関係が名子制度を作る一つの原因となつた事は明白である。(註三) 時に亦養子、跡次という口にありつく事もあつた。養子は余りいい境遇でもなかつたであろう。世諺に「小糠三合云云」といわれているが、それを裏書する元和二年八月の次の如き証文がある。

我等身上罷成不レ申候ニ付而、家屋敷をもらり不レ申候と存候処ニ、貴様達御両人の御きも入を以、喜左門殿むこに被レ成二御有付一候事存忝候、此上我等屋敷下人の儀をは喜左門殿御下知次第ニ仕可レ申候、少も我等意義(異)申ましく候、其上喜左門殿ふうふの人の御さしつ少も背申ましく候、若々喜左門殿ふうふの人下知をそむき、わかままなる心なともち候ハヽ、我等儀いつかたへなり共御はらい可レ被レ成候、此手形進上申候而少も御うらみと存間敷候、

たしなみ可レ申候事

一門立之事　一夜行の事

一暮六つ時すき候ていつかたへ成共出ましく候、しせん用所なと候ハヽ、喜左門殿にことわり人をつれて参候、それも喜左門殿む用とおふせ候ハヽ、下知次第可」仕候、以上、（坂田文書）

併し厄介よりはたしかに勝れた境遇であつた。

註（一）幕府諸法令、五人組帳、諸農政書
註（二）地方凡例録（日本経済叢書三一ノ四三九頁）
註（三）有賀喜左衞門氏「名子の賦役」（社会経済史学三ノ七）

四

上述の如く単に在所にあつて渡世を営むもののみとすれば結局は一家内に居住するか、集団的に居住するかして大家族制にならざるを得なかつたのであるが、海島や山中を除いて他地方に移動する事が出来、他の職業に転ずる事も出来た江戸時代に於ては、二男以下は厄介たる境遇より脱出して「奉公」に出かける者が少くなかつた。或は自ら耕地を切開いて独立百姓となつた。そうした外に出た者の影響は大きなものがあると思う。江戸時代の開発等に於ても彼等の働きは少くなかつたであろう。藩によつては二男三男と指定して開墾を命じた所もあるが、そうでなくても生家から押出されて自らの土地を求めた事であろう。今ここに所謂奉公人に出た彼等について考えてみたい。併し乍ら江戸時代を二期に分つて大体享保頃を境として考慮する事が妥当と思う。

言う迄もなく江戸時代の前半は各地に新田耕地が開拓されて土地生産力の頗る増加した時代である。夫に伴つて労働力の需要も亦増大した。二男以下は其労働力を負担する上に於て大きな働きをなしたのであるが、ここに注意しなければならない事は、最初から独立の出来ない彼等は先ず労働力のみを提供する事が出来た。夫を利用した者は富力ある一部の農民であつた。江戸前期は人口増加時代であつたから労働力は十分供給された。又二男以下の労働力はいわば自家に於て過剰なものであつた。これを利用し得る力を持つ者は従つて安価なる代償によつて大きな耕地を手にする事が出来たのである。「何方にも僕傭多く田地持の百姓安傭にて人数を集め力を尽」して、（管見録附錄）自己の占有地を耕作するなり、新しく開墾地を加える事なりが出来たのである。従つて「盛なるものは次第に栄えて追々田地を取込、次男三男をも分家致し何れも大造に構」える事が出来たが、かくの如き「有徳人一人あれば其辺に困窮の百姓二十人も三十人も出来」「衰へたるは次第に衰へて田地に離れ居屋敷を売、或は老若男女散々になりて困窮に沈み果る」のであつた。（世事見聞録六の巻）

ここに於て我が対象とする所の「次男より以下の子供、筋骨堅まり候得は親の厄介にならぬ様人の僕と成つて農事を勤め其傭代を蓄置自然に妻を娶り或は人の婿と成」つた者もある。（管見録附録）併し生涯独立出来ぬ者は、譜代の奉公人と成つて所謂家抱、名子、庭子、頭振の如き名称を以て呼ばれるに至つたのである。或は又初めより親が窮乏の為或は与えられ或は売られてかかる境涯に入る者も少くなかつた。事実江戸初期に於ては人身売買は盛んに行われていたから年貢に詰ると子女を売り女房を質入する事は通常であつた。（坂田文書、南文書等）会津藩では正保二年御林盗伐の「過料金ハ縦妻子を為レ売候而も急度取上可レ申旨被二仰出一」ている。（家世実紀巻之九）江戸後期に於ても未だ盛んに行われていた地方もある。「日向の国にては老男少男など買取て百姓の召仕にする由にて……其人を犬猫のごとく、爾《しか》と衣類も着せず、草履も下駄もなく土間に寝臥さすといふ。其非道なる事いふ計りな」く、（世事見聞録六の巻）「塩一俵米五升許り」と取換えられた子供は「たとへ打殺しても其主人の心任にして親もとより一言のうらみいふ事な」く「庭の子といひて……真意忠勤をつく」し「主人のところ次第売払」われるというのが実地に見聞した状況であつた。（橘南谿西遊記巻之四）

かかる状態で江戸前期に於ける農村の階級分化は一層深刻化し、先の金沢藩領内の例の如く、高五六百石を所有する大地主の出現する裏面には多数の零細農乃至土地なき頭振が激増した事が考えられる。小百姓は二男以下が如何に多くともその労働力を利用する事が出来ず只食糧を減ずるのみであつた。貞享頃の豊年税書には、未進者の中でも「分限に過て子供養置」く如き者は心掛けの悪いものとして、「僉議の上能々教戒すべし」とある。(註二)その為でもあるまいが、享保頃田中丘隅は「むかしは子を山へ捨て淵川へなげ、もらふ人あれば譜代にもくれたりし」と言つている。(註二)

かくて前期に於て全国的に行われた耕地増加は、実に中等又は貧窮農民の二男以下がその労働力を供給する事によつてなされた様なものである。しかも其努力は彼等自らの利益の為というよりは富農の為になされた方が大であつた。自家に於ては過剰な労働者に過ぎない彼等は年季又は譜代の奉公人として大地主の出現に助力し、自ら又はその子孫はそれに隷属する事を余儀なくされていたのである。更に前期を通じて都市の発達に伴う人口増加の大きな要素も亦農村に土地を得ぬ二男三男達であつた事が注意される。都市に居住する武士の奉公人、商工業の従事者の多くは農村から吸収された。その中に於て二男三男が重要な割合を占めて居た事は推測に難くない。

かくて此時代に増加した農村人口の動きは、農村に於ては、その階級分化に、貧富懸隔に大きな役割をつとめ、他方発達期の都市に対して其人的要素の大部分を送り込むという仕事を為したのである。

註(一) 日本経済叢書一ノ六二頁

註(二) 民間省要(日本経済叢書一ノ三二四頁)

五

然るに後期に入ると趣を異にして来る。社会経済の状態が前期とは大分に相違して来ている事に注意しなければならない。

「元祿の比専ら世人に物仕と云ふ物出来て、江府内の儀は勿論片田舎の端々迄五両拾両、或は壹分二分の事迄も請負にして世を渡る」(註一)という様に貨幣流通経済が農村に浸潤して行つた時、既に封建組織の基礎は動かされつつあつたのであるが、更にこれに拍車をかけて「身の栄華にのみ誇りて土民を虐げ、」殊に国住居を嫌い江戸住居を好む様になつた封建領主が「多分のものを江戸へ運び出して国内を枯し、国民の食糧を奪ふ」に至つて、地方農村は窮乏の度を増し、「家破れ衣蔽稼穡の業に尽、親を養ふ事能はず子を育る事能はず、人として娶らず嫁せず鰥寡孤独と成り剰へ飢渇屈死に及ぶもの余多出来」る様になつたのである。(世事見聞録二の巻)こうなつて来ると最早「子を養育致候は益少しも無レ之、其上養育の中も過分に奢候て……壹人の食育に過分の費を省く事を考、産み流れと名付、幾人産み候ても百姓の者共は弐人強て三人に不レ過、其れより下不如意の百姓共は弐人より外育候様無レ之、或は唯一人と申様に成」り、(註二)「富家は三四子に過ず、五人以上を生育する者、世の稀なることに思ひ、合壁四隣怪しみ誘る」(註三)と言う状態になつた。「是其人不仁にして忍ひたるにはあらされとも、子生育ても扶持方なければ飢に及ふ故に止事を得ず」ぬので「誠に目も当られぬ有様」であつたが、「刄を以て人を殺すとも年貢にて殺すも同事」(註四)であつた。

間引の風習が地理的に閉込められた地方、従つて経済的に封建的束縛の強かつた地方即ち関東・東北・九州等の地に於て最も著しいものであつた事は勿論であるが、二男以下は前期よりも更に悪い条件下に置かれたのである。最早奉公人に出る所ではなくて生れると直ぐ「山へ遊びに遣つたり、草摘みにやつたり」してしまつたのである。(山遊びは男、草摘みは女を間引いた時の伊賀地方の隠語)間引が盛んに行われた事は言う迄もなく当時の農村の極度の窮乏化を物語るものであり、農業経済の衰退を示すものに外ならなかつた。

この意味で農村人口の増減は一つのバロメーターとなるものである。松平定信によれば、天明五年より六年に至る一年間に全国の農民の数は百四十万を減じたというが、(註五)今会津藩についてみれば次の如くである。

慶安元年(一六四八)	一一三、〇〇〇
慶安元年(一六四八)——寛文八年(一六六八)二十年平均	一二七、〇六〇
寛文九年(一六六九)——延宝八年(一六八〇)十二年平均	一五二、〇〇〇
天和元年(一六八一)	一五八、八四七
享保三年(一七一八)	一六九、二一七

と漸増し、「此年之民数御代々無レ之増長之極に有レ之候」(註六)といわれたのを峠にして、

延享元年(一七四四)　一五三、四六一

宝暦元年（一七五一）　一五〇、〇六六
同　十年（一七六〇）　一三三、七〇七
安永元年（一七七二）　一三四、五六七

という数字を示している。(註七)この増減の割合は大体に於て全国の農村に共通的なものと考えられる。勿論農村の人口減少は、間引等の人為的制限のみに基くものではない。打続く飢饉凶作に因る死亡や都市への流入も亦その原因であつた。併し赤子養育法を設けた諸侯諸代官の領内に於て直ちに人口増加が現れた事は、如何にその制限の影響が大であつたかを明白にする。ここに於て生存の制限を受けた多くの子供達は、その闇から闇への動きを以て当時の農村の経済状態を示しているのである。

註（一）民間省要（日本経済叢書一ノ三二五頁）
註（二）管見録附録
註（三）磐城志巻二（岩磐史料叢書上巻所収）
註（四）南畝偶語（近世地方経済史料三ノ八頁）
註（五）楽翁公遺書上
註（六）家世実紀巻之百六
註（七）家世実紀巻之二百三

六

後期に於ける農村の人口減少の一因たる都市への流入に就いて、それが我が対象たる二男以下が重要な地位を占めていた意味に於てこれを考える。

江戸時代に於ける都市の発達及びその商工業の発展を見るに、原則として商工業の中央集中を企てた封建政策によつて、三都を初め諸侯城下町の発展は目醒ましいものがあつた。特に全国の中心であつた江戸の如きは「国初の頃は町人寡く、八百八町の町割のみ出来て家並揃ひ兼る故、家を造り商売を始るものへは金拾両づつ給りし」(註一)程であつたのが、間もなく膨脹して百余万の人口を包含し、十八世紀初より十九世紀中頃までは世界第一の大都市たる地位を保ち、(註二)「京大坂其他も同様の成行にて」(註三)大なる繁栄を示したが、その人的要素たる武家奉公人、町人等は前述した如く農村より入つた者である。併し前期に於ては都市にも流入したが農村に止まる者も少くなかつた。それによつて農村人口も耕地も増加した。然るに後期に入ると農村に止る者は少く都市に流入する者が遙かに多くなつた。二男以下が農村か都市かを選ぶに際して、都市を選ぶ者の方が遙かに大であつた事を示すものである。勿論二男以下に限らず貧窮農民も盛んに都市に入つて行つたであろう。何れにせよこれは都市商業経済の発達と、農村土地生産力との間に大きな隔りが出来た事を意味する。都市は尚吸収し得た人口を、農村では最早消化し得ぬ程に両者間の経済力生活力凡てが相違して来ていたのである。「百姓となりては一日も凌ぎ兼る程の難儀成もの故」「何角に付追々に町屋へ出、又百姓の子供は町人に召仕はれ、終に町に成果る」(註四)のは当然であろう。従つて「山中ノ民ハ日々ニ減ジ、三都諸城下ノ民日日倍」(註五)し、農村生産力は更に衰退し、高持百姓は作奉公人の不足に悩んだ。嘗て安傭に使役した「下人男女共ニ近年次第ニ高給を望、又者脇付村ニ而高給取リ候心当有レ之者ハ約束之日限より内ニ暇を受候者有レ之」(註六)様になり、「拘(抱)高相応之人数召拘候儀も難レ成」(註七)くなつた。

要するに、人為的制約、餓死等による人口減少に加えて、都市への流入が行われた為である。

註(一)(三)(四)世事見聞録五の巻
註(二)今井登志喜氏「江戸の社会史的考察」(社会経済史学二ノ七)
註(五)東潜夫論巻中(日本経済叢書二六ノ四一七頁)
註(六)管見録附録
註(七)井田衍義　郡中法令

七

封建領主は前期に於ては比較的農民の都市流入を拒まなかつたのであるが、後期に至つて人口が減少し生産力が衰退すると、さもなくても次第に逼迫しつつあつた財政に影響して来るので、最早其まま放置する事は出来なかつた。幕府は安永六年以来奉公に出る事に制限を加え、(註一)漸次それを厳にし、(註二)天保十四年には人返しの策を執つたが、(註三)藩によつては百姓の子弟が町人の養子となる事を禁じた所もある。(註四)

更に積極的に人口増加を計る為間引を禁止する赤子養育法が講ぜられた。明和四年幕府は間引等の禁令を発しているが、(註五)文化八年にも赤子養育に関して前令通り注意すべきを命じている。(仁政録)他の諸侯代官に於ても夫々留意していた事は勿論である。(註六)その最も著名なのは白河藩であるが、そこでは天明四年に子供五人以上養育した者には賞美として米一俵充与え、又「市女」に郷使を附添え在中を廻村させ「早世いたし候小児を口よせ、女共に聞せ候様」沙汰したり、(註八)或は亦「越後出生之女ハ赤子をかへし候と申事無レ之」によつて白河藩の「越後御領分より女呼寄候而御領分村々江被二縁付一候様」(註八)命じた。文化八年には僧侶をして「受苦図」を持つて領内を廻らせ、(註九)或は「心学講師北条玄養と申もの被二呼寄一町在共に赤子養育について説得させる(註一〇)等の手段を講じた。かくて相当の効果を挙げる事が出来たが、(註一一)全国的には必ずしも農村人口は著しい増加を見たとは言えず、幕末期は大体停滞の状態であつた。

要之、江戸後期に於ける農村の窮乏は二男以下を生育する事さえ困難な状況にあり、従つて生育した者も、既に農村とその経済力に於て甚しい懸隔を生じていた都市に吸収されて一層その差異を大にした。只都市に離れた地方に於ては、間引かれずして育てられた次男以下は、白川村や伊豆諸島の如く全く封鎖された所とは或程度相違した、併し夫に類似した境遇に於て農業に従事したのである。白川村や伊豆諸島では一家族の中に現れた分立状態を、吾々は東北地方等に於ては一ケ村又は一地方の大さに於て見る事が出来るのである。その点に於て白川村等は封鎖的封建制度下の或型の典型的なものと言えよう。

註(一) 德川禁令考第五帙二七九頁
註(二) 德川十五代史第十編、仁政録
註(三) 德川禁令考第六帙五三三頁
註(四) 熊本藩井田衍義 宝暦五年十一月令
註(五) 德川禁令考第五帙二七六頁
註(六) 土屋喬雄氏「諸代官の人口政策」(社会経済史学四ノ二)
本庄栄治郎氏「日本社会経済史」等
註(七―一〇) 仁政録
註(一一) 本庄氏前掲書、甲子夜話二ノ二〇六頁

結

こうして見て来ると江戸時代の農村に於ける二男三男又はそれ以下の境遇が如何に悲惨なるものであつたかが知られる。勿論それは農村夫自体の窮乏と関聯したものではあるが。

且つ亦我国に於ては農業革命とか、牧畜業の発達とか言つた急激な変化がなかつた丈に、農村の窮乏は漸進的であつて、都市への流入とか職業の移転とか、或は階級分立とかいう事柄が比較的目立たない。が目立たない丈けであつて徐々に且つ小範囲で小規模に行われていたのである。今日に残る家夫長的農業経営、隷農問題等もこれに関聯して考えられなければならないであろう。或は亦後期農村の窮迫は、全産業革命に必要なる人的要素をも供給し得なかつたのであるが、それらの何れの部面に於ても、二男以下が特に犠牲とされ圧迫を強くされていた事は否めない。

兎に角に二男以下の動きは、農村に限らず、長男が或る社会的経済的の権利と束縛とを有しておるのに、それがない丈けに一層社会の状況を明白にもし、変化させる事も出来るのであるから、それを十分に究める事は重要である。只多忙の間に書上けた為甚だ不徹底且不本意ものとなつた事は遺憾である。

尚諏訪地方の末子相続制度や、武士の二男以下の問題にも触れるべきであつたがその暇がなかつた。何れ加筆修正し得る機会があろうと信ずる。

（昭和十年四月、歴史地理第六十五巻第四號掲載）

五、近世の出作に就いて

序

「経済史研究」第二十三巻第一・第二号に、寺尾宏二学士が「近世出作考」を掲げられた事は、近世経済史研究上に有益なる示唆を与えられたものである。然しながら同学士の御見解は、私の考える処とは全く相反するので、ここに卑見を述べて同学士の御批判を乞い、併せて識者の垂教を俟つ次第である。

寺尾氏は江戸時代に於ける出作の意味を、地方凡例録に「出作トハ当村ノ百姓他村ノ田地ヲ得、他村ヘ出デ耕作イタスヲ出作ト云ヒ、他郷ニテハ入作ト唱ル、畢竟出作モ入作モ同事ナレドモ、双方ノムラニテ唱違」とあるによりて説明された後、出作の賦課関係に就いても同書に「出作百姓ヘモ其年ノ年貢割付、并諸役割帳等、本村百姓同様ニ見届サズベシ、村役人心得チガヒ、出作百姓ヘハ諸帳面モ不レ為レ見、諸役等本邑並ヨリ多ク掛ル儀モママ有レ之由ニツキ、急度帳面為レ見可レ申事」とあるのを引用され、此文に「之によるならば出作百姓はその居住村を指す本村の賦課によること明瞭であつて、今更問題を要せぬ」と云う解釈を下された。(一)

併しこの解釈に就いては、「一面入作される村にあつては之を黙認し、課役は全く免除されるのであつたらうか」

といわれ、「一方的な義務負担、百姓を主体とし耕地の存在を無視せることが、すべての場合に於て許容せられたであらうか」という疑問を提出され、(二)之を近江の実例によつて解決されんとしたのである。

そして氏の結論は、結局前述の氏の解釈を動かず、「賦課関係から概括するならば、居住村即ち人を主体としてなされた事も同様といへよう」というに帰したのである。(三)果してそうであろうか。地方凡例録の文に対する解釈も氏の考えられる通りであろうか。私の考えは全く相異るものである。

一 出作入作の意味

先ず問題は出作と入作の意味である。前記の地方凡例録の説明は、一応妥当ではあるが、完全な定義ではない。例えば寺尾氏が引用された膳所藩明細帳中の「作方之法」にある「出作と者高ハ村ニ持外ヨリ作ヲ云」「他村之田ヲ作ヲ入作と云」というが如き正反対の解釈もあるのである。(四)

氏はこれに就いて、「出作に関して高は村に持つと云へば、その高は耕作地の存在する村に附せられ、耕作する百姓は他より来るが如く考へられる。然らば既出の賦課規定とは全く背反する。然し先の注釈を念頭にし、耕作する百姓の村の高に入れ、耕作地の存する村以外の百姓が来り耕作すると解し得ないではないが、然らばその場合には『他村之村を作を入作』とあるのと重複を来すのであり、不都合を生ずる。(五)」といわれ、その正否は事例による外なしとして、二、三の資料を挙げられ、結局「作方之法」の説は正解出来ぬとされたのである。(六)

併し、氏がその資料中の、出作という語に加えられた解釈は、凡て地方凡例録の解釈に基くもので、正反対なる作方之法の説は顧みてはおられない。これでは初めから前者を正しいものと断定したのと同様の結果に終つたのは当然である。作方之法と同じ説は勧農固本録にもある。即ち

又上村の高持候百姓下村へ引越参、上村之田を作り候を、上村にては出作、下村にては入作と云、又質地に遣他村より作仕候も同前也、

と言つている。(七)

この説は田園類説に引用されているが、田園類説を修補した大石久敬、即ち地方凡例録の著者も、その時は之を訂正しておらず、後に重補した山内董正が、

董正按、上村の百姓下村へ移り、上村の田地を作候は、上村にては入作、下村にては出作と唱ㇾ可ㇾ然也、惣て居村より出作、他村より入作、前々よりの通称にて候、

と訂しているのである。(八)

勿論董正のいう如く、地方凡例録の説の方が通称であつたかも知れない。けれども当時作方之法や勧農固本録の如き解釈も存したことは注意しなければならない。これは結局出作と入作の定義が漠然たるものであつたからである。その何れが正しいかは寺尾氏も言われる如く、当時の実例に就いて証さなければならない。乏しいものではあるが、管見に入つた資料によれば、前の両説は共に誤りではない。又共に完全ではないのである。

結論を先に述べるならば、出作・入作の意味としては、狭義のものと広義のものに分けて考えるのを妥当とする。出作を狭義に解する時は、地方凡例録の説く通り、その百姓の居住村から言うのであるが、広義の場合には出作百

姓の居住村でも、耕地所在村でも共に出作と称しているのである。即ち出作する事実を出作というので、出作百姓の居住村にては、此方から向方の村に出て行つて出作するという意味で、耕作所在村では、向う村から出て作るという意味で、共に出作と呼んだのである。従つて地方凡例録の定義では入作と言うべき所も、出作と呼んだ場合も多かつたのである。中世の庄園の出作も、多くはこの広義の意味で使用されている。

これと同様に、入作にも両様の使用法があり、狭義の場合では、耕地所在村のみで入作と言つたが、広義の場合には、向う村から此方村へ入つて来て作るという意味と、此方村から向う村へ入つて行つて作るという意味とで、その耕地の所在村でも、百姓の居住村でも共に用いているのである。

即ち地方凡例録の説く所と、作方之法の解釈は、両者全く相反するにも拘らず、何れも誤りではなく、又共に完全ではない。只概して言えば、出作は広義に解して使用する場合が比較的多く、入作は狭義に解する場合が多かつたのである。尚出作を極めて広く解すると、越高もその中に含まれるが、その異同は最後に述べる。又他村の田地を小作する場合はここでは除外する。

以上述べた如くに、同一事実を正反対の語で現わすことに留意して資料を調べることにより、出作の賦課規定なども明かにされるのであるが、その前に、卑説を一、二の実例にあてはめて見よう。

例えば寺尾氏が「経済史研究」第二十三巻第一号四一頁に挙げられた日爪村の村高の内「岡村出作六ッ三分之定之由」は、岡村より日爪村に出作していることを示すもので、「日爪村から岡村へ出作せる分」ではない。より明白なのは、同号四六頁所載の、東川原村と太田村の例であつて、東川原村よりも「太田村ニ出作有」と記し、太田村にても「東川原村ゟ出作」と記していることである。これにて同一事実を、両村より出作と称していることが明かである。

逆に入作を耕地所在村から用いた例は、紀州の浅野領の丸栖村の百姓が高野山領調月村に出作していた事実を「高野山領調月村へ此方ゟ之入作分」「丸栖入作之儀」「従二丸栖村一調月村へ入作之御年貢」という如く、凡て入作の語を使用しているものがある。[九] 尚この丸栖村の事は後に詳述する。

右の如く出作・入作の語は両様に用いられているのであるが、寺尾氏は地方凡例録の説のみを正しいものとされた為、氏の全論述は事実と正反対の方向に進むという結果になつたのである。先ず出作・入作と村高の関係に就いて見よう。

二　出作・入作と村高

寺尾氏は出作の時の高は出作百姓の居住村の村高に附くと述べておられるが、これは明白な誤謬である。出作の高は耕地所在村の村高に組入れられるものである。これは検地帳等を見れば最も容易に知られる事で、出作百姓の耕地高及び名前は、耕地所在村に記されているのである。その実例として、大家族制度で著名な飛驒国大野郡白川郷の宝永三年の草高寄帳の一部を掲げよう。

嶋　村

草高

一三石貳斗八升四合七勺　　九右衛門

一六升四合七勺　　荻町村ゟ入作　孫右衛門

一三升五合弐勺　　同断　与惣兵衛

一九合四勺　　同断　与惣

村高

合三石三斗九升四合

右の孫右衛門は荻町村では四石壹斗貳升余の高を持つており、与惣兵衛は四石壹斗九升余の高を持つている。与惣のみは本村では無高である。(一〇) 同郷の鳩谷村と飯島村の例は、相互に出作百姓を出しており、より興味があるが、長いので省略する。併し出作地の高が耕地所在地に存することは明瞭である。この荻町村の分郷の如きは、高山の照蓮寺除地内にある為、高山代官所の直接支配を受けていなかつた所である。

出作と村高の関係が寺尾氏が考えられたのとは全く相反する結果、氏が挙げられた資料の解釈には賛成し難い所が頗る多い。例えば第一号四八頁に示された近江滋賀郡南郷村と石山村の享保九年二月の取替証文によると、石山村は古来南郷村田地高貳拾九石余を出作して来たが、「不勝手ニ付、両方寄合対談之上、永代本郷南郷村」へ戻したという。且つ時分柄籾種子参拾俵を添えて戻したというのである。氏はこれを、石山村の村高貳拾九石余を南郷村に移すものと解釈され、南郷村は膳所藩領であり、石山村は石山寺領であつたのであるから、石山寺領の村高を、村方不勝手の理由で膳所藩領に移したと説明しておられるのである。そして夫を単に「此の如く領主の異なる場合に、交換・返附が行はれたのは興味がある。」といわれ、「ここに出作と村高との関係の外に、興味ある出作地の移動の事例を求め得たのである。」と述べておられる。(一一)

かくの如きは単に文書の誤解のみならず、当時に於ける封建制度の性質を全く無視したものといわざるを得ない。自己の所領が、百姓同志の対談で、他領に移るのを黙視する領主などはなかつた。且つとの所領は幕府の朱印地であるから、百姓の都合によつて領主の利益を左右し、幕府の朱印状を、即ち其権威を無視する様なことが行われ得るものではなかつた。それに就いて氏は、この談合後出作地の移譲まで満一ケ年を要したことを以て「領主たる石山寺は之を失ふ事になつたが為に自然時日を要するに至つたが故と考へられ」ると言われておるに過ぎない。(一二)氏が村高に対して誤つた判断をされた結果は当然租税賦課の関係にまで及んでいる。

三　出作・入作と租税

出作の村高が耕地所在村に含まれる以上は、租税も亦当然その村に納入されるものである。即ち出作百姓は耕地所在の村の領主に年貢を納めるのである。例えば美濃国脛長村で領主の奉行衆に提出した、元和三年の年貢請状には、次の如く記してある。(一三)

一高八百四拾石壹斗五升

（中略）

此物成参百貳拾石四斗七合者

右御年貢之物成、慥に御請相申上候、来ル極月中ニ急度御皆済可ニ申上一候、若脚(脛)長村中は不レ及ニ申上に一、出作方においても少も無沙汰仕候か、又は死にうせ仕候共、此加判之者ともとして、急度御年貢御皆済可ニ申上一候、

（下略）

この出作方というのは無論他村より脛長村に入作している百姓の意味である。もし脛長村より他村に出作しているものならば、「脛長村中」のみでよいのである。他村よりの入作百姓の分も、村として連帯責任を負うことがこれで明瞭である。

併し恐らく地方凡例録の「出作百姓ヘモ其年ノ年貢割付、并諸役割帳等、本村百姓同様ニ見届サスヘシ云々」の文が問題となるであろう。寺尾氏はこの出作を、狭義に解されたのであるが、実は広義に解して、この文は耕地所在村に就いて述べておると考えれば容易に了解されるのである。尤も地方凡例録は、前述の如く、出作・入作を狭義に定義しておき乍ら、かかる用法をするのは不可解の様ではあるが、これは当時一般の用語の曖昧さによるものである。

この文の出作百姓を狭義に解して、その居住村との関係を述べたものとすれば、文書は全く通じない。何故ならば、出作百姓の居住村に於て年貢を課するのに、出作百姓にのみ年貢割付等を示さぬ筈がない。出作百姓は多くの場合に、その居住村に耕地を持ち、不足分を出作するのであるから、その居住村に於ては本百姓たる資格を有している。従つて其資格に於て居住村の年貢割付等は見届け得るのが普通である。

地方凡例録の著者が右の如く述べたのは、恐らく享保六年二月の左の幕令に基くものであろう。

毎年御年貢割付免定出候バ、村中大小ノ百姓出作ノ者マデ披見仕ラセ年貢割合随分入念無ニ相違一様ニ可レ仕候、(一四)

増補田園類説には、地方凡例録の著者か谷本教か何れかの手により、

按、入作の百姓、其入作の村より公儀幷地頭へ納る役掛之類、高割・家別割・人別割、出入も無レ之済来る所は其通り也、若出入に及時は、高割にすべき由享保六年被ニ仰渡一也、

と記されているが、(一五)これは恐らく翌七年十一月の次の法令を指すものであろうと思う。(一六)

一、村中新規入作之者出来候節は、入作高ニ応し本高百姓入作之百姓無ニ差別一高次第諸役割可ニ相勤一事、

一、山林野原之類新規割合有レ之時は是又高次第に入作百姓江も可ニ割渡一事、

右入作高二ケ条定りたる事たりといへ共百姓相対を以極置候処、其品々区々に而不レ宜候間、自今書面之通に而急度可ニ相守一候、

但前々より入作相対にて極置候儀ハ只今迄之通たるへし、

これで一切が明かである。のみならず、地方凡例録の文は、この両度の法令に基いたものであることは疑いない。何故ならば、両令共にその書中に収録してある。そしてこの規定は、辻六郎左衛門上書に、出作入作を説明した後、「右出作百姓へも其年々の年貢割付並諸役割掛帳を本村百姓同時に見せ候法にて候、わるく致し候得ば、出作百姓へは右帳面を見せ不レ申、本村より多く割懸候儀も間々有事故此法を立置候」とあるに照応するものであろう。(一七)当時の地方書の中でも、督農要略の如きはこの租税関係を簡潔に記している。(一八)

出作と申は外村之百姓隣村に持来り候田畑有レ之候而、隣村之百姓には不二相成一候て、外村に乍レ居田地を作り、隣村へ年貢を納候を出作と申、出作百姓へは諸役も本村並に掛り申候、縦質地の流地等に而も、隣に而も遠村に而も、其村々百姓に而無レ之、外村之百姓之持分に成候をば、何も出作と申候、是を持添共掛ケ持百姓共申候、出作を入作共申候、此方之村に而は入作、向之方の村に而は出作と申候、

又享保末年か元文初年の写による三奉行手鑑には、「出作百姓年貢高役等内証相対は格別、村並本百姓同様之高割勤之通例」とある。

以上で出作の租税賦課の関係が明かになると同時に、その年貢は大体耕地所在村の租率を標準としたことも判明するのであるが、後者に就いてはもう少し述べよう。寛永十九年九月九日の岡山藩の「被仰出御法式」の中に、次の箇条がある(一九)。

一、出作とて本村の免ならしをちかへ、物成少しもしかけ仕間敷事、付順義入用の役かかりもの已下是又本村並たるへし、若し其旨をそむく在所於レ有レ之は、有姿に郡奉行を以可二申上一、
　但し免の甲乙かねて約束於レ有レ之は可レ任二其義一事、

これは享保七年の幕令と略同一の内容である。本年貢の外の雑税も本村並とすることは以上で明かであるが、臨時の負担も同様に取扱つている。幕府の寛保四年の極に、

一、公儀幷地頭へ相納候役掛其外村入用公事出入の入用等の儀可レ為二高割一事、
　但入作百姓共に一同割合可レ申事、

とある(二〇)。これは、同じ時の規定にも、又先の享保七年の令にも、山林原野等の入会地を割取る時は、入作百姓にも高割にすべきことを定めている以上は、当然のことと言わなければならない。

江戸時代に入る前の文祿五年三月朔日石田三成がその所領近江各村に下した十三箇条掟書では次の如く規定している(二一)。

此村之田、よの村より作り候はゝ、壹石に貳升の夫米取可レ申候、当郷よりよの村の田つくり候はゝ、壹石に貳升つゝ遣すへし、又我等蔵入之田を、当村よりつくり候はゝ壹石に壹升つゝつかはし可レ申候、自然此村へ入作おほく候て、夫米詰夫のさう用(雑用)にあまり候はゝ、地下のとく用にいたすべき也、又此地下の内に、田はつくり候て、其身夫に出候事ならぬ者あらは、夫米出作なみたるべき事、

これでみると、夫米としては一律に規定し、且つ三成の蔵入地と家臣の給地の出作とでは差別を設けていることが判る。けれども夫役に出ない本百姓とは同じ取扱いを受けているわけである。その少し前天正十五年に、豊臣秀次が近江で下した法令には、

其郷出作方夫役事、近年如二有来一可レ令二沙汰一、給人幷百姓亘二於新儀一之族者、可レ為二曲事一者也、

とある。

以上の事実を基礎にして、寺尾氏の示された、近江尾花川の出作問題を考察しよう。

尾花川は江戸時代には大津町に含まれた幕府直轄地であつた。大津は無高であつたから、その居住地では宿役を勤めるのみであつたが、それでは生活出来ぬ為に、「住民は水主・漁夫として生業を立てていたのである。」一方延

暦寺領・円城寺領へ出作もしていた。即ち「山門領赤塚村見世村、寺門領新在家村正興寺村錦織村之出作農業仕候」「右五ケ村出作之儀者、往古ゟ之儀ニ御座候ハゝ(マヽ)年数ハ相知レ不レ申候、当時山門領右貳ケ村出作百姓五軒ニ而高八石四斗壹升余所持仕、三井寺領右三ケ村出作百姓貳拾六軒ニ而高五拾五石九斗三升余所持仕候、勿論下作ハ山門領寺門領江尾花川町之者過半前々ゟ下作仕来り申候」という状態であつた。(二三)

併し年貢は村納めではなく、直接に寺に納めた。「御年貢御地頭様一坊々江直納仕来り、皆済銘々江被二下置一れるものであつた。又年貢の外には、「古来ゟ村諸入用其外雨乞変死人等入用高割抔と申、終ニ相掛り候儀無レ之」ものであつた。(二四)

最後の高割の掛らぬことを除いては既述せる一般の例と何等異る所はない。然るに寺尾氏は、出作の高は、「村高に算定せられざるものと見るべきである。」といわれ、「御年貢は小作料と云ふべきものであつて、高によれるものではなかつたと推定される。」とて、強いて資料中の「高」も「年貢」も無視しようとしておられる。高請出作の外に出作の小作もあつたことは、引用文中にて明白である。

又年貢米の外高掛り類のなかつた理由は、「掛り物年々何程相掛り候哉、限リ知レ不レ申候事故出作仕候儀者難二相成一儀ニ御座候、夫故古来ゟ掛リ物無レ之究地ニ而相済来リ候」とあるが、(二五)更にその原因は「本郷村方ハ役山と申候而銘々ニ持山所持致、其上山門と唱候而柴薪刈取之場所夥敷御地頭ゟ被二差許一、是ニ而諸役相勤申候」とあるによつて知られる如く、(二六)耕地外の山林原野入会地等が高割になつていなかつたものに基くものであろうと思う。これは前述の幕令にても、諸役を高割にするには、山林原野等も高割にすべきことを命じておるのを見ても判る。即ち高割の掛り物のなかつたのは、幕令の「前々より入作相対にて極置候儀」という但書の条項に相当するものである。

然るに先村方にて高割の掛り物を徴しようとした所から、出作方が反対したものである。しかも寛政八年の出作方の申合によれば、「変死人雨乞入用者勿論、何ニよらす田畑ニかかり候入用者、前々之ことく一統反畝割を以可ニ指出一事」「出作中ヱとして奇進事又ハ講へ(マヽ)との類頼ミ来り候とも請不レ可レ申事、万一無レ拠筋合に候ハヽ聊とにても、出銀之義、無ニ甲乙一反畝割を以平等可レ致候」とあり、(二七)全然諸役入用を出さなかつたのではない。止むを得ぬ時は反畝割にて出しているのである。恐らく少しにても高割にて出せば凡ての諸掛り物を高掛けにされる恐れがあつた為であろうと考えられる。

尾花川の出作百姓が園城寺からその耕地に関して漸次重圧された事に就いて、寺尾氏は、「天領なる所からこの出作が中世庄民の如く有利な展開あるべきに、却つて寺門領主よりの圧迫を受けなければならなかつた事は注目に値ひする」と言われているが、(二八)寺門領の耕地に関する限り、幕府側にては何等容喙することは出来ぬものであつた。この問題は次に述べよう。何れにせよ尾花川では自村内に耕地のないのが弱みで、出作地を絶対必要とする限り、元方領主の重圧に堪えねばならなかつた。

四　出作に対する領主の政策

出作又は入作が、百姓の居宅身柄と耕地の所在を異にするという特殊な性質を持つものである以上は、領主としては之に処する、特別な規定を加える必要があつた。

しかも夫は二つの場合があつた。一は自己の領土内に於ける出作入作であり、一は他領との出作入作の場合であり、しかも後者は更に出作と入作(狭義の)によつて方策を異にしたのである。

第一の自己領土内の出作入作は、耕地と農民に平均の保たれるという点から、領主としては喜ぶ所であつた。熊本藩の貞享元年の令には、「御蔵納田畑少ク百姓多、他村より出作など有レ之所へ可レ参と申百姓於レ有レ之者、随分先々へ参候而、成立候様いたし遣可レ申候事」と言い、その保護を命じている。(二九) 併し当時の年貢に対する村請制度の上からすると、出作百姓はその連帯責任を十分に負担しない傾向があつた為に、稍もすると自己の利害によつて耕地を返還することがあつた。即ち出作の作徳がない場合には耕地を返還する。返還された耕地に対して農力が不足する時は直ちに領主の利益を損うこととなる。そこでこの場合に領主の執つた方策は、出作地を返還させないことが第一となつた。前記文禄五年の石田三成の掟書中には、

出作之儀にいたつては、他郷より上候儀も無用たるべし、又他郷のを作り来候をあげ候儀もたがいにちやうじ(停止)の事、

と規定している。(三〇) 慶長四年駿河での豊臣氏の法度には、

今度御帳面に在レ之出作田畠等領主指上候儀堅御法度候、若其者死失候跡之田畠をは其村之者共として可レ作事、

とある。(三一) この作人死後に、「其村之者共として可レ作事」とある其村は、作人居住村を指していると思う。そうすれば、寛永十九年の岡山藩の次の法令とは異つている。(三二)

一、出作名請の田畑作人死絶候時は、本村へうけとり可レ申事、

一、出作よはり、百姓さすか其村には乍レ有、くたびれに及候とて、出作の地本村へあけ置申度と申候とも、更に承引すへからす、但し我村之作職も一円手付不レ成ほとの為躰におゐては、様子委しく郡奉行見とけ可二相計一之、彼本百姓身体もち直し候はゝ、又可レ為レ如二前々一之事、（註、我村之作職を、備藩典刑は其村々出作としているが備藩典録による本文のほうがよいであろう。）

しかし何れの場合にても、出作地を返還する事を禁止する態度は同じである。

出作地の返還それに伴う耕地の荒廃に、最も利害関係の大なるは領主であるが、江戸時代の如く村高制による連帯責任の発達した時代では、耕地所在村も亦大なる負担を加えることとなつた。耕地は余り労力は不足し、しかも租率が高い為に、入作百姓がなくて困却するという例もあつた。（三三）先に述べた石山村と南郷村の場合でも、直接困却するのは南郷村であつて、その為に石山村から種子籾として三拾俵を添えているのである。この時代に於ては耕地の拡大即ち持高の増加は、利益を伴うとは限らず、却つて負担を増すに過ぎない場合も多かつたのである。従つて百姓は、年貢と作徳を考慮して、利益がない時に、その責任の軽い出作地を返還するものであつた。その場合、同一領主の治下であれば、前記諸法令に見られる如く、之を禁ずることが出来たが、石山村と南郷村の如く、領主の異る場合には之を禁ずることが出来なかつたのである。

ここで出作・入作の第二の場合、即ち領主を異にする場合が問題となるのである。一方の甲領主は労力を有しており、一方の乙領主は土地を有しておる。そして乙領に出作すれば、直接利金を得るは乙領主であつて、甲領主は、

その百姓が幾何かの作徳を得ることによつて生ずる、間接の利を得るに過ぎない。従つて作徳のなくなつた時、甲領主は出作を止める方が利益である。前記石山村の場合、その領主石山寺は何等損失はなく、損失を蒙るのは南郷村とその領主膳所藩であつた。

即ち甲領主と乙領主では利害を異にする場合があり得た。且つ共に利を得る時も大なる差等があつた。甲領主としては、自己の農民が他領に出作するよりも、自領内の耕地を作る方を望むのは当然である。だから積極的に他領への出作を禁ずることもあつた。寛永七年五月十四日、伊達氏が近江の領地に下した法令中に、

一、他領之出作なさせ申間敷事、

というのがある。これのみでは「他領の出作」の意味が不分明であるが、その前後の箇条に、

一、御領分の百姓、京、大坂、江戸へ奉公人ニ出し申まし き事、

一、十三ケ村之百姓、人すくなき村へ御知行之内は不レ及ニ申ニ、他領よりも人を越、池田荒不レ申様に可ニ申付一候、

とあるによつて、他領へ出作する意味であることが明かであり、又他領からの出作を拒む理由はなかつた。(三四)

かくの如く他領との出作・入作については、他領よりの入作は望む所であるが、他領への出作は、之を禁止するか、又は傍観的態度を執るのが江戸時代の領主の方策であつた。尤も尾花川の例の如く、本村に耕地がなく無高である場合には、生活助成の為に他領への出作も奨励したに違いない。併し百姓にとつては、同一領主と異領主の関係は直接問題ではなく、年貢を納めた後に作徳が残るか否かが眼目であつた。

これに就いて興味ある実例は、慶長十三年の、紀州浅野家領丸栖村の出作問題である。(三五) 従来丸栖村の百村が高野山領調月村に出作していたのであるが、丸栖村より高野山へ年貢も納めず、調月村並の夫料も出さなかつた所から問題を生じた。丸栖村は浅野家の臣、浅野氏次の給地であつた様である。高野山では丸栖村百姓との直接交渉が捗取らぬので、浅野氏次に交渉した。仍て氏次は次の如き命を発し、年貢を高野山に納める様に命じた。

高野領調月村へ此方ゟ之入作分納所持食調月村並に可レ仕候、少も於二相違一者可レ為二曲言一者也、

以上

慶長十三年　三月九日　左衛門佐

氏(花押)

調月村隣郷

百姓中

一方氏次より高野山に対して、「此表何にても相応之御用於レ被二仰下一者疎意ヲ存間敷候」と好意を表しているが、丸栖村百姓は、その命にも従わなかつた。そこで大西宗左衛門が調停に当つたが、之も成功せず、丸栖村の百姓は、入作分の田地を高野山に返還すると申出でた。宗左衛門が五月十五日附で、高野山の使僧蓮明院に送つた書状は次の如くである。

態令二啓上一候、仍丸栖ヨリ調月へ之入作持食役儀等之儀、調月並ニ仕候様ニと被二仰越一候ニ付而、此中丸栖之百姓召寄、左衛門佐(氏次)方ゟ堅被二申付一候へ共、前々ゟ仕不レ来儀ニ候条、達而迷惑之由申候、左候へハ、此地拝領分之田地ゟ海楽川(マヽ)之儀ハ、先御検地ニ候条、作徳も可レ在レ之間、不届ふ儀被二申付一候処ニ、左様ニ御座候者、彼

入作之田地上ケ申度由、申方不レ及二是非一候、田地之儀何方へ成共可レ被二仰付一候哉、時分遅ク田地等上ケ候儀、如何と存候へ共、末代之儀ニ候条、何様ニも被二仰付一御尤ニ候、

ここに於て浅野氏も止むなく、丸栖村の作式を取上げ、高野山に返還したので、高野山では調月村の百姓を作人に附けた。然るに丸栖村の百姓も実際は出作地を返還する意志はなく、単なる牽制策であつたから、ここに至つて頗る困却し、遂に高野山の要求を一切容認し、従来通り出作することとなり、七月十一日に左の前書のある起請文を提出した。

一、従二丸栖村一調月村へ入作之御年貢之儀、年内ニ随分高野へ登せ皆済可レ仕候、少相残未進御座候者、三月三日限ニ皆済可レ申候、

但持食ハ調月なみたるへき事、

一、夫料高惣之出物調月次ニ無二異儀一出し可レ申事、

一、田地一ケ所も荒し申間敷候、自然田地荒し御年貢夫料無沙汰仕候ハヽ、其作人壹人宛成共、作式可レ被二召上一事、

しかも高野山側ではこの機に乗じて、検地外れの土地にも年貢を課することに成功した。卽ち同日附にて、丸栖村庄屋は次の請状を蓮明院に送つた。

御検地はつれせまち二ケ所ひろさ五石かわほと御座候、然共只今上畠二段貳石ニ相定り申候、向後者無二相違一高野へ登せ相済可レ申候、夫料高惣調月なみニ出可レ申候、以来無沙汰有間敷候、為二後日一如レ件、

これにて丸栖村が高野山の強硬態度に屈服したことが明白である。この経過を一層明かにする為に、この時の高野山の使僧蓮明院清算の、高野山への報告文を掲げよう。

従ニ丸栖村一調月村へ入作御年貢、高野へ上不レ申候、又調月村なみの夫料不レ出ニ付而、内々浅野左衛門佐殿へ申上候之処ニ、則御状ニ而被ニ仰付一候へ共、丸栖村ニ同心不レ申候而、作式御取上被レ成、此方へ給候之間、即調月村百姓共ヲ作人ニ付申候之処、又其後丸栖村より津森与兵衛殿、大西宗左衛門殿両人ヲ頼み、重而申候ハ、御年貢高野へのほせ、又夫料も調月村なみに可レ仕候間、左衛門佐殿被レ仰候而、高野御佗言被レ仰候て可レ被レ下由申候付而、大西惣左衛門殿より、我等之方まで御状給候てと、惣分へ披露申候之処ニ、調月村なみに仕候ハヽ、左衛門佐殿被レ仰次第と、惣分ニ被レ成ニ御申付一而、作式丸栖村へつくらせ申候、其時誓紙にて相定如レ此候、但又検地はつれの田地御座候間、如何々可レ仕候やと、津森与兵衛殿、宗左衛門殿へ伺候へハ、寺領なみになされ候へと、御申候之条、又惣分へも伺候へハ、年貢付可レ申由被レ仰候之間、五人の下代衆ニ見せ申年貢付申候、即作人一筆取申候、以来為レ覚如レ此候、入作ニ出入ニ、和歌山へ両三度まで参候て相済申候、左衛門佐殿御状誓紙、其時の一筆共御座候、学侶方あら川も同前ニ相済申候、調月村道白所へ壹人も不レ残参候て、誓紙仕候、七月十二日ニ誓紙仕候、又丸栖村より調月村へ、夫錢の一筆めん〳〵に仕候て、八月一日よりの夫錢出可レ申と書物仕候而、調月百姓共ニ相渡し申候、七月分ハ用捨仕候而、八月一日より仕候へと我等申付候て如レ此候、仍而如レ件、

この出作の租税が、果して丸栖村の百姓の言う如く、「前々ゟ仕不レ来儀」であつたか否かは疑わしい。寧ろ前

に検地があつたとすれば、この頃に至つて滞納を続けていたものであろうと思われる。興味あるのは丸栖村の百姓の態度で、初めは強硬に土地の返還さえ申出でたが、結局は屈服したのである。これは問題の耕地が、高野山の要求通り年貢夫料を納めても、「先御検地ニ候条作徳も可レ在レ之為」であつたことは申す迄もない。

又同様に、浅野氏が高野山に対して好意を示し乍らも、調停仲介者の立場を脱しなかつたことも、その利害関係が直接的なものではなかつた為である。

右紀州丸栖村の出作問題は、高野山側が田地引上という態度を執り、その未進年貢に就いては追求する所はなかつたが、未進米を請求するとすれば如何なるか。他領の百姓を自領の百姓と同様に取扱い得るか否か。これは一問題である。他領からの入作百姓を、自領の百姓同様に督促又は所罰すれば、相手方領主の利益を害する。さりとて之に対する相当な処分権を有しなければ、他領からの入作百姓を歓迎することは不可能である。その限界は何処に在るか。

これに対する江戸幕府の法制は、初期のものは管見に入らなかつたが、明和八年に代官方の伺に与えた指令がある。(三六)即ち

私御代官所へ他御代官所、幷私領出作之百姓御年貢未進のもの有レ之節は、御料分者其支配同役共方へ懸合為二取計一、私領之分は領主地頭へ不レ及二掛合一、私支配之百姓と同様、其品により手鎖申付候様可レ仕哉之事、

附小給所等にて向寄陣屋無レ之分は、懸合差支可レ申候に付、前文通奉レ伺候、且寺社之分も御年貢地致二所持一之上は、未進有レ之候ものは、私支配百姓同様取計、是又品に寄手鎖村預等申付候様可レ仕哉之事、

という伺に対する勘定所の指令は次の如くである。

他支配幷私領之出作百姓御年貢之儀に付呼出之儀は御料私領共不レ及ニ掛合一候、手鎖掛候節は、其御代官領主地頭へ掛合可レ被レ申候、最寄に陣屋等無レ之分は、手鎖申付置、早々可レ被ニ申聞一候、寺院社人は百姓幷手鎖抔は難ニ申付一候間、実々御年貢相滞候はゞ、取計方早々可レ被レ伺候、

これによれば、未進百姓に対しては、吟味は自領百姓同様に行えるが、手鎖等の処罰は先方へ掛合う必要のあつたことが知られる。尤も最寄に陣屋等のない小給人の百姓に対しては、手鎖を申付けて後に通知するという様に若干の差等がある。この方針は安永二年の「公事出入其外吟味筋取計方伺」に対する附紙にても同様である。(三七)

他所より其方御代官へ出作の百姓、御年貢取立差支候はゞ、本百姓同様手鎖懸け、其旨向方地頭役人へ通達いたし可レ被レ申候、但御三家方、御三卿方、御老中方、所司代、大坂御城代、若年寄衆、御側衆領知のものは伺の上可レ被ニ取計一候、

この方針は安永十年二月の小笠原友右衛門の伺に対する同年三月の指令でも変更はない。(三八)

然るにこの制度によれば耕地所有側の領主には有利であるが、相手方領主にとつては甚だ不利である。出作地の年貢未進によつて手鎖村預等の処分を蒙つては、自己領内の百姓に対する権利を全く侵害されることとなる。恐らくその為であろう。寛政十一年十一月の代官羽倉権九郎の伺に対しては異つた指令を与えている。(三九)

私御代官え他之御代官幷私領ゟ出作之百姓御年貢未進之もの有レ之節は、御代官所之分は其支配之同役共方え懸合為ニ取計一、私領之分は領主地頭え懸合吟味仕、尤重き御役人評定所御一座領分知行之ものに無レ之分は、私御

代官所之もの同様其品に寄り手鎖入牢等申付候様仕度奉レ存候、

但小給所等にて向寄陣屋無レ之分、懸合之上呼出候而は格別吟味延引に罷成候間、右之分は跡にて懸合、勿論其品に寄手鎖入牢等申付候節は、懸合之上取計候様可レ仕奉レ存候、且寺社之分も御年貢地所持いたし未進有レ之ものは、私御代官所百姓同様是又其品に寄揚屋等えも差遣可レ申候哉、

これに対する勘定所の指令は次の如くであつた。

書面其方御代官所え他之御代官所ゟ出作之百姓御年貢未進之もの有レ之節は、伺之通たるへく候、私領ゟ出作之百姓は先つ先き方領主地頭に申達、為ニ相納一候様再応懸合、其上にても不ニ相納一候はゝ、尚懸合之上呼出、其品に寄手鎖申付候節は、其段も先方え懸合可レ被レ申、入牢申付候程之儀に至り候はゝ、伺之上可レ被ニ取計一候、

且御老中方京都所司代大坂御城代若年寄衆御側衆評定所一座領分知行之分は、其度々可レ被ニ相伺一候、

但小給所等にて向寄陣屋無レ之分は、伺之通りたるへく、勿論入牢申付候程之儀に至り候はゝ、本文之通可レ被ニ心得一候、且寺社之分は、本寺触頭等え相達呼出、品に寄吟味中組合之寺社え可ニ預置一は格別に候得共、容易に揚り屋えは差遣被レ申間敷、揚り屋え差遣候程之儀にも至り候はゝ、伺之上取計可レ被レ申候、

これによつてみると、他よりの入作百姓に対する未進米の請求権は甚だ制限されたことが判る。且つ百姓に対してその権利を行使するには、相手方領主地頭の政治上の地位の高下によつて差等のあることが明瞭にされている。これが私領の領主地頭又は社寺等より、幕領の百姓に対する場合には一層その権限が縮少されたであろう。かくて他領よりの入作百姓に対する処罰等は、寧ろ領主間の政治的折衝によつて解決せざるを得ぬ場合が多くなり、時には

幕府の判決に俟たねばならぬことも生じたであろうと思う、その実例の管見に入つたもののないことは遺憾である。

尙他領よりの入作百姓が潰れた場合は如何にするか。先方の村方又は親類等に跡職を引受けさせるか、自領の百姓に引受けさせるか。ここにも問題が生ずる。当時にあつては、百姓をすることは義務であり負担であつたのであるから、進んで引受けるものは少い。殊に潰百姓の跡の如きは作徳が薄いことは明白である。その跡職、というより跡役を何方に負担させるか。これについて安永二年の指令がある。(四〇)

他の御料所或は私領百姓、私支配所内に田畑入作に所持仕候処、其百姓等潰、右地所可ニ引請一親類等も無レ之及ニ出入一候時は、潰候他の御料所歟、私領村方へ為ニ引受一候様可レ仕候哉、又は私支配所田畑の分は、其村内に孕り候地所に付、私支配所之村方引受に可ニ申付一候哉、

御付紙　弾正印　他に不レ拘、其村方潰百姓並に取計可レ被レ申候、(註、弾正は勘定奉行安藤惟要)

右により他領よりの入作百姓が潰れたる場合の跡役は、自領内にて処置せねばならなかつたことが判る。

五　出作と越石・越高との混同

出作に関聯して注意すべきことは、越石や越高との混同である。

越石とは享保四年の辻六郎左衛門の書上に、

是は知行を割渡候時、其渡知高に不足有レ之に付、他村より足し高小分割添遣候て渡、知行高都合仕候を越石と申候、少分之足高故百姓も田畑地所も割分け渡候義不ニ罷成一候に付、本村並之年貢取箇積を以て、右足高之

分を物成計引越候に付越石と申候、越石は物成之外は夫役等懸り物之類も、地頭より割懸候義不二罷成一、諸事仕にくき事故、近年は越石には不ㇾ仕、割合ケ渡候程之足高仕候様に知行割渡候、

とあるにて明瞭である。(四一) 勤農固本録には更に具体的に、

越石之儀縦ば高百石之村にて、此反別十町あり、内五十石此反別五町御料也、又五十石此反別五町私領と、地所にて分け、町歩幷田畑上中下同様に甲乙なく分り候へば、越石は無ㇾ之候得共、左様之村方は稀にも有兼候に付、一村之内高計を分け、物成米を其不足之方へ遣候時、御料より私領へ遣候へば御料より越石と申、又私領より遣候へば私領より越石と申候、但高と百姓前を分けにくき時之事也、

とあり、(四二) 増補田園類説・地方凡例録・田制雑記・督農要略等も同様の説で、越石と出作を混同せざる様に説いている。この越石は「凡地所分り不ㇾ申、物成計越石には高掛諸役出不ㇾ申由」であつて、(四三) 年貢のみを渡すものであり、十石以上の越石ということは稀で、廿石三十石になれば、高地所百姓共引分けて分郷にした。(四四)

越石が右の説明通りであれば、出作・入作と混同することはないのであるが、実際には混同する場合がある。地方落穂集に、

越石と云は、持添田地の事をいふなり、所謂前条の出作に同じ、手前は御料所の百姓にて、私領方にも少々の田地持たるを越石といふ、私領の百姓御料に持添たるも、御料への越石なり、私領より御料への出作は、御料にては入作なり、御料より私領へ出作は、私領の為には入作なり、

とある。(四五) この「前条の出作」は、分郷の時に生ずる出作を指している。当時関東の旗本知行所などにては、一ケ村

が二人三人、多きは十数人もに分給されたことがあり、所謂分郷の要が生じたのであるが、その際には、分給高に応じて百姓・田畠・山林・入会地等を公平に分割しなければならず、相当に技術的な困難があった。そして完全に石高と百姓が分割出来ぬ時は、若干の百姓を出作百姓としたのである。(四六)

これは通常の出作・入作と異つて、越石に極めて類似している。耕地も他村にあるわけではなく、越石と異る所は、年貢の外に夫料や高掛り諸役等迄課せられることや、村より年貢を送るのではなく、個人として年貢を納める点位である。かかる出作・入作の特殊なる場合が、越石と混同する原因になつたのであろう。

併しこの外にも越石と出作を混ずる例がある。聞伝叢書に、(四七)

越石之事

是はたとへば武州児玉村の地所を、八幡山町の百姓所持致し、水帳其もの先祖の名前に候得ば是を越石と唱、先祖の名前に無レ之地所を、検地以後他より譲受候はゞ越石と不レ唱、地元村にては入作と唱、居村にては出作と唱候哉、内々相伺候処、其筋より認来候書付左之通、

一縦ば山城守知行に相渡候村高九十石、大和守知行に相渡候村高百十石有レ之所、地所割渡之混本《マヽ》双方百石の高渡に成、大和守知行の内より拾石分は、山城守知行へ納候を越石と申候、

一支配の内にて他所のものへ質流地に渡、又は新田等出来の節、他所より名請致し候ても、入作に為レ致候ても、何も出作と唱申候、

右之通ゆへ、本の越石と申は甚稀にて、児玉村にて何れに認候ても差支無レ之相聞候得ども、奉行所にて其心得

を以取計候事に及レ承候、

とあるが如きはそれを示すものである。勿論これは越石に勝手な解釈を施したのであるが、かかる用法もあったことは注意しなければならない。

次に越高であるが、これは勧農固本録に、

或下村之芝地を上村の百姓新開仕時、両村とも同地頭故、役人心得違にて上村之高に結候を、下村より越高と云所もあり、

と説明している。(四八)これは耕地が下村にあるものが、高も年貢も凡て上村に属する場合である。出作と異るのは、高が下村に属せぬことである。尤も越高になる場合は右の如き場合には限らない。熊本藩田賦考に、

越高とは農力薄く田地余り有村々、連年難澁し、高出作に請るものもなき処に、農力強き近村より、其地高を諸上納諸出米銀諸公役共引請、村高に並へ御免帳にも何村越高と認るを越高と云、

とある様な場合がある。併し何れにせよ越高は同一領内で生ずるものである。

右の越高は明かに前述の越石とは相違し、出作・入作とも異ることは明かであるが、これは一応の定義に過ぎぬので、当時は三者を混同している場合が多い。例えば前記の熊本藩田賦考の越高の説明の末尾には、「公儀御役人衆記録ニハ越高之事ハ越石とあり」と記しており、その説明による越高を越石と同一のものとしている。

しかるに幕府の方ではこれとは異つた場合に越高と越石を混用している。地方落穂集に収めた「文化二年他領百姓領分に田地致二所持一候に付御問合書」によれば、(四九)「他領之百姓此方領分に田地致二所持一候か、此方領分之百姓他

領同様御座候者、入作と申候哉、又は越石と申候哉、云々」という問に対して、

御書面他領之百姓、御領分に田地所持いたし候者は入作と唱、御領分の百姓他領に田地致二所持一候者は出作りと唱へ申候、他より入候者、他へ出候者にて、出作入作と分け候名目に御座候、（中略）越石と申はたとへば百石の知行に九十九石の村有レ之、不足之一石を隣村にて足高に渡候時は、知行一ケ村に可二相成一を、一ケ村居置候て、其足高一石之方を越石と唱へ申候、尤書面認候にも其村にては、高百石内一石者何村に越高と認め、隣村にては高何石、外に一石何村に越石と認来り候趣に御座候、

という附紙がある。この答は勘定所のものと考えられる。この越高という意味は前述せるものとは全く異り、越石と同一事実に対する別称である。即ち越高を、通常の用法とは異つた用い方をしているのである。

又尾張地方の地方名目を解説した地方品目解（地方名目ともいう）には、

越高　出作トモ

是ハ他村ニ高田地ヲ扣居候義ヲ申候、又ハ同村之内にても給知之高ヲ御蔵入之百姓扣罷在候類或は給知之百姓ゟ御蔵入之地ヲ作リ候義をも越高ト申候、

とあつて、越高は出作と同一のものであると説明している。実際同一領内の出作と、越高の区別は極めて僅かである。そこに混同の因があろうと思う。又出作を単に、居村外に田地を持つて耕作するという意味に解すれば、越高もその中に包含されるわけである。殊に出作の場合にも、出作百姓の居住村で年貢を取まとめて、先方村に送る場合もあつたから百姓にとつては両者の区別の困難なこともあつた。

又越高という言葉を、入作の場合の年貢を、先方村から受取る意味に使用したこともある。熊本藩の北里手永の文政十年二月の達には、

村々入作分越高に取計、勿論惣高懸り出銀、二季諸上納之儀、目録を以越取可レ仕事、

とある。(五〇)

右の如き用法から考えると、出作・入作と越石・越高の混同は、それを直ちに誤りと断ずることは早計であることが判る。何れにせよそれらの言葉の使用法に就いては十分な注意が必要であつて、文字にのみ捉われることは避けなければない。

結論

以上を以て近世の出作に関する卑説を終ることとする。乏しい資料に基いたものではあるが、寺尾氏のお説とは全く相反する結論に達した。そして中世の出作とは全く性質を異にしたものであることも明かとなつた。且つその原因は、寺尾氏が述べられた如く、中世の出作が新旧勢力の拮抗の間隙に、農民が乗じ、新興勢力の領地拡張と相結んだものであるのに対して、近世には幕府の統制力強くしてその間隙がなかつた為であると言えよう。

卑説の推理・結論に、又資料の解釈に誤りがあるかも知れない。その点は寺尾学士幷に識者に対して重ねて御叱正を乞う次第である。(十五・二・一七)

(一) 経済史研究　第二十三巻第一号　三九頁

(二) 同　　同　号　四〇頁

(三) 同　第二号　七五頁。
(四)(五) 同　第一号　四〇頁
(六) 同　同　号　四六頁
(七) 日本経済叢書第五巻、四五五頁
(八) 同　第八巻　一〇一頁
(九) 大日本史料第十二編之廿三、補遺七七頁
(一〇) 白川郷弐拾壹箇村草高寄帳
(一一)(一二) 経済史研究第二十三巻第一号　四九頁
(一三) 大日本史料第十二編之廿八、七一九頁
(一四) 日本経済叢書第三十一巻、五八四頁
(一五) 同　第八巻、九八頁
(一六) 同　第三十一巻、四四〇頁。徳川禁令考第五帙、二六八頁
(一七) 日本経済叢書第六巻、四八〇頁
(一八) 近世地方経済史第三巻、五二四頁―五二五頁
(一九) 備藩典刑
(二〇) 旧幕府御定書
(二一) 滋賀県史第五巻、三五九頁、三六二頁
(二二) 同　第五巻、三五七頁
(二三) 経済史研究第二十三巻第二号、六二―六三頁
(二四)(二五) 同　同　号　六四頁
(二六) 同　同　号　六八頁
(二七) 同　同　号　六七頁
(二八) 同　同　号　七六頁

(二九) 細川家所藏井田衍義 廿一 県令条目
(三〇) 滋賀県史第五卷・三六二頁
(三一) 駿河志料卷之七十
(三二) 備藩典刑・備藩典錄
(三三) 大日本史料第十二編之三十、二四九頁
(三四) 蒲生郡志第四卷・三一一頁
(三五) 高野山文書(大日本史料第十二編之廿三、補遺七七頁以下に全資料を收む)
(三六) 聞伝叢書(日本経済叢書第十卷八二六頁)
(三七) 同　四一七頁
(三八) 同　六五三頁
(三九) 近世地方経済史料第八卷、四九七頁
(四〇) 聞伝叢書(日本経済叢書第十卷四一八頁)
(四一) 憲教類典五ノ四上
(四二) 日本経済叢書第五卷・四五五頁
(四三) 勸農固本錄(日本経済叢書第五卷、四五六頁)
(四四) 地方凡例錄(日本経済叢書第三十一卷・一九二頁) 督農要略(近世地方経済史料第三卷、五二四頁)
(四五) 日本経済叢書第九卷・八一頁
(四六) 地方落穗集(日本経済叢書第九卷、七九頁) 地方凡例錄(日本経済叢書第三十一卷、五九九頁)
(四七) 日本経済叢書第十卷・七三二頁
(四八) 同　第五卷、四五六頁
(四九) 同　第九卷・六一八頁
(五〇) 室原知德氏所藏村方諸規則手鑑

(昭和十五年五月、経済史研究第二十三卷第五號掲載)

六、近世に於ける村の財政

はじめに

封建制度下の農民または農村に関する研究は最近かなり進んできたとはいうものの、まだ着手されていない部分も少くない。ことに近世についてはその現存するおびただしい資料の僅か一部に手がつけられたにすぎず、今後の研究にまつ所が多い。そういう問題の中に近世の村の財政ということがある。これまで領主に納める貢租のことについては種々論じられてきたけれども、村の財政という点はあまり注意されないできた。しかし村民の負担という点からしても村入用は決して等閑にされるべきものではない。後に述べるように貢租の三四割、時には八割以上のものが村の費用として徴収されていたのである。しかもその内の重要なものは夫役に関係するものである。近世においては個々の農民から直接に労力を提供させることはほとんどなくなつたけれども、村を単位として課せられる夫役は少くなかつた。その最も著しいのは助郷制度であり、また領主の使役する中間《ちゆうげん》などもその例である。助郷制度にしてもそれが農村疲弊の原因として常に取上げられるのであるが、多くは抽象論に終つて具体的なことの示されていない場合が多い。

この小論においては近世封建社会の村の歳出の面から村民の負担を考え、その中において助郷制度がどのような影響を与えているかを見るのを一つの目的とした。さらに藩の財政窮乏がいかなる影響を与えたか、特に小藩の場合において、御用金の名で課せられる領主の借金は凡て領民の負担となることや、それらが相まつて村の財政を破綻に瀕せしめる事情を述べようと思うのである。

もとより村の事情は個々に相違し、その財政の面も千差万別であるから、これを一概に論ずることは困難であるが、そうした個々の村の研究が集積されて初めて全般的な結論を下すことができるわけである。ここに採上げた例は信濃国佐久郡原村の場合であつて、現在は長野県南佐久郡野沢町大字原町となつている所である。ここの名主であつた飯島家に資料が保存されているが、その資料は十分とはいえない。享保以前のものもほとんどなく、弘化以降のものも少い。しかし江戸時代後半の傾向を知ることはできる。

一 村の輪廓について

この原村は千曲川の上流に沿つた村で、江戸時代のはじめには同郡小諸城主仙石氏の支配下であつた。仙石氏が元和八年に上田に移つてからは駿河大納言徳川忠長の領地となり、正保四年に幕府直轄地となり、慶安四年からは甲府宰相徳川綱重の領分となつたが、元禄十七年四月三河加茂郡大給の松平乗真の領分となつた。松平氏は佐久郡二十五ケ村一万二千石の外に、三河の加茂・額田両郡に四千石の領地を有し、宝永八年に大給から額田郡奥殿に居所を移したので奥殿藩といわれる。佐久ではじめ同郡三塚村に役所を置いたが、宝永六年に田野口村に移し、こ

	総家数	本百姓	抱百姓	寺	堂	山伏	総人数	男	女	出家	山伏	召抱奉公人		外出人口
												男	女	
延享 3年	76			1	1	3	316	157	150	3	6			
宝暦 8年	76	53	18	1	1	3	311	169	143	3	5			77
12年	76	51	19	1	1	4	322	165	150	3	4			103
明和 3年	75	53	16	1	1	4	317	170	140	3	4			104
5年	77	55	17	1	1	3	330	184	139	3	4			102
9年	76	57	15	1	1	2	330	184	139	3	4			85
寛政元年	75	63	8	1	1	2	355	178	169	4	4	24	14	72
8年	82	67	11	1	1	2	319	163	147	5	4	20	11	90
享和元年	82	68	10	1	1	2	315	164	144	3	4	24	16	75
文化 3年	82	70	8	1	1	2	302	150	144	4	4	20	11	83
13年	82	69	9	1	1	2	311	162	142	4	3	28	4	36
文政元年	80	69	7	1	1	2	307	155	142	5	5	25	13	48
天保 8年	79	72	3	1	1	1	321	160	157	3	1	25	14	6
10年	79	72	4	1	1	1	325	158	162	4	1	25	23	2
13年	79	68	8	1	1	1	327	169	158	3	1	28	20	1
弘化 2年	80	69	8	1	1	1	325	157	168	2	1	32	25	2

こに代官を置いて支配させたが、文久三年に三河より田野口にその居を移した。これを龍岡藩という。原村に残存する資料は松平氏の領分となつてからのものである。

延享三年六月の「書上帳控」によれば、寛永六年に村上三右衛門によつて検地が行われ、村高は四百九十七石七斗四合である。享保十九年の「免定」や明和三年三月の「指出書上ケ帳」その他によれば、その内九石三斗八升八合は新田であるが、新田の検地年代は不明である。この内、田方の反別は十九町三反余、畑方反別は二十一町一反余である。これでも判るように東西百五十間、南北五十間という小村で、隣村の野沢へは家並が続いており、千曲川を間にした下中込村へは十五町余を隔てている。

中山道岩村田宿から甲斐・駿河への脇往還に当るが、千曲川が満水で中山道の塩名田《しおなだ》宿が通れない時には、参覲交代の大名や京大坂交代の番衆も岩村田宿あるいは八幡宿から、原・野沢橋へ廻るから、交通量もかなりであつたと考えられる。
その戸口については、延享三年の「書上帳控」及び宝暦八年以後の「人別宗門御改帳」によれば右の表の如くである。（空欄は資料のないものである。）

この表によれば戸数人口ともに大きな変動はない。ただ本百姓と抱百姓との間には出入がある。抱百姓は天保までは漸減しているが、その後また増加している。この村の抱百姓の性質はまだ明かにできないが、農村に最近まで残つていた親分と子分という位の関係ではなかつたかと思われる。無高ではあるが、時には一家をあげて他所に出ている場合も少くない。宝暦十一年の宗門帳によれば、名主勝右衛門方の抱六戸の内、女房子供を残して江戸に奉公に出ている者、一家全部が江戸その他に奉公に出ている者、本人が領主の江戸屋敷仲間《ちゆうげん》奉公中に欠落をして帳外になつている者などがある。従つて抱親がその労働力を利用するという性質のものでなかつたことが知られるのである。

人口の方で注意されることは外出人口が漸減していることである。外出人口というのは奉公人に出た者や縁付いて出た者をいうのであるが、天保八年以降は縁付が皆無となつている。これは帳面に記載しなくなつたためかとも考えられるが、文化八年には縁付による外出者が男六名女四十四名あるのに、同九年には女三名となり、十三年には皆無、文政元年には女二名、天保八年以降皆無となつているのであり、また奉公人に出る者もこの頃から著しく減じているので、帳面に記載しなくなつたためとは言えないようで、農村の疲弊と関連あるものと見るべきであろうが、今にわかに判断を下すことはできない。

	享保19年 寛保元年	延享2年	寛延2年	寛延3年 宝暦元年	宝暦8年	天明8, 9, 11年 天保10年
上　田	斗 7.1	6.8	7	7.2	7.4	7.3
中　田	6.7	6.4	6.6	6.8	6.9	6.8
下　田	6.3	6	6.2	6.4	6.4	6.3
下々田	5.9	5.6	5.8	6	5.9	5.8
上　畑	2.7	2.9	2.9	2.8	2.9	2.9
中　畑	2.4	2.6	2.6	2.5	2.6	2.6
下　畑	2.1	2.3	2.3	2.2	2.3	2.3
下々畑	1.8	2	2	1.9	2	2
屋　敷	3	3	3	3	3	3

次にこの村の租税関係についてみると、石盛は上田十七・中田十六・下田十四・下々田九・稗田六・上畑十二・中畑十・下畑七・下々畑五・屋敷十二である。年貢の賦課法は石高に租率をかけるのではなく、反当りの取米を定める反取の方法である。はじめは検見法であつたが、宝暦九年に前十ケ年平均による定免を願い出で、村方としては、「田方之儀ハ去寅（宝暦八年）之御反取ニ壹升御引下ケ、畑方去寅之御反取御居（据）被ニ仰付一被レ下候様」希望して許可されたのである。年々の反当り取米で判明している分は上表の如くである。

これによれば格別に年貢の率が重くなつてゆくということもない。定免になつても「右年数之内も格別之凶年幷水損川欠早霜降り候節は御見分御引方奉レ願候、尤弐三分位之不作之節ハ御検見御願申上間敷候」と定免願書の中にある通り、凶作には減免されたのである。事実年貢米に大きな変化のないことは後に述べる通りである。

この村における大きな事件もほとんど記録に残つていない。僅かに宝暦四年に領内に徒党強訴があつたことが知れるが、その理由や規模も不明であり、且つ原村は最も穏健な方であつたのであろう、特に処罰されることもなく済んだのは次の文書によつて知られる。

三　塚　村

原　村
惣百姓

此度領内村々徒党及二強訴一候刻、銘々村切致二寄合一、村役人差図ヲ不レ用、御制禁之門詰いたし不届ニ付、申付方有レ之候得共、御慈悲ヲ以指免候、向後之儀心得違法外等無レ之様ニ可二相心得一候、依レ之急度呵置者也、

（寳暦六年）
子六月

これに対して六月廿七日附原村百姓五十一名の請書を提出している。これを除いては特に事件らしいものは起きていないようである。

二　村の財政と助郷の關係について

村の財政を知るには村小入用帳と呼ばれるものが最も適切で、村としての一年間の支出は凡て計上されている。原村には享保十九年以後のものが残つているが、享保十九年のものを掲げると次の如くである。

高四百九拾七石七斗四合
一金弐両壹分永弐百五文三分　名主給分
此鐚壱貫六拾五文
此米三石四斗八升四合　但シ高七厘、金壹両ニ付壹石四斗壹升九合、金拾両ニ四拾三俵
一金壹両三分銀六匁九分九厘壹毛　国役金
此鐚六百弐拾七文

一金壹分　定遣給分
一金三分永百三文五分　大割夫銭
此鐚五百三拾七文
是ハ寅七月ゟ極月迄両度割本へ出る割本御役料共
一金弐分銭六百廿五文　郷宿心付金
一金壹両銭三百四拾壹文
是ハ御用ニ付名主年寄御役所参候節昼飯万入用
一銭三貫六百八拾四文
是ハ御検見之節炭薪増入用
一銭四貫八百五拾文　御津出米才料入用一ノ宮増駄賃共ニ
一金三分銭壹貫七拾弐文
是ハ御用ニ付名主年寄度々飯代万入用
一金弐分銭壹貫拾壹文　祇園祭礼入用
一金弐分銭七百五拾九文　氏神祭礼其外虫祭風祭入用
一金壹分　諸神代参入用
一銭三貫六百文　宿場役伝馬

一金壹両銭壹貫弐百拾弐文　江戸御屋敷御奉公人増入金
一銭四貫七百三拾六文　万人足賃入用
一銭三貫弐百文　是ハ川除御普請ニ付入用
本金六両利足
一金壹両銭壱貫四拾文　是ハ申ノ年借用仕金子
一金拾弐両弐分銭六百四拾四文　是ハ出入ニ付江戸万夫金
一壱両永弐百文　是ハ江戸夫借用仕候利金
此鐚壱貫四拾文
一金弐両壱分銭壱貫百文　是ハ三ケ宿助郷人足賃銭入用
一金壱分　穢多屋敷代
〆金弐拾六両弐分銭三拾壱貫百六拾五文
両替五貫弐百文
此金五両三分永弐百四拾三文弐分六厘（註銭三十一貫を換算したもの）
合金三拾弐両壱分永弐百四拾三文弐分六厘
寅ノ御取高
米百八拾石壱斗八升

内七石四斗五升八合　　名主役抜高

残而百七拾弐石七斗弐升弐合

但シ壱石ニ付永百八拾八文壱分弐厘当リ

末尾にある「寅ノ御取高」はこの年の租米で、その内から名主役を除いた分に小入用を割当てると、租米壱石に対し永百八十八文余になるというのである。これを村民及び出作百姓の租米高に応じて賦課するのである。村によつては出作百姓に重く賦課することもあつたが、原村では同率にかけている。この小入用を、同年の米相場で換算すれば、租米に対する割合は二七％弱となる。即ち領主に対する村の表向の負担の二七％弱が村費に当てられていたわけである。米の相場は所によつて相当な違いがあるが、小入用帳に記されているのは松井田御払米直段で、以下の統計もすべてこれによつた。

はじめの名主給分は、村高四百九十七石余の七厘に当る三石四斗余で、これを当時の相場によつて金に換算したものである。享保十九年の支出では、「出入に付江戸万夫金」の十二両余が最大のものであるが、その出入の内容は不明である。またすでに村として六両の借金をしており、その利息一両余を出していることが注意される。さらに大事なことは、村民の生活に直接関係あると思われることはほとんどなく、村自体として計画的な何らの仕事をなし得ないでいることである。領主に直接関係のないのは祭礼の費用ぐらいである。これは当時の村の性格を知る上にも極めて重要なことといわなければならない。村の「自治」ということがいわれるが、少くともそれには財政的の裏付けが必要である。その裏付けが何もないといえるのである。当時の村は村民の組織するものではなく、支配機構の末端として組織されていた。そのことがこの財政の上にも明白に現れているのである。

元文二年になると村小入用は六十八両に増加しているが、これは三十三両余の借金の元利を返済したためで、これが全体の四八％余を占めている。著しく増したのは三宿助郷人馬賃銭の銭四十二貫余で、この年の両替三貫文として計算すれば十四両となり、全体の二一％に当る。なお六十八両の総支出に対して、十七両二分余は「従二殿様一被二下置一候御渡し物其外名主方ニ而諸勘定割出等預り候分不レ残出し」として引去り、残余を高割にしている。殿様からの渡し物というのはどういうものか判らないが、その後もしばしばあり、寛保二年の小入用帳には「従二殿様一御救引被二成下一其外御渡し物被二下置一」とあり、天明六年の皆済目録の中にも四両余を「渡物引」として年貢の中から差引いており、救助の意味で村方に与えたものと思われる。

いま現存の小入用帳によって、各年の租米・村入用総額・助郷人馬賃銭を示すと次頁の表のようになる。租米に対する村入用の割合は、その年の米相場によって換算して比率を出した。金額で示したものは、分・朱はもとより、貫文もその年の小入用帳に記された両替相場によって、凡て両単位に改めた。また村入用総額に対して、借入金・前年の繰越等による収入があるので、村民に対する割当は多少減少するのが常であるが、助郷費用との割合を示すために、収入による差引は行わなかった。

この表によって先ず考えられることは、租米には大した変化のないことで、ことに宝暦九年に定免制が行われてからは天明六年の凶作検見を除いてほとんど変りがない。文政と天保の間の差は、定免の反取に違いがなかったのであるから、田畑の面積の変化があったものと思われる。領主の賦課は前に述べたように、本年貢米の上には現れてはいないのである。それに反して村入用がしだいに増加したことや、中でも助郷人馬賃銭がいかに村の財政上重要な意味を持っていたかが知られるのである。ここの助郷について延享三年の「書上帳控」に、「廿九年以来高三百六拾六石軽井沢・沓掛・追分三宿え助郷役相勤候所、重役故段々御訴訟申上、御吟味之上御聞済、去丑十月右勤高之内百五拾弐石御赦免御書下し頂戴仕、当分勤高弐百

信州佐久郡原村村入用

年度	租米	村入用総額	(租米に對する割合)	助郷人馬賃銭	(村入用に對する割合)	米相場(一両當り)
	石	両	%	両	%	石
享保19年	180.18	32.493	(25.59)	2.461	(7.57)	1.419
元文 2年	182.177	68.111	(40.96)	14.029	(20.60)	1.0956
同 3年	180.304	37.775	(12.38)	10.280	(27.21)	0.5907
同 4年	186.759	40.792	(15.64)	13.770	(33.76)	0.7161
同 5年	185.691	41.451	(16.57)	18.008	(43.44)	0.7425
寛保 2年	119.462	58.412	(44.37)	29.075	(49.78)	0.9075
同 3年	144.713	52.467	(30.27)	29.227	(55.71)	0.8349
延享元年	160.	69.177	(51.08)	34.307	(49.99)	1.1814
同 2年	152.031	107.774	(60.82)	53.140	(49.31)	0.858
宝暦 4年	165.2	52.597	(35.03)	10.933	(20.79)	1.1022
同 5年	159.5	24.882	(11.63)	15.124	(60.78)	0.7458
同 12年	169.269	38.174	(22.25)	12.505	(32.76)	0.9867
同 13年	169.269	51.757	(28.56)	16.419	(31.72)	0.9339
明和元年	165.269	65.896	(43.16)	24.111	(36.59)	1.0824
同 2年	163.034	82.823	(53.65)	23.235	(28.05)	1.056
同 3年	163.034	74.197	(41.45)	20.725	(27.93)	0.9108
同 7年	163.766	48.217	(28.66)	8.683	(18.01)	0.9735
同 8年	163.766	57.662	(34.51)	18.660	(32.36)	0.9801
天明 6年	71.809	90.042	(64.97)	30.591	(33.97)	0.5181
寛政 2年	168.004	39.891	(30.01)	10.757	(26.97)	1.2639
同 8年	164.727	72.673	(40.20)	27.745	(38.02)	0.9075
文化 5年	162.674	109.978	(48.19)	31.114	(28.29)	0.7128
同 9年	162.892	97.519	(63.81)	32.665	(33.50)	1.0659
同 13年	162.89	109.814	(61.40)	29.822	(27.16)	0.9108
文政 3年	162.888	108.359	(72.44)	30.66	(28.29)	1.089
天保 9年	155.842	182.672	(52.22)	55.468	(30.36)	0.4455
同 10年	155.842	131.941	(70.13)	52.268	(39.16)	0.8283
同 11年	155.842	151.891	(81.69)	46.541	(30.64)	0.8382
同 13年	155.842	116.606	(71.61)	23.558	(20.20)	0.957
弘化 2年	155.843	154.621	(44.20)	26.483	(17.19)	0.4455
同 3年	155,843	140.613	(65.21)	39.231	(27.90)	0.7227

拾四石相勤申候」とあるによつて、享保のはじめから助郷となつたことが判る。ここから軽井沢へ六里十町、沓掛へ五里七町、追分へ四里一町の距離である。右の表にあげた助郷諸入用の外に、「宿場待伝馬」あるいは「宿場待伝馬諸入用」などと記されている費目があり、享保十九年に三貫六百文、元文二年に二貫七百文、弘化年代になつて三両余ほどあるが、この統計からは省いた。

助郷の負担は逐年増加の一方で、寛保元年には軽井沢宿の無尽金十五両を受取つて助郷役の夫銭支払にあてたが、その後二両二分宛七年間掛返しをしなければならなかつた。延享二年になると助郷入費は村入用の約五割になるのであるが、この年に前述の如く、助郷役勤高が四割余免除され、翌三年に中山道の軽井沢宿より芦田宿までの九宿の助郷組換があり、原村は追分沓掛両宿の助郷となり、これらのために負担が軽減されることとなり、宝暦四年には村入用の二割以下となつた。但しこの年には前年の暮に夫銭支払のために借用した元利金十五両三分を返済している。

村入用総額も延享二年を峠として宝暦年代にはよほどの減少となつているが、このころから川除普請の人足賃が目立つてきている。明和三年には川除普請に関係するもので二十一両を出して、助郷人馬賃銭を超過している。この川除普請に関することは後に述べることとする。その外に、この年には「御中間《ちゆうげん》増金村方増金」として十一両二分余があるが、これは領主使役の中間の賃銭の増給分を村方で負担したもので、中間抱入に関する費用の負担は連年あるが、こういう形で村方負担が重くされてきたのである。

助郷役その他の村方の夫銭は逐年増加して来たため、村民の中には村役人の処置に対する不満が生じ、村入用の使途を公開することや百姓代の設置を要求する運動が起つた。即ち天明二年四月原村惣百姓は九名の惣代を選んで村役人に対する交渉を依頼したが、その依頼文の末には、この一件についての費用は惣百姓の持高割にすることや、惣代の田畑耕作には百姓仲間にて手伝いをすることや、また相談の上一決したことには絶対違変せず、万一それに背いた者があれば百姓仲間を除いて一切の交際を絶つという、極めて強い意志が示されている。惣代もこれに対して、内談事は決して洩らすこともなく、「少々之用事少シ之不快ニは不参」をしないことや、何ほど手間どつても未熟のことはしないという誓約をしたのである。惣代が名主年寄に対して提出した願書は次の如くである。

以二書付一相願申候

一此度御役え惣百姓一同相願申候趣意は、打続惣穀下直ニ付、銘々勝手向不廻り御座候上、近年諸夫銭多ク相掛リ、連々困窮仕罷在候、殊ニ去ル酉年ゟ下中込村と川原地境出入漸々当三月中相済候ニ付入用御しらへ被二仰聞一候様相願候、依レ之仕出シ帳面御仕立出来候ニ付、披見致候処、多年相掛リ候出入ニは御座候得共、入用金高夥敷相懸リ甚以難義ニ奉レ存候、出入無レ之候而も及二困窮ニ一罷在候所ニ出入用金格別ニ相掛リ、此節必至と行詰り難義ニ奉レ存候、此上取続御百姓相勤候手段ハ、銘々之兼約ハ勿論之儀、御役元ニ而諸事御同役方と被二仰合一万端御引〆御兼約被レ下、并村方仕法も御改、少々たりとも夫銭減少致候様御取計、末々取続御百姓相勤候様御勘弁相願候より外無レ之儀と奉レ存、惣百姓打寄相談之上箇条を以相願申候趣、得と御承知被レ下、惣百姓相続仕候様何分相願申候、則箇条之趣左ニ記申候、

一近年百姓代無レ之是候間、当年より百姓代之儀壱ケ年ニ弐人宛相立テ、名主元へ諸勘定并御米納其外御見分事有レ之

候節立合、入用不ニ相掛一様取計、夫銭之儀ニ付違論無レ之様致度候、百姓代相勤メ候ものハ、御役元ゟ差人を以相勤可レ申候、尤壱年替リニ相勤候様致度候、

一御伝馬勤方之儀、御年寄中年番ニ御世話被レ下、村方出人馬買勤人馬賃諸色入用之儀ハ霜月中別割ニ被レ成、御取立可レ被レ成候、

一御伝馬宰領之節、御通り相済候ハヾ早速被レ帰入用不ニ相掛一候様、出役衆へ御断可レ被レ下候、

一国役并御中間給金之儀相当り候節、別割ニ被レ成、御取立可レ被レ下候、

一名主御役高抜之儀、弐拾石之内拾五石を御当役高抜キ、五石を御伝馬御世話之方高抜キニ被レ成御勤メ可レ被レ下候、尤御伝馬夫銭国役并御中間給金之儀ハ、惣高割ニ被レ成、村夫銭計役高抜キ御割合被レ成候様此儀何分相願申候、

一近年宗門御改帳御認被レ成賃金御取被レ成候儀、思召違之様奉レ存候、是は名主御役相拘候儀と奉レ存候、已来書賃御取被レ成候儀、少々之儀ニ御座候得共御用捨可レ被レ下候、

一田野口御用ニ付御出被レ成候節、諸入用甚相掛リ候様ニ御座候、已来入用不ニ相掛一様御取計可レ被レ下候、

一蠟燭并紙墨筆之儀ハ、金壱分弐朱ニ御定メ被レ下候様相願申候、

一御年貢御上納日限相極り候儀ニ御座候得ハ、急ニ御取立触相廻り候而ハ、支度ニ差支候儀も有レ之迷惑仕候間、御役所より御割賦相廻り次第御触被レ成候様仕度候、

一夫銭割合之儀、是迄御年貢と一所に御取立被レ成候得共、以来別割ニ被レ成、極月二十日後ニ御取立被レ成候様相

願申候、尤割賦之儀ハ前広ニ御触被レ成候様相願申候、

一名主年寄中加郷方寄合等ニ御出被レ成候節、出役料御取被レ成候儀帳面ニ相見へ申候、是は御役儀之義御役所御用ニ御出役も同様之義と奉レ存候へハ、已来御出役料御取被レ成候儀御止メ可レ被レ下候、

一川原出入酉年已来入用しらべ相願、依レ之仕出帳面出来候ニ付、披見致候所、相分り不レ申義ども有レ之候間、金子差引押勘定相願候得共、御役元御不承知ニ付、無レ拠田野口郷宿迄訴出、同所薬師寺法印様御取持を以勘定相初り酉年已来押勘定致候所、種々相分り兼候、御取計金子指行等ニも不分明之御取計御座候へハ、已来御役元并御同役中万端御改メ被レ成、右躰之御取計無レ之様相願申候、尤押勘定の節日用明細帳を以勘定仕度相願候得とも、五郎右衛門殿方ニは明細帳無レ之由ニ付、無レ拠御伝馬方ハ通帳を以引合、払方の儀ハ所々店々通并ニ暮書面を以仕出帳面ニ引合、金子指引ハ村用金借入通を以しらべ候得共、決白ニは相分不レ申候間、已来日用明細帳金子指引等巨細ニ被レ成、右躰ニ付違乱無レ是様致度候、

一名主元諸勘定并御寄合之節、酒肴等是迄御用イ被レ成候儀有レ之候得とも、村方及ニ困窮ニ候間、已来御兼約被レ成、入用不ニ相掛一様御勘弁可レ被レ下候、尤暮御勘定之儀、是迄日数も甚御掛リ被レ成候様ニ御座候へハ、已来日数不ニ相掛一様ニ、未明より御出会被レ成御出情被レ成候様相願申候、

一用水人足之儀、平均人足之外、賃銭ニ御定被レ下候様相願申候、

一夜番之儀、前々之通り御年寄中も御勤被レ下候様相願申候、

一夜番欠着番御書替之儀、年々二月中限ニ御改メ可レ被レ下候、

一御役所より御出被レ遊候節ハ、賄人壱人・茶番壱人・日役壱人ニ而相済候様ニ被レ成、夫人不ニ相掛一候様相願申候、

一御米納之節賄御入用之儀、毎々之通御役元御賄ニ被レ成可レ被レ下候、

一御名主給高七厘之儀ハ、流高除キ有高へ御掛ケ被レ下候様、何分相願申候、

一所々諸奉加之義、困窮之由被ニ仰立一可ニ相成一丈ケ御断可レ被レ下候、

一此末万々一出入等御座候而、御役人衆中御出府被レ成候共、作方手伝人足御当テ被レ成候義御用捨可レ被レ下候、

一近年定夫之分壱人番相立、平日相廻り、右番ニ相当リ候節ハ、野田へ耕作ニも難レ出、壱人ものなとハ甚差支ニ相成迷惑ニ御座候間、壱人番御止メ被レ成、定夫之外人足御入用之節ハ、順番ニ御当テ御夫（使）可レ被レ成候、

一祇園祭礼之節、酒御出シ被レ成候義、已来ハ御無用ニ可レ被レ成候、酒呑過候へハ口論抔致候而、両村引合之御祭礼ニ御座候へハ気之毒ニ奉レ存候、尤野沢へ被レ遣候御神酒、例年之通り可レ被レ成候、

一氏神御神事ハ格別之義ニ御座候得は、前々之通御取計可レ被レ成候、

一法度河原草木苅採候義、近年甚猥ニ相成候間、以来田植前ニ例年之通二日、八月中一日、両度つゝ御役元ゟ御差図次第ニ苅採候様ニ御定被レ成、間々ニ猥ニ苅採不レ申候様御取極メ、若し相背キ盗苅致候もの有レ之候ハヽ、御役元御吟味之上当人ゟ五貫文過料御取被レ成候積リニ御定、一家五人組えも相応之過怠可レ被ニ仰付一候、百姓仲間之内見逢（逃）シ候もの有レ之候ハヽ、是又過料御取可レ被レ成候、

一作物ハ勿論かず（楮カ）桑盗候もの有レ之候ハヽ、法度河原同様之過料ニ御定御取可レ被レ成候、

一法度河原芦之義以来ハ入札ニ被レ成、望候ものへ御渡可レ被レ成候、

一作場道之義、年々春中之内壱度つゝ御立合被レ成、普請致シ、境論等無レ之様ニ仕度候、

一御役元ヘ村方ゟ願出候義有レ之候ハヽ、百姓代方ヘ致ニ相談一其上御役元ヘ相願候様御極メ可レ被レ成候、

一近年猥ニ村之内くわへきせる致候間、急度被ニ仰渡一可レ然奉レ存候、

一若者夜遊ニ出、夜更候迄所々ニ集リ居、勝負事ヲ企、又ハ酒宴を催候義、已来無レ之様ニ急度被ニ仰渡一尚又自今夜遊ニ出候共四ツを限り、四ツ過候而集居候か燈有レ之候家有レ之候ハヽ、相互ニ申合、仲間吟味仕候様被ニ仰付一無益之義無ニ御座一候様ニ被ニ仰渡一可レ被レ下候、

一婚礼幷仏事之節、致ニ兼約一有合之品ニ而一汁一菜ニ相極、手軽ニ相済候様申合候、

一五節句祝義進物之義、相互ニ申合、拾ケ年も相止メニ致候様ニ、惣百姓相談仕候、

右箇条之外ニも可ニ相成一丈ケ御兼約被レ下候様、一同相願申候、御承知被レ下、御役元幷村方仕法御改メ可レ被レ下候、前書ニも申上候通り、厳敷兼約相立取続候手段致候ゟ外無ニ御座一候義と奉レ存候、御役元御取計之義相願候義気之毒ニて御座候得共、困窮ニおよび無ニ致方之一、誠ニ無レ拠、御兼約被レ下様相願申候、各々様方御勘弁を以取続百姓相勤メ、老人妻子を養ひ候様幾重ニも相願申候、右之趣何分御勘弁被レ下、願之通被ニ仰付一候様一同相願申候、為レ其惣百姓連印書付如レ斯御座候、以上、

これを見ると、惣百姓側の要求は村財政のあらゆる面に及んでおり、村役人が種々の名目または方法をもつて、村民に費用を転嫁していたことが知られる。しかもこの要求は、末尾になると全くの歎願書の形式となつている。この要求の内どれだけが容れられたかは不明であるが、およその目的は達したのであろうと思う。名主飯島勝右

衛門の日記の天明四年正月六日の条に「天明二寅年夫銭改ニ付村定連印箇条弐通相認、壱通ハ名主元、壱通ハ村方所持致候」とあることや、その日記その他によつて百姓代の置かれていることが知られるからである。

百姓代というのは村方三役の一つとして、幕府直轄領では大抵置かれていたが、他の所では必ずしも置かれてはいない。そしてその任務なり設置の意義なりに関しては、これまでそれほど注意されず、また事実大した働きをしない所もあつたのであるが、多くの資料にふれてみると、百姓代が惣百姓の代表として、重要な意味を持つていることが多いのに気付くのである。名主年寄などの村役人は村の代表者であると同時に封建支配の末端機関でもある。それに対して実際に村民全般を代表するものが百姓代である。百姓代は村役人というよりは、村役人の監視者である。村民の意向は百姓代を通じて表明される。先の要求書の中に「百姓代相勤メ候ものハ御役元ゟ差人を以相勤可申候、」とあるように、名主年寄が指定した場合においても、全村民をその背景に持つものである。それがこの村の場合のように、惣百姓の要求として設置されることになつたのは興味ある事例である。

この頃になると往還の交通量が増加し、加えて商人荷物が種々の方法を以て助郷制を利用して運搬され、助郷村の負担はいちじるしいものがある。そこで天明三年には追分沓掛両宿の助郷二十一ケ村の惣代が道中奉行に対して改正方を願出た。その要旨を箇条に従つて述べると次の如くである。

一、往還御用が年々繁多になり、特に去る安永九年から天明二年までの三年間は、一宿へ勤めた助郷人馬が人足三万人馬一万疋にも及んだ。中でも追分沓掛両宿の助郷は、遠方の村は七里余もあるので、一日の勤めに三日宛を費す。その上、板橋宿より追分宿まで廿ケ宿は、中山道と北国道とを勤めるので、いずれも一宿の助郷高が一万石を闕ける所はないのに、追分沓掛両宿に限つて、一宿に対して五千石にも闕けており、両道を勤めることが無理である。それ故延享三年に軽井沢から芦田宿まで九ケ宿の助郷が割替になつた後も、助郷免除或いは休年の願が止むことなく、宿と助郷の出入も度々に及んでいる。自今人馬の軽減方を助郷一同が歎願する次第である。

一、此度浅間山燌火により軽井沢宿の作場も家居も砂石に埋まり、これまで通り人馬を召抱えておくことはできないので、往還御用を従来の助郷のみで勤めることは困難であるから、軽井沢宿附助郷からも増高加村の願が出ている。また沓掛宿も近年残らず類焼して、召抱えの人馬は前々の半分にも及ばず、漸く御役人馬の数を合せているばかりで余分の稼人馬はないために、それだけ助郷に触当てる人馬が増加している。

一、往古より正徳年中までは軽井沢沓掛追分三宿へ公儀より宿場役人が出張して往還吟味役をしたので、宿助郷の勤方も正しく、第一武家方御雇の上下末々の家来まで無筋の人馬を借りることもなかつたので助郷も勤め易かつた。然るに近年は御先触も分持《ぶんもち》幾荷・長持幾棹とばかり触れて、所要の人馬数がないために、宿々では胸算用で触れるために、年増しに余分の人馬を勤めるようになる。殊に長崎奉行の下り長持は、伏見着船より日数十日目として触れるが、五六日宛ほども遅れるために、その間中集めておく宿々の人馬はおびただしい費となるので、近年は御先触を見ると、助郷から一日路の所まで長持見届の者を出しておき、その費も少くないので、今後は江戸着まで確実な泊りを指定して頂ければ宿助郷の御救となる。

一、御通行が遅延しても何の通知もないために助郷の費は甚しいから、よんどころなく遅延した時は早速知らせて頂きたい。又満水川支《つかえ》の時は、其所から東西へ知らせれば無用の人馬を出さないですむのであるが、そのことがないために度々助郷人馬をいたずらに集めておくことがあり、よんどころなく助郷から西は木曾路、東は上州武州まで見届の者を遣わしおいて、川支が済み御通行と見定め次第昼夜兼行にて宿々に帰つて人馬を寄集めるのである。

一、近年御先触と御通行の時刻との間隔が詰つて宿助郷ともに難儀をする。御先触は一日の間があるようにして頂きたい。

一、御勅使様・御門跡様御通行の節は京都・江戸御伝馬所より人足何百人程・馬何百疋程とばかり知らせてくるので、軽井沢から和田宿までの宿助郷一組より三四人宛、御上りには武州熊谷辺まで、御下りには木曾路美濃路まで御通り御荷物惣人足見届のために遣わすが、天気の善悪又は平地嶮岨の差別によつて入用人馬も不同であるので甚だ困惑する。

一、二条・大坂御在番様方の御通人馬も元文年中に比すれば五倍も入るようになり、昨天明二年四月に二条御番士御通りに助郷村々から勤めた人馬は平均して人足五千七百余人・馬千六百疋ほど継立て、右賃銭として一人前一宿にて鐚二三文宛受取つた。かようの節も先年通り宿馬御役人が御出張下されば、御雇の上下末々の家来が無筋の人馬を借りることもなく御先触だけで済むことである。

一、御通行の節に召連れられる御雇の者共は、道中筋のことを熟知しておつて、幕府御料所では御支配より御出役のないことを承知しているので、無筋の人馬を取る。即ち御雇の御家中に願い出て先触を出し、悪天候又は嶮岨の所では人足を取り、平地晴天には自分で持つ故宿々人足に増減がある。請負の御雇者がある時は先触を出さないようにして頂きたい。大体とういう御雇者は道中の路用を下直に請負つて、問屋場で助郷人足を取つて、その宿を離れると助郷人足から酒手を取つて、それより自身持にするのであつて、かかる類は年々増長する。助郷人足は遠方へ勤めるので酒代を出しても早く帰村したいために、内々にて無筋の銭を出して帰るのである。かかる事も宿場役人が廃されてから自然と猥りになつたのである。

一、近年諸国の商人が御門跡様・御公家様方並に御武家様方の仮絵符にて売買の荷物の先触を出して宿々を附け通りをし、それは当然助郷人馬にかかつてくる。眼前に商品と見受けても、一宿にて御注進すれば諸入用等差当り難儀をするので捨置くために年々増長する。

右の事情であるから、五ケ年間三月より八月まで御出役下されば、御武家方の御雇上下末々の家来の非行も止み人馬も半減することとなろう。出役御役人の旅宿人夫等は助郷村々にて勤めて御不自由はかけないようにする。

（天明三年八月道中御奉所江上候願書並右願ニ付御觸書寫）

以上が天明三年八月に追分沓掛両宿助郷より道中奉行に願い出た要旨であるが、これによつてみても、助郷制度がいかに農民を苦しめていたかが窺われるのである。助郷制度は、幕府や諸侯が道中の費用を金銭にて支出する代りに、所在の民衆の労力を徴したものである。金銭にて支出するとしても当然民衆の負担するところとなつたには違いないけれども、助郷制度においてはその負担が不均衡となり、また無用の費が多く、更にその間にこの制度を悪用して利を得るものがあり、その凡てが助郷の村々の負担となつたのである。ことに最後の箇条にある商人の荷物が助郷制度を利用して運送されていたことは、封建制自体の矛盾を示すものであつた。

さてこの願書は道中奉行によつて取上げられたが、軽井沢・沓掛・追分三宿に役人を駐在させるという主要の目的は採用されず、翌天明四年六月に至つて、宿駅を利用する公家武家に対して、次の如く触出された。

（この触書は御触書天明集成にも載せてあるが、集成本にも脱字と思われるものがあるので、写書を底本として、集成本で補訂した。）

道中往来之面々、於二宿々一不法之儀無レ之様可レ致旨、先年ゟ度々相触候処、近年猥ニ相成、道中宿々御定之外人馬多差出、其外旅人不法之事とも有レ之、宿々助郷村々及二難義一候由相聞候間、先年より度々被二仰出一候御書付之趣弥相守、以来は諸荷物貫目ハ御定之通急度申付、何人持と銘々附札いたし、指出可レ被レ申事、

一、継人馬之義は前日歟前々日にても、宿割之家来指遣、宿々え印鑑壱札宛渡置、先触外之馬駕籠人足等、右印鑑無レ之者えは決て指出間敷旨申渡置、召連候家来雇之ものえも其旨兼て申聞置、通行之節差懸り病気又は痛所等ニて、馬駕籠人足等入用ニ候ハヽ、役人え申達、馬駕籠等之訳印鑑え認入申請、右印鑑を宿役人え差遣、宿方え渡置候印鑑ニ引合、馬駕籠人足等為二差出一、跡より出立致候賄方之家来、右印鑑を取上、賃銭急度相払候様可レ被二申付一候、尤右之趣宿々えも道中奉行ゟ申渡置候間、其旨相心得、往来之度々無二間違一様可レ被二申付一候事、

一、出立刻限は朝七つゟ、泊りハ夜五つ時を限り往来有レ之、宿々泊り之義も、無レ拠子細有レ之、繰替候義は格別、為レ差義も無レ之ニ、兼而定置候泊宿猥ニ繰替候義は被レ致間敷、可レ成たけ夜通之飛脚差立候義も相止可レ被レ申事、

一、以来町人え絵符を貸渡し、公家衆門跡方武家之荷物ニ為レ致候義、急度相止可レ被レ申事、

一、人馬賃銭宿次を以、先達而払置、通行いたし候面々も有レ之候得共、右之内ニ賃銭不足いたし、先宿迄不二行届一も有レ之由相聞候間、向後右躰之義無レ之様取計ひ、万一不足之節は、通行当日急度相払候様可レ被二申付一事、

一、向後宿駕籠長持等持人足、御定之通り急度不二相減一人馬賃銭旅籠代等迄無二相違一相払、陸尺幷通し人足宰領之もの共ニ至迄、急度申付、自分可レ持道具を人足ニ為レ持、其身ハ無賃之馬駕籠等ニ乗候義不レ致、金銭等ねたり取候義は勿論、人足ともゟ酒代等取レ之、指戻候義は決而致間敷段、召連候家来幷請負人共迄急度可レ被二申付一候、

その他の箇条を触れ出した。（御触書天明集成）

しかし幕府のこのような一片の触書によってそれまでの弊害を防ぐことは思いもよらないことであった。原村の天明六年の小入用帳においても助郷としての負担は三十両を越えている。この年は米相場にも現れているように、非常な凶作であり、定免の年貢も破免引方を認められたのであって、その時の費用は「御検見御休泊入用割合村請之分」として一両二分余が支出されている。村入用総額は九十両に達したのであるが、村民は凶作のために負担しきれず、二十五両は郷借として借入金で賄ったのである。

寛政八年の経費中には「鎮守出入諸入用金利足其外郷借利足分」として八両二分余が計上されている。この時の郷借金は九十四両で、内十両は「前々より郷借仕罷在候分」、十両は「去ル寅年（寛政六）御伝馬夫銭多分相掛候ニ付郷借仕罷在候分」、七十四両は「鎮守出入一件諸入用郷借仕罷在候分」である。村の財政が赤字となる前には領主の財政も赤字となっており、この年の村入用中にも寛政五年の「殿様御発起無尽」五十五口の内領分に割当てられた十三口七分の割請分として一両二分余があげられている。この領主の負債については後に述べることとする。

文化五年になるとこの九十四両の郷借金は返済したようであるが、新たに七十両の負債が生じている。「是ハ去ル丑年（文化二）国役御普請不足金幷寅卯両年（文化三・四）入用等村方願ニ付割残候分郷借ニ仕罷在候分」とあり、この利息として七両を支出している。また「殿様御発起無尽」に高割で加入した分の掛返金として一両余、「岩村田様御発起御無尽御加入分高割」として一両分余があげられている。後者は隣接領主岩村田侯の無尽に領主として加入した分を村方にて引受けたのであろうと思う。小大名間にはこうした無尽等による財政補塡策がしきりに講じられており、その相互間に金融することも行われていたのである。領主のみならず村としても無尽によつて財政の急を救う方法が執られており、文化九年の小入用帳によれば、この年に「岩村田御無尽」の当取金十五両を得て、国役普請の不足金五十両の内を返済して、残額三十五両となつている。また鍛冶屋村無尽にも当り十四両一分余を得ている。その反面において「岩村田様御発起御無尽幷湯原村無尽其外去ル未年加入致候分掛金」として十八両余を支出しているのである。

文化十三年以後の村小入用総額は百両を下らないようになり、郷借金も容易に返済できない。十三年の郷借金は五十両であるが、「是ハ去丑年（文化二）国役御普請之節郷借幷去酉年（文化十）凶作ニ付村方相談之上郷借仕候分」とあり、国役普請の不足金五十両の内十五両は文化九年に返済したのであるが、文化十年に凶作のため十五両の郷借をしたものである。またこの頃から、小入用とは別に高割で徴収しているものに「対州御普請金」「国役御普請金」などが二三両前後ある。五十両の郷借が返済できない内に、文政二年には「御雑用金上納」と諸夫銭が積つて四十二両の郷借をし、合せて九十二両となり、同三年には利息だけでも十三両三分余を支払い、助郷諸入用に次ぐ金高となつている。

天保九年には村小入用総額も伝馬勤人馬賃も最高額に達しているが、郷借金も既に百四十両三分に達し、ほとんど一年分の経費に相当し、その利息だけでも十八両余となつており、その外に無尽の掛金十両三分余がある。村の財政という点からすればほとんど破綻に瀕しているわけである。米価にも見られる通り非常な凶作であつたが、この際幕府の巡見使が派遣され、この「御巡見様御通行入用右之節橋修覆并ニ御通行跡為ニ御改ニ水嶋喜三郎様御出張諸入用」として十七両二分余が支出されている。実に村入用の一割以上を占めているのである。

幕府の巡見使は将軍の代替り毎に全国に派遣されるもので、直接に民衆の生活を見、政治の適否を判断するものであるから、藩の接待を受けず、また民衆の生活も現実の姿を見るために、特別の用意をすることを禁じているのである。しかし各藩ともその準備には万全を期し、巡見使の質問に対する答弁書を作成して名主庄屋等に配布しておき、それにない事柄には返答をしないように命じておいた藩もある。

原村に巡見使の来たのは宝暦十一年と天保九年の両度が記録されている。宝暦の時は家治継統の翌年で、駿河・遠江・三河・美濃・尾張・伊賀・伊勢・甲斐・信濃・飛驒・志摩巡視の命を受けたのは使番三好勝之助・小姓組松平与次右衛門・書院番北条鉄五郎であつた。原村に休息したのは五月二日であるが、休息所に指定された名主勝右衛門と年寄又三郎の家や道橋の検分は三月九日で、それより普請にかかり、四月廿六日に再検分をし、また人足二百人・馬十疋の割当をしたが人足はこれでも不足した。新調した品は、水風呂桶一・行水たらひ二・湯桶二・手水桶二・手桶二・手たらひ二・大たらひ二・かざり桶十二・水ぶろふた二・駕籠台二・手拭掛二・刀掛二・雪隠一・

木枕二であるが、鯛鱒等は上田に人をやつて買求めた。巡見使の精進日や、三好勝之助は、ねぶか・玉子・岩茸・豆腐・鳥類が嫌いであるということまで書畄めてある。（宝暦十一年御巡見様御通支度覚書帳）

天保九年の巡見使は家慶の代初めに派遣されたもので、この地方に来たのは使番土屋一左衛門・小姓組設楽甚重郎・書院番水野藤治郎（徳川実紀には甚十郎・藤次郎とする）で、原村では五月十四日に甚重郎が名主勝右衛門の家に、藤治郎が年寄又三郎の家に昼飯の休息をした。勝右衛門は「天保九年御巡見御宿日記」に詳しく書畄めている。案内役人は割元や名主が勤め、その外、御荷物御払役人・人馬肝煎役・辻番役人その他多くの役人があり、また御勝手役人・料理人は藩から来ている。藩より借用の品には障子二十本・畳三十二畳・手桶四・居風呂二・餝手桶十二等がある。又三郎の家では座敷が手狭というので六畳一間を建増した。十二日には勝右衛門と又三郎は上田の三使宿泊所に様子を窺いに行き、それによつて菓子その他の用意を聞いた。「御通行御定日心得之事」によれば、

一、村内間数を極メ盛砂いたし、壱軒前壱つゞゝ手桶差出候様面通え可ニ申付一事、

一、村内見苦敷ハ不レ残松葉垣可レ致、無レ拠通行可レ致小路ハ松葉垣齟齬ニ致置通用可レ致、乍レ併御着御出立之節
　通行畄可レ致候事、

一、御通行之日御出立相済候迄煙畄之事、

一、御着（より脱カ）御出立相済候迄ハ往来畄並雪踏無用之事、

一、御通行拝見不ニ相成一事、

その他の規定があり、座敷餝附としては、

一、三つ道具付煙草盆きせる弐本添出置可レ申候事、
一、御朱印台白木三方奉書弐枚敷床出置可レ申候事、
一、屏風数多用意可ニ致置一候事、
一、上雪隠香炉へ香ヲ添並紙台用意之事、
一、居風呂桶上中下三本、
一、手桶四ッ用意候事、
その他数々の心得がある。道には「御用之外往来留」の建札をして巡見使到着から出発までの間は厳重に通行を禁止する。村境には「松平石見守領分信州佐久郡原村」という建札をする。
さて当日勝右衛門方で巡見使が尋ねたのは戸数人口村高等のことであつだ。そしてこの日のための諸費用として百四両一分二朱余を要し、その内六両一分三朱余は領内より飯料その他として出し、差引き九十七両三分二朱余が藩の支出となつた。藩の役人は表に出ないようにしているが、宿所又は途中で御機嫌伺に出ている。経費は以上の外に、前述した如くこれに関連した原村の支出が十七両二分余あつたわけである。これに対して巡見使がいくら支払つたかというと勝右衛門方の受取控がある。

覚

一銭四拾文　　御上御一人様木賃米代
一銭壱貫三百七拾弐文　惣御人数三拾三人様分

合銭壱貫四百拾六文　但御一人ニ付木賃八文
米弐合五勺つゝ
但白米百文ニ付七合五勺
両替六貫六百文

右之通御昼木賃米代慥ニ奉ニ請取一候、尤御非分成義毛頭無ニ御座一候、　云々

恐らく年寄又三郎の所でも同様に支払つたであろう。なおこの時に名主方では巡見使に菓子包九つと一両二朱の金子包を差出し、外にも菓子包十三を差出したが、いずれも拒絶された。しかし年寄方の水野氏家臣は残らず受納した。こうして巡見使一行は藩と村とに多大の負担を残して立去つたのである。藩の負担もやがては村の負担となることはいうまでもない。

天保十年になつても郷借金は減じていない。同年十二月の三十五両の郷借用金証文があるが、借金の借替か証文の書替であつたのであろう。その文中に元利が少しでも滞つたならば「小前一統相談之上郷借致候上ハ、惣百姓高割以(ヲ脱カ)取立急度返済可レ申候」と言つているのは、郷借金の性質を示すものである。この年の郷借金の利息と無尽掛金を合せれば三十五両余となり全体の三割を占めている。天保十三年になると伝馬諸入用が半減している。これは宿助郷取締役人が派遣されたことが影響したのではないかと考えられる。小入用帳に「宿助郷為ニ御取締一宿方え御公役様御出之節諸入用助郷割請并右之節出張入用共ニ」として五両二分余が支出されているが、天明三年に願出たような駐在する役人ではなかつたようであるが、これによつて或る程度の効果を挙げたものであろう。もしそうであるとすれば、助郷制度がいかに濫用され、助郷の村々がいかにその犠牲となつていたかが数字の上からも明白に

知られるのである。しかも弘化年代においては再び漸増の傾向が見えている。原村に於けるこの後の資料を欠くのは遺憾であるが、幕末の国家内外の政治情勢の急迫によつて伝馬入用が激増したことは想像に難くない。

幸にも原村の近くにあつて同一領主の支配下にあつた同郡下小田切村（現在臼田町の内）の小入用帳を調査された市川雄一郎氏よりその資料を借覧することができたので、原村におけると同じ計算方法によつて表を作ると次頁のようになる。ただこの村は原村と違つて小田井・岩村田両宿附助郷であつたから、やや事情は異ると思う。しかし中山道と北国街道と重つていた追分沓掛両宿の助郷であつた原村が、下小田切村よりも軽い負担ですんだということはありえない。

これによつて明かな通り助郷人馬賃銭は、文久年代には村入用の七割以上を占めるのであるが、ことに文久三年には和宮東下があり、その金額に於ても未曾有の巨額に達しているのである。このような助郷負担を含めての村入用総額もまた著しい増加を示し、農民の負担がこの面に於て極めて過重となつたことが知られるのである。なおこの村において支出中の大きな割合をしめたのは、「諸奉公人増給分」で、領主使役の中間《ちゆうげん》の増給を村々において負担したものである。寛保元年には四両余のものが、安政五年には十三両となり、文久三年には一躍五十両余、元治元年五十八両余、慶応三年三十七両余となつている。これも助郷同様夫役の変形残存であつて、これらが近世の農村において最も重い負担となつていたことは注意しなければならない。奉公人増給分に限らず、文久三年に村入用が巨額に達したのは、この年六月に藩主松平乗謨が海陸御備向掛を命ぜられ、ついで若年寄となり、更に三河は僅か四千石であるために、居を信州に移すことを願い、九月十一日に許されて田野口に移つたので、それらが大きく

信州佐久郡下小田切村村入用

年	租米	村入用総額(租米に対する割合)	助郷人馬賃錢(村入用に対する割合)	米相場一両に付
	石	両 %	両 %	石
寛保元年	178.275	24.481 (14.95)	0.403 (1.65)	1.089
天保10年	177.654	72.811 (43.44)	25.957 (35.65)	1.06
嘉永 4年	177.654	99.055 (33.45)	15.720 (15.87)	0.60
5年	177.654	101.610 (34.89)	21.570 (21.23)	0.61
安政元年	176.91	115.935 (41.29)	38.346 (33.08)	0.63
2年	177.697	129.416 (48.80)	50.067 (38.69)	0.67
3年	178.316	104.681 (41.67)	9.690 (37.92)	0.71
5年	177.323	115.700 (32.62)	53.078 (45.88)	0.50
万延元年	175.505	105.363 (25.81)	47.569 (45.15)	0.43
文久元年	173.253	260.082 (51.04)	191.383 (73.59)	0.34
3年	177.371	514.144 (90.03)	380.590 (73.88)	0.31
元治元年	177.371	302.142 (45.99)	160.190 (53.02)	0.27
慶応 3年	176.8	233.110 (17.14)	67.609 (29.00)	0.13

影響していると思われる。

三、土木費が村財政に與えた影響について

以上主として助郷による村の財政面に対する影響を見てきたのであるが、村の財政上に大きな影響を与えたものの一つとして川除普請等の土木費があげられる。川除普請はその規模によつて国役普請・地頭普請・村請普請などの区別があるが、幕府や藩の財政の困難になると共に、国役普請や地頭普請が等閑にされ、或いはその費用が一般民衆に賦課されることとなつたのである。一般に土木工事に対する幕府や藩の支出減少は、洪水その他の災害を招き、江戸後期における所謂天災地変の被害を一層高める結果となつた。

原村は千曲川に沿つている村であるだけ、川除普請は直接に甚大な関係を持つものであつた。宝暦十二年には次の如き願書を道中奉行に提出して助郷免除を求めたが、その理由とする所は千曲川氾濫による耕地の流失である。

乍レ恐別紙以ニ書付一申上候御事

一、原村之儀千曲川附ニ御座候ニ満水度毎に御田地川欠ニ罷成、殊ニ弐拾壱年以前戌年（寛保二年）大満水ニ而御田地夥敷川成リニ罷成、依レ之同年大草太郎左衛門様並御普請役様方千曲川通御見分被レ為レ遊、翌亥春ゟ夏中ニ至而御普請被ニ成下一候ニ付、年々修覆仕候得共、荒川故御入用之枠立並石積等大破仕、尚又御地頭ゟ茂年々川除御普請被ニ仰付一出精仕候得共、度々満水故押払御田地川成リ罷成、百姓困窮仕候、且居村高四百九拾七石七斗四合之内九拾弐石六斗余流ニ罷成、別而難儀至極ニ奉レ存候、此度奉ニ願上一候通、助郷御役御慈悲ニ御赦免被ニ成下一候ハヽ、難レ有奉レ存候、

信州佐久郡原村土木費支出統計表

年	川除入用	用水入用	往還橋入用	以上合計
	両	両	両	両
寛政 2年	2.261	6.455	4.218	12.934
8年	3.675	0.551	1.371	5.597
文化 5年	6.024	5.062	5.575	16.661
9年	5.366	2.073	2.690	10.129
13年	6.288	6.164	不明	(12.452)
文政 3年	8.591	3.040	9.030	20.661
天保 9年	10.067	3.044	5.908	19.019
10年	4.287	2.442	不明	(6.729)
11年	4.535	4.400	19.492	28.427
13年	5.280	4.683	2.521	12.484
弘化 2年	8.683	9.279	13.461	31.423
3年	33.239	10.646	9.756	53.641

明和三年の指出書上ケ帳によれば、寛保三年に国役で普請された枠立石積凡そ四百五十間に及ぶ堤防も明和二年四月・八月の満水で残らず流失してしまつた。その後を地頭普請で凡そ六十間、百姓役持で七十八間の普請をした。その外に宝暦七年から地頭普請をした分の流れ残りが六十一間、百姓役で普請したものの流れ残りが百五十一間ほどある。

さてこの川除普請に対する村方の負担を見ると、享保十九年には三貫二百文が支出されているにすぎないが、明和三年になると「川除御普請人足賃不足分其外年中諸人足賃」として十両三分余、「川

除御普請枠木貫木囲木代増金入用」として十両一分余が支出されていることは前に述べた通りである。この不足分や増金というのは当然藩から支給されるべきものが支給されないために村方で負担しているものである。明和七年十六両余、同八年は十九両余、天明六年は凶作ではあつたが、十七両余の支出をしている。ところが寛政以降になるとその支出は激減して右の表の如くである。

表中の用水入用というのは延享三年の「信州佐久郡原村書上帳控」に

一用水　堰本 野沢村 原村

是ハ堰口同郡臼田村うち千曲川ゟ引取申候、道法壱里程、堰下八ケ村用水ニ御座候、堰普請之節枠立等夥敷相懸リ、其上高百石ニ人足百人余宛差出し申候、

とあるものである。また往還橋入用というのは同じ書に、

一千曲川往還橋 長四拾間 幅四尺　橋本 原村 野沢村

是ハ前々ゟ三拾三ケ村村組合被ニ仰付ー、高割人足を以橋掛申候、尤原野沢両村ゟも組合同前ニ人足差出、其外橋諸入用金幷小破繕等原野沢両村ニ而差出申候事、

とあるものである。天保十一年に多額の支出をしているのは、落橋のため取継一件について度々寄合をしたりした費用を野沢村と分担したのが十三両余あるためである。弘化二年の費用も橋掛替費を両村で分担したからである。川除入用は明和頃に比べれば著しく減じているが、もともとこの川除普請は地頭普請又は国役普請として行われ、その下附金の不足分を村方で負担していたのであるから、支出の減少は必要経費が減少したということではなく、

藩財政の窮乏に伴つて必要な工事さえ等閑にされていたことを示すものである。恒常的な施設が行われない結果は時々に大規模な修理工事を必要とすることになり、文化元年には国役普請金の不足が五十両にも及び、これは郷借となつている。弘化三年にも川除普請があり、総額八十三両余の内五十両は領主から下附されたが、残り三十三両は村負担となり借用金で賄つている。こういうことも村の財政を悪化させる一つの原因であつたということができるのである。村の財政悪化の傾向は上の表によつて明かであつて、借入金の利息のために年々多額の金銭を支出しているのである。

信州佐久郡原村借入金利息等統計表

年	郷借利息（郷借金）	無尽掛金	村小入用金利息	以上合計
	両	両	両	両
寛政 2年	0	0	0.900	0.900
8年	8.720（不明）	1.704	0	10.424
文化 5年	7.000（70両）	1.251	5.664	13.914
9年	5.000（50）	18.017	4.012	27.029
13年	7.500（50）	8.827	不明	16.327
文政 3年	13.800（92）	5.878	4.030	23.708
天保 9年	18.142（140.850）	10.857	5.025	34.024
10年	18.142（140.852）	13.391	不明	31.533
11年	13.329（91）	18.900	7.065	29.294
13年	12.630（91）	22.785	3.846	39.261
弘化 2年	11.830（91）	28.740	5.265	43.835
3年	11.830（91）	16.601	5.015	33.446

四、藩の窮乏が村財政に及ぼす結果について

先に藩財政の窮乏が施設等にも影響することを述べたのであるが、その窮乏は早くから始つていたのである。ここの資料は享保以後のものであるが、そのはじめから藩の窮乏が知られる。享保六年の「殿様御用金高割帳」によれば、高百石について新金二両宛を用立て、この時は惣百姓から出したが、九年の六月に半金を返済し、残りの四両三分余は五年賦とした。同十年にまた村御用金六両を課し、これは名主勝右衛門等十名で引請けたが、これは翌々年より五年賦で返済した。（享保乙巳年、当巳ノ年御用金帳）

このように御用金として課する外に、無尽として、村々にその幾口かを引受けさせる方法のあつたことは前に述べた通りである。更に領内の富豪に御用金を出させることも行われた。原村の名主飯島勝右衛門の文化四年の「従先年差上金高調帳」及び「御役所え調達金書上控」によると、飯島氏のみで用立てたのは次の如くである。

享保五年	十 両	宝暦 十 年	二百両	宝暦十二年	百 両
享保六年	四 両	宝暦十一年	二百五十一両	明和 元 年	百 両

宝暦十年三月の時に藩の役人の出した証文の写は次の如くである。

預申金子之事

一金百両

右者為ニ御用金一才覚被ニ指出一慥請取申所実正也、然上は元利当暮御年貢ヲ以急度返済可レ申候、為ニ後日一証文仍如レ件、

その追て書には「右之金利足之儀年中壱割五歩之勘定ヲ以相渡可レ申候、」とある。以上六百五十一両の内、明和六年から安永三年まで六年、年賦金三十弐両宛、計百九十五両余を返却したのみで、四百五十五両余が残つている。その外にも次の如くに記されている。

安永七年	六十両	宝暦十二年	十両（江戸表ニ而御前え差上申候）
安永九年	三百両	宝暦十二年	十 両（江戸表ニ而奥様え差上申候）
明和七年	二十五両	安永五年	三十両（無尽立替金）
宝暦八年	二百両（御上屋敷御類焼につき差上候）	安永九年	百 両（同 右）

文化四年四月まで総計千百九十両二分余の元金がそのままとなつたもので、この外に勝右衛門は調べ洩れとして天明六年の三十両と文化二年の十五両、同三年の十五両をあげており、その内若干の返済があつたのを差引き千二百三十一両となる。これに対する利息として勝右衛門は五年に二倍となる計算で、文化四年までに一万一千二百二十三両としている。この利息はもとより元金も結局は返済されなかつたので、明治五年十一月十三日附で飯島勝右衛門が長野県権令立木兼吉に宛てた「乍レ恐以二書上一奉二歎願一候」によれば、飯島氏が田野口の領主（当時龍岡藩という）に用立てた金は千五百余両に達している。これを困窮の際につき何ほどなりとも頂戴したいと述べているのである。

明和二年に藩で立てた借金年賦返済法の覚によれば、当時三河に於て千二百六十九両、信濃において二千九百十二両あり、これを三ケ年乃至二十ケ年賦に分けて返却しようとしたのであるが、その時飯島氏等の御用達に出した藩の覚書の内信濃に関するものは次の如くである。

明和二乙酉年正月ゟ五月迄之出金

一金四百八拾四両　是者当酉年ゟ被二差延一戌年ゟ三ケ年賦

戌年　金百六拾壱両壱分永八拾三文余

亥年　金百六拾壱両壱分永八拾三文余

子年　金百六拾壱両壱分永八拾三文余

宝暦十庚辰年ゟ明和元甲申年迄之出金

一金弐千四百弐拾八両　是者来ル丑年ゟ申年迄弐拾ケ年賦
　但壱ケ年　金百弐拾壱両壱分永百五拾文
　右年賦割合書面之通可レ為レ承ニ知之一候事、

これにおいては利息の如きは全く考慮していないのである。

藩主の借金も領内の者からばかりでなく他領の者から借りることもあつた。たとえば年不詳の子四月十五日附の上諏訪町土波止源蔵宛の覚書によれば、同人から千両を借用し、一割一歩の利息を払うことを約束しているが、その引受人としては野沢村の並木甚五右衛門が立ち、世話人として原村の飯島勝右衛門外一人が立つている。返済方法は諏訪の領主高島藩主発起の五千両の無尽に二口加入し、その一口千両の取金を以て返済するというのである。

こうした種々の方策にも拘らず藩財政は年毎に窮迫し、天保十三年三月には領内より二千両を十年間無利息にて借入れるという方法を講じたが、これは一種の租税先納法で、借入金は年末の租税で相済するというのである。そのために下々が難澁いたすのは歎かわしいしだいであるからこの十年間は一同倹約につとめるようにというので、領内二十五ケ村に左の要旨の倹約令を発した。

一、検見・川除見分・納所その他一定の出役がある時に、従来村毎に酒肴を用意したが、今後は一汁一菜有合の品に限ること。

一、出役の者へは右の通り取計い、村方へは出役のためと称して酒肴を調え、跡ふきなどと称して村役人が飲食することを禁ずる。

一、村役人の寄合の時の飲食を禁ずる。

一、近年上下一統奢りが長じ、凶年が続いて難澁に陥りながらも、今に風儀が直らず益々増長するようであるから、祝儀不幸の節は勿論、常々の振舞も目立たぬように質素に取り行い、内証の豊かになるよう心がけること。

一、近年耕作不精の者も多くなり、田畑も衰え難澁百姓が多くなつた所へ、「又々上御勝手方えも出金等いたし候得は、弥難儀も相増候間、」耕作出精の者は一層出精し、不精者は吟味をして、少し宛も余分に取入れて難澁の薄くなるように努めること、下役の者を差出して穿鑿させるから、村役人は不精者には異見を加えて取続くように心懸けること。

そして冬になつたならば「眼前村益目立候様」に心懸けよというのであつたが、そのように容易に効果をあげ得るものではないことはいうまでもない。弘化三年より再び五年間の改革を命じ、その間祇園祭礼や鎮守祭礼における飾物を禁じ酒宴を止め、吉凶の際の費用緊縮を令したのである。村方はともかく、藩の財政は益々窮してきた。先に見たような無利息の借入金を年貢で相済にするという方法は、慶応四年に至ると明瞭な年貢繰上納という形で強要された。しかしこの時になると、領民も無条件に承服はしなかつた。領分二十五ケ村の名主年寄が連名で同年二月に左の願書を田野口の藩役所に提出した。

乍レ恐以二書付一奉二願上一候

御領分廿五ケ村名主年寄一同奉二申上一候、去ル十二日御呼出し之儀ハ御勝手向御不如意ニ付、当辰御年貢金之内御繰上げ納可レ仕趣御頼み被二仰聞一、且存附之儀ハ重分（マヽ）ニ可レ奉二申上一候様被二仰聞一候ニ付、乍レ恐愚意奉二申上一候、昨冬以来両度御繰合御上納仕置、猶又此節より御繰上げ被二仰付一候ては一同心配難儀ニ落入、其上当御時勢ニ而は地借等も不二相叶一、高持ニ触当候而も秋作取入不レ仕候故、申諭儀も無二御座一候、此上御威光ヲ申立候而も小前等は無レ拠騒立も可レ仕哉と一同心配仕り候付、愚考仕り候処、御上様ニモ格別之御仁恵之思召無二御座一候ては、奉二依叛一（マヽ）間敷哉も無二余儀一、愚存左ニ奉二申上一候、

一、御三方御入国之事、

一、御年貢金之外、課役ハ何ニ而モ皆御免除之事、

此内に御奉公人増給金御領分余落（マヽ）秣料□□□共

一、松井田出米先駄賃之義是迄被二下置一候上に、街道筋御定賃銭振合を以六倍五割増被二下置一申度候、

一、松井田御払米之節御領分より両人宛立合度事、

一、御先手組稽古其他御用ニ罷出候節御領分□□御免之事、

一、上伺御機嫌暑寒伺並右に類し候義名主一人ニ而申上度事、

一、御奥詰女中並御仲間其外共御取詰ニ可二相成一分ハ御情ニ被二成下一、御人数御減しニ相成候様仕度事、

一、大扶持以上之御方様御若党御仲間御銘々様に而御召抱被レ遊候様致度事、

一、御勝手向御取締被レ遊候趣、巨細ニ被二仰聞一度事、

一、御年貢米白米ニ而納候節、搗切御立被レ下度事、

一、臨時願向名主年寄連印願書差上候節、御差支ニ不二相成一候ハヽ、名主年寄一人ニ而御用済ニ仕度事、

一、郷宿二軒を御定不レ被レ下、元三軒共入而五軒之内え村々任ニ心ニ一引締り度事、

右之通被ニ仰付一被ニ下置一候ハヽ、御領分追々相続方も可ニ相成一、御上様ニ茂御勝手向御立直同様之御儀と乍レ恐奉レ存候儀ニ而、村役人共より小前末々迄精々申諭、月々可レ成丈之高割を以上納可レ仕、若亦御改革も不レ被レ遊、御繰上ケ而已被ニ仰付一候共、末々之もの離心を生ぜんも計レ難候間、格別之御仁恵前書之条之趣御聞済被ニ成下置一候様一同挙而奉ニ願上一候、以上、

これによれば年貢金の前納を承知する代償として藩政の改革を要求しているのであつて、年貢金の外一切の課役を免除することや、年貢米運送駄賃の増給を求め、若党中間等奉公人の村負担の軽減を望み、さらに事務処理の簡易化を主張している。しかも「御威光ヲ申立候而も小前等は無レ拠騒立も可レ仕哉」といい、年貢前納のみを行つて改革を行わなければ「末々之もの離心を生ぜんも難レ計」といい、暗に改革を強要している。荘園内の農民が逃散を以て領主を脅かしつつその要求を提出したのに対して、これはより積極的であり、要求もまた細部に亘つている。単に年貢の軽減を求めるというのではなく、軽減し得る箇所を示し、領主自らの倹約を要求するのである。これを簡単に時代の勢いであるということもできるが、実はこうした自覚の中に時代が動いたのである。

五、領主と富農の結びつきについて

さて先に領主が富豪から御用金を徴した例として原村の名主であつた飯島勝右衛門の場合をあげたのであるが、飯島氏の出自は明白ではないが、その所蔵資料の中には宝永頃の質地証文が多く、金貸によつてしだいに土地を兼

併したもののようである。商売も営んでいたが、元文六年からは質屋を兼ねた。即ち同年二月名主勝右衛門は「私世忰徳治郎見せ店商売仕候ニ付、少々宛も質物等取申候得は勝手ニ罷成申候義ニ御座候間、質屋仕度」と願いでて許されているのである。享保頃から御用金を用だてていることは前に述べた通りであるが、まだ村内第一の地主にはなつていない。享保十九年に原村で最も多くの租米を納めているのは三十八石余の安兵衛である。この時に勝右衛門の租米は二十八石七斗余で、名主役高二十石分の租米は負担していないが、租率は高の四割に達しないから、高二十石分の租米を加えたとしても、安兵衛には及ばない。この年に租米十石以上の者は五名である。この状態はしばらく継続するが、延享二年に安兵衛の租米は十五石余に急に減じ、勝右衛門の分は三十三石を越え、宝暦四年になると勝右衛門の租米は四十四石を越え、一村の二七%を占めるようになる。

宝暦八年の宗門帳によれば家族二十四名の外に、下男十一名・下女六名・抱百姓七名を有している。この状態は明和の末までは続くのであつて、同九年には家族二十六名の外、下男十四名・下女五名・抱百姓三名を数えるが、宗門帳には安永天明間のものがなく、その間の変動が判らない。天明四年の飯島氏の「田畑高反別箇所改帳」によれば、原村内で持つている田が六町余、畑三町一反余、計九町二反で、その高は百十五石余である。これは村高の二三%に当る。この外に鍛冶屋村に三町八畝、本新町に八反五畝、野沢村に一町二反七畝、下村に二反一畝、大沢村に一反二畝の田畑を有し、以上は手作であつたようである。その外に桜井村・下中込村・前山新田・高柳村等から入る籾が六百十九俵ある。これらの大部分は享保以降に入手したもので、地主としての成長は極めて急速であつた。商売を営んでいたことは前に述べたが、屋号は井桁屋と称した。年未詳の上州富岡の日野屋嘉兵衛の「惣仕切書抜書」によれば、昆布・線香・茶・土佐節・粉からし・団扇・燈心・紙などがあり、野州足利の布屋太右衛門の「覚」によれば、さつま織などがある。織物と雑貨を扱ったものと思われるが、茶屋として後にまで知られているということである。

文化八年の「口上之覚」には、

殿様当御領地御初地入以来祖々父々数代蒙二御厚恩一冥加至極難レ有仕合奉レ存候、就中祖父弥市右衛門義格別之勤向ニ付御給人席御役所被二仰付一、御勝手向御用共ニ被二仰付一、数年来無レ滞相勤、其後伯父弥市右衛門御中小姓格御用達被二仰付一、実父弥市右衛門々々私代迄御用達並被二仰付一難レ有奉レ存候、

とあり、一時は藩の財政にも関与したことが知られ、宝暦十二年に「江戸表ニ而御前え差上申候」とか「奥様え差上申候」という領主夫妻に対する貸金もその間に行われたとである。

しかるに寛政元年になると大きな変化が起きている。租米額もこの年には三十一石に下り、下男下女も合せて十二人に減じ、抱百姓はなくなっている。下男下女は寛政八年には四人になり、その後六人を越える時はなく、抱もまた跡を断った。文化六年に同輩の箕輪新八等が藩に出した願書には、「飯嶋弥市右衛門義大名主役等被二仰付一、当人は勿論於二我共一ニ冥加至極難レ有仕合ニ奉レ存候、然ル所近年打続不作等ニ而勝手向大借ニ相成難二取続一」とあり、当時五百両の借財のあることが述べられている。文政五年には百両の抵当に九反余の田畑を質に入れているが、こうしてしだいに手離したものであろう、弘化三年にはその負担する租米が六石余にすぎなくなっている。この没落の原因が「打続不作」のためであるのか、天保十三年七月の歎願書にあるように「勝右衛門不働ニ而借財相嵩」

とあるような一身の行跡に基くのか俄かに判断しえない。ただ弘化三年には飯島氏に限らず地主が一般に没落して十石以上の租米を納める者は三人にすぎず、いずれも十石を僅かに越えているのみで、しかもその一人は隣村野沢村の者である。このような点を見ればなお別に一般的な原因を考えるべきであろうが、ここでは小大名とその領内の富農の結びつきという点を注意するに止めたい。そして少くとも飯島氏の没落には領主に対する御用金の回収不能を一因とすることができると思う。

結びに

以上述べてきた所は、僅かに一二ケ村の資料に基く所であり、その資料も豊富ではなく、これを以て凡てを推すことは誤りを犯すことになるであろう。しかしながら、農村の疲弊が村の財政に最も端的に現れていること、助郷制度が莫大な負担を与えていたこと、小藩の財政窮乏はどんな形で農民に影響を与えたかという点などは汲みとることができるであろう。今後こういう方面への研究が進められれば小論の目的は達するのである。終りに資料採訪に当つて快く全資料を公開された飯島信弥氏と、その間多大の協力をされ、また下小田切村の資料を貸与された市川雄一郎氏に厚く謝意を表する次第である。

（昭和二十六年二月、史学雑誌第六十編第二号掲載、二十八年五月補筆）

第二編

一、飛驒白川村の大家族制度とその經濟的基礎

序

嘗て筆者は歴史学研究会の日本史部会に於て、飛驒白川村見聞談を行い、その要項を同誌第二巻第一号に載せた事がある。何れ調査研究を重ねて詳論する予定であつた所、事に紛れて既に数年を経過してしまつた。最近偶筐底に在つた当時の見聞記録に眼が触れたので、これを機会に卑見を述べてみることとした。

一　從來の諸說に就いて

言う迄もなく、白川村大家族制度は明治二十一年藤森峰三氏によつて東京人類学雑誌に紹介されてから、既に永い年月を費し、其間にこの制度に対して経済的社会的民俗的猟奇的な注目と研究が重ねられた。

中には奈良時代の大家族制と連繫させたり、原始的共産的協同体遺制と見る議論を生じたりしたが、筆者が白川村で得た結論は、白川村の大家族制度は決して普通に論ぜられるが如く珍奇なものではなく、封建時代に或る土地において必然的に生じた一の型たるに過ぎない、という事であつた。其後「江戸時代農村に於ける家族成員の問題

—特に二男以下に就いて」なる論稿に於いて（歴史地理六十五の四）白川村では家長と其相続者及び其配偶者を除いては、殆んど家長の農奴の如き状態であり、家長と他の者とは単に血縁につながるというのみで明かに立場を異にしていたのであると述べ、又東北地方の名子制にも関聯して、「白川村や伊豆諸島では一家族の中に現れた分立状態を、吾々は東北地方等に於ては一ケ村又は一地方の大さに於て見る事が出来るのである。その点に於て白川村等は封鎖的封建制度下の或型の典型的なものと言へよう」と言つたのである。

其後相川春喜氏は「飛驒白川村大家族制の踏査並に研究」（歴史科学四の十・十一）なる論考に於て、この状態を家内賦役制と断じ、その原因を検地・石盛制の規定する経済的諸条件に在りとされ、更に「日本型の家内賦役制」（同誌四の十二）なる研究を発表された。夫は甚だ勝れた見解であり、少くとも従来の諸研究には見られなかつた着眼点を持つものであつた。

相川氏の大家族制度の形態に関する断定及び之を名子賦役の圧縮となす見解は、筆者が前に述べた結果に等しいが、その原因に就ては、氏は拙稿に対して、「この分家可能が最少限に制約された経済的基礎が奈辺にあるか、ということは、ただ『狭小なる山間の耕地開墾不可能に基く』とだけでは説明されない。この経済的分析がなされず、それも検地＝石高制の規定するものとして把握されていない」と難ぜられた。（註一）

如何にも当然なわけであるが、本誌上の拙文は全く一要項に過ぎず、且つ主として、大家族制度をその時代とは全く関係なき特殊なものと見做そうという従来の諸説に対して、反対意見を述べたものであつて、封建的諸条件の作用は既定の事実と考えていた結果であり、そのことは「歴史地理」の文にても明かであろう。勿論その地理的条件が極めて重要視されなければならないことは少しも変らない。
相川氏の論文は前半にて中絶している為、大家族制度発達の具体的な説明を見る事が出来なかつたのであるが、大家族制度を家内賦役制となす見解は多くの賛同を得た様である。併しその発生原因等には異論が多い。
相川氏より前に、有賀喜左衛門氏は白川村大家族制度を名子制と比較して、家長の傍系は家長に隷属する度合の非常に強い家を、家長の家屋に同居し乍ら成すものであつて、一方に生活の十全なる保証を得てゐる代りに、家長に対しては極端に大きい賦役が徴されるのである。斯る場合には血族でも隷属的位置に置かれるという事は少くとも否定出来ないといわれ、(註二)後には、白川村の大家族制は単偶家族を強制的に一家屋に収容したのではないかという論を発表された。(註三)
併し其後有賀氏は労作「農村社会の研究」に於て、「この事を私は本論を始めて社会経済史学三ノ七号に掲載した時名子の賦役と比較して指摘しておいたが、其後相川春喜氏は之に家内賦役制と命名したのは形態的には略々適合してゐる様に思ふ。唯相川氏の場合は家内賦役制の歴史的取扱が私とは遙かに異なつてをり、猶又之を農奴制収取の酷烈な関係として名子制度以上となしてゐることは実際の関係と適合せず、形態的な概念と現実の彼等の血族的感情とを混同した所に誤りがある。」(同書一九五頁)と述べられ、更にこの論を推し進めて、氏の労作の眼目たる名子制度に於ても、血族分家と奉公人分家の場合に於て、その血族的感情の有無や取扱い方の僅少なる差異によつて、性質の異なるものと考えられ、血族分家は「これを所謂名子に属せしむる事が穏当であるかどうか一応疑問とせざるを得ない。」(同書一九六頁)とさえ言われているのである。

この論は、「本家への隷属形態から見れば、それは隷属小作の基本的形態となるといふ意味に於て歴史的に重要であると考へる。」（同一九六頁）と言われる氏の論として不可解である。氏の論によれば、血族関係ある小作人や労働者や、又逆に地主や資本家は、之をその範疇に入れるか否か一応疑問とせざるを得ないであろう。

又氏が血族同居大家族制度を名子制度以前のものとされようという見解も、後述の如く現実の関係に適合しないのである。

実は有賀氏の血族的感情尊重論に影響したのは赤木清氏の「白川村の大家族制度をめぐる諸問題」（ひだびと四の十二）という論文である。氏は相川氏の論に対して、「徳川の封建的支配のもとにその外形の如何に係らず、大家族制がまさしく日本型の家内賦役制としてあらわれるといふ事実を認定するのは差支へないとして、その苛酷さが名子以上であるとか、『もつとも酷烈且執拗なもの』とか云ふ風に云つてしまふ事は、観念的な独断であらう。反対に、私はさうした賦役制の存在にも係らず、大家族の生活の中に、却つて一般農家で見られないやうな、一種特別な心易さと落つきを経験する。それはまさしく協同体独特の生活気分であつて、冬の間飛騨の村々で行はれた頬かむり小屋の爐辺で味はれる、あの親しみ深い兄弟的な雰囲気に共通したものだと云はれよう。」（同誌六頁）といわれるのである。又氏は、ブルーノ・タウトが、白川村の大家屋に創造的精神を見出したとて、それこそ協同体の創作であるといわれる。

江戸時代に於ける家内賦役制の存在を肯定しつつ、その中に「協同体独特の生活気分」を見出される、筆者にとつては不可解な見解が、有賀氏の著作にその儘取入れられたのである。所が、それ程親しみ深い兄弟的な雰囲気でなかつたことは、例えば江馬三枝子氏の「白川村大家族と離村者」（ひだびと七の二）でも判る。

明治になつて離村が容易になると、傍系親族は相次いでその生家を出奔した。或る者は「どんなに働いても一生涯ヲジをして暮さねばならぬやうな所に馬鹿らしくてどうしてもゐる気になれなかつた」という。或るヲバは自分の娘に「ここにゐても子供の二人もバンドリ（大蓑）の下に挾んで、畑を耕やす様な苦労をせんならんから、町へ行く気があれば行つた方が良えぞ」と、その出奔を勧めた。

もとより血族である以上、血族的感情の存することは当然であるが、それは決して協同体独特の気分などというものではないのであつて、その感情をも乗り越えて家内賦役制が迫つて来た所に問題が存するのである。

赤木氏は、「家父長的大家族なるものは、それ自身家族の形態としてはまさしく古代的なものなのである。白川の大家族も、後代になつてこそ土地は家長の所有となり、家族は賦役を提供する農奴として現はれるやうになつたが、しかも私たちはかかる家内賦役制をとほして、遙かに古い時代の形態、彼等が仲間の土地の上で協同して耕作してゐた原始的な姿を透かし見ることは無理でもなければ、困難でも無い。」といわれる。傍系親族の「よばひ」婚は、古代的な母系制度の遺制であるといわれる。そしてこの「父権制度と母権制度」の対立的存在は、母権的大家族制度から、その後に来る村落協同体への過渡期に現れるもので、白川村にそれが残つているのは、「その特殊な地理的条件に制約された極めて低い生産力と共に、しかも猶かかる家族の形態が、かかるものとして却つて各種の歴史的発展の時期に適応し得たために外ならない。」といわれるのである。（註四）

成る程嘗て氏族制社会が崩壊して、家父長的家族制度が現れた時、家長や嫡子のみが妻子と同居して、傍系家族員は夫婦別居の結婚形態が行われたことがある。それは夫婦別居制より夫婦同居制への過渡的現象として、形式的には母系制家族の残滓と考えられるのであるが、併しそれさえ本質的には母系制度と結び付ける事は出来ないのである。氏族制社会に於ける夫婦別居制が、女性の経済的社会的の独立及び自由から生じたのに対して、これは家族員が家父長に隷属する所に由来したのである。

而して我国に於ける夫婦別居制から夫婦同居制への転換は、奈良時代の戸籍等にも窺われるのであるが、勿論地理的文化的条件によつて年代的な相違があり、且つその転換には相当永い年月を要したことは推量出来るのである。(註五) 仮りにそうした過渡的なものが、白川村にのみ、注意深く取り残されていたとした所が原始的共同体などと性質の異るものであることは明白である。況や白川村の大家族は夫婦同居制以前のものではなく、それ以後のものに属する。そして夫は白川村にのみ生じたものではなかつた。

事実白川村の大家族制と類似の状態は、江戸時代の農村では程度の差はあるが各地で見られたことで、白川村のは夫が特に典型的なものであるという所に意義があるのである。

例えば飛騨の益田郡高根村日和田の部落の如きも白川村と大きな差異はない。傍系親族は生涯正式の結婚も出来ず、生家に居残る者を「をぢ」「をば」と呼び、長男を「アニ」と言い、長男と二三男の間には大きな相違が見られ、長男の命に服従して耕作等に従事する。「よばひ」的婚姻も、その子を女親の家で育てることも全く白川村と相似ているのである。只ここでは親方と呼ばれる原氏と、平方と呼ばれる一般農民間の名子的関係があり、名子賦役と家内賦役の二つの型が見られはするのであるが、その本質は異る所がない。(註六)

越前五箇庄の大家族制度も之と相似ている。(註七) これらは封建制度下に於て、家族形態が通常の発展過程を辿らず、或る点に於て停滞圧縮されて生じたものである。

筆者は以下、白川村の大家族制度は名子家族制度の圧縮されたものであり、「その点に於て封鎖的封建制度下の典型」的な一つの型であるということと、又封建的諸条件がその地理的条件と結び付いて大家族制度を生じたということとに就いて卑見を述べようと思う。

註(一) 歴史科学四の十一、一九〇頁
註(二) 社会経済史学三の七「名子の賦役」
註(三) ひだびと四の十一、「タウト氏の観た白川村」
註(四) ひだびと四の十二、九頁―一〇頁
註(五) 歴史学研究九の十一、石母田正氏＝奈良時代農民の婚姻形態に関する一考察参照
註(六) ひだびと六の二、竹内利美氏＝高根村日和田採訪記
註(七) 高岡高商研究論集六の二、小山隆氏＝越中五箇山及び飛驒白川地方に於ける家族構成の研究(一)

二　飛驒の農民生活

白川村の経済的基礎を明確ならしめる為には、飛驒国全般の基礎的条件に触れなければならない。之は先に相川氏も試みられた所であるが、筆者も一応述べる事とする。

元来飛驒は全国中にての山国で、嘗て令制時代にも、庸調倶に免じて、匠丁の賦役を以て代えたのであるが、江戸時代にても全国で米産額の最も少い所であつた、文化元年の諸国人数調によると、飛驒より石高の少い国は壹岐

・隠岐・志摩三ケ国を数えるのみであり、石高と人数の比を見ると、志摩が一人宛〇・五三石で最低、飛驒が之に次ぎ一人宛〇・五四石である。(註一) 志摩は漁業に頼つたが、飛驒は林業に頼つた。

即ち耕地過少にして食糧乏しき此地方に於て、通常の如く年貢米を徴収して之を移出する事は領主にとつても運搬その他の不便があるばかりでなく、直ちに農民の生活を脅威するというよりは飢渇に及ばしめるものであつたから、天正年中より元祿五年迄の領主であつた金森氏は、一旦年貢を徴収した後、材木伐出し等の夫食米として再び払下げる方法を講じていたのである、年貢米は寧ろ材木伐出等の夫役の担保として納入し、農民が実際に納めるものは主として夫役であつたと言うことが出来る。

又この時代にも米の不足分は稗・蕎麦・大豆・小豆等の雑穀を以て代納することが行われていたが、これも年貢を移出して商品化することをせず再び払下げる為に、領主にとつても差支えがなかつたのである。

元祿五年金森氏は出羽上山に移され、爾来幕領となつたのであるが、其時初代の代官伊奈忠篤（関東郡代より兼任）が勘定所への窺書覚に、

一、当国之儀当毛不ㇾ宜年に御座候、殊存之外百姓困窮致候様に相見へ申候、其上先規ゟ畠方とも米納に致来候に付、村々に而納米不足仕、稗・蕎麦・大豆・小豆に而不足之分代米之積を以納来候に付、今以雑石(穀)に而不足候所納申度由願申候、是又地頭代之通雑石に而成共先取不ㇾ申候而は収納成兼可ㇾ申と存候、右雑石之分春に成夫食に借、材木伐出させ只々指次に致候歟、又は雑石納候分春に成売代替金納に成とも可㆓指上㆒候由願候村も有ㇾ之候間、是又地頭代之通雑石共々取立不ㇾ申候はゞ、収納成兼可ㇾ申哉に奉ㇾ存候、飛州之義不ㇾ残山中之村々之

義に候得ば、外に余慶無レ之、板榑等少々宛伐出し渡世送り来候間、向後共に諸杁木不レ被二仰付一候ては百姓迷惑可レ仕候、其上諸材木為レ致候はば米払申候とも能可レ有レ之哉奉レ存候、

一、諸材木所々に伐有レ之分吟味仕候処に、出雲守（金森頼旹）台所木と申は、村々最寄之山を其近所之百姓又は城下に罷在杣頭抔に銀幷米塩味噌を借（貸）置、諸材木為レ伐、諸材木地頭へ取候直段を定置、木請取候節は所々へ役人出し置、木数改右借置候銀子幷米塩味噌等に直段を立、右定置候材木代金と差引勘定致、材木多出候得は其分出雲守方ゟ金子出、材木請取揃、川下之義は出雲守手前入用に而下原と申所迄川下為レ致、買人に払候歟、又は尾州名古屋勢州桑名に川下し為二請負一相下候歟、又は手前入用にて指下名古屋桑名問屋方へ差置、江戸之直段を聞合、直段能時分為レ払申候由、

とあり、前条に対する勘定所の附紙には、

一、飛州当毛不レ宜年にて、殊に百姓困究之体に相見得候由、先規ゟ畠方共に米納に致来、村々納米不足之分代米之積を以雑石にて納来候に付、今以其通納所申度由願候旨、地頭代之通雑石に而取立可レ被レ申候、春に至而夫食に借し、材木代（伐か）為レ出指次候とも、又は売代替金納に成りとも了簡之上重而可レ被二相伺一候、不レ残山中故余慶無レ之板榑等少宛伐出し渡世送り来候由、向後は其通尤之事、

とある。（註二）かくて金森氏以来の年貢米雑穀を国中払とする方針はこの後も継続したのであつて、飛騨の年貢は勘定所に納める時は凡て金納であつた。即ち飛騨三郡の年貢米は高山初め各地の郷蔵に納めさせるのであるが、その中より地役人の扶持方切米囲米等を差引き、残りの中高山町の市売米壱万三四千俵（四斗俵）、古川町の市売米千俵余、

高山在住の諸浪人寺社方の飯米が千俵余あり、外に木材伐出を主業とする益田郡内の阿多野郷三十七ケ村、小坂郷十一ケ村の者の榑木割方と木出し方の賃金は米渡にしてこの分が六千俵あるが、これにてもこの地方は畑方勝にて米不足故、別に千五百俵程の買請米が年貢米中より出る。

その外の年貢米は村方作食米として春中に村方に割合い売却する。こうして年貢米は一粒も外に出ぬのであつた。其後正徳二年に巡見使が来つて、年貢米は全部入札払にする様に命じた為、国中に限らず隣国までも触れて入札払にしたが、期待に反して入札値段下直の為に却つて損失となつた。

一方国内の民衆も市売米が停止された為頗る難儀し、国中惣代の百姓四五人、其外高山町古川町よりも江戸表迄出向して訴訟に及び、漸く旧に復したが、市売米は一万俵、作食借付米は五千俵を限ることとし、其上作食借付米返納の時は米壱石に付壱升五合宛の増加米を命じ、農民の負担を増した。

しかるに正徳五年八月森山実道が代官となるや、「百姓金納之義は勝手次第」とし、且つ翌春買請けるべき米代金も同時に冬中に前納せしめる事とした。享保六年亀田三脩が代官となると、従来の作食借付米は十ケ年賦を以て返納せしめ、新たなる借付を禁じた。結局前の借付米は村方の買米となつた。

享保九年長谷川忠国が赴任するや、買請米を増額し、市売米も二月迄に買請さえすれば前々通り一万俵以上も売出すこととしたが、従来は金子の出来次第買請けていた者が、二月迄に買請けることは困難であつて、予期に反して却つて減少し、享保九・十年共に高山では四千五百俵、古川では四百俵より売却出来なかつた。しかも市売米の減少分は村方の買請米を増加せしめることとなり、村方の難儀を増大させたのである。仍つて享保十一年より榑木

方の元伐等の諸賃金中三分二は米渡しとする事となり、村方の義務的買請米の難儀も稍減少した。（飛州地方御尋答書）

以上は享保十二年迄の変遷であるが、同九年の年貢米幷に口米・六尺給米・伝馬宿入用等の蔵納総額は四万九千四百余俵であつて、その内壱万弐千六百俵は金納であり、残部も九・十両年間には凡て国内にて消費され、その代金が江戸に送られた。（飛州覚書）この時の払下値段によれば総額一万五千両である。

かくの如く年貢米の大部分は再び買戻すのであるから、農民は他の産業によつてその金を得なければならなかつた。その主要なるものは山稼であつた。

飛驒の河川は南流する益田川（木曾川）と、北流する高原川・宮川（神通川）と白川（庄川）とがあり、その川元の山々より木材を伐出し、之を南方・北方と称していたが、その山元や沿岸の百姓は元伐や川下を以て生活の助成としたのである。之は金森氏も行つていた所であるが、幕府も同様であつて、幕領時代は山元伐出は直営であり、川下は後に請負制としている。幕府の南北元伐年々の稼金高は、享保十二年より宝暦六年まで三十ケ年間の平均七千百両であつた。（註三）

以上は幕府の御用木たる榑木の伐出川下であるが、この外にも白木稼と称し村方の山稼が行われた。白木稼というのは直接百姓の生業となるものであつた。飛州地方御尋答書に、白木稼を説明して、「是ハ檜椹ひば黒部之木品ニ而仕出し候葺板桶木天井板等之類、惣て右之木品御運上相納、陸付ニ仕候品々、惣名白木とゝなへ来申候事」とあり、川下によらざる陸送の小規模の稼に限られている。飛州志には「本土ニ於テ白木ト称スルモノハ材木・榑木・板子等トハ別種ニシテ、各其品ノ下地ナルモノナリ、故ニ枌《ソギ》タルママ、割リタルママ、出スモノノ総名ナリ、木性ハ檜椹栂樅杉朴槇楢其余ノ雑木ヲ以テ造リ出セリ、古来山中ノ民男女トモニ生業ト成シ来ルコト久シ、」とあり、その挙げておる名目によれば、屋上の葺板天井の板より檜笠、戸障子の框子《カマチ》、立臼転木磨に作る臼木、鍬の柄に作る引鍬木、箸木、楊枝木、桶木、腰刀の鞘に作る朴の木、食用椀木地等に至る諸材であつた。

金森氏時代には他国出のものに限り口留番所にて口役を徴したに止まるが、幕領になつてより山元にて木品寸尺駄数等を改めて運上を徴する事となり、その額は享保初年迄は百両より百四十両程度であつた。しかるに享保九年長谷川忠国が代官となつて、従前無運上であつた国内売の白木にも運上を課し、全部山元にて木印を打つこと他国出同様となり、爾来国中にて無木印の木品の売買を禁じ、仕出し村には買主より手形を取らせ、一々吟味を加えることとなつた為、運上の額も増加して享保十年には二百八十一両、十一年には二百四十六両に及んだ。

又高山町古川町に売払う保太と称する薪木呂もこの時より年拾両の定役を徴することとなり、之等白木類薪木呂には其上三分宛の口木を課し、吉城郡の内八ケ村より高山町古川町に売出す炭にも享保九年より年壱両の炭竈運上を課することとなつた。（飛州地方御尋答書）

元来飛驒は佐渡隠岐等と共に一国皆幕領である点に於て注目すべきものがあり、幕政が最も標本的な型を以て示現された所であつて、忠国の民政は又幕府の年貢増徴政策と軌を一にするものであつた。

この当時、

里方山方共に百姓給物之義は何々を如何様に致、夫食に致候哉之事、

という勘定所の問に対して、白木方地方兼帯役の地役人等は、

是は大野郡吉城郡之内里方分之村々は、粟、稗、りやうぶ《令法》と串木の葉、いたこと串米ぬか之内より出候物を第一之粮に仕候、山中村々に至り而は、右之品々幷蕎麦蕨葛根楢柄之実を第一に仕候、益田郡之内阿多野郷村々も右両郡山入之粮同様に御座候、残る八郷之村々者第一麦芋、扨ハ楢柄之実りやうぶを粮に仕候、

と答えている。（飛州地方御尋答書）令法の葉や蕨葛の根、楢柄の実は、所謂飢饉の食物である。夫が「第一之粮」である所に注意しなければならない。飛驒全般の経済的な条件はこれらにても明白であるが、白川郷はその中でも最も条件の悪い所であつた。

註（一）　吹塵録（海舟全集第三巻一四四頁）
註（二）　飛驒国諸覧書写（日本林制史資料江戸幕府領上巻二一五頁）
註（三）　宝暦七年御榑木方御用留（同右、一五〇頁）

三　白川地方の地域と沿革

大家族制度が行われた白川地方は、江戸時代に白川郷と呼ばれた地方の北半部である。白川郷は村数四十二箇村と一分郷とであつたが、その内二十七箇村は飛驒郡代の支配する幕領であり、その余は高山の東本願寺輪番所照蓮寺の除地であつた。即ち幕領は（註一）

六厩　三尾河　寺河戸　黒谷　惣則　一色　猿丸　町屋　新淵　野々俣　中畑　牧戸　牛丸　森茂　保木脇　野谷　大牧　荻町　島　牛首　鳩谷　飯島　大窪　馬狩　内ケ戸　加須良　長瀬

照蓮寺領は金森氏時代から存したが、幕領となつて後元祿十年以来高弐百三拾六石五斗六升壱合が除地となつたもので、(註二)村名は、

町分郷

岩瀬　赤谷　中野　尾上郷　尾神　海上　木谷　平瀬　御母衣《みぼろ》　牧　福島　椿原　有家ケ原　蘆倉　小白川　荻島

である。以上の村々は地域的には交錯しているのであつて、明治になつて白川郷は南部を荘川村、北部を白川村としたが、白川村に属した村は南から順次に次の如くである。

尾神　福島　牧　長瀬　御母衣　平瀬　木谷(以上中切地方)保木脇　野谷　大牧　大窪　馬狩　荻町　飯島

牛首　鳩谷(以上大郷地方)　内ケ戸　有家ケ原　椿原　蘆倉　加須良　小白川(以上山家地方)

この内大家族制の行われた地域として著名なのは、尾神から木谷迄の中切地方であつて、近頃になつて内ケ戸以北の山家地方も注目される様になつた。そして保木脇より鳩谷迄は大郷地方といわれる、平坦部の多い地方で、聚落も大で、大家族制も殆ど見られない。

中切地方は白川の流れに沿つた街道に人家散在し、河原近くに狭小なる耕地を有するのみであり、又北方の山家地方は山間の小部落であつて、耕地が極めて少い。換言すれば、全国にて最も耕地の少い飛驒国中にて最も耕地の少い所に大家族制度が行われたのである。尚大郷中にても保木脇・野谷・大窪・馬狩等はその地理的条件が殆ど中切地方と同様であつたから、ここでも大家族制の行われていたことは後述する如くである。

この白川地方には戦国末期に、内ケ島氏が帰雲城に拠つて織田氏或は上杉氏に通じ、荻町城牧戸城にはその家臣

が在城しており、鳩谷には本願寺の白川御坊（後に中野に移り更に高山に移り、輪番所となる。）があつて、本願寺勢力の一翼として内ケ島氏に対抗していた。

帰雲城は今の保木脇村にあつたが、天正十三年の大地震に帰雲山が崩壊し、内ケ島氏はその将士と共に全滅し、その城下も亦埋没してしまつた。前田家の歴史を記した三壺記に次の如く記している。（註三）

殊更天正十三年十一月廿七日（九の誤）に殊之外成大ゆりにて、大地もわれのく計に百千の雷のひびきして、木船の城を三丈ばかりゆりしづめたり。（中略）又飛驒国阿古白河と云所は、在家三百余軒の所なり。其時の地しんに、高山一つかけ落ち、白川三百余の家の上に落懸りて、数百人の男女も家も三丈計の下に成、在所の上は草木もなき荒山とぞ成にけり。折しも霜月下旬之事なれば、常に商売物を富山に出す商人は、六人富山に有之て命たすかり、行て見れば白川のあとかたちも替り、いづれの程が在所の有所にてあらんと、なみだとともに富山に行にけり。

東本願寺家宇野主水記には、

天正十三年十一月廿九日夜四ツ半時大地震、夫より十余日不レ止、折々地震、此頃内侍所鳴動之由申来、禁中御祈禱種々有レ之、卅三間堂の仏六百体計倒給と云云、

飛州ノ帰雲ト申所ハ内島ト云奉公衆アル所也、地震ニテ山崩山河多セカレテ、内島ノ在所ニ大洪水カセ入テ、内島一類地下ノ人ニイタル迄不レ残死タルナリ、他国へ行タル者四人ノコリテ泣々在所へ帰リタル由申訖、彼在所ハ悉淵ニナリタルトナリ。

或は帰雲城下には四百戸又は一千戸の戸数があり、共に埋没したとも伝えるが、兎に角相当な大聚落があつたと

とは推定出来る。又この地方が、美濃より越中への通路として重要な地位を占めていたことも疑う事が出来ない。
これらの事実からしても、この地震後作られたと思われる保木脇村、或は帰雲城とその出城たる荻町城の中間にある野谷・大窪・大牧地方、又牧戸城との中間にある中切地方に氏族制時代からの大家族制度が行われたという考えは肯定することが出来ない。

天正末年飛驒は金森氏の領する所となり、爾来元祿年中迄支配したが、慶長十八年の飛驒国三郡高之御帳によれば、表高三万八千百六十四石余、内高四万五千七百八十九石余であり、白川郷では、はとかい（鳩谷）・請か原（有家ヶ原）・荻町・中切・飯島・中野・中畑・寺河戸等の諸村があり、大家族制度で著名な中切地方は中切村の中に包含されている。（註四）

この時の白川郷の高は千石であるが、（小島村を除く）元祿八年の検地帳によれば白川郷の高は八百六十石余であり、（註六）且つ村高の内容を比較して見ると変動が大きく、慶長の高附が検地を基礎にしたものではないことが知られる。

しかも寛永十一年閏七月に金森氏が幕府の朱印状を求めた時の願状によれば、前記表高の外に弐万弐千八百九石余の改出新田があり、別に三万石の金山領あり、「右之御軍役被二仰付一被レ下候様に御朱印頂戴仕度奉レ存候」と言つている。（註七）後の元祿検地ですら四万四千石に過ぎぬのであるから、頗る苛酷な収斂を行つたものと思われる。

金森氏が九万石余の軍役を負担せんというのは、之によつて自己の格式を上げ幕府への忠勤を示さんとする目的も含まれており、肥前島原城主松倉重政が、江戸馬場先門及び石垣修築の時、四万三千石の所領ながら十万石の賦役を引受けんことを望み、その為六万石に加増されて十万石の賦役を命ぜられ、その収斂が島原乱の一因となつた例もあるのである。何れにせよ実際の検地高ではないから、農民への誅求を増すに過ぎなかつた。享保十二年飛驒の地役人が書上げた飛州地方御尋答書によれば、「私領之節迄は無高之国に而何村は何百石と申水帳も無二御座一」と言つており、慶長十八年の高帳も十分信頼出来難くどんな収奪を行つたか判らないのである。

幕領になつて間もなく、元祿七八年に亘つて大垣城主戸田釆女正氏定によつて検地が行われたが、其検地条目は江戸幕府の租税制度を知る上の重要な目標とされるものである。（徳川禁令考）その結果飛驒三郡にて四万四千余石となつた。この元祿検地は夫程苛酷なものではなかつた様であるが、水帳もなく村高もないという賦課法から石盛をつけ村高を附するという事は重大な意味を持つのであつて、一旦検地帳に載せられた土地は再び放棄する事は許されない。定められた年貢は如何なる事があつても、妻子を売り払つても収めなければならない。どうしても年貢を納めることが出来なければ、田地は上げ田地となり、他の百姓が引受けるか、連帯責任を有する村方の惣作に移される。検地は、その寛厳の如何に拘らず農民を土地に結付け退くことの出来ぬ線を示すものであつた。

元祿の検地帳は大野郡史に収録されているが、その石盛は上田・中田・下田・下々田が夫々七・五・三・一、上畑・中畑・下畑・下々畑・砂畑が夫々五・三・二・一・一であることによつても、如何に生産力が低いかが知られるのである。

筆者は更に宝永三年六月の「白川郷弐拾壱ケ村草高寄帳」によつて、白川郷民個々の経済条件を明かにしようと思う。

註（一）元祿検地帳（大野郡史中巻收錄）
註（二）飛州地方御尋答書（近世地方経済史科第七巻二〇五頁）
註（三）加賀藩史料一ノ三二六頁
註（四）飛州志備考
註（五）大野郡史上巻七一五―七五二頁
註（六）同上中巻一二八―一三〇一頁
註（七）同上上巻八二六頁

四　大家族制度の發生の素地

この草高寄帳は白川郷の幕領二十一ケ村に関するものであるが、その中より現在の白川村に属する村のみを掲げれば次の通りである。（便宜二段に組む）

保木脇村

草高
一　弐石七斗三升三合九勺　惣左衛門 家抱共ニ
一　弐石壱升壱勺　四郎兵衛 家抱共ニ
村高
合　四石七斗四升四合

野谷村

草高
一　九斗四升三合弐勺 外ニ五斗貳合垣内ニ引　四郎左衛門 家抱
一　八斗壱升三合壱勺　次郎右衛門 家抱
一　四斗五升五合七勺　吉兵衛
村高
合　弐石弐斗壱升弐合

大牧村

草高
一 五石五斗七升九合七勺　新右衛門 家抱共ニ
一 五石七斗四升弐勺　小助 家抱共ニ
一 四石弐斗八升壱合七勺　惣右衛門 家抱共ニ
一 弐石五斗三升壱合九勺　弥三郎
一 弐石四斗五升七合七勺　孫四郎
一 壱石九斗弐升六合九勺　与右衛門
一 弐石壱斗九升七合四勺　五右衛門
一 弐石六斗三升九合五勺　野谷村ゟ入作 四郎左右衛門
一 三升三合　郷蔵鋪
村高合 弐拾七石三斗八升八合 内三升三合郷蔵鋪

大窪村

草高
一 壱石五斗七升三合五勺　次郎左衛門
一 壱石四斗五升五勺　太郎左衛門
村高合 三石弐升四合

馬狩村

草高
一 三石弐斗五升弐合三勺　与左衛門 家抱共ニ
一 弐石六斗五升四合七勺　三郎左衛門 家抱共ニ
一 三石　彦兵衛
村高合 八石九斗七合
五ヶ村草高合 四拾六石弐斗七升五合

加須良村

草高
一 九斗六升五合四勺　佐次兵衛 家抱共ニ
一 五斗八升八合九勺　五郎右衛門 家抱共ニ
一 四斗四升弐合七勺　五郎兵衛
村高合 壱石九斗九升七合

内ケ戸村

草高
一 六斗七合五勺　彦右衛門

一　五斗六升八合五勺　助市

村高合　壱石壱斗七升六合

鳩谷村

草高

一　拾壱石六升六勺　四郎左衛門

一　拾八石八斗弐升三合　市右衛門

一　拾三石弐升八合　半九郎

外ニ壹石壹斗五升貳合垣内ニ引

一　四石弐斗九升九合　与七

一　六石七斗三升四合三勺　三十郎

一　四石八斗壱升七合三勺　九郎兵衛

一　三石壱升九合九勺　介左衛門

一　壱石三斗八升弐合四勺　七右衛門

飯嶋村ゟ入作

一　弐石四斗七升五合三勺　与三次郎

一　壱石六斗八升三合四勺　同断　小兵衛

一　壱石八斗四升七合七勺　同断　助市

一　九斗七升七勺　同断　小右衛門

一　壱石八斗七升七勺　同断　安兵衛

一　壱石五斗八升八合　同断　小七郎

一　弐斗四升八合三勺　同断　助左衛門

一　五升壱合七勺　同断　兵四郎

一　四升弐合　同断　七郎右衛門

一　弐升八合　同断　平兵衛

一　四斗六升六合七勺　同断　九郎四郎

一　五升三合七勺　同断　長四郎

一　三升七合三勺　同断　長次郎

一　三斗五合　同断　孫作

一　壱斗四升壱合　同断　長五郎

村高合　七拾四石九斗七升四合

三ヶ村草高合　七拾八石壱斗四斗七合

飯嶋村

一 草高 三石八斗四升壱合九勺　小兵衛
一 弐石六斗四升弐合七勺　安兵衛
一 七石九斗六升三合六勺　小七郎
一 四石三斗五升三合三勺　九郎四郎
一 三石弐斗弐升三勺　助三郎
一 五石弐斗七升七合　兵四郎
一 四石壱斗九升九合五勺　小右衛門
一 拾壱石壱斗四升七合四勺　孫作
一 七石四斗六升三合七勺　助左衛門
一 拾石壱斗七升弐合弐勺 外ニ壹石七合四勺垣内ニ引　与左衛門
一 五石五斗九升九合四勺　平兵衛
一 六石四斗八升三合八勺　次郎左衛門
一 八石弐升四合七勺　七郎右衛門
一 拾石五斗五升八合三勺　又兵衛
一 六壱六斗六升二合　弥市郎

一 四石壱斗弐升六合九勺　長五郎
一 八石三斗弐升壱合七勺　五右衛門
一 三石三斗六升六合壱勺　太郎兵衛
一 五石五斗七升四合　長次郎
一 四石三斗弐升六合九勺　与惣次郎
一 弐石五斗弐勺　助市
一 三石弐斗五升六合三勺　弥十郎
一 三石壱斗七升壱合七勺　久八
一 三石壱斗三升三合九勺　長四郎
一 七石壱斗三升六合　与助
一 六石八斗弐合七升　六右衛門
一 五石六斗八升四合　孫右衛門
一 壱石九斗八升三合六勺 鳩谷村ゟ入作　四郎左衛門
一 弐石弐斗四升弐合　同断 半九郎
一 三石壱斗五升四合弐勺　同断 市右衛門
一 八斗三升四合三勺　同断 介左衛門

一　五斗壱升四合　同断 三十郎
一　四斗六合壱勺　同断 与七
一　四斗三升弐合三勺　七右衛門
一　壱斗三勺　九郎兵衛
一　八升四合　郷蔵鋪
村高合　百六拾四石七斗六升壱合

荻町村

一　七石五斗壱升九合七勺　庄三郎
一　六石弐斗三升七合九勺　小右衛門
一　四石七斗九合六勺　七郎右衛門
一　四石八斗七升四合五勺　次郎兵衛
一　弐石九斗壱升五合　又三郎
一　四石弐斗七升三合四勺　次郎左衛門
一　弐石七斗八升壱合六勺　長四郎
一　四石九斗九升四合壱勺　弥右衛門
一　三石五升八合　長次郎

一　拾弐石四斗壱升七合　平吉
　外ニ壹石貳斗七合垣内ニ引
一　六石弐斗八升壱合　忠兵衛
一　三石七斗九合　与右衛門
一　四石壱斗九升六合四勺　惣与兵衛
一　弐石壱斗八升八合七勺　右衛門四郎
一　三石五斗七升五合三勺　加右衛門
一　四石壱斗弐升九合四勺　孫右衛門
一　弐石六勺　善三郎
一　六石六斗壱升五合壱勺　作兵衛
村高合　八拾六石四斗七升六合三勺

島村

一　草高 三石弐斗八升四合七勺　荻町村ゟ入作 九右衛門
一　六升四合七勺　同断 孫右衛門
一　三升五合弐勺　同断 与惣兵衛
村高合　三石三斗九升四合

牛首村

一　草高
四斗七升七合　　　　次郎右衛門
一　八合　　　　　　　御番所鋪
村高
合　四斗八升五合
三ヶ村
草高　九拾石三斗五升六合

長瀬村

一　草高
三石四斗四升五合四勺　　次郎左衛門
一　三石弐斗五升三勺　　四郎兵衛
一　壱石四斗四升三合　　彦右衛門
同断
一　九合四勺　　　　　　与惣

一　壱石四斗四升三合　　七兵衛
一　三石四升弐合　　　　助六
一　弐石八斗七升七合五勺　　小介
一　三石九斗五升六合七勺　　次郎兵衛
一　壱石三斗四合五勺　　佐助
一　壱石壱斗壱升弐合八勺　　三郎右衛門
一　九斗七升五合五勺　　助次郎
一　壱石九斗七升八合七勺　　与左衛門
一　壱石三斗五升九合三勺　　孫右衛門
一　六斗九升弐合　　惣四郎
村高
合　弐拾六石八斗八升壱合

この草高帳を見ると白川地方の経済的条件が極めて明白である。

この草高帳によれば、二十一箇村の農民の一人当りの持高平均は三・四六一石であるが、その内ここに掲げた分のみに就いて計算すれば、中切地方の長瀬村の平均は二・〇六八石、大郷地方は五・〇三一石、山家地方は〇・六三四石に当る。大郷地方にても大牧組の保木脇・野谷・大牧・大窪・馬狩諸村の平均は二・七二二石である。そして中切地方や山家地方及び大牧組の村落等には大家族制度が行われたのである。大家族制度が如何に経済的な、又地理的な事情に関係しているかが明白である。

当時この白川郷二十一箇村から、牧戸・長瀬・大牧・鳩谷・飯島・荻町の六箇所の郷蔵に納める年貢米は五百弐拾五俵余であり、一俵四斗入であるから租率が四公六民であることが判る。二石の持高の内四割の年貢を納め、残る一石二斗の内から村入用・名主給等を出し、その残る所が一年間に田畑から得る収穫である。

勿論これのみで生活の出来るものではない。此地方にては養蚕が行われ、「手前々々に而も糸綿に仕、商人方へ売」払う者もあつた。（註一）又山稼をして生活の資とするものもあつた。そして得た金を以て年貢米を買戻した。それでも、粟・稗・蕎麦から蕨・葛根・楢・栃の実等を第一の食糧とせねばならなかつたのである。

次にこの資料の重要なる点は家抱の存在を明示していることである。家抱は名子・門屋などと同じく、百姓に属する隷農である。

門屋と家抱の別に就いては、田中長雅公裁雑記に、「家抱と相唱候て、当時に申候門屋と申類にて水呑百姓同様のものにて御座候。」（註二）とあるが、果して両者同一か否かは疑問が存する。

明治十三年印行の全国民事慣例類集に、飛驒大野郡の門屋に就いて、

子弟を分家するには、官許を得る法にて、高十石地面一町より少なく分与せざる例なり、又本家残高も同様なりとす、故に持高二十石以上を所有せざる者は、分家を許さざる例なり、若十石以下の分地を受る者は百姓の名跡なく誰門屋《タレガトヤ》と称し、多少権利の劣る者とす、但高山町は此例にあらず、随意に分家を許す法なり、

とあるによれば門屋は血族関係のものである。尤も百姓一人前の標準を高十石地面一町とするのは幕府の原則であ

つたが、常に確守されたのではなかつた。併しこの文面の如く、分家後門屋と称し、高十石を得て初めて百姓前となつた実例も存する。（註三）

之に対して、享保十三年より延享二年迄飛騨代官となつた長谷川忠崇の著わした飛州志の第七巻には、称謂言語とて飛騨に於ける通用語を記し、その中に、

家《ケ》抱《ホウ》　是元来民ノ僕タルモノ、別家ニ出デ民トナル、然レドモ誰家抱ト号シテ、古来一戸ノ民ニハアラザル也、

とある。これによれば家抱は非血族関係のものを意味している。然れば門屋と家抱には血族的なると否との区別が存する様であるが、夫も明瞭ではない。全国的に行われた名子の名称にしても、血族的と否とを問わず用いておる所からすれば、先の田中長雅公裁雑記の説を打消すことは出来ない。

併し何れにせよ、門屋なり家抱なり、通常の百姓より一段下の隷農が存在したことは明かである。享保十二年の飛州覚書に載せられた「三郡家数之事」の中に、家数総計壱万五百九拾壱軒の内、「本家九千百五拾八軒、地借五百拾九軒、割家千七百四拾八軒、云々」とある割家も、単に家屋のことを言つているのか、又は門屋家抱の類を指したものか疑問であるが、明治四年にも門屋が村惣家数の四分の一を占めていた村もある。（註四）

白川郷草高寄帳に現れた家抱の存在地は、山家地方の加須良と、大郷地方の保木脇・野谷・大牧・馬狩等である。大家族制度の行われた中切地方は、その大部分が照蓮寺領の為にこの帳面になく、唯一の長瀬村にも存在していない。この例を除けば、家抱の存在は、大郷地方の平坦部を除いた、保木脇・野谷等の小部落と山家地方であつて、後述する如く何れも大家族制の発達した所である。即ち大家族制度と家抱制度に深い関係のあることが知られるの

である。

長瀬村に家抱の存在しないことは、この村が中切地方で最大の部落であつたばかりでなく、保木脇・野谷・加須良等より戸数も多く耕地も広いということを考えると了解されるのである。一般に大家族制度地方では分家が禁止されていたと信ぜられているが、分家は耕地の過少や生活状態の逼迫等から不可能になつたのであつて、耕地や生活に余裕のある時は分家が行われていたのである。天保十五年八月の長瀬村と木谷村の山敷相論願書によれば、長瀬村の稗田組の五軒は枝郷である。何時分村したか不明であるが、兎に角江戸時代に於て五軒以上の分家が行われているのである。

のみならず延享三年の飛騨国中案内によれば、この長瀬村や、御母衣・平瀬等の中切地方の諸村落にも、門屋・地借・家抱・水呑等の何れかが在住しており、村落内部に於ける社会分化の現象が見られるのである。しかるにこの地方ではこの傾向が発展しなかつた。今日迄多くの人達、特に地元の民俗学者によつて丹念なる調査が行われているに拘らず、家抱又はそれに類似のものの存在は知られていないのである。そして顕著に現れているものは大家族制である。換言すれば、村落内に於ける経済的社会的分化対立の発展が抑止されて、夫々の家族の内に持込まれたのである。これにても現在の大家族制度の発生を余り古い時代とすることが出来ないことが明かである。

又ある一部には、長瀬村の大塚家は六百年、山下家は三百年を経過しているという家屋税徴収の際の鑑定を根拠に、大家族制の由来の古さを証明しようとする者もあるけれども、家の古さに対するかかる査定の如きには何等の信を置き得ない。

それについて注意すべきことは、彼の巨大な合掌屋根の家はマタダテの遺物であるということである。マタダテに就いて雑誌「ひだびと」第六巻第八号に江馬三枝子氏が記しておられるが、簡単に言えば彼の大家屋の屋根のみの住居である。之は近代にては火災等の災難後仮に立てるのであるが、古くは永久的な住居であつた。明治時代にも保木脇に一戸、平瀬下に一戸、大牧に二三戸、永久的住居としてあつた。これはいわゆる天地根元造で、妻入で合掌型の住居で内は土座《ドザ》で仕切りなしの一間である。

かかる建築法に於ては屋根の傾斜をなるべく急にして、内部を広くする必要がある。このマタダテを作るのは全く村人の協同作業で作られるのである。このマタダテを柱の上に載せたのが柱建《ハシラダテ》とも呼ばれ、オオヤとも言われる彼の合掌屋根の家々である。柱建には大工を要する。大工はこの地方の外からも来ている。しかもこの場合にも大工は柱建をするのみで、その上の屋根の骨組其他は村人の仕事であつた。即ち彼の合掌屋根の大家屋は柱の上にのせたマタダテである。住う所は一階で、二階以上は屋根裏を利用した蚕室であり納屋である。

これに就いて、彼のブルーノ・タウトの記述を借りよう。(註五)

二階以上の床は殆んど竹簀張りである、だから最上階からでも階下の爐火が見えるし、厩の上からは馬も見える(厩はこの大家屋の内部にある)。下の爐でもやす焚火の煙は各階層を通り抜ける。このやうな構造はすべて、養蚕に使ふためである。だから大家族を収容する目的でこの巨大な家屋が建てられたといふのは(上野氏の携へている旅行案内書にはさう書いてあるが)、作り噺であらう。家族制度についてもおそらくまた別の作り噺があるのではなからうか。

さて江馬女史は「マタダテを作る場合は、少しも大工を必要としないが、ハシラダテを含む本建築を作る場合には少くも二つの条件が前提される。それはまづ専門的な技術者である大工の存在であり、次には大工を傭ふ事ができるだけの経済的余裕である。」と言われている。（註六）そして大工が掏柱建のみに従事して、屋根は村人の作業になるという方法が現存しているということは、マタダテよりハシラダテへの移行がそれ程古いものでないことを示すものである。それと同時に合掌屋根の巨大な家屋は、養蚕を目的としたということは疑問であるが、大家族制度とは関係がないものであることは明瞭である。

宝永三年の草高帳より、大家族制度が家抱制度の中に胚胎せるものであるという結論を得た。以下それを更に詳述しよう。

註（一）飛州地方御尋答書（近世地方経済史料第七巻二〇〇頁）
註（二）ひだびと六の二、角竹喜登氏＝家抱と門屋研究資料
註（三）（四）ひだびと四の一〇、角竹喜登氏＝家抱と門屋研究資料
註（五）ブルーノ・タウト＝日本美の再発見（岩波新書）四一頁
註（六）ひだびと六の八、一四頁—一五頁

五　大家族制の本質

吾々は中世の庄園領主の支配下にある農民中にも、又幾層かの分化が行われていたことを知る。そして江戸時代にも、各地に於いて名子・被管・家抱・頭振などという隷農が存していたことを知る。それは経済的発展の遅れた

所程、封建的桎梏の強い所程、顕著に残存していた。飛驒の如きも亦その例であつた。

又封建的束縛下において、農民の二男三男が、惣領たる長男と著しい差別待遇をされ、或は他家の家抱や奉公人となり、或は生家で「をぢぼう」の運命に甘んぜざるを得なかつたことは、江戸時代農村の共通的な現象であつた。(註一)白川村はその典型的なものであつた。

交通の便利な所、人為的な制限の緩い所では、農村の余剰人員は他地方に移住した、併し飛驒では二つともに之を妨げた。人国記に、

当国の風俗は健直にして愚なり、日本は広しといへども我国に如事なしと思ひ他国の望もなし、井の中の蛙大海をしらざるがごとし、

と言い、西鶴が萬の文反古の中に、(註二)

兼て承り申候よりは、飛驒国の万事不自由なる事、中々筆にはつくし難し、口々に番所きびしく、出入の者に手形の吟味きびしく候へば、わがままにのぼり申候事も成がたく、いづれもつみならして、流され人同前に御座候、所にすみなれし人は、世界は皆かやうの物と思ひ暮し候、

と言つているのはその状態を外から観察したものである。

又平地の多い所ならば自ら開拓もしたであろう。併しこの地方では、自分の手で自分の生活し得る耕地を開拓する事は殆ど不可能であつた。その余剰の人員が他の若干の労働力を必要とする者の家抱となり小作人となる。家抱の所有者はそれによつて焼畑などの開拓を行う。そして若し余裕を生ずれば家抱の独立を許したであろう。又血族

の分家も行つたであろう。事実それは白川村でも行われた。

併しこの地方に於て新しく得た耕地は、斗代一斗という下々畑や焼畑を主とした。従来より更に大なる労働力を必要とし、収益は夫に反比例した。就中焼畑は最も甚しい。飛州地方御尋答書に焼畑の作り様を説明して、

是は雑木芝木立之処、前年之秋伐置、翌年三月末ゟ四月初迄に焼立、右之はい(灰)をこやしに仕、畑拵いたし、初年には稗を作り、其稗がらを又こやしにいたし、二ケ年目には粟を仕付、其粟からをこやしに仕、三ケ年目に蕎麦を作り申候、夫ゟ焼草こやし無ニ御座一候故、其まま荒し外へ伐替申候、

と言い、その一段当りの作徳を説明して、

壱反に稗粟共に壱石弐三斗ゟ壱石五六斗、蕎麦は本畑同様之取実に而少しは宜方にも可レ有ニ御座一候、然共焼畑之儀は不レ残山中たけ(嶽)下之村に第一に仕義に御座候得ば、霜打に罷成候義共年毎に而、其上猪鹿喰荒し各別取実不足仕物に而取実難ニ相究一御座候、

と述べている。収穫が不確実で且つ少量であることが明かにされている。その焼畑を重要な生産手段とする白川の農業が、如何に家抱的労働力を必要としたかは容易に推量出来る。かくて増加して行く家族の全労働力が絶えず最大限度に使役されて、漸く最低の生活を維持するに過ぎない状態となつた。しかもその土地にも検地が行われ石盛が附けられると、最早そこを退転することは出来ない。

東北地方はじめ各地方に見られた如く、名子や家抱によつて新しい耕地を得、更に名子や家抱の労働力を加えて再び耕地を開くという過程を反覆することによつて、親方と名子の対立を見る前に、既にその発展は阻止されたの

である。このことは先の草高帳の長瀬村の分を見ると甚だ明瞭である。その持高には殆ど懸隔がない。大百姓もなく、又かけ離れた小百姓もない。それはこの村に、家抱制が発達せず大家族制が発達した所以を明かにするのである。その最悪なる地理的条件と、封建的支配の重圧は、地主の発達する余裕すら与えなかつた。分家が不可能になつた時、傍系親族は家抱に代つて労働力を提供した。彼等は鍬頭や鍋頭に率いられて労働に従事した。若し彼等を鍬子鍋子と呼ぶことが出来れば、最もよく其地位を示すであろう。血族的感情の如何に拘らず隷属的な立場に在つた。

彼等が私有を認められていたのは、「しんがい」労働によつて得た収益のみである。「しんがい」は新開地の意ともいわれ、家長夫婦を除いた家族が、僅かの余暇や休日を利用して得た土地又は賃仕事よりの収得を言う。稀には家長より僅かな土地を与えることもあるが、大部分は自ら開拓した田畑、主として焼畑よりの収穫と、藁仕事絲挽狩猟等によつて得た収益であつた。「しんがい」労働は休日又は余暇を利用して行われるものであつたが、休日には「しんがい」に出ても家に居ても、「しんがい」で得た穀物を食し、「しんがい」仕事に持つて行く辨当も自分の食料であつた。子供があれば、「しんがい」で着物を買つて与えた。

傍系家族は、「しんがい」の外に家長から小遣を貰うということはなかつた。そして「しんがい」田畑さえも、その死亡と同時に、その「よばひ」婚の相手や子供には附属せず家長の手に帰した。（註三）

傍系家族は凡て身分的に家長に隷属するものであつた。傍系家族の子女は、自分の生みの母に対する称呼も有せず、その名前を呼び捨てにしていた。木谷村の例では、家長夫婦をトト・カカ、その隠居せる時はヂヂ・ババ、長男をアニ、長男の妻をオバと呼ぶ外は、即ち傍系家族は例外なくお互の名を呼び合つた。(註四) 親子叔姪も家長に属する鍬子鍋子である点に於いて一様であつた。

彼等は「しんがい」労働の外は全労働力を家長に致した。「女の子が一人前の女性として認められ、待遇されるのは何時頃か、と云ふと、年齢でなく、がらであつたさうである。余程年が多くなつてもがらが小さく、発育していないものは問題にならず、若くても大きいものはいつとなく女の取扱ひを受けた。(註五)」

男女の価値はその身体の発育状態即ち労働力の大小によつて定まつたのである。従つて既に生長した女子の他出を拒むこととなる。他家の長男の嫁にやることさえ欲しないのである。その感情は家長よりも、同じ労働群の女達の間に於いて強いものであつた。人員の減少は残る者の労働強化を結果したからである。

さて家抱制度がかくの如く家内に押し込まれたのは何時頃であつたろうか、それは分家が不可能な事情になると共に始まり、時と共に劇化したに違いない。その発生の時期は恐らく金森氏時代であろう。元禄以前には御母衣にても分家が行われ、他よりの移住者もあり、木谷では其後も分家が行われたが、この頃から戸数が殆ど増加しなくなつた。宝永から延享に至る間に、大郷地方の荻町・鳩谷・飯島等では著しく戸数が増加しておるのに、長瀬・保木脇・野谷・大窪等では戸数は停滞し、人口は増加しているのである。この期間に家抱制も漸減又は消滅したのであろう。もし又非常に古くから分家不可能であつたならば、一戸当りの人口は驚くべき多数に達していなければならない。殊に「よばい」婚等によつて傍系家族にも子女が生れているとすれば、僅かの間に増大するであろう。併し大家族制度の顕著な長瀬村でも天明八年に漸く一戸当り十三・六人に過ぎない。これは大家族制開始の左程古くないことを示すと同時に、傍系家族の「よばい」婚も決して一般的なものではなく、所謂「よばい」の程度を離れることと僅かであつて、婚姻の相手を持つ傍系家族は甚だ少数であつたことを明かにするのである。

されば大家族制は金森氏時代に胚胎し、幕領となつて益々発達したものと考えることが出来よう。金森氏時代には既に殆んど分家不可能の状態に近付いていたと考えられ、加えてその封建収奪の苛酷さが、家抱制又は家内賦役制の発生及び発達を呼び起していたのであろうと思う。元禄年中幕領となつてよりも、その桎梏は弛む所がなく、人口の増加は愈々その窮迫を劇化するに至つたのであるが、就中安永の検地は最も大なる影響を与えた。次に安永検地が如何なるものであつたか、白川郷に与えた影響は如何であつたかを述べよう。

註(一) 拙稿江戸時代農村に於ける家族成員の問題(本書第一編所収)

註(二) 巻四、第三、人の知らぬ祖母の埋み金

註(三) ひだびと五の五、江馬三枝子氏＝白川村木谷の民俗(三)

註(四) 同上五の四、白川村木谷の民俗(二)

註(五) 同上五の十一、白川村木谷の民俗(九)

六 安永検地と白川村

元禄検地の後安永二年飛騨の再検地が行われる事となつた。即ち安永二年二月定免の切替期に際して、弐厘余の加免を命ずると共に、江戸の勘定奉行所より新田・切添・畑田成等の検地を行うべき旨を達した。閏三月に入つて検地奉行が到着し、灘郷花里村より縄を打始めた。「近在村々之者共罷出、御地改之体を見るに、田

畑の四すみ柴見を立、同四方に梵天を立る。是より十文字に縄をはり、縄の違目の処に大工かねを当、ひずみを見る。竿取の役人、間数を改帳記、如レ斯一縄毎御改也。此体を見ける百姓共、かゝる微細の御改にて尺寸之所迄も、余歩《よぶ》に成にては、所詮百姓立行がたしと郡中一同に申合けり。」(註一)

一方代官所の手代・地役人等は地所内検の為郷村を巡回して、微細に縄を入れた後総百姓を召出して「此度当村地所内検いたし試るに、甚だ地広也。縄毎に弐割三割、中には五割に及ぶも有レ之。江戸御役人方の改を請候はゞ、格別御高も増、其上多分費も懸可レ申、今度大積りを以、村高に三割増位ひ先達て願出候はゞ村方勝手の筋もなるべし。双方得心ならば、可レ然申立呉べし」と申達した。(註二)

又或る村では「全体当国之義検地以来、新開・切添の改もなく、余分之所数ケ年作取にいたせしは御料所だけ也。私領なれば是迄の宥免は有レ之まじ、新田・切添等是迄無年貢にて作り来れる冥加の為と存、古田高拾石に付永百文づつ増永可ニ上納ニ」と達した。(註三)

之に対して大部分の村々は反対をなし、此度の検地は新開・切添・畑田成のみと考えて請印したのであつて、古田畑にも高増されては困窮の百姓は立行く事が出来ない。先の元祿検地の際、検地奉行たる大垣城主戸田釆女正より、此の検地水帳は当国百姓永代の御朱印同然であるとして渡されたのであるから、古田畑検地の一条は心得がたしとなした。

とこに若干誤解があつた。古田畑を再検せぬという筈はない。従つて再検を拒絶する事は出来なかつた。又その増分も不可避であつた。只問題は検地方法であつた。当時の幕府財政の窮乏に伴つて古田畑より三割五割を検出し、更に新田畑の検地をしようというのであり、況や「享保年中、長谷川庄五郎様御支配之節より、御定免に被二仰付一候処、御子息同庄五郎様御支配之節、国中一統三分五厘増免被二仰付一」「其後追々御代官様御替度毎、御定免御切替毎、御増免被二仰付一」れた上の事では、困窮の百姓の立ち行き難いのは当然であった。(註四)

百姓の中には検地が果して江戸表の命令か否か疑う者さえ生じた。四月朔日新町河原に寄合をなし、やがて町方村名主次兵衛・大沼村名主久左衛門等が惣代として大垣に至り、先年戸田氏の検地の結果与えられたる水帳は万代不易と考えていた所、此度の再検心得難しとして、戸田氏に歎願した。元より戸田氏にては承引せぬ為、兎角延引する内、江戸勘定所より久左衛門・次兵衛等主謀者を召喚し、更に飛騨代官所に対し「か様の風情御料は勿論私領等へ相移り候ては、世の騒と成行も難レ計間、其表に残居ける徒党の者共、急度吟味可レ被レ遂、勿論人違吟味違等不レ苦、手向致す族有レ之においては、即座殺害におよび候共不レ苦間、厳重に吟味をとげ、取しづめ」るべき旨命じた。(註五)

その結果として、

「此度願之儀は、強訴徒党にて御高札に相背、不届至極の段、於二国元一御代官様村々百姓段々御召出被レ成、角責・火燵責、或車責などと被レ仰、段々御責被レ遊、当五月御立被レ遊候新牢へ御入被レ成、剰食留メ等被二仰付一御責の節は目口より血を吐、命終の躰に相成候者夥敷、依レ之山々洞々え遁散候へば、段々御役人様大勢御廻り被レ成、地役人方と付添、尾州様よりの御加勢の由被二仰聞一段々御召捕、御白洲へ引出し、御責被レ成候故、今度御歎願の儀は、先達て承二御免一、江戸表へも参候儀と申分仕候者有レ之候へば、其者は別て御責厳敷、半死半生に罷成、一生病人に罷成候者多有レ之」有様であった。(註六)

而して六月下旬に至り、代官所は手を代えて、「久左衛門・次兵衛門が村々を誘つて、歎願に加わらぬ者は髪を剃り、家を破り、名主役を取放し、水帳を取上ぐる等と手強く勧めた結果、止むなく歎願書に印形を押したものである」という書付を差出す様に命じた。

そして「是迄段々相誘はれ心得違の段、真平御免奉㆓願上㆒候、此上御地改の儀は如何様被㆓仰付㆒候共、少も御違背不㆑仕、御請可㆓申上㆒旨」の書付に印形した村方の者は手錠牢舎拷問等を免したが、江戸表出願の名主等の帰国迄はと承引しなかつた村々の者には、問責愈々強く、高山町内を引廻し、或は新造の獄舎にて日々角責火燵責又は手足を縛つて秤釣上げ等を加えた為、遂に七月下旬には何れも請印したのである。(註七)

其間江戸表へ召出されて処分を蒙つた名主長百姓も六拾余人に及び、歎願の筋は一向聞入れられなかつた。

依㆑之郷々より一両人宛、亦□江戸表へ御願に差遣候所、江戸表は御勘定御□(奉)行様より御吟味厳敷、飛騨国百姓の儀は一夜の宿を仕候者も無㆓御座㆒、御願可㆓申上㆒方便も無㆓御座㆒候故、恐多奉㆑存候へ共、七月二十六日に松平(老中)右近将監様へ御駕籠訴仕候所、委細御尋被㆑成、松平対馬様(勘定奉行)へ御吟味被㆓仰付㆒、同二十七日に御駕籠訴の者共入牢被㆓仰付㆒、且又八月二日より石谷備後守様(勘定奉行)御召出御吟味有㆑之候、

という状況であつた。(註八) 八月中旬に至つて再び、江戸表へ下りたる者、駕籠訴の者何れも郡中百姓より依頼したものではない旨の誓書二通を提出させた。かくして指導者を民衆から切離したのである。これは幕府諸藩が百姓一揆鎮圧に際して用いる常套手段であつた。民衆は自分達の一時の災難を逃れんが為に指導者を犠牲にし、結局その後の徹底的な弾圧を免れる事は出来なかつた。民衆が持ち得る最大の、或は唯一の武器は、よき指導者に対する信頼

と結束のみであつた。しかるに夫を放棄したのである。

通説に江戸時代には百姓一揆後、指導者の犠牲によつて、多くは百姓の言分が通つたといわれている。果してそうであつたろうか。少くとも此場合はそうではなかつた。

十月十八日幕府は附近諸藩に出兵を命じ、(註九)先ず美濃郡上《ぐじょう》の青山氏が十月末に入国して一揆を鎮圧し、次で苗木の遠山氏、岩村の松平氏、富山の前田氏、大垣の戸田氏の軍勢到着して一揆は全く収つた。やがて江戸より吟味の為、勘定組頭江坂正恭・勘定布施胤致・甲斐庄正方が来着するに及んで、加勢の諸藩は撤退した。

この結果、主謀者四人は磔、十二人は獄門、一人は死罪、十三人は遠島に処し、(註十)翌三年に至つて検地を完了したのである。この事件に対する幕府の対策は極めて強圧的であつた。

時の代官大原継正は着任以来苛政を加え、従来御入用普請として代官所にて経営した河川の修築も百姓の自力普請とし、安永元年の年貢皆済目録を与えず、年貢の過納分の返金も行わず、「当御代官御支配に相成、高山御陣屋修覆御入用、其外御蔵修覆、葺替、畳表替、御用飛脚賃、国中割合にて出し申候所に、先御支配様方御取立割合と引合候へば格別多く、一倍程にも相懸り、困窮の百姓難儀千万」なる状態に在つた。(註十一)加えて明和八年元伐休止の為、山元の村々の困窮も亦軽少ではなかつた。かくの如き際に三割増五割増の増高を命ぜんとしたのである。

之に反対した農民に対する処置は苛酷であつた。之は大原代官の策にもよるであろうが、同時に幕府の、その末期的な財政立直し強行策の一連としての、貢租増徴の遂行と見る事が出来るのである。この事は、その前年及び安永七年の信濃検地にも見られる所で、そこでは、一度の検地にて予定の検出分に不足した所は再度検地をして打出

した程である。（註十二）

さて飛騨では、安永二年強圧的に百姓の反抗を制した後、翌三年に検地を完了したが、これは多く内検のみにて、四割五割と増高を命じたものの如く、一国にて一万石余を打出した。之を白川村の例に就いて見ると、その結果は、「飛州大野郡白川郷某村地改に付願之上増高吟味請書」という文書に記されている。（註十三）これは便宜上表にするが、左表の上段の村高・反別は元祿検地の高、下段の増高・増反別が安永検地による増分である。

村名	村高	反別	増高	増高率	増反別
長瀬村	二六、八八一石	八町、三六畝、一九歩	一三、四四一石	50%	一〇町、五二畝、〇三歩
保木脇村	四、七四四	一、五五、〇六	三、三二二	70	三、五二、〇六
野谷村	二、二一二	七五、一五	一、一八九	54	五七、〇六
大牧村	二七、三八八	七、九四、〇三	一六、四三三	60	一六、一〇、二四
荻町村	八六、四七六	一一、六〇、二四	四三、二四二	50	一〇、六〇、〇〇
鳩谷村	七四、九七四	一〇、二〇、〇六	三七、四八六	50	一一、五三、〇三
飯島村	一六四、七六一	二三、五三、〇一	六五、八七九	40	一六、九五、〇三
大窪村	三、〇二四	九〇、二四	二、一一六	70	一、〇四、一五

この増高の比率を見ると、野谷の外は四割・五割・六割・七割となつており、土地を丈量せずして高を割付け、反別はそれから割出したことが知られるのである。夢物語に屢「無反別取箇米」と記しているのはこれを意味するものである。何れにせよ実に酷烈なる検出方法であつた。

上の表にしたものは幕領に属する白川村の一部であり、中切地方の大部分と山家地方の過半を占める照蓮寺領即ち高山の東本願寺輪番所配下の村々は之に含まれていない。併しそれらの村々も元より増高を免れなかつた。即ち左の文は夫を示すものである。

乍レ恐書付を以奉二願上一候御事

一大野郡白川郷御寺領所御田地新開而已之御高増去秋被二仰付一候処、白川郷此近年至而困窮仕候故御慈悲之上五分増被二仰付一候様御願奉二申上一候処、御窺之上此度被二仰渡一候は七分増に被二仰付一罷処、罷出候惣代之者共無二違背一奉二御請一候得共、大小之百姓共へ右之段為二読聞一其上御請印形致候様被二仰付一奉レ畏候、左候得共困窮之百姓共に御座候得は、罷帰り右之趣申聞又々罷出候得は、行戻り難場ゆへ余程日数も相懸り候得は困窮之百姓共及二難儀一申候、依レ之此度罷出候惣代之者共組縮致罷出候得は、惣代之者共に而御請印形相済候様に御慈悲之程奉二願上一候、願之通被二仰付一被レ下候はゝ難レ有奉レ存候、以上、

安永四年未二月

中野組惣代岩瀬村　仁右衛門　印

中切組惣代尾神村　長吉　印

椿原村惣代　長吉　印

小白川村惣代　三右衛門　印

赤谷村与頭　左治兵衛 印
尾神村与頭　六部右衛門 印
椿原村与頭　安兵頭 印
小白川村与頭　彦右衛門 印
中野村名主　源右衛門 印

高山御坊
　御輪番所

此文書によると照蓮寺領も亦幕領に倣つて新田畑の貢租を加徴したが、検地によらず一律に七分増を命じたことが判る。七分増とは文字通り七分の意か七割の意か不明である。この文書は村方の控文書であるが、五分増・七分増の分の文字は一旦割と書いて分に改めたものである。七分にしては幕領と比して稍軽い様に思われるが、明治元年の調査に基く旧高旧領取調帳(註十四)によれば、照蓮寺領の村高は、元禄検地の高と異らず、新田高は加えてないので、その点不詳である。

併し照蓮寺領の村方は単に新開地七分の高増をされたに止まらず、幕府直轄領の山内に開いた焼畑には改めて代官所より高を附け貢租を課したのである。即ち飛州の山々は一円御林山にて百姓山なしとの建前から、寺領の百姓の開いた焼畑は、従来見取場として見取米を納めて来たが、この時検地を受けて高を附けられたのである。

享保十二年の飛州地方御尋答書によれば、当時は幕府領内には照蓮寺村方の焼畑なく、照蓮寺領の百姓より代官所へ納める年貢米はなかつたのであるが、ここに至つて新開の焼畑に高を附したこととなる。

この高は安永三年八月の「大野郡白川郷照蓮寺領村々御領所山内焼畑御高入請書」(註十五)なる帳簿によつて知られる。即ち、

差上申一札之事

大野郡

岩瀬村㊞

赤谷村㊞

中野村㊞

尾上郷村㊞

一焼畑高四石五斗九升
此反別四町五反九畝歩　新焼畑

一焼畑高拾四石四斗九升
此反別拾四町四反九畝歩　新焼畑

一焼畑高七石五斗八升
此反別七町五反八畝歩

一焼畑高四石弐斗五升
此反別四町弐反五畝歩
内弐町四反五畝歩　新焼畑

一焼畑高弐石三斗六升七合　尾神村㊞
此反別弐町三反六畝廿壹歩
内壹町八反六畝廿壹歩　新焼畑

一焼畑高弐石六斗八升　海上村㊞
此反別弐町六反八畝歩　新焼畑

一焼畑高五石四斗弐升　木谷村㊞
此反別五町四反弐畝歩
内四町歩　新焼畑

一焼畑高四石六斗　平瀬村㊞
此反別四町六反歩
内三町壹反歩　新焼畑

一焼畑高弐石　御母衣村㊞
此反別弐町歩
内壹町壹反五畝歩　新焼畑

一焼畑高壹石八斗五升　牧村㊞
此反別壹町八反五畝歩

内壹町弐反五畝歩　　新焼畑

一焼畑高壹石四斗　　福島村印

此反別壹町四反歩

内九反五畝歩　　新焼畑

一焼畑高壱石　　椿原村印

此反別壱町歩　　新焼畑

一焼畑高壱石壱斗　　有家原村印

此反別壱町壱反歩　　新焼畑

一焼畑高壱石八斗六升　　芦倉村印

此反別壱町八反六畝歩　　新焼畑

一焼畑高六斗九升　　小白川村印

此反別六反九畝歩　　新焼畑

一焼畑高三石七斗八升六合　　荻町村印

此反別三町七反八畝拾八歩　　新焼畑

焼畑高合五拾九石六斗六升三合

此反別五拾九町六反六畝歩

内四拾四町九反六畝九歩　　新焼畑

右者照蓮寺御除地村々之儀古田畑並芝地等の分は御除地に御座候得共、山は不レ残御料所山内に付、前々より焼畑場所御請仕、是迄焼畑見取米御料所へ上納仕来申候、然処此度御料所村々一統御地改被二仰付一私共村々之儀は照蓮寺御除地故古田畑平地芝地等之御改は不レ被二仰付一候得共、御料所山内にて焼畑仕候分御改被二仰付一、悉御案内仕御改請候処前々焼畑並去る辰年御願申上御請仕候焼畑之外、新規焼畑仕候場所有レ之、逸々反別御改奉レ請候処、前書之通御料所山内焼畑に相違無二御座一候、依て御願申上候は、数年来御料所山内にて焼畑仕百姓相続之助成に仕冥加至極難レ有奉レ存候間、何卒此度御料所村々並石盛壱斗にて焼畑御高入奉レ願候、御年貢御免合之儀は是又御料所御取計に准、被二仰付一候儀は毛頭違背不レ仕様、後年に到候ても聊御願ヶ間敷儀無二御座一候、是迄は見取米之儀に付御料所同郷之内牧戸村に相願納来候へ共、御高入奉レ願候上は寺領名主源右衛門方より御役所へ直に上納仕候様奉二願上一候、依レ之一札差上申所如レ件、

以上によりこれ以前に十五石程の高があり、新たに四十四石余の高が課せられたことが判る。これは二百三十六石余の除地高に対して二割弱に当り、先の新田高を文字通り七分増としても二割五分の増高となり、幕府直轄地より稍低い。大野郡史所載の嘉永六年の石高帳に「白川郷内寺領持添村」とある村の高は、荻町村に十六石九斗七升一合とあるほかは、即ちこの焼畑の高であり、旧高旧領取調帳にも高山郡代支配としてこの儘の石高が掲げてある。

安永検地が白川郷に及ぼした影響は右の如くであるが、その後に於ける白川郷の実情を示すものは天明八年の村差出帳であり、これは現在の所白川村の戸数と人口を記す最古のものであり、大家族制研究上貴重なものであるが、

遺憾乍ら全部はない。先ず保木脇村のものを例に挙げよう。

元禄七戌年戸田釆女正様御検地水帳一紙一冊有之

飛騨国大野郡　保木脇村

高山へ拾七里
江戸へ陸地百三里

一高四石七斗四升七合

此反別壱町五反五畝六歩

此訳

中田弐反九畝弐拾壱歩　但五斗代

高壱石四斗八升五合

下田弐反三畝拾三歩　但三斗代

高七斗三合

下々田弐反六畝四歩　但壱斗代

高弐斗六升壱合

反別七反九畝八歩

高弐石四斗四升九合

上畑壱反九畝廿九歩　但五斗代

高九斗九升八合

高五斗

中畑壱反六畝廿歩　　但三斗代
高三斗八升壱合
下畑壱反九畝壱歩　　但弐斗代
高壱斗四升九合
下々畑壱反四畝廿八歩　　但壱斗代
高弐斗六升七合
屋敷六畝拾歩　　但五斗代
　高貳石弐斗九升八合
　　反別七反五畝弐拾八歩
外
高壱石五升三合
下々田壱町五畝九歩　　但壱斗代
高弐石弐斗六升九合
下々畑弐町壱反六畝廿七歩　　但壱斗代
高壱石五斗
焼畑壱町五反歩　　但壱斗代

高四石八斗弐升弐合

反別四町六反弐畝六歩

一、小物成　永弐拾文九分三厘

一、用水は当村之内所々谷々ゟ水を引申候。

一、家数八軒　人別七拾(マヽ)六人内　男四十五人 女四十壱人　牛六疋

一、稼は農業之間男は稼無之、女は布を織申候、

一、御林山拾弐ケ所　内 六ケ所願木山 六ケ所柴草山 木立

一、秣は当村柴草山洞々に而伐苅、薪之儀は当村山内所々に而取来り申候、

一、白川川、木谷村ゟ当村え流、野谷村へ流申候、

一、当村隣郷は　南は木谷村へ道法一里半 北は野谷村へ拾丁 東西は山に而御座候

一、馬継無ニ御座ニ候、

一、市日無ニ御座ニ候、

一、普請所無ニ御座ニ候、

一、御陣屋修覆入用役人足国中割村高へ懸り申候。

一、御傳馬宿入用 御藏前入用 六尺給米　村高へ相懸り申候、

一、田畑え厩こへ下糞用申候、

一、畑作毛　粟稗大豆小豆麦蕎麦仕付申候、

一、当村御年貢納方之義年々十月に至り大牧村郷蔵へ米納幷籾穀等に而蔵詰被二仰付置一、石代金上納に随ひ右米雑穀御蔵出し被二仰付一候、

一、御年貢米俵入之義国中不レ残四斗俵に而御座候、

一、当村御年貢石代高山御蔵直段相極り候上に、高山御蔵直段米壱石に付銀六分弐厘五毛安に而上納仕来り申候、

一、御伝馬宿入用米・六尺給米御年貢同直段に而上納仕来申候、

一、口米御直段は国中一統高山御直段三拾五石当り金三両高に而上納仕来り申候、

一、拝借之儀三拾ケ年賦永九拾弐文宛年々返納仕候、

一、田畑質入直段　上中下田壹反に付　金壹分
上中下畑壹反に付　金壹朱

一、当村之儀往古金森出雲守様御領知、元禄五申年より御料所相成伊奈半十郎様御支配に成、元禄十丑年より伊奈半左衛門様御支配被レ成、正徳五未年より森山又左衛門様御支配被レ成、享保六子年ゟ亀田三郎兵衛様御支配被レ成、享保九辰年ゟ長谷川前庄五郎様御支配被レ成、享保十三申年ゟ長谷川庄五郎様御支配被レ成、延享二丑年ゟ幸田善太夫様御支配被レ成、寛延三午年ゟ柴村藤右衛門様御支配被レ成、宝暦六子年ゟ土倉彦左衛門様御支配被レ成、宝暦十一巳年ゟ布施弥市郎様御支配被レ成、明和三戌年ゟ大原彦四郎様御支配被レ成、天明弐寅年ゟ大原亀五郎様御支配被レ成候、

一、郷蔵無ニ御座一候、

一、高札場無ニ御座一候、

一、口留御番所無ニ御座一候、

一、猟師鉄砲壱挺　　但玉目三匁　持主　惣左衛門

一、威鉄砲無ニ御座一候、

一、御朱印寺社無ニ御座一候、

一、御除地無ニ御座一候、

一、寺阿弥陀堂観音堂庚申堂之類無ニ御座一候、

一、名主壱人給金之義は当村ゟ銀五匁九分三厘宛年々相勤申候、

一、組頭定使給之義は年番に而相勤来り候故給金無ニ御座一候、

一、浪人名字帯刀仕候者無ニ御座一候、

一、医師鍛冶大工鑄物師舟大工木挽石切紺屋造酒屋無ニ御座一候、

一、神主神子禰宜社人山伏道心者無ニ御座一候、

一、非人穢多無ニ御座一候、

右は保木脇村差出明細書書上候処相違無ニ御座一候、以上、

天明八年申八月

中畑村名主
四郎兵衛㊞
保木脇村五人頭
四郎兵衛㊞
同村百姓代
惣左衛門㊞

高山
御役所

他村の分も内容は大同小異で、長瀬村の分に、「一、小物成永百拾弐文弐分九厘　川役　一、永百拾八文　桑役」とあるのや、飯島村の分に、「稼に農業之間男は楮ヲ取商申候、女は絲真綿取商申候」とあるのが異る位であるから、戸数人口牛馬数のみを表記する。

村名	戸数	人口	男	女	牛	馬
猿丸	一二	八〇	四〇	四〇	四	四
中畑	一五	一〇九	五九	五〇		
牧戸	一一	七五	四〇	三五	一〇	八
牛丸	一八	九九（マヽ）	四五	五五	八	八
森茂	一〇	七三	三八	三五	六	

長瀬	一二	一六三	八六	七七	一一	六
保木脇	八	七六（ママ）	四五	四一	六	
野谷	二、	二八	一五	一三	六	
大牧	一五	一六五	七九	八八	九	
大窪	二	二八	一五	一三	二	
馬狩	七	六八	三二	三六	三	
飯嶋	四三	三六一	一八六	一七五	三七	

右の表は今の荘川村と白川村の一部に過ぎないが、その概要を知るに足りると考える。この内長瀬以下の現在の白川村の村落に就いて戸数人口一戸当人口につき前後の統計と比較すると次の如くである。保木脇は前の人口の七六人は八六人の誤かと思われるのでこれを併記する。

村名		宝永三年	延享三年	天明八年	嘉永六年
長瀬	戸数	一三	一四	一二	一三
	人口			一六三	二二七
	一戸当			一三・六	一七・五
保木脇	戸数	二（家抱持二）	五	八	六
	人口			七六（八六）	六四
	一戸当			九・五（一〇・六）	一〇・七

野谷	戸数	三（内家抱二）	三	二	三
	人口			二八	二七
	一戸当			一四	九
大牧	戸数	七（家抱持三）	一四	一五	一二
	人口			一六五	一〇六
	一戸当			一一	八・八
大窪	戸数	二	二	二	二
	人口			二八	二六
	一戸当			一四	一三
馬狩	戸数	三（家抱持二）	八	七	八
	人口			六八	六五
	一戸当			九・七	八・一
飯島	戸数	二九	五〇	四三	四九
	人口			三六一	三五九
	一戸当			八・四	七・三

右表により、大家族制は中切地方に限らず保木脇・野谷・大牧・大窪等の所謂大郷地方にも存したことが明瞭である。且つこの時の明細帳によれば、元禄以後屋敷高の増加したのは、保木脇・野谷・大牧・大窪・長瀬の諸村中長瀬に一反三畝二十四歩あるのみである。これは分家が行われたものとして注意される。

天明以後、嘉永に至る間に人口の増加したのは長瀬村のみであるが、これは天保飢饉の影響が甚大であった為と思われる。同時に戸数が大体一定して来たことも窺われるが、尚その間に増減が行われたことも判る。

天明以後幕末に向い、白川村の経済的な窮迫は、郡代大原父子によつて行われた誅求策によつて拍車をかけられることとなつた。

註(一)(二)夢物語巻二、(ひだびと三の九、四七―四八頁)
註(三)同上、(同四九頁)
註(四)同上、(同五〇頁)
註(五)同上、(同五六頁)
註(六)(七)都竹家古文書(ひだびと五の十、二四頁)
註(八)同上、(ひだびと五の五、三〇頁)
註(九)徳川実紀其日の条
註(十)徳川禁令考第五帙三九八頁、夢物語所載の人員とは小差がある。
註(十一)都竹家古文書(ひだびと五の十二、三六頁)
註(十二)町田良一氏=信濃国安永度検地顛末(社会経済史学七の五)
註(十三)岐阜県庁所蔵文書
註(十四)蘆田伊人氏所蔵写本
註(十五)岐阜県庁所蔵文書

七　幕末に於ける白川郷の困窮

白川郷は所謂山稼によつて生活の資を得ていた所であるが、就中享保二十年より明和八年迄三十七年間元伐を命ぜられ、之が少からぬ助成となつていた。然るに安永元年より元伐停止となり、更に安永の騒動、増高と相次いだ上に、天明二年郡代となつた大原亀五郎は甚しい収斂を加え私曲を計つた。即ち一条金と名付けて六千余両の金子を取立て、石代金過納分は割戻さず、且つ重立たる名主等へ物品を与えて之を買収し、百姓の歎願は受付けなかつたのであるが、寛政元年巡見使廻村の際、之が暴露したのである。

併し大原の処罰によつて農村の退転や困窮が救われたわけではなかつた。寛政元年以来白木の他国売も禁止されるに至り、生活上の窮迫は益々甚しくなつた。

文化二年六月飛驒郡代田口五郎左衛門は勘定所に対して左の如き窺書を提出している。(註一)

飛驒国村々山内白木稼之義に付伺書

私支配所飛驒国之儀、山内不レ残御林山に而百姓持山と申者無ニ御座一、前々ゟ山内御用木伐出跡根木・末木・悪木・風折・立枯・根返木を以諸品に取立、白木稼と唱へ一品当りを以運上相納、国中に而売払又は隣国美濃・越中・越前・信州筋え持出相払、戻牛に而塩・茶其外附送渡世仕来り候処、寛政元酉年飯塚常之丞支配之節、一国御取締之儀被ニ仰渡一吟味仕候処、以前は上木之内も稼方差免、他国え為ニ売払一飛州国内払之分も上木手広に相稼、不取締之趣にも有レ之候に付、翌戌年再応吟味伺之上、椿・栂・ひは・槻・杉・塩地・桂・椹・黒部之儀国中払は御免、他国出は御差留に相成候処、猶又同十一未年吟味之上、右木品根木・末木・悪木・立枯・風折之分幷松・樅・姫子其外雑木之類相稼候積り、一品限木銘運上当り取調、飯塚伊兵衛相伺候処、右木品之内黒部相除、槇木之儀も同様除レ之、以来成木いたし候様取計、其外は伺之通運上取立可ニ相納一旨御下知相済、則右取(ママ)御証文之通引付を以当時取計運上取立候儀に御座候、然ル処同国吉城郡高原郷・大野郡川上郷・白川郷村々願出候は、右三郷之儀国内乗鞍嶽・硫黄ケ嶽・鑓ケ嶽・笠ケ嶽・北之俣嶽と申高山幷北国白山ゑ最寄極山中に而土地悪敷、霜雪至而早く降候に付、作方実入不レ申熟作之年柄は甚稀に而、作方計に而は相続難ニ出来一、前々は御材木元伐被ニ仰付一相稼候処、休山被ニ仰付一候に付、其後度々相歎臨時元伐稼被ニ仰付一候得共、近来は臨時稼も不レ被ニ仰付一、依レ之他国出・国中払之諸白木相願漸取続罷在候処、尚又近年上木之分他国出御差留に相成、国中計に而は捌兼候に付、無レ拠下品之木品を以て白木相稼候得共、取来木品不レ宜下直段故失却運送木（ママ）に而引合不レ申、助成至而薄く、其上近年打続早霜等降作物実入不レ申、旁以取続難ニ相成一、中には他所袖乞等に出候ものも出来、極難澁に迫り候間、何卒檜・椹・黒部等之類前々御材木伐出跡根木・末木・悪木、其外拾五年已前亥年幷去子秋中之大風に而山内に吹倒有レ之候風折・根返り木等を以、小板・小間物・桶木類に取立、国中払・他国出シ共御免被ニ仰付一度、左候得は此上百姓相続仕難レ有仕合奉レ存候旨、強而申立相願候に付吟味仕候処、至而困窮難儀仕候段は相違無ニ御座一候得共、山内不取締之儀も有レ之趣を以先年御改正被ニ仰付一、上木之分他国出御差留に相成候上は、願之趣難レ及ニ沙汰一義之旨申聞願書差返し、右に付種々相歎品々申立候得共、再応利害申聞候処無レ拠義之旨、然共実以相続出来兼候間、如何様共取続候様勘辨相願候旨挙而申レ之候、然処私義去子年（文化元）飛騨国ゑ引越候以来、土地柄幷人気之様子等追々見聞仕候処、往古私領之節と違、国中一円困窮相成候趣に付、猶得と承糺考味仕候処、古来之儀は聢と難レ辨候得共、安永年中国中惣検地之儀に付騒動いたし、夫已来一統衰微仕、其上天明三卯年不熟・凶作・疫痢流行等に而弥以困窮仕詰、右痛立直不レ申内、前々ゟ渡世にいたし来候白木稼之義上木之分他国出御差留に相成候に付、前書高原・川上・白川三郷に不レ限国中一統連々に相衰候趣に相聞、元来飛州之義は一円山国に而往古ゟ山稼第一に仕、就レ中端々国境は四季共雪有レ之候高山嶽々相連り、右最寄は作毛出来兼候に付、別而山稼助成ヲ以相続出来候義に御座候処、前書騒動飢饉等に而衰微仕候上、白木稼上木類他国出御差留に相成候故、稼方手狭に相成別而困窮仕候趣に御座候、

これに対して翌文化三年十二月に至り、白木他国出許可の指令があつた。(註二)この文中にも現れておる如く、安永検地は、その騒動のみではなく、重税の賦課故に「夫巳来一統衰微」し、それと相前後して幕府の山林管理に基く休山が行われ、白木稼が制限されるに及んで、白川郷の如き山稼を生活の助成とする村方は最も困窮するに至つたことが明かにされるのである。

かかる困窮の実情を、地元の文書によつて示そう。

乍レ恐以二書付一奉二願上一候

一銀五百拾五匁六分　但 一ケ年 銀百廿八匁九分つゝ　中切組
是は去巳年ゟ去申年迄四ケ年之間名主給之分
一銀弐百拾六匁　但 一ケ年 銀五拾四匁つゝ　下切組
是は右同断
一銀百四拾六匁四分　但 一ケ年 銀三拾六匁六分つゝ　小白川村
是は右同断
合銀八百七拾八匁

右は御寺領之内中切組六ケ村下切村三ケ村小白川村、合拾ケ村前書之通去ル巳年ゟ去申年迄四ケ年之間名主給一円差出不レ申、依レ之当四月御歎奉二申上一候は、右銀子乍レ恐御輪番所に而御取立可レ被レ下哉、又は私方に而引取可レ申レ哉之段口上書を以奉二申上一候処、追而之儀に可レ仕旨被二仰聞一御下ケに相成申候、然処私儀去秋九月ゟ病症に相成候上、当三月名主役之義子□役被二仰付一旁難義仕罷在候間、前書拾ケ村之者共被二召出一、先例名主給此度早速相渡候様被二仰付一被二下置一候はゝ難レ有奉レ存候、已上、

中野村
元名主　源右衛門

文化十酉年四月

高山御坊
御輪番所

文政元年に至つて源右衛門は再び歎願している。

乍レ恐以二書付一御歎奉二願上一候

一白川郷中野村源右衛門乍レ恐奉二申上一候、近来白川一郷之義至而困窮仕、金銀貸引夫食穀借等迄一向不勘定に而取遣り無二御座一、就レ中百姓救に取立候頼母子講年賦返済等迄、年久敷休講に相成候に付、都而金銭石(穀)類共借り通用相止、困窮之族弥増難義仕、田畑を捨家を明、稼方あるひは袖乞に他国え罷出候者共年々数多に罷成、私義も先年勤役仕罷在候内、支配村々難義之者共を見捨兼、夥敷他借金を以時之窮迫を救置候処、右之通不埒之世柄に罷成候に付、返済仕候者曾而無二御座一、頼母子等迄懸捨に相成候得共、極貧難澁之者共え催促可レ仕様も無二御座一、村

々之困窮私之身分え差添、身上躰甚不勝手に罷成、朝暮之凌方難義至極仕候処、別而七ケ年以前ゟ私義中風之煩ひ差発り、半身相叶不レ申、行歩は勿論言舌立居迄不自由に罷成候に付、家業渡世可レ仕様迚は無二御座一、家内之者共は分限不相応之大借に差詰り、秋中出来之穀類迄も借り金利足雑用等に悉払ひ果、冬春中ゟ夫食払底に而大勢之家内一日限に相賄ひ難義至極仕候躰哀至極之様子に御座候得は、私義は郷中之内懇意之方に而二三夜宛世話に罷成漸露命を繋ぎ罷在候得共、一旦之凌而已に而往々飢渇に相逼り、路頭に餓死可レ仕義は必定に奉レ存、迷惑至極に奉レ存候、郷中一同此模様に御座候而は金銀之融通無二御座一、年増に衰微仕、百姓相続可レ仕様無二御座一、畢竟は退転仕候村方も出来可レ仕哉と気遣敷次第に奉レ存候、右奉二申上一候通、私義困窮之上病身に罷成、薬用等は不レ及二申上一、当時之飢を凌兼逼迫仕候に付、最早此上
御上様之御慈悲に奉レ縋候より外致方も無二御座一候に付、千万恐多は奉レ存候得共、何卒格別之御憐愍被レ為二成下一、御救之御勘辨奉二願上一度、不レ顧二恐多一御歎奉二申上一候、偏に広太之御慈悲被レ為二下置一候はゝ冥加至極難レ有仕合奉レ存候、以上、

願人御寺領所
白川郷中野村
源　右　衛　門

文政元年寅六月

高山御坊
御　輪　番　所

この願書を提出した源右衛門は、代々照蓮寺領十ケ村、即ち大家族制の顕著な中切地方をも含めての、兼帯名主

であつた。それさえかくの如き状態に陥つたのである。一般農民の窮乏は推察に難くない。

しかも此頃より連年の凶作であつて、殊に天保中の飢饉は最も甚しく、八年には鳩谷村組下五ケ村にて餓死せる者三百人に及び、小白川村では人口百二十人中百四人が餓死し、(註三)安政の飢饉にも亦之に劣らぬ死者を出したと伝えられる。(註四)

封建制と地理的環境の束縛は、一方では大家族制を発達させる因となつたが、一方では多数の人命を奪う因となつたのである。

明治元年飛騨の国中取締となつた梅村速水は、総督府への施政伺書中に、「当飛騨国の義は、山中瘠地に付、豊年と雖食料不足に付、隣国より米穀買入候処、其領主へ莫大の運上等有レ之より、自然米価騰貴に及び、国民一同難儀仕候」と言い、「当国は一体柔弱」と言つている。(註五)

明治二年の飛騨の宿村惣代の願書中には、「当国之儀は、四方嶽山にて相囲、極辺土地□□晩暖早冷、稗蕎麦等一作取之村柄多く、夫食不足は勿論、塩綿其外必用之諸品、不レ残他国より買入、迚も農業而已にては、暮方相付不レ申、従来壮年之者は、諸国山方稼・日雇稼に罷出、老若婦女のみ相残、農業相営、並余業蚕飼絲引等相稼、漸相続罷在候得共、近年は諸作不熟のみならず、気候不順故、蚕飼取上げ方も不レ宜、買入之諸物価騰貴いたし、追々困窮に迫り、難儀至極に御座候、(中略)元来百姓方平食之儀は、麦稗粟等に栃楢の実を交候者上食にて、其余蕨根ところとりあしほや等を、過半相用育ち候故、自然気力薄く、是迄御用荷物繰立を始、諸通行之節、人足一人之御触付には居合の男計りにても行届兼、老人女共も打交り五人より七八人迄も罷出夫々振分け背負持にて、継送候程之微

力之者共」と言っている。（註六）
梅村速水が「当国は一体柔弱」と評し、「所謂食不レ足人有レ余国柄に付、格別農業出精可レ致は、当然の処、却て他国よりは不精にして、可レ開土地をも開かす、耕作に心を用ひさるにより、土民困窮に逼り候」と言っていること（註七）の原因が明白ではあるまいか、
もう一度白川村に戻って、その物産手段の劣悪さを、明治十年二月の「岐阜県管下飛驒国大野郡白川村地籍総計」（註八）によって示そう。

民有地第一種

宅地	反別	九町七反弐畝七歩
田	反別	六拾五町三反拾五歩
畑	反別	百八拾六町七反壱畝拾九歩
焼畑	反別	壱百拾七町四反九畝歩
荒地田	反別	壱反三畝五歩
同畑	反別	七歩

註(一) 日本林制史資料江戸幕府領篇（上）四三一―四三三頁
註(二) 同上四三六頁
註(三) 農喩記（大野郡史中巻九三三頁）
註(四) 高岡高商研究論集六の二、一三二頁

註（五）高山県庁御用留（大野郡史下巻八一―八二頁）
註（六）大野郡史下巻二〇二頁
註（七）御廻状御請印帳（大野郡史下巻二二〇頁）
註（八）岐阜県庁所蔵文書

八　結　論

以上叙述した所により、白川村の大家族制度が、その経済的条件に由来していることが明白であると思う。結局それは生産力の極めて低い所に、極めて重い封建的な重圧が加えられ、生産力の増大が微々たるに反して、人口の増加が之を超過する時、全般的な生活程度の停滞又は低下と共に生じて来た家父長制下の家内賦役制といわなければならない。

しかもこれは程度の差こそあれ、同じ時代の日本の農村の到る処に現れた現象である。白川村にても中切地方のみではなく、山家地方にも同じ大家族制の発達が見られ、大郷地方にても野谷・大牧・大窪にその形跡が見られたことは既述した所で明白である。

それが中切地方にのみ顕著に残り、特に明治になつてからも更に一戸当り人口の増大したことには注意すべきことがある。即ち幕末天保年間の飢饉が山家地方に於て最も甚しく多数の餓死人を生じたことが一つと、或る特殊な事情から中切地方の住民と隣接地方の住民との間に婚姻が行われなかつたという事実である。この後者に就いては相当重視すべきものがあるのであつて、その事情の為に、比較的余裕のある大郷地方への移動さえも行われなかつたのである。天保安政両度の飢饉に多数の餓死人を出し、明治になつて他出が自由に行われる様になつてからも尙増加の傾向を示し、山家地方又は大郷地方との間に著しい差異が現れたのは全くこの結果と考えられるのである。換言すれば社会的な原因も大家族制の発達に影響しているのである。勿論それは副次的なものではあるが、決して軽視すべきものではないのである。

さて筆者は中切地方よりも大郷地方に経済的余裕があるということを述べたが、それに関して一応触れておかなければならない研究論文がある。

即ち白川村に於ける家族組織の分析から、その文化的特徴を把捉されんとした高岡高商の小山隆氏等による共同研究の結果は、筆者の結論とは異るのである。（註一）

氏等の結論は、「白川地方に最近迄存続し、又或る程度迄未だに形をとゞめて居る所謂大家族制度は、畢竟徳川時代自然的人為的に交通の制限せられた社会に於いて、法制による分家の制限の下に、経済的生産力が尙或る程度の伸展性を余して居た所に生じた特殊の家族形態であると推定される。」というのである。（註二）

この「法制による分家の制限とは江戸幕府の分地制限」令を指すもので、これが為に最も窮迫せる状態に陥る前にその経済的生産力の伸展性によつて大家族制になつたものと言われるのである。

江戸幕府及び諸藩に於て分地分家の制限が行われたことは明白なる事実であるが、それは決して厳格に守られたものではなかつた。何となれば江戸幕府が標準とした高十石地面一町以上の農民は全国の農民の小部分であつた。大部分の農民は法律的には分家不可能であつた。従つてこの法律が厳守されれば至る所に大家族が現れた筈である。

白川村で大家族制度の行われなかつた大郷地方に於ても、持高十石以上の者は極めて稀である。従つて法制的原因を考える限りは大郷地方にも大家族制が生じなければならぬ筈であつた。併し事実は之に反する。即ちこの制限令は大きな桎梏ではあつたが、大家族を生ぜしめる程の束縛力は有していなかつたのである。

次に「経済力生産力が尚或る程度の伸展性を余して居た」といわれる例証として、斐太後風土記により、明治初年の白川村主要産物収穫高を算出され、その数字を掲げておられる。その表は次の如くである。(註三)

明治初年白川村主要産物収穫高

生産品種目	中切地方		大郷地方		山家地方	
	収穫高	一戸平均	収穫高	一戸平均	収穫高	一戸平均
米	二〇・七石	〇・五石	三二九・八石	一・八石	一五・三石	〇・五石
麦	一三・〇	〇・三	四六・八	〇・三	二九・〇	〇・九
稗	三一九・〇	七・八	三五四・六	一・九	二二八・二	七・四
粟	六・六	〇・二	一五・〇	〇・一	一九・八	〇・六
大豆	二〇・九	〇・五	一〇三・八	〇・五	二四・三	〇・八
繭	八六二・八貫	二一・〇貫	二二二三・八貫	一一・八貫	一〇五一・六貫	三三・九貫

この表によつて、水田によつて生活する大郷地方よりも雑穀を主とする畑作及び養蚕によつて暮している中切・山家地方が経済的に伸縮性があり、家族の収容力にも相当の弾力性、伸展性をもつと言われるのである。(註四)

この論断はその儘認める事は出来ない。先の宝永三年の草高帳によつてみても、大郷地方の持高平均は五石〇三、中切地方の長瀬村は二石〇六八、山家地方は〇、六三四石。大郷地方にても保木脇・野谷・大牧・大窪等は大家族制が行われていたのであるから、之を除けばその差は遙かに大きくなる。勿論持高のみが貧富を示すものではないが、当時の経済状態を知る最も普通の方法であり、小山氏等も持高を貧富の標準とされており、筆者も亦同様に考える。しかるに持高の大なる大郷地方には大家族制が発達していない。

更に大家族制発達の中間期たる明治初年の前記の表を見ても中切・山家地方が大郷地方より余裕ありとは考えられない。焼畑は「極めて容易に荒蕪地を拓いて」作り得たか否か。「納税の負担を加重するおそれが比較的尠い」か否か。之は既に述べた通りである。水田持ちより畑持ちの方が生活が楽であるということは通常の場合にはあり得なかつた。

又この収穫高は決して生産余剰ではなかつた。この収穫はその儘生活手段である。繭を除けば凡てその食糧である。従つて一戸当りの収穫高よりは寧ろ一人当りの量を見た方が適切である。この時の一戸当りの人口は、小山氏等の試みられたと同様の方法によつて計算すれば、中切地方十六・五人、大郷地方七・七人、山家地方十・六人である。その一人当りの収穫高は次の如くである。

	中切地方	大郷地方	山家地方
米	斗 〇・三〇三	斗 二・二五九	斗 〇・四六四
麦	〇・一九三	〇・三二一	〇・八七九
稗	四・七二六	二・四二九	六・九一五

粟	○・○九八	○・一○三	○・六○○
大豆	○・三一○	○・七一一	○・七三六
繭	一・二七八	一・五二三	三・一八七

とれにても白川地方の生活状態は一目瞭然で、食糧の半ば以上を木の実や草の葉によらざるを得ず、栃の木をタブーの如く神聖視し重要視した実情が窺われるのであるが、中切地方が大郷地方より余裕があるという事が出来ようか。中切地方にて多いのは稗のみである。稗は搗減りの甚だ大なる上に米に比して遙かに多量を食さねばならぬ。中切地方で日に六食から七食を食したのも米のない為である。いま麦・稗・粟・大豆を凡て米と同価値として計算しても中切地方の一人当りの収穫高は大郷地方の夫に及ばぬのである。かくの如く経済的条件の最も悪い、伸展性の最も少いと筆者には考えられる中切地方は、との後明治末年迄家族人員は増加する一方であり、大郷地方は少しも増加していないというのは何を物語るのであろうか。

若し焼畑や養蚕に伸展性ありとすれば、有賀氏の言われる如く、大家族制の維持には役立ち得たかも知れないが、その原因ではなかつた。従つて小山氏等が大家族制の起因について下された結論は、全く筆者の賛することが出来ないものである。

かくしてこの節の初めに下した筆者の結論は、小山氏等の労作にも拘らず之を改める必要がないと考える。併し白川村の大家族制を特殊視する傾向を実証的に打破された氏等の功績は大である。

吾々はこの大家族制を、典型的なものとして研究しても、特別視することは避けなければならない。江戸時代の封建制下のあらゆる農民生活と、夫は関係を持つているのである。白川村や五箇山の大家族制を徹して、より広いより深いその背景を観なければならないのである。

註(一) 小山隆氏＝越中五箇山及び飛騨白川地方に於ける家族構成の研究(一)(高岡高商研究論集六の二)
註(二) 同上一二三頁
註(三) 同上一二三頁
註(四) 同上一二二―一二三頁

(昭和十五年五月六月、歴史学研究第十巻第五号第六号掲載)

附、大家族制度の新資料

大家族制度に関する資料に乏しいことは、前の論稿でも明かなとおりである。大家族制度と呼ばれるほどのものがいつごろから始つていたかということは全く不明であるから、そこにさまざまの議論を立て得る余地が存しているわけである。そこで、その議論の立て方をできるだけ科学的にすることはもとよりであるが、また一方では資料の蒐集に努めなければならない。新しい資料が提示されない限り、大家族制の起原や性格に関する論争も停滞しなければならない現状である。それについて常々資料の探索に心を使つていた私は、昨年、「飛弾《ママ》国図説　全」と題する書物を入手した。

扉には「飛騨白川記」とあり、内容は白川郷の旅行記である。図説とあるが図は扉の次に一葉あり、それは高山より東方、乗鞍嶽にかけての簡単なもので、白川村の方とは関係がない。本文から言えば、扉の「飛騨白川記」と

あるのが相応している。さてその中に大家族のことを記した条《くだり》がある。即ち、

一平瀬より保木脇村此間に御母衣村尾神村之地絶景也、此辺尾神村ゟ平瀬迄土地狭けれバ次男三男出生しても家督を別るといふ事なく代々同居して二番娵三番娵とてよめを取、家内幾夫婦とも知れす、家内座席も臥所も定り有、神代の遺風も残るゆへにや、唐土の宗彙ハ長寿なるものにて幾千年も死ぬと言事なけれハ、子孫彦玄孫段々と大樹に住、祖獣ハ樹上ニ座し、子孫ハ食事整へ、次第〳〵に先祖へ奉りて、あまれるを下へさけて食すといふ、されハ天子九章の御衣に此宗彙の形を織るとかや、其に似たるハ此中切四十軒のすきはひ也、夏ハ蚕飼を専飼ふ、家毎に糸十貫廿貫と取得る也、奥白川ハ嶺の上と言へき村々にて、土地もひらけて広けれハ次男三男も別家致し、家来普代之者迄も別家致遣て、祖家をおいへと唱へ、枝葉の家々より重んじ用ゆる事主君の如く、年礼なとにハ男ハ、上下、女ハ木綿のうちかけ綿帽子をかぶり、本家へ祝義に来る、少の物を得ても初穂ハおいへ（へ脱カ）備る、農業も先おいへの田を植さる中ハ、枝葉の田畑を植る事なし、是も上代の遺風残る処あるへし。

同居別居ハ土地の広狭によれるなるべし、奥山中には都て言語言動に古代の移り多し。

とあるのがそれである。もう一ヵ所あるが、それは本文ではなく貼紙に記してある。即ち長瀬村の次郎兵衛という百姓のことを記したところに、

長瀬村次郎兵衛と云百姓の呑水ハ山の谷水を家の内へ懸入て流を汲、此流にうわな（マヽ）沢山七八寸ゟ一尺余の魚、水船ニも遊ひ人を恐るゝけしきなし、昔修験の高僧此魚を放ちて末代迄その種を残さんとちかひけるよし、今に人も取事なし、

という本文があり、そこに貼紙があつて、次のように記されている。

長嘯彼辺へ行たる人ニ了(?)シヲ記シ置

長瀬村次郎兵衛水屋（傍註、在中ニて遣リ水ヲ引込也）小キ谷水ヲ仕込、此溝ニイハナト云魚沢山アリ、岸之処石ノ下へ手ヲ入レハ握リ出ス、大サ一尺四五寸モ有リ、月夜ニハ不レ残水屋へ集ル、此魚ヲクラヘバ盲目ト成ト云伝フ、故ニ人恐レテトルコトナシ、手ニサハリサ(ママ)へ禁ズ、余カ隣家ノ主人彼地へ行タルトキ、此コト不レ知シテトリテ見タリ、又柄ノ実ヲ水ニ浸ス、魚アヒ〳〵死スルコトアリ、然トモ人不レ食、

長瀬村ノ内　椑田組　秋町組　ヌリミ組　長瀬組　人家四ツニ分ル、此辺中切ト云、右次郎兵衛家内八十人余、次男三男別家スルコトナシ、同居ニテ春植付秋刈上ケ、蚕飼是ハ本家ノ業ヲ助ケ合ツトメ、其余ハ自分〳〵ニナギ畑等

ナギ畑ト云ハ山ヲ焼、其跡へ稗ナトヲ作ル、高キ山々或ハ遠キ処ハ一里モアリ、此処へ夜ナト野猪ノクハザル為ニ行テ声ナト立テ怖スル也、山中ノ民ハカンナン平地ゟイクバクゾヤ、

右テイ夫ミ稼《カセギ》ヲスル也、

中切ノ内田ウエノトキ中ニモ身元ヨキト云位ノ家ノ家ノ娘分ハ衣類不レ褰其ママニ田へ入テ植、又嫁ト名付テ迎ルハ嫡流バカリ、其外ハ面々ノ心ジタ□ニ配偶ス

嫡流タルモノ一人格高シ、其余ハ叔父老人タリトモ遙ニ格劣レリ、食事ノ時ナト殊ニ坐分レ

可謂知敬宗之道

宋ノ祥符中会稽県民裘承詢同居十九世、是ヨリ後又二百年余、族人別居スト雖同ク在一村ノ中、代々其中ニ一人ヲ長トス、何コトモ此長タル人ヨリ決断シテ罪有モノニハ罪ヲ行フト、

以上の二つが大家族制に関する記述であり、新資料と私が呼ぶものである。さてこの書の著者はだれか、成立年代はいつかということはどこにも記されていない。この書の最後に、「右一色村三嶋勘左衛門ゟ写し遣候ヲ写し遣ス也」とある。文意が不明瞭であるが、勘左衛門から写してきたのを、さらにたれかに写してやつたともとれる。そこで勘左衛門であるが、これは三嶋正英に相違ない。

正英の父は名は自賢、号は巴山、通称は甚兵衛と言つて、一色村の三嶋氏の出であつたが、上木和全の養子となつて高山に居住した。安永二年の飛驒検地の時の一揆に加担して、翌三年新島に流された。居ること二十余年、寛政十年八十五歳で歿している。正英は自賢の二男で、勘左衛門は通称である。父の生家である一色村の三嶋氏を継いだが、遠島中の父が老病であることを聞いて、寛政三年に幕府の許可を得て新島に渡り、父の死ぬまで八年間に亘つて侍養した。渡島前江戸に滞在中に天明水濟伝を著わし、新島に居る間に豆州諸島記を著述した。その歿したのは天保三年で八十四歳であつた。こういう正英にこの著があつても不思議はない。そしてそれを証拠立てる文章が本文中に存する。一つは、この書が一色村を中心としたところが比較的詳細に書かれている感のあることであるが、もつと決定的なことは、次の文である。

野谷より一里大牧村、此辺の女常に鉢巻して居ル、人に逢時ハ赤黒の木綿手拭にてはちまきして出る也、群集の処へ出るに晴とする。やつがれ過し頃南海の孤島にしばらく身を寄ける時、嶋の女、紅の絹にてはち巻し、絹の

端を四五寸目の上へむすびさげて、礼式も勤め、寺社へ参るにも晴とす、四五才の女も八九十の老女もかはる事なし、此絎の名をしゝをと唱ふ、

これによつてこの書を正英の作と考えることはほとんど誤りないと思う。それでは正英から写しを求めたのはたれか。これは先の貼紙が解決する。即ち貼紙に「長嘯」とある。長嘯は二木長嘯に違いあるまい。長嘯は宝暦五年、高山の酒造家に生れ、名は俊恭、字は子敬、通称は長右衛門、長嘯は号である。尾張藩の儒者松平君山に師事したが、後に心学に志し、国内各地を巡遊して勤倹興産を唱道した。天明年中に白川村に天然痘の流行した時には、薬餌を施してこれを救済した。久々野村木賊洞の峻路を開いて人馬の通行に資するところもあつた。多くの著述もあるが、また近江の木内石亭と親交があつて、石器を集めたのは今に有名である。なくなつたのは文化十一年で六十歳であつた。

恐らく両人の間には、同時代の飛騨の文化人としての交りが深かつたであろうと推測されるから、長嘯が正英の著の写しを求めたということは何らの疑いを容れる余地はないであろう。そうすればこの書の成立年代もおよその見当はつくわけで、文化十一年以前であることは論を俟たない。また文中に「去辰の七月」とあるところに「文化五」という傍註があるので、文化六年から十一年の間ということになる。

さて長嘯が得た写しに、自分が隣人から聞いたところを記して貼紙したものを、そのまま伝えていて、後に転々として私の手に入つたものか、それとも「三嶋勘左衛門ゟ写し遣候ヲ写し遣ス也」という文によつて、長嘯がさらにたれかに写してやつたものと推測すべきものか。そこに疑問がないことはない。しかしその伝来の径路は、本文

の内容には関係がない。

この書の重要なことは中切地方の大家族制度を、はつきりと文章に記した最初のものであることであり、それも実地に見た人が記していることとである。正英の記したところには具体的な数字はないが、次男三男が同居して、幾夫婦かが住んでいることが示されている。長嘯のものは聞き書であるが、特に長瀬村の次郎兵衛のことについて記している。「右次郎兵衛家内八十人余」とある。八十人余はいかにも多いが、「家内ハ十人余」と読むのは少しむりのようであるし、十人余ならば特に記述するほどのことはないであろう。八十余が確実な数であるのか、うわさ程度のものか不明であるが、とにかくかなりの人数であつたとはうかがわれる。この次郎兵衛は、宝永三年の「白川郷弐拾壱ケ村草高寄帳」によれば、三石九斗五升余の高を持つている者で、長瀬村では最高の高持である。

さて長瀬村の戸口は、天明八年（一七八八）には一二戸一六三人、嘉永六年（一八五三）には一三戸二二七人である。その中間の文化年代に、次郎兵衛の家で、このうちの八十人余を占めていたとしても、説明がつかないことはないけれども、特にある一軒だけにそのような形が現れるということは考えられないから、八十人余には大なり小なり誇張があると見たほうがよいのであろう。それにしても数十人という大家族がすでに現れていたことは注意すべきことである。

次に正英の文には、尾神から平瀬の地方では、次男三男も代々同居しているとしているが、「二番娵三番娵とてよめを取、家内幾夫婦とも知れず」とあつて、傍系家族の正式結婚が行われているとしている。ところが長嘯の貼紙には、「又嫁ト名付テ迎ルハ嫡流バカリ、其外ハ面々ノ心ジタ□ニ配偶ス、嫡流タルノモ一人格高シ、其余ハ叔父老人タリトモ遙ニ格劣レリ、食事ノ時ナト殊ニ坐分レ」とあつて、すでに傍系家族には正式の結婚が行われていなかつたことを記している。またナギ畑のしんがい稼ぎが行われていることも記されている。

このいずれを正しいとするべきか。恐らく、正英の記述は一般的であり、また時間的には先行する形を示したのであろう。長嘯の記述は、すでに傍系家族の正式の結婚が行われなくなつた点に重点が置かれているのであろう。つまり最初には、正式に結婚した傍系家族の同居という形が現れ、それについで傍系家族の正式結婚を排除することが行われたものであろう。それが、ほぼ同時代と思われる両人の記述の中に、このような相違となつて示されたものではないのであろうか。そうすれば、傍系家族の正式結婚が行われなくなつたのは、それほど古いものではないという推測が一層強められるのである。

ただ、傍系家族と直系家族の間にはすでにはつきりした区別が生じていたことは両人の文から知られる。したがつて傍系家族の同居は、もつと前からであり、少くとも、すでにそうした慣習が固定するまでの年月を経ていたことは明かである。

この書物は、白川村の大家族制度に関する新しい資料であるが、それは、私の前の論断に対して支障を与えるものではない。むしろ若干の利点が存するものであろうと思う。しかし私が特にここに紹介したのは、私の説を有利に導こうという目的からではなく、この資料を私だけのものとしておくよりは、多くの方に採り上げていただくことが、大家族制度研究の前進となると思つたからである。

（昭和二十八年六月七日稿）

二、近世農村の大家族制度

大家族という意味が先ず問題となるわけである。有賀喜左衛門氏は「日本家族制度と小作制度」において家の形態を単一家族と複合家族に分ち、複合家族は「戸主の直系成員の外にこれらの傍系親や非血縁者がその配偶者や子供を持ち、戸主の家の成員として一家計の家に属している場合」と規定し、これを更に分類して、イ、直系傍系の家、ロ、直系非血縁の家、ハ、直系傍系非血縁の家の三種とされた。そして一応「複合家族にして成員数大なるものを便宜上大家族と呼ぶ。従つて成員の限度を確定し得ないが十五人位以上が適当か。」と述べられたが、同書の巻末においてこれを訂正して、「家の類型の分類の根拠となるものは、第一に戸主と家族成員との関係であり、次に家族成員の種類である。成員の数を以てする事は出来ない。従つて小家族とか大家族といふ表現は極めて不正確のものとなる。本書に於いて私は大家族といふ言葉を複合家族の大なるもの（略十五人以上）に限定したが、その限定は曖昧であり、結局それは常識的称呼を出でないので、学術用語として大家族なる称呼を用ふる事を撤回する。」と言われている。

事実今日までの所、大家族という言葉は屢〻用いられながら常識的称呼の範囲を出でないのであつて、用いる人によつてその概念には若干の差違が存するのである。例えば飛驒の白川村における家族形態のように血縁家族が多数同居している場合の如きは大家族と呼ぶのに殆んど異論はないようである。しかし家長の血縁家族はそれほどでなくても下男下女の如きが多数同居している場合を大家族といえるか否か。有賀氏は傍系親や非血縁者がそれ自身の配偶者や子供を持たずに戸主の家の成員として同居する場合は単一家族とされているから、所謂大家族の中には含められていないのである。又分附・家抱・名子・門屋・被管などの隷属農民を家族の中に入れるか否か。有賀氏はこれら隷属農民の多くがその主人との間に土地の貸借関係を有し、主人から経済的な恩恵を受け、それに対して賦役を提供するものであるから、生活に独立性を持たず、家族に準ずべきものとして一応分居大家族制と呼ばれたのであるが、これには異論もある。例えば古島敏雄氏は「分居はそれのみで一応の生活の分離を生ぜしめるものであり、此等の地主的存在とその従属的農民との関係が土地の貸借を伴ふとするならば、そこには農業生産の分離もあるのであつて、救護・被護関係、労働上の連繫の密接な存在があつても、此等を異なれる生活単位とする事には十分の理由があらう。」といわれ、又「分附・名子・被官・門屋等と呼ばれるものは、法制的史料の上でも明瞭に区別しうる存在であり、従来の研究も其等が衣食住と云つた消費部面に於ては一応独立したものである事は十分明にしている。」といわれたのである。(徳川初期に於ける農民の家族形態—社会経済史学十一の二) しかし古島氏はその後の著作において「別居は勿論生活単位を異にせしめる第一歩である。併し別居がそのまゝ生活を完全に独立せしめるものとは言ひ難い。殊に自給自足的な村落生活にあつては、貨幣関係だけで全生活を完了せしめる時代と異つて、実質的な生活連関が血縁又は地主小作関係を通じて広汎に存在しうるのである。殊に入会地の利用が本百姓株単位で行はれる場合の如きは、小百姓等の生活は特定の本百姓の傘下にあつてのみ可能となる。この連関は生産のみでなく、消費生活をも強く掩ふものである。然る時右の豊前の如きが、家族員数平均十五人の大家族をなすと云ふ事

も許されるであらう。」として、名子を家族に加えられている。（家族形態と農業の発達）

しかし問題はまだ残るのであつて、分附・家抱・名子・被管・門屋などと呼ばれるものの従属の程度に差違がある。あるものはその本家・親方などから経済的には殆んど完全に独立していて、法制上でだけ独立百姓として取扱われないに過ぎないし、あるものは経済的にも全く本家・親方に依存しているという場合もある。その従属の程度は殆んど個々別々に差違があるといつても差支えないのであるが、それらを家族の中に入れるべきか否か。

こういう問題が生じてくるのは、近世においてはこのような家族形態及びそれを基にする農業経営が一般的ではなくなつてしまつていたことによるものである。もはや一般的な型を求めるには余りに特殊なものとなつていたのである。しかしその中には勿論多くの共通点も存するのであるから、一応の概念を得ることは不可能ではない。私はここで一つの定義を与えて、一人の家長の統制下にあつて、はじめて家族員相互の生活が成立ちうるもので、今日通常家族と呼んでいる者の外に血縁非血縁及び同居分居を問わず相当数以上の労力の提供者のある場合を大家族と呼んだらよいかと思う。この相当数についても問題があるが仮りに十名位とすれば一般の概念に適合するのではあるまいか。これによれば傍系親を多く含む同居家族はもとより名子・被管等で本家・親方などに賦役を徴されてその反対給付を受ける者、多数の下人が同一家長に使役されている場合などがそれに該当することとなるのである。

太閤検地を中心とする近世初頭の検地は一応その時代その地域に応じた経営規模を基にしてその納税担当者である本百姓を定めたのであるが、（本百姓を村役人をさす言葉に用い、それに対して一般の平百姓を脇百姓という用例もあるが、ここでは高持の独立百姓の意味に用いる）農民の家族形態は単に経済的条件のみでなく、そうした政治的社会的条件にも影響を受けることとなる。この検地帳に記載されて納税責任者となつた者が果して現実にその土地を耕作している者であつたか否かについては、既に今井林太郎氏が問題を提起されて、「中世末期の農村には次第に階級分化が進展し、領主―名主―作人の如き形態と共に、更に領主―名主―作人―下作人といふ形態が発展しつゝあつたといふことは否定出来ない。かくて等しく作人と呼ばれてゐるもの〻中にも厳密に分析すれば、実際の耕作者である場合と、実際の耕作者ではなく、更にその下に下作人を置いて耕作せしめ、自らは一定の作職得分のみを収得する一種の地主的なものになつてゐる場合とが存したのである。」とされ、検地を広範囲に亙つて比較的円滑に実施するためには「下作人の有無に拘らず、作人と呼ばれる階層を基準とし、之を本百姓に立てて彼等を検地帳に登録して行つたのではないかと推断せられる。」且つ「近世初頭の農村には本百姓以外に小作人、名子、奉公人が存在し、その数が本百姓に比して決して尠い数でなかつたことが知られる。しかも検地帳には本百姓のみが登録せられ彼等小作人、名子、奉公人は登録せられない所謂帳はづれのものであつた。」といわれるのである。（近世初頭に於ける検地の一考察―社会経済史学九の十一、十二）そして今井氏は検地帳に現れない作人の存在は、近畿的な分化の高度化した地域の特性と考えられたのである。（昭和十四年度　社会経済史学会報告）

しかしこれには疑問が存する。私は嘗て近世初頭の検地帳を基にして一人当りの耕地面積を調べたことがある。その資料は戦時中に失つてしまつたので細い数字を挙げることはできないが、近江山城等では一人当り一町歩以下が大部分を占めているのに対して、北陸その他では三四町歩以上に達するものが相当な割合を占めていた。これは近畿的な地域においては検地帳に登録せられた者が現実の耕作者であり得る場合が多いのに反して、他の場合には検地帳に登録せられた者の外に現実の耕作者の存することを考えなくては理解されない所である。今井氏が帳はずれの農民の存在を示すものとして挙げられた例もすべて近畿的な分化の進んだ地域のものではない。第一例は元和六年に陸前黒川に伝馬町を立てる時の来印状によるもので、「概略的な表現ではあるが登録百姓の約二倍存した郷村があつたと考へられる。」第三例は元和八年小倉藩の細川氏が領内の村別の戸口調査を実施した時のもので、豊前八郡では惣庄屋七三人、頭百姓一、二一七人、名子九、三二三人で、「名子の数が圧倒的に多い。」第四例は寛永四年の阿波国の例で、麻埴郡鴨嶋村では本百姓五人に対して奉公人十六人・名子下人三十人、那賀郡中庄村では本百姓二人に対して奉公人三人・名子下人九人である。第二例は加賀藩のもので、役銀の負担能力のない下百姓の存在を示すものである。

これは今井氏が言われる如く中世末に領主―名主―作人―下作人という分化が行われたとしても、検地帳に登録せられた者が一様に作人層であると推断せられた所に誤謬がある。所によつてはそれは名主層であり、又所によつては下作人層の場合もあつたと考えなくてはならない。紀州奥羽北陸肥後豊後等において、検地を中心とする近世封建制度の再編成に際して、これに反抗する運動が強く現れているが、その反抗の中心は小土豪乃至名主層であつた。彼らが屈服して農民となつた時、又は反抗はしないまでも武士化し得ずして名主層が農民となつた時、彼らが検地帳に登録せられた本百姓となり、彼らに属した作人層は更に一段下の隷属農民となつて、独立百姓の資格を得ることができなかつたのである。これが名子・被管などの制度が僻遠地に多く存する理由であり、名主層が武士化した畿内及びその周辺地においては耕地は比較的細分されたのである。しかもその一面においては畿内及びその周辺において農業経営が既に小家族を単位とするものに移行していたのに反して、僻遠地においては名主を中心とする相当な規模の経営形態が強く残つていたことも原因として考えられなければならないであろう。

小野武夫博士が「石見に於ける『名』の遺制」として示された島根県那賀郡伊南村大字後野岡本家についてもその例を見ることができる。岡本家の所伝によればその祖先は近江の岡本郷に住し、承平天慶の乱の時小野好古に従つて西下して石見に入り那賀郡今福に土着したものである。その地において土豪生活を続けたが戦国時代に毛利氏に属し、戦功によつて近村の後野名と大迫名を給せられた。その後に後野と大迫の両岡本に分れたが、後野の岡本家は浜田藩の庄屋として江戸時代を経過した。岡本家はその「名」内の農民を隷属者として自家の耕地を耕作させた。即ち「名」内の農民は岡本家に対する譜代の小作人であつた。その戸籍出入りの一切は岡本家の許可を必要とする。住居は岡本家が建築貸与して小作人は修繕のみを負担する。従つて間取や設備も制限され、建坪は桁行四間半、梁行二間半、屋根は草葺、雨戸はなく、台所は板間であるが、他は悉く竹簀となつていた。小作人は又岡本家の創建した大元神社の氏子たることを強制されている。「彼等小作人の経済力は頗る微弱にして殆んど皆無に等しく自己の所有に属するものとては単に肉体のみと云つてもよく、又永小作人とは云ふものの何等其土地に対する法律上の耕作権を有する訳ではなく、戸主が死亡するとか、又は家族病身にして小作地を耕作することが出来なくなれば地主より屋敷の明渡しを要求せられて其土地から離れなければならぬ。」労務の提供は岡本家所蔵の一文書によれば「屋敷の下人勤は男月に壹人役、五月九月三人役にて、十六日頭付勤むる、勤十七日に成り候へば米五合宛給し渡す、女極り無、見合遣可ﾚ申」とあれば、男は年に十六日まで、女は必要次第に無報酬にて働かなければならなかつたことが判る。岡本家の如く確実な資料を存するものは外にはないが、かかる小作制度は株小作と称して石見地方においては多く存していた。(社会経済史学七の七)それらの凡てを岡本家と同じ成因にあるとは言えないまでも類似の事情の多く存したことは推察できる。

信州伊那郡の被管(被官とも書くが、語源的には被管が正しい)は隷属百姓の一として著名なものであるが、小林平左衛門氏の研究以来、古島関島両氏の研究その他によつてその実情はほぼ明かにされている。ここには小林氏の論文によつて上伊那郡南向村大字大草の被管百姓について記してみよう。ここでは被管の主家たる地主を「御家《おいえ》」と呼ぶが、口碑によればこの地の御家の先祖は甲州武田氏の一族が来住して土民を領有したのが初まりで、爾来その配下の民が伝つて被管となり遂に被管制度ができたもので、一面土着の百姓中の有力者もこの制度の有利なのを見習つて、自然に多数の御家と被管とを生じたものであろうという。嘉永四年の宗門帳によれば御家格は十軒、被管は二百七軒である。御家の外に平百姓が四十軒あり、他の地方の水呑に相当する厄介が二十軒ある。

御家は被管を質入・質流・貸借することなども自由であつた。被管は御家の田畑を耕作していたが御家の必要に応じて労力を負担した。天明二年に大草村の御家たる文内が家政整理の為に全財産と共に被管二十七軒を前沢村の理兵衛に質入した時にも、文内は被管一人につき年内に三日宛自由に使うことと、臨時入用の時は入用次第召使う権利を認められている。その屋敷地家屋も御家のものであつたから、その売買は禁止されており、冠婚葬祭にも御家の許可を要した。彼らは世襲的のものであつたが、身代金を納めて被管の地位を脱することもできた。一の御家に隷属する被管仲間は「耕地中」と称して相互扶助をなしその団結は強固なものがある。被管は平百姓よりも一段

下のものと見られ裃袴の着用を禁じられていた。(信州伊那の被官百姓―歴史地理四十の三・四・五)

寛政元年に金野村金次郎が大草村惣右衛門にその持地二百六十石余を質地として渡した時に金次郎に属していた三十七名の被管も惣右衛門方に譲渡されたが、その時に被管が惣右衛門に提出した一札によれば彼等の負担した仕事がよく判る。即ち、夜番は両人宛年内休日なしに順番に出る。時間は暮六つから明六つまで夜中の用事を勤め、夜仕事も米舂《つき》ならば壱斗、わらじは壱足、馬のくつは二足位の仕事をする。供使に出た時は主人方で三度の食事を給し、遠方ならば小遣銭も与える。近村への使は食事は自分持にするが、帰つた時に一飯を給せられる。道普請橋かけの時、村役の人足馬を出した時は食事は自分持。役蕨とて蕨を干して刻んだものを壱軒から五升宛主人へ納めるが、その時は黒米五合宛を給せられる。前田分の刈敷は男は人別残らず出て早朝から昼まで刈敷する。朝粥と昼飯は主人より給する。馬屋へ入れるたた刈は男が一軒より一人宛出る。田打・小切・あらくれ伏せ・藤手こき・しろかき・田の草取・稲刈・麦刈・麦こなし・雑穀蒔付・同取収め・菜園作・糞草刈・田畑普請・薪伐・垣根結其他数々にて筆紙に尽し難いほどある。これらに出る時は朝飯は自分持で、昼飯小中飯を給せられる。尤も朝夕飯の代として八朔から翌年五月までは籾に稗を交ぜたのを一日に四合宛、六月から七月中はあら麦四合宛主人より給する。夕作とて昼から出た者には二合宛与える。食物は麦稗干葉大根干蕨等を交ぜた雑飯である。以上に出る日数は年々多少があつて際限ない。田植には老若男女四つ時から出る。馬飼料の葛葉を一軒から二背負宛納める。一軒から役粟一升宛納める。女も男同様何時にても用次第出る。柿落柿むきには差図次第出る。米搗をする夜臼にも差図次第出る。尤も夜食は給せられる。猿鹿狩にも食事自分持にて差図次第出る。夜田打夜畑打には農具を自分持で出て働くが、主人方より松明と夜食を与える。小作年貢は毎年十一月十日までに必ず皆納する。以上はあらましで「年内万端不レ尽二筆紙一候、何れにも時之宜に随御指図被レ成可レ被レ下候」とある。これらによつて御家と被管の関係もよく推量できると思う。（関島久雄・古島敏雄両氏共著＝徭役労働制の崩壊過程）

「御家」又は「御館」と呼ぶのは通称であつて、公文書には郷士・地士・名主・本百姓・一人百姓・百姓などと呼ばれており、御家の中にも階層があつた。一ヵ村が一人の御家の持高になつていることもあり、江戸初期には血縁分家をも被管並に取扱つている場合がある。被管は又「門屋」「おかど」などとも呼ばれ、これにも階層があつた。この伊那郡で被管のいる地帯は経済的条件の極めて遅れた所で、中世的な賦役による地主の自作が行われ、その経営労力は下人によつて供給された。このような地方で被管・門屋等を持たない大百姓には屢傍系家族を含んだ十数人の家族が見られる。八手村には天和二年に二十人の血縁家族を持つ者がおり、十三人・十二人の者もいる。又下人及び従属農民の数もかなり多く、八手村の同年の統計では、戸主三十六人を含めて直系親属百八十人、傍系親属五十四人、下人二十五人、従属農民六十四人となつている。寛文五年の虎岩村の例では、戸主三十四人を含めて直系親属百十一人、傍系親属三十七人、下人三十一人、従属農民五十人である。しかしこのような地方でも血縁家族の構成は四・五人家族の家が最も多く、既にこういう単偶家族が支配的であることが明白である。（古島敏雄＝家族形態と農業の発達）

　東北地方に特に顕著に残つた名子制度については、小野武夫・森嘉兵衛両氏はその名子を分類して（1）郷士的家人名子、（2）奉公人的譜代名子、（3）家族的血縁名子、（4）社会的救恤名子、（5）経済的契約名子とされたが、（舊南部領に於ける名子制度―政治経済研究一の一）有賀喜左衛門氏はその用語に正鵠を欠くものがあるとして、（1）血縁の分家に因るもの、（2）主従関係によるもの、（3）土地家屋の質流れ永代売に因るもの、（4）飢饉に際しての救済に因るものに分類され、主従関係に因るものは更に（1）武士の土着した場合それに従属した家来の存する場合、（2）農村奉公人の分家に因るもの、（3）他所者が土着する際村の親方百姓と主従関係を結ぶ場合に分けられた。（日本家族制度と小作制度）

しかし有賀氏の分類にも疑問は存するのであつて、奉公人分家と血縁分家の差を何処に置くべきか。青森県三戸郡浅田村大字扇田の地頭中川原家の場合では名子という名称はなく血縁分家も奉公人分家も共にカマドと称している。奉公人分家の場合は、奉公人が三十七八歳になつた時に田凡そ三反、畑凡そ一町、牝馬一頭と五ヵ月分の食料を与えて分家させたものであるという。血縁分家の場合にはその四倍位の田畑を与えたという。そこに量的の差はあつても本家に対する関係からは差異がない。又奉公人に取立てられる者は小作人の二男三男と共に血縁分家の子弟もある。血縁であるかどうかということはそこでは問題にならない。有賀氏も言われる如く「分家の私経済の分離を要求すべき経済事情のない場合に、血縁分家と奉公人分家とを区別する標識は、………分与する土地の大小に依るか若くは単に血縁的感情の有無に依るものである。」（前掲書二七六頁）この血縁的感情及びそれから発生する社会意識をどの程度まで考慮するかによつてこの分類法にも異論が成立つであろう。

東北地方の名子制度については尚歴史的推移についての研究の余地が残されており、名子の賦役についても比較的新しい材料によつて大体を知るのであるが、岩手県九戸郡葛巻村の町方では、名子を持つ地頭が十三戸あり、名子は百五六十戸ある。地頭は名子に宅地・住宅・畑二反乃至八反位を貸与し、その代償として宅地に対する貸付料を金納し、畑は分け作とし、その外に上畑は一反歩三人、中畑は二人、下畑は一人の賦役を出す。別に名子雇という賦役は名子一戸から年に三十人乃至七十人を出す。賦役人夫にはその度毎に雇札を渡し、大晦日に地頭の家に出て総勘定をし規定の賦役に不足した者は地頭に金で弁済する。名子は地頭には絶対的に服従し、病気その他止むを得ない支障の外は地頭の賦役を欠くことはない。賦役人夫に対しては地頭から昼食夕食を給し、春の彼岸から秋の彼岸までの期間は午前と午後に二回の間食を与える。（岩手県―特殊小作制度名子制度刈分小作の実情）名子に対する賦役はその貸与せられた宅地耕地の面積に応じて出すものもあり、名子の頭割に出すものもあり、又年間に何人という規定のあるものもあり、名子の所有者の必要に応じて出すものもある。同じ葛巻村でも在郷では畑の収穫物は分け作にしないで名子が全部取る。又名子の自家用の薪を採る山林と秣山とは地頭から貸与するが、その代り名子は多きは隔日に二人、少くとも年に二百人以上の賦役を出す。（同上）

被管・名子などと呼ばれる隷属農民は近世においてもかなり各地に存在していたことが明かであるが、それらの隷属の程度はそれぞれ異るもののあることは前にも述べた所である。例えば門屋《かどや》という名称にしても、信州の伊那では被管と同じに用いられていることもあるが、貞享四年の同国佐久郡下海瀬村の「半兵衛申口」には

門屋之者共ニハ如何様成役義然レ勤申候哉ト御尋ニ御座候、拙者田打田植其外□（忙カ）ケ敷時分ニハ門屋之者共召寄仕申候、扨又門屋之者共ニハ年始五節句之節ハ振舞ニ而モ仕候哉ト御尋ニ御座候、五節句ニハ振舞不レ申候ヘ共年々正月一度宛振舞申候、当正月迄喜之節召寄振舞申候、（内藤善七氏文書）

とあり、類似してはいるが、伊那のそれとは隷属の程度に相違があると考えられる。地方凡例録には譜代の下人が田畑を譲り受けて分家をしても、末だ一人前の百姓と認められないのを家抱と言い、門屋も同様のものであると言つている。増補田園類説では「門屋と唱は、百姓居屋敷地の内に致し、別居いたさせ置を申候、」とあり、これらにては何れも本家に隷属する程度が強いと考えられるが、明治十三年印行の全国民事慣例類集には飛騨大野郡の門屋を説明して、

子弟を分家するには官許を得る法にて、高十石地面一町より少なく分与せざる例なり、又本家残高も同様なりとす、故に持高二十石以上を所有せざる者は、分家を許さざる例なり、若十石以下の分地を受る者は百姓の名跡なく誰門屋《タレカドヤ》と称し、多少権利の劣る者とす、

とあり、事実、同国吉城郡魚川村の仙次郎という高八石九斗余の門屋が質流に受取つた一石二斗を加えて十石に達した時に、「私義近年御田地追々流地に受取相当に農業相働罷在候得共、素より専勝寺門屋に而不都合に付今般壱軒分の百姓に御願申度」と願出て、「願の通百姓に被二仰付一」た例がある。これなどは一人前の百姓と認められないということはあつても、隷属農民とは言えない。「専勝寺門屋に而不都合に付」というが、百姓になるのには専勝寺の許可も必要ではなく、村役人に願出て、村役人が連印して高山の郡代役所に願出てその許可を得ているのであるから、不都合というのは一軒前の百姓でないということにある。こういうことは隷属農民だけの問題ではないが、個々の場合についての精密な調査が要求される所以である。

隷属農民を有して大規模な自作農業を行つている所では、また自家にも多くの非血縁者を抱えてその労力を使役

している場合が少くない。信州下伊那郡大鹿村大河原の前島家は延享三年には八十九軒、宝暦九年には九十三軒の被管を有している御家であるが、延享三年には下男十二人（内三人は女房持）下女三人があり、宝暦九年には下男七人（二人は女房持）下女四人が抱えられている。（関島・古島氏共著＝徭役労働制の崩壊過程）宝暦十一年の「信州佐久郡原村人別宗門御改帳」によれば百姓勝右衛門は妻・娘・聟・孫・弟・弟嫁・姪の外に下男十人下女七人を持ち家族数二十五人であつて、外に門屋一軒と抱五人を有している。門屋・抱は何れも無高であるが妻子を有している。門屋と抱の区別は明白ではないが、抱の一人は「殿様江戸にて仲間奉公」とあり、完全な隷属農民ではなかつたと考えられる。この時の村内の家数七十六軒中、五十三軒が本百姓、十八軒が抱百姓で、抱百姓中には一家が外に出ているのもある。明和六年には勝右衛門の所は下男十一人下女七人を合せて三十人の家族になつているが、その後は減少している。村内の抱百姓も宝暦十一年の十八軒が最高でその後漸減して天保十五年には八軒となり、これに反して本百姓は漸増して六十八軒になつているから、抱百姓が次第に独立したものと思われる。（飯島信弥氏文書）同郡平原村の慶安元年の「人御改御帳」によれば名主庄兵衛の家内は二十九人とあり、帳面の実際の数は三十人ある。これは兄弟二人とその妻子も含んでいるが、下女五人・下人七人・かい介（かいだすけと読み、幼少の時に貰い受けた者と思われる）二人・門の者四人とその妻三人がある。下女下人の名前の間に兄弟小平次と妻子の名があり、小平次が別居して別に下女下人を使つていたと考えられる。下女五人は十年季の者が四人、譜代が一人、下人七人は譜代が四人、八年季が一人、六年季が一人、一人は下に娵取と記している。その外にも下女下人又は抱を持つている者が多く、三十五軒中六軒は家族十人を越えている。

八年後の明暦二年の同村「人御改帳」によれば、慶安元年の名主庄兵衛は死亡してその子の代になつており、下男四人と下女一人を合せて家族十一人となつている。外に「庄兵衛抱」というのが二軒あり何れも前には「門之者」として庄兵衛家内に含められていた者である。「門之者」四人の内二人は不明である。叔父に当る小平次も独立して妻子と母の外に下男五人と下女三人を有して十五人家族となつている。この一家には「是は小谷与一右衛門殿御改被レ成候時分御影新田へ罷出申はづに致申候が其義なくいまに如レ此候」と注記している。この時は惣家数五十九軒の内、本家が三十七軒、抱家が二十二軒となつており、慶安には主人の名の下に記されていた抱が明暦度では一応独立した形で取扱われている。下男下女についても譜代の外に年期奉公のものが少くない。期間は二十年季位が最長で十年季前後が多い。又籾六俵で買切りにしたものや、「かいだすけ」に貰つたというのもある。その出身地は近村の者が多いが、北信の松城《松代》や川中島などのようにかなり遠くの者もある。(小林好郎氏文書)

これらの譜代又は質置の奉公人がその全労力を主家のために致したことはいうまでもない。武州賀美郡勅使河原村の久保家で寛延四年に定めた「家法」には次の如きものがある。

一、春冬ハ朝明六ツに起、手水を遣ひたばこ一服直ニ仕事に取掛り五ツに朝飯給、又多葉粉一ふく、農業に出候ハ、道すがら仕事の工夫いたし、野え参候ハヽ、直ニ仕事ニ取掛リ可レ申候、四ツに中休ミ、九ツに昼飯、八ツ半に中休ミ、晩ハ六ツに仕舞、野より戻り候ハヽ、内え不レ入、直ニ門庭等可レ致ニ掃除一、夕食以後夜なべ四ツ迄、夏秋ハ夜なべ相やすみ明七ツ起、毎朝半替リニ朝草苅可レ申候、

一、農業いたし候節肱をこし膝を越候様成ル衣服看スヘからず、夏之内ハぢばんニ而働可レ申候、

一、日々立廻り之儀男女席を一ツに居へからす、
一、仕事いたしなから口虚言物語等決而致間敷候、
一、長休致へからす、多葉粉壱二ふく限りに相休ミ可レ申候、
一、野之行帰りに途中にて一足も相とゝまり申間敷候
一、何によらす仕事申付候節ハ詞ニしたがひ早速罷立、身かるに働、少も遅滞致間鋪候、
(久保喜久治氏文書)

この場合の奉公人は譜代や質置というのではなく既に給金制度のものになっていたのであるが、これらを通じて譜代質置乃至買切りの奉公人を推察することはできよう。面白いことには同じようなことがどこでもきめられるものと見えて、岡山大学の谷口澄夫氏の採訪資料にも極めて類似した規定がある。写真版であるのと乱雑な書体であるのとで読み難い字もあるが、併せて掲げてみよう。(岡山県川上郡平川村平川範義氏文書)

家来共可二申渡一覚

一 朝起第一可レ致、頭男ゟ若不レ起者可二申聞一事、朝之内休候時ハ三朝内壱人役立候事、
一、多葉粉、休候時三服ニ限半ハ(半は「なか」と讀み中間休みの意か)二度、朝飯昼夕飯共、食後たはこ同断、早逸仕事ニ可二取懸一事、
但たはこ刻候儀ハ、夜分仕事間ニ可レ刻、昼ハ決而刻候儀不二相成一候事、
一、昼休之儀、中食ニ帰候節ゟ日影弐尺五寸限時刻定之□(通カ)早速起出、茶三ふく給、仕事ニ取懸り可レ申事、
但中食ニ帰候節ゟ弐尺五寸、雨天等ノ日ハ千香(線)一本半ニ限り起可レ申事、(註 日影云々は日時計)

一、仕事場往返荷物有レ之節ハ遊歩行可(ママ)レ申、并傍輩中不儀密通等之儀決而致間敷、若不埒有レ之候得は、旦那ゟ存寄次第可ニ申付一事、

一、食事之儀一度ハたんこ麦餅、一度麦飯、一度は雑水相極候事、

但夏土用中昼後間茶一度心付可レ申、其外式日之儀は半麦飯也、

一、三里之内（三里之内は三里以内の意味か）籠二人ニ而可レ行、其余ハ見合ニ可レ致、夜分用向有之節、村中ハ壱人、他村へハ見合可ニ取計一事、

一、仕事ニ出野山ニ而定外我儘ニ休居候を見当候ハヽ、其日無給ニ可レ致、其旨可レ存事也、

一、朝草之儀、何時ニ而も差図次第苅入可レ申、且又十弐把付、壱把弐〆(貫)余有レ之様可ニ苅入一、不足候得は改懸(ママ)レ〆可ニ請取一事、且農具之儀ハ相渡候品、出替リ之節相改差返可レ申、尤銘々相渡候内紛失之品相調可ニ差返一事、

牛馬之事

一、朝起候得を牛飼丁児《テツチ》ニ不レ限、牛馬心付可レ申并ニ門内外掃除朝晩心ヲ附、見苦敷無レ之様可レ仕事、

一、草履《リ》わらし作之儀、月三夜限之事、

一、朝茶十月中頃ゟ春彼岸迄、夏《昼後》間茶四月中頃ゟ秋ひかん迄見合也(?)、

一、夕なへハ秋取初メゟ春籾ヲ蒔初テ迄(?)、毎夕程可レ致、女ハ夏冬共致候事也、

一、昼休ハ芝取(?)ゟ七月盆迄(?)、尤千香弐本□限可事也(ママ)、

一、銘々給候膳椀、給次第夫々ニ取易可レ申事、但夜分遊歩行候儀無レ断出候儀不ニ相成一候、且又堀藤兵衛方へ心安

出入候事無用、都而隣家へ毎度無用ニ遊ニ参候事、兼可レ慎事、

一、たはこ(?)半三度秋田賄候節ハ一度か又ハ見合ニ吸付可ニ取懸一事也、

右之条〻堅可ニ相守一、万一相背候輩ハ急度夫〻仕法可ニ申附一もの也、

前〻ゟ申渡□(?)

文政二卯正月再改也　　代右衛門

最後に血族同居の大家族として知られる飛騨の白川村の例に触れておかなければならない。白川村は荘川流域にあつて、嘗て白川郷と呼ばれた地方の北半部であるが、更に村内は南から中切・大郷・山家の三地区に分れており、大家族制の行われた地域として著名なのは南部の中切地区である。ここの大家族制度については、江戸時代末期の資料しか存しないので、多くは明治以後の資料や様子によつてそれ以前を推測している状態である。本庄栄治郎博士が明治四十四年に発表された「飛騨白川の大家族制」（経済史研究所収）に示された同四十三年十一月一日現在の白川全村の戸数と家族員数の調査によれば、人口四十四人・四十二人・四十人が各一戸、三十人以上が四戸、二十人以上が十二戸、十人以上が九十五戸、十人以下が二百十五戸である。が四十四人と四十二人の家は長瀬部落に、四十人の家は御母衣《みぼろ》部落にある。本庄博士はその大家族制度の行われる原因は、古来分家が禁止されていた為であるとし、分家の禁止は経済上の原因・家長権の尊重・独立心の欠乏にあるとされた。その家長権については「家長は之を譬ふれば専制君主の如し、其臣従たるべき家族は唯〻として家長の命に服して凡ての労役に従へること、之を極言すれば、奴隷の如し」と述べられたが、これについては近年中切地区の木谷部落を中心にして克明な研究を

続けられた江馬三枝子氏は、少くとも木谷を中心とした大家族ではそういう事実は認められない、と否定された。(白川村の大家族)私も嘗て小論を発表したことがあるが、(飛騨白川村の大家族制度と其経済的基礎―歴史学研究十の五・六)大家族制度の顕著な中切地区の大部分は高山の照蓮寺領であつてその資料は殆んどない。僅かに長瀬のみが幕領でその資料が岐阜県庁に若干残つていた。天明八年の村差出明細帳によれば、中切地区の長瀬は戸数十二・人口百六十三人で一戸平均十三・六人である。大郷地区の保木脇・野谷・大牧・大窪等も一戸平均十人を越えており、野谷・大窪は各二戸で二十八人の人口であるから平均では長瀬より多い。これによるとこの当時に於ては所謂大家族の行われたのは中切地区のみではなく大郷地区においても略類似の現象が見られる。然るに嘉永六年になると長瀬が一戸平均十七・五人となつた外は何れも減少している。斐太後風土記によると明治初年において中切地区は十六・五人、大郷地区は七・七人、山家地区は十・六人の平均となつている。そして既述した様に明治四十三年には長瀬には四十四人四十二人という大家族の家が生じている。これらから考えると中切地区でもそれほど古い時代から三十人四十人という家族形態を持つていたものではないという推測ができる。又この大家族制は中切地区のみではなく白川村の北部を占める山家地区においても存在していたことが小山隆氏等の高岡高商の共同調査で明かにされている。これらを通じて考えると大家族制度を中切地区の全く特殊なものとして見ることの誤りであることが明白である。

かかる大家族制の行われた原因について本庄博士は「白川の地は深山幽谷の間に存在して田畑極めて少く、山林と雖その私有に属するものは甚だ尠い。而も村民はこの寥々たる田畑に倚頼し幼稚なる耕作方法を以て農を営み、多人数の労役によつて纔に其生計を維持して居るに過ぎぬから、家族に分家を許すとせば、僅少なる田畑山林を細分し、家屋の新営等のため土地の生産的利用は却て減退し、合働力の縮少は従来の生産力を維持すること難く、小規模の消費経済の分立は却て生活費の増加となり、結局は宗家も分家も共に相潰ゆるの不幸に陥るであらう。これ古来絶対に分家を許さず一家の労働力を大にして共同労働の途を立てた所以であらう。」と言われる。（日本経済史辞典―飛騨白川の大家族の項）又小山隆氏は「畢竟徳川時代自然的人為的に交通の制限せられた社会に於いて、法制による分家の制限の下に、経済的生産力が尚或る程度の伸展性を余して居たところに生じた特殊の家族形態であると推定される。」と言われた。（越中五箇山及び飛騨白川地方に於ける家族構成――高岡高商研究論集六の二）

相川春喜氏は「白川渓谷の極度に狭隘な経済的存立諸条件のもとに、定着せしめられた農民家族が、農奴制的基礎条件のもとに、その賦役制を家族内部に押し入れ、家内的に再生産せしめられて来た」ものであり、それは「既に古代的条件に存立するものでなく、封建制的諸条件に規定されているのである。」という見解を述べられた。（飛驒白川村大家族制の踏査並に研究――歴史科学四の十一）

私の考えはこの大家族制度を家内賦役制と見、且つ血縁大家族制の前に非血縁の隷属者を含む家族制度を推定したのである。前述の如く資料が乏しいのであるが、大郷地区の野谷は宝永三年に三戸ある内二戸は家抱で本百姓は一戸であるが、天明八年には二戸となり人口は二十八人になつている。山家地区の加須良は宝永三年に三戸の内二戸が家抱を持つている。それが延享三年には六戸となり、嘉永六年も同数で人口平均は十・八人となつている。家抱が独立した後に血縁大家族に発達してゆく傾向が見えるのである。又延享三年の「飛驒国中案内」は中切地区の御母衣・長瀬・平瀬の各部落にも門屋・他借・家抱・水呑等の何れかが存在することを示している。しかるにその後においてはかかる非血縁者の隷農の存在は知られない。そこで村落内における経済的社会的分化対立の発展が抑止されて、夫々の家族の中に持込まれたものと考えるのである。勿論かかる考えに反対して、古くからの遺制とみる見解も存するけれども、戸数人口の数字が漸く天明八年までしか溯り得ない今日では要するに憶測の範囲を出でないのである。

以上私は初めに出した大家族の定義に添うような幾つかの事例を挙げてきた。それらを通じてみられることは、近世初頭の検地その他を通じて執られた政策は、前代からの家族形態を或る程度存続させることとなり、分地制限や百姓株の設定によつて貢納責任者の地位を維持させようとする政策と共に、その崩壊を緩慢ならしめる結果となつたことである。もとより大家族制度による農業経営は近世においては特殊なものに属するのであるが、それが如何なる形態を持ち、又如何なる変化を示すかということは近世農村史ばかりでなく又中世史研究に重要な示唆を与えるものであるが、遺憾乍ら委曲を尽すことができなかつた。

（昭和二十四年八月、思想掲載）

三、清良記に関する新資料の発見

清良記について私は先に「歴史地理」第七十五巻第五号に於て卑見を述べ、清良記農事巻に収められた耕作品種に関する疑問の点を掲げ、続日本経済叢書に収められた同書をそのまま信用し、之を以て戦国時代の農書として取扱うことは危険であつて、なお文献上の研究が行われなければならない旨を記したことがある。その意味 、我国農業史上最も注目せられている書物の一である同書を正しく理解し評価し、それに基いて我国農業の発展を跡附けようとするに在つた。その後山口常助氏が「歴史学研究」第十二巻第三号に於て之が文献的批判を試みられたが、その結論は清良記農事巻の作成を戦国時代に在りとする考えを否定されることとなつた。かくて清良記農事巻に対する従来の見解に稍動揺を来したかのように考えられた。その時に当つて社会経済史学会が四国部会を松山に於て開催され、清良記研究を中心研究題目とされたことは誠に時宜を得たものであつた。

私も亦展観される清良記諸本を拝見せんが為に西下したのであるが、偶〻不慮の風水害によつて会期が短縮され清良記諸本をゆつくり拝見する時日なく、殊に西園寺本の如きは研究発表会の当日僅かに一見する程度に止まり、心残りの点も少くなかつたが、その間従来知られなかつた新資料に接することもでき、又菅・西園寺諸氏多年の蘊蓄に接し得たことは誠に仕合せであつた。仍て文字通りの管見に基いて一二気附いた点を挙げてみようと思う。

第一に、従来佐々木文庫所蔵の緒方古本を以て最古の写本か、乃至原本であるとされていたけれども、卑見によれば原形に最も近い形は西園寺本であつて、緒方古本は原本でないことは勿論、写本としても余程年代が下るものである。西園寺本と諸本の異同については後述するが、要するに清良記には原本に近い形を存している西園寺本と、それに加筆修正した緒方古本と二つの系統がある。今回展観された分のみについて言えば、西園寺本を除いては凡て緒方古本の系統に属するものである。

緒方古本に属するものには土居本・伊尾喜本・大三島本・河添本等があるが、その内にてどれが最も古いかというと、はつきりしたことは判らない。いずれも書写の間に加筆修正している様子である。目録などを見ても全部が同じでもなく、一本中でも巻頭の総目録と各巻毎の目録と本文中の見出しとで異つている場合が多い。今第七巻の第二項と第三項の異同を掲げると次の如くである。

（緒方本）

総目録　一四季作物種子取事
　　　　其外物作リト号スル事
　　　　一五穀雑穀品々作様之事

巻七上の目録｛一四季作物種子取事
　　　　　　　一五穀雑穀其外物作と号する事

本文中｛（朱筆）「四季作物種子取事」
　　　　親民鑑月集
　　　　五穀雑穀其外物作分号類之事

（大三島本）

総目録
一四季作物種子取ル事
一五穀雑穀其外物作分号類之事

巻七之上目録
一四季作物附種子を取事
一五穀雑穀品々作様之事

本文中
親民鑑月集
五穀雑穀其外物作ト号ル事

（河添本）

総目録
一四季作物種子取ル事
一五穀雑穀其ノ外物作分号類之事

巻七之上目録
一四季作物種子取事
一五穀雑穀其外物作分号類之事

本文中
・四季作物種子取事
親民鑑月集
五穀雑穀其外物作分号類之事

（史談会本）

巻七之上目録
一四季作物種子取事
一五穀雑穀其外物作と号する事

本文中
四季作物種子取事
親民鑑月《シンミンカンゲツ》集
五穀雑穀其外物作分号類之事

この様に目録についてみても何れが古いものか明確にすることはできない。なお菅菊太郎氏の「清良記考」（社会経済史学第九巻第十号）には大三島本は河添本を書写したもので、大三島本の巻末に「安永乙未季夏土居氏清喜写書之正本以是寛政四壬子暦秋冬写之一」と記してある由であつたが、前記の如く目録の体裁も異り、巻尾の文字も菅見には入らず何かの誤りではないかと思われる。

第二に新しい発見として、緒方古本の原形はかなり古い時代にできたものであることが明かにされた。実 今回出陳せられた諸本は、その筆写年代が新しく、之を江戸時代初期に溯らせることは困難であると思われたが、偶ゝ緒方古本の最終巻の上表紙の糊付のはがれた所に見えた書体が古いものであつたので、之をはがしてみると清良記の一部分であつて、宛も松浦宗案が永祿七年正月吉日に書上げたと記されている「農夫楽之事」の最後の文であつた。その書体は明かに江戸初期のもの、少くとも中期以前のものと推定された。その文章を緒方古本に比較すると全く同一であるので、恐らく緒方古本の原本であつたと考えて誤りなかろうと思う。なおその文中に「究」の字を消して「極」に書き改め（この字は他の本では植の字に誤写されている。愛媛県教育会北宇和島部会編の親民鑑月集一二五頁、愛媛県先哲偉人叢書第六巻松浦宗案二〇二頁参照）、「しるし」と書いたのを消して「印」としている。私はその時には更にこの本の原本があつて之を書写したためであろうと考えたのであるが、それよりは之を書いた人の意見を以て訂正したと考える方が妥当の様である。しかし何れにせよ相当古い時代に既に清良記に加筆修正が行われていたことが明かにされ、従つて清良記の作成年代を考える上には重要な資料を得たこととなつた。

緒方古本の表紙には右の外に古い清良記の反故を使つている所が少くなく、殊に目録の部分が多い様であるから、これらを明白にすることができれば、この古い写本（仮に表紙裏本と呼んでおく）と緒方古本の異同も一層明瞭になると思う。それというのは緒方古本と河添本にはアト書があつて、それにはこう言つている。

此日記共ハ其前記置ぬるをうつしける子細は閑敷折柄書置けるにや文字も見へかね　かみもきれ行けれは誰□の見てもおもしろき事にもあらす　又軍法とてめつらしき事なし　此内心ありそうなる所もあれと其比迄は何事もひしけるにや子細を不露（河添本では「顕はさず」）唐人の云ことなれは分もきこへす　されとも付置し人への祭に如此す、扨又西園寺殿御最後より末は此後書入けれは文言も別也　其前とても文章さはやかならねは此後其内をぬいて誰そ書直し給はゝ間には面白キ事も可有候　此外ニ軍法数多ク有之由聞伝へけるが何方へ行たるにてそ（河添本では「何方へ賊行けむ」）

これでみると本文に修正加筆の行われていることが明かであるが、このアト書も緒方古本を写した時に附加えたものではなく、それ以前からあつたものである。それは河添本のと比較すると河添本の方がよくできており、緒方古本には自筆者にはない様な誤字があることで知られる。何れにせよ清良記は何人かの手が加えられて今日の形になつたことが明瞭である。そのことは清良記が普通には三十巻本であるのに、緒方古本では総目録に於て「第三十一　町見上」として「十文字曲尺之事、筋眂之事、矢倉上様之事、縄張様之事、田縄張様之事幷算用之事、山ヨリ山へ町縄引様之事」という項目を掲げ、しかも全部抹消しており、その外にも目録に侍附を加えて三十二巻としたものもあり、諸本の体裁が必ずしも同一ではないことによつても窺うことができる。

第三には、緒方古本の第十五冊（第廿五・廿六巻）のウラ表紙に糊付されている文書の断簡に、

御師
　福村織部佑
　　花押

九月吉日

と記されていることである。これは清良記と直接関係がない様に思われるが、清良記の著者が土居水也即ち北宇和郡三間村の三島神社の神官であるという説と結付けて考えると何等かの参考になる問題であるし、又福村某について知ることができれば更に興味あることと思う。

第四に、先に西園寺本が他の諸本と異っていると述べたことを具体的な例によって示し、西園寺本が原形に近いものとする理由の説明としよう。なお西園寺本に対比するものとしては愛媛県先哲偉人叢書中の「松浦宗案」（菅菊太郎氏著）中に使用された大三島本を用い、その外に土居菅男氏所蔵本を底本とした愛媛県教育会北宇和部会編親民鑑月集（以下教育会本と呼ぶ）と帝国図書館本を底本とした続日本経済叢書第一巻収録の清良記（以下経済叢書本と呼ぶ）を参照することとする。

先ず清良記巻七の上の「土居清良被レ問ニ農業一事」という内に、宗案の返答がある。

西園寺本	大三島本（教育會本二一頁—四頁 經濟叢書本四頁—五頁 参照）
謹て申上れは事長々敷御座候、耕作の其始唐天	つゝしんで申上候得ば言多く長々して御座候、抑田畑耕作は天

竺我朝皆其祖ありと申せとも我国神代のはじめ保食神《うけもちの》土地のよろしき考、夫々に蒔《まき》おふして糞《こやし》土を以作りふやし五穀とす、米大麦小麦小豆大豆是五種の穀と又粟秬大豆麦稲是をも五穀と申候、

夫農は慈悲を欲し無益の殺生を不欲、正路に本付、他人の畔《くろ》境を不奪、心に無欲を宗敬し 夫婦諍論せす、時節を勘弁し、不違相応種実を、万作を撫育日夜楽を不究、

斯る事を心に不欲して第一神祇祭り公義を恐れ

竺に融農と云し人作り初しなり、又盤古大王の御子田を作初給ふ、また昆沙門も作初給ひしとなり、鋤鍬犂は高鳳と云し人造り出したり、惣して物作の内にては五穀を取分賞し申候、米大麦小麦大豆小豆是を五穀と申候、又粟秬大豆麦稲是をも五穀と申候、又米を𦬇《ボサツ》と申事、種子の時は文珠𦬇、苗の時は地蔵𦬇、稲の時は虚空蔵𦬇、穂となる時は普賢菩薩、飯の時は観世音𦬇なり、されば多聞天王の城は吠尸《ベイシ》羅摩那《ラマナ》城とて毎日白米の降《ふる》都にて殊に田多し、田の神と申奉るは是なり、扨主人農を勤めらるゝ事は往昔の聖王賢主事にふれて述置れければ、言新しく申上べき所なく候、

農上中下の事を申上候、先上農の仕方は五戒五常を象《た》どり心の行ひ第一に候、其次第有増《あらまし》言上致候、夫上分の農夫は欲レ前ニ慈悲一、不レ欲ニ無益殺生一、為レ本ニ正路一、不レ奪ニ他人畔境一、為レ心ニ崇敬一、不レ欲ニ夫婦諍論一、勘ニ辨時節一、不レ違ニ相応種実一、撫ニ育万作一、不レ究ニ日夜身楽一、

かゝる事を心にたやさずして、第一神祇を祭り公儀を恐れて法

西園寺本

て法に不背、第二五穀を時節相応に仕付、小作とて菜ゑんを能仕、妻子に菜ゑんの取様を教へ第三に大作とて竹木植、家の修理といたし、第四野宝とて牛馬を持ち犬猫庭鳥を飼ひ、第五下人子供の扶持すべき心おこたらずして賄ひをよくし、第六公事けんくわをせず、第七見物遊山をせず、第八居所衣食をほしいまゝにせず、第九氏系図をいわず、第十猟すなどりをせず、

大三島本（教育會本五頁 経済叢書本六頁参照）

に背かず、第二五穀を時節相応に仕附、小作とて菜園を能仕、妻子菜園の取様をおしへ、第三に大作とて木竹を植、実を取り家を修理とし、第四野宝とて牛馬を持ち犬猫鶏を養ひ、猫は鼠をおさへ犬は火事盗人の用心、鹿兎の作をあらす時の為、鶏は時を知るため、第五下人子供の扶持すべき心怠らずして賄ひを強くし、第六公事喧嘩をせず、第七見物好色をせず、第八居所衣食を恣にせず、第九氏系図達をいわず、第十猟漁をせず、

以上によつても両者相当な相異点のあることが明かである。只西園寺本が必ずしも原形そのままではないことは、「夫農は慈悲を欲し」以下の所は、明かに漢文で記されていたものを書き直したもので、しかも読み誤りをしていることが一目瞭然であることによつても知られる。さて右の文の続きに、大三島本、教育会本、経済叢書本には「此末五のせぬ事をせずして上の五に情を強く入」とあるが西園寺本にはない。又「夫婦納得仕るを上農の大筋目の心持に致候」より「虫もくわず日損水損風おれもさのみなし」に至る二百余文字も西園寺本にはない所である。

　その次にも亦かなり異つた所がある。

田畑の遠所は殊の外悪き物にて御座候、其訳は門前の田畑は水の指引も朝夕二六時中にし、草をも朝間夕間に隙々に取、肥をするにも其ごとく女子にも運ばせ勝手よし
扨遠き所は右にうらはらにて諸事勝手わろし

世話に申ことく遠き上田より近き下田にはしかじと、上田と下田は殊の外の替りなけれとも、遠はいか程もむつかしき事御座候、第一下農の田は水を不レ持故に近所の水かわき申候、万疋の田も水は九千疋と申て、水少ければ畑にもおとり、扨亦こやしを不レ入により洪水の時は近所のこやしを取申候、水になかれ候事は何方へゆく

扨亦田畑の遠所は殊の外悪き物にて御座候、其仔細は門前の田畑は水の差引も朝夕二六時中にしつゝ、草をも朝間夕間に隙々に取、肥をかけるにも其ごとく夜中にも運び女等にも運ばせ、少しく間にもはせ出て蜘の巣をはなち、はざま植をしければ荒る所なし、扨其程の遠きは喩方なくむつかしき事多し、先其間十五町、廿町或は一里も隔てたれば、肥を入るとては一日に五度三度えひやつとかよひ、水草の修理をすれども往来度々ならず、其作の有間は一日に一返は必見廻らでは叶はざる事なり、鳥獣牛馬の作を損さす事までもかぞふれば限りなし、
農夫の世話に云「遠き上田よりは近き下田にはしかじ」と上田下田は格別のかわりなけれ共、遠きはいか程かむつかしき事多く御座候、亦下農はよくよくあしきものにて御座候、第一下農の田は水を持たざる故に隣の水渇き申候「万疋の田も水は九千疋」と申て水少ければ畑にも劣り候、さて亦こやしを入ざるにより、洪水の時は隣のこやしをとり申候、水に流候事は何方へ行も同事とおぼし召るべく候へども、何も同じごとく肥を入ぬ

も同し事と可レ被二思召一候か、自分の田へとやし入置候へは大水の時も同じ事御座候、

れば相持にて他人の肥、自田の肥入相に成申候ゆへ大水の時も同事に御座候、

この次に大三島本、教育会本、経済叢書本何れにも「某国々順見致候に、或国に年貢皆済なき内、諸勧進法度、借銭借米返す事も法度、未進の百姓は死罪流罪との制札、村々里々に立られしは、扨もいまめかしく見へて候」という文章があり、永祿頃のものとしては余りに「今めかしく」感ぜられたのであるが、西園寺本にはこの条は全く無い。西園寺本に比較すると他の諸本は何れもかなり加筆してある。これは植物の栽培利用等の説明についても同様である。例えば巻七の第二項四季作物種子取事の条についてみると、大三島本では「四月中可レ植物之事」の終りに「右一文字上の黒丸は、此時種子を植る、白丸は苗を植、又苗にもする、無丸は苗を植る、苗にてなければ遅く役に立ず」とあるが、これは西園寺本にはない。この説明は既に二月三月の項でしてあるので省いているのであるが、大三島本では同じ文章を附加えている。これは五月・六月・八月・九月の所でも同様である。

又、第三項の「五穀雑穀其外物作分号類之事」の条について見ても、大三島本その他には加筆された部分が少くない。その内の若干を掲げると次の如きものがある。

早稲の事

西園寺本

右十二品は古来の名なり、此外餅太米にわせあ

大三島本（教育会本四七頁 経済叢書本二三頁参照）

右十二品は古来の名なり、此外餅太米に早稲あり、其外今時色

り、

二月彼岸に種子を蒔、四月はしめより同廿日時分植仕廻、六月末七月初苅て、其跡へ蕎麦小秬小菜を蒔、九月末に取て、其跡へ早麦を作、

此早稲作申事、百姓第一の徳也、此三度の作いづれも左程閙敷なき時に仕付て熟す、斯のごとく早稲中稲はん田をせんぐりおひぐりに作り出せば、男女皆閙敷事、只一度に重り手廻し宜しからす、

此早稲は百姓の為のみにあらず、公義諸家百家の御為なり、

々の銘ありといへども、夫は其田地に相応なきにより種がへり、又は悪敷農おそくすれば色々に変ずる事あり、可レ植前後は、此書附のごとくありて、二月彼岸に種子まき、四月初より同月廿日時分までに植仕舞、六月末七月の初に苅て、其跡の田地には蕎麦を蒔、小秬小菜を蒔て九月末に取て、其跡へ早麦を作り、来年の中田晩田を起し、苗代にする粮料にあてがふ、

此早稲作り申事百姓の一のとく儀なり、此三度の作いづれも左程閙敷なき時分〳〵に仕附て、熟しけるも其ごとくなるによつて、となし時も女の隙有てよし、末の暇を奪はず、人手の支る事なし、如此早稲中稲晩田をせんぐりおひぐりに作出ざれば、男女みないそがわしく、唯一度に重り手廻し能からず、されば此早稲は戦場の足軽に似て、将棋の歩兵のごとし、百姓の為のみにもあらず、公儀諸士百家の為なり、米の稀なる時出来て、切れ目の専度をつぐ、一挙両得と云にも越て、考るに十に及びて其利あり、

この文中では西園寺本に「おひぐりに作り出せば……宜しからず」というのは矛盾があり、大三島本ではそれ

を「作り出ざれば」と訂正し、更に前に「こなし時も女の隙有てよし」という様につけ加えて前後を整えたものであろう。又大三島本では「畑稲乃事」の次に「太米の事」とあるが、西園寺本では「太米の事」という文字がない。これは恐らく書写の際に落したものであろう。そこの説明が両者異る。

西園寺本

右八品何れも替り有、此内餅は米少して不善、其外は白地を嫌はず、上田には愈よし、其上飯米にして食多し、農人食して上々の粮也、第一日損少、虫くはず、風にこぼれず、

大三島本（教育会本五三頁 経済叢書本二六頁参照）

右八品何れもかわり有、此内餅は米少くして善からず、其外は白地を嫌はず、上田にはいよ〳〵よくて、其上飯にしては食多し、農人の食して上々の稲なり、第一日損少、虫くわず、風こぼれにあふ事又余りに勝れたり、是のみにて其外となしに手間いらず、よき事余多ある稲なり、

これは西園寺本では「風にこぼれず」とあるのが、「風こぼれにあふ事又余りに勝れたり」と変つているが、伊尾喜本では「但風にこぼるゝ事余にすぐれたり」とあり、この「余に」が「余りに」となり意味まで更に変じたものである。菅氏の引用されている一本には「風に不溢となしに手間いらず、能き事余多あり、味ひのみ余の米に抜群劣りて悪敷計なり」とあり、諸本の伝写の間に種々に手の加えられていることが知られる。又「芋の類」の項中では、西園寺本では「此十二品野芋也、上の十二の內、つし芋種子を九月に取、ぬかに入合俵にしてつしへ上置」とあるばかりであるが、大三島本その他ではその次に「実赤はさむさをこらへる事叶はず」以下五百字に及ぶ文章が

附加えられている。その文中には「琉球芋は渡りものなり、芦原にてはかづら芋とも云ふ。是は根ばかり用に立」ということもある。芋の肥培法もある。凡て後に書加えられたとして差支えないのであろう。その次の「五辛類の事」の中にも、葱の蕃殖法が説明してある二百余字は西園寺本には全くない所である。「胡麻類の事」の中にある「大豆類もまづ其如し」以下の、ここには不釣合の文字も西園寺本にはない。その他殆ど凡ての説明文が西園寺本では遙かに簡略であるが、その中で興味あるのは「柑類之事」の説明である。西園寺本では

「此外多しといへども武家寺方には有てよし、百姓家には不レ入もの也」

とあるのが、大三島本では次の如く記されている。

此外多しといへども侍方寺方にはありて吉、百姓の家には入らざるものなり、此内にも柚とだい〳〵ならでは、其外はいらざるものなれども、国により所によりて、しろ替て金銀になれば悪しくもいはれず、心がけあらば、屋舗の四方に植てよし、田畑の隙透間のなき様に作るを上農の業とす、人により別の菜園よりは花を見て、実をとることそ一入の慰なれと、すいておもしろく思ふもの有、大小上下我すきの事には、気根を尽しても痛まざるゆへ、多くのむだ事を書き加へ侍り、

これには明かに加筆した旨を附記している。しかも柑類は百姓家には不用であるという原著の意に修正を加えており、それも「金銀になれば悪しくもいはれず」とする所に時代の差異が存するのではないかと思われる。

第四項の「土　上中下三段并九段并十八段の事」の条中にも同様に繁簡がある。

西　園　寺　本　　　一　　大　三　島　本

一紫真土とは文字のごとく紫色なる下地より紫真土とて有也、
一黒真土は上の紫真土に似て、本色の赤み少きもの也、白真土をこやして、黒真土となりたる也、
一風音地は底は黄色なれども、上の一かわは日にてられて黒くなりたるもの也、此下の黄に赤き色は結ののど丶云、
日照りにはおんぢよし、惣て実を取もの植てよし、

一紫真土とは文字のごとく紫色なり、下地より紫真土とてあるにより、人にしては聖人のごとし、
一黒真土とは、上の紫真土に似て、本色の赤み少き物なり、白真土を肥して、黒真土となりたるにより、学で物を知る賢人のごとし、
一風音地は底は黄色あれども、上の一かわは日に照られて黒くなりたる物なり、此下の黄に赤き色は、結の咽の色なり、是を人により白真土といふは愚なり、白真土は赤みありて重く、風音地は黄色にしてかろし、扨又土かたまらずしてうつかりとあり、白真土は土しまりて堅し、音地類は茢しき肥をくさらす事、真土より劣れり、糞肉のたぐひ油糟蕨草萩の子を用ひて茶園に吉、日照にはいづれの土よりおんぢよし、大豆類木綿惣じて実をとる物よくなし、葉をとる類芹などよし、

一方では「実を取もの植てよし」とあるのが、一方では「実をとる物よくなし」とされているのである。第五項の「糞草之事」の条をみても、大三島本の方が余程詳しくなつている。例えば西園寺本では、

斯他所より木草の葉土迄も求め運ひて田畑に見くるしき草を引て置へき所なくは藪畔道へ上てすつるはあしし、

とあり、文意稍不明瞭な所が、大三島本では、

かく他所より木草の葉土迄も求め運ひて田畑の肥しとするに、下農の徒者は田畑に見苦しき草をはやし、野はらの如くする、其作を押伏らるゝ上に其草を挽て置べき所なければ、藪畔道へ上て捨る。其道往来の人の妨となり、剰其草に土肥て、道も崩れて悪し、かゝる事をするは則悪魔外道なり、

という様にかなり修補されているのである。第六項の「万作種子置様之事」の条に於ても大三島本では相当加筆されている。その加筆の仕方は右の例にも現れている如く道徳的な批判を加えているのが特徴である。

かゝる事を思へば、木草の葉はいかに和らか成をかけても、右の日数五割は遅かるべし、草木の葉をば苅糞と云、糞肥類糟槽の類をば身糞と云、扨苅糞のすねてこわく成たる葉をかけて、其物作に肥しは入たり、能こそ出来べけれと云ふは杓子定規なり、

又、

大方の農人糞の子細を知らず、但糞により又作により、田畑にて日数ふるものあれば、其作の実入時にはよくあたる事あれども、前より肥て居たる土にこそ作はすぐれてよけれ、下地こゑたる土には種子苗古根を植ても頓て有附、あり付よりはや肥たる土に根をさし、草ふとく生じ、青みがちにして悟り早し、さとり早ければ実入より、其跡の田畑も早くあく、又少しおそく植ても、実をとる事早し、また上農下農同時日に植ても、下農の植たるは実入おそし、

とある大三島本などの記述は西園寺本には全く記されていないのである。

この様に西園寺本は他の諸本に比較してみると全体的に余程簡潔である。そして文章の体裁内容より考えて、西園本寺が原本に最も近い形を伝えていると判断することができる。もとより西園寺本の筆写年代がそれ程古いとは思われず、筆写も亦勝れたものではないが、とにかく原本に近いと思われる異本の発見は最も大きな収穫であつた。前述の通り詳細に調査する時日がなく、諸本の対照も亦不十分ではあつたが、従来刊行された清良記が決してその本来の姿のままではないということは、却て清良記そのものの価値を高めるのではないかと思われる。清良記中にて疑問を持たれている作物名については西園寺本でも異る所は殆どないが、かかる異本の出現は清良記研究に非常な光明と希望を与えるものであつて、西園寺本を中心とした清良記の研究こそ当面の重要課題と目されるわけである。

第五に、「親民鑑月集」の名称である。これは今までは清良記第七巻農事の巻の別名とされていたのであるが、実は第七巻中の第二の項目たる「四季作物種子取事」の別称である。大会の席上西園寺氏は「シンミンカヾミゲッシウ」と読むべきであると主張されたのであるが、とにかく「月集」は支那でよく用いる「月令」というのと同じで、月暦の意であろう。

第六に、さてそうした作物種子取の月暦を基としてその栽培法施肥法等に及ぶ清良記巻七は、清良記という軍記物の中では著しく不調和な形式内容を持つている。巻七の第一項「清良被レ問二農業一事」の条によると、土居清良が領中にても「物にひろくあたりて作意ある百姓」「正直にして功の入りたる者」「盗人心あつて大ちやくなる者」を呼べということで、宮の下村宗案、黒井地村久兵衛、務田村五郎左衛門の三名が大森城に登城した。然る処清良は三名の者に酒を与えて農業のことを終日問い、宗案が之にしかじか答えたということがある。そして之に第二の項目以下が加つてくる。これが甚だ前の方の調子と釣合がとれない。それまでは物語風に叙述されてきたものが俄に別の形になる。そうして終りの方になつて再び物語風に転ずるのである。又大森城に出頭した宗案等三名の者は清良が指定した三つの性質を有する者であつたと思うが、他の二人を呼び出した意味が明瞭にされていない。

そこで、第二項以下は原来この物語とは別物であつて、全く農業の書であつて、それをこの物語の中へ挿入して、後の方の部分を若干改めて全体に調和させようとしたものではないかと考えられる。最初の農事暦の所では調和を計ることもできず、その本来の形がそのまま現れており、終りに近付くに従つて物語風に変じているのは右の関係に基くものではあるまいか。

それならば一体この農業書は誰の著述であつたか。事実松浦宗案が書いたものを此の中に挿入したということであれば別段問題はないわけであるが、宗案が書いたものをそのままとすると前述の様に形式的にも内容的にも矛盾が生ずる。そこで此の農事の部の著者を考えるに、(一)宗案の著述そのままとする説、(二)宗案の原著を清良記の著者が改補したとする説、(三)清良記の著者の手になるとする説、(四)全く別人のものを清良記の著者が改補したとする説、この四つの場合が存する。その内第一の説は認め難いとすると、第三の清良記の著者説も同じ理由で成立しない。そうすれば結局第二の場合か第四の場合しか存しないことになるが、第四の場合が成り立つことは不可能である。清良記の著者が松浦宗案のものであるとして引用している以上、その外の人物が出てくることはできない。換言すれば、この農事の巻は清良記の著者が自分で書いたものでないことは明かである。その原著者については松浦宗案という名の外に伝わる所がない。そうすれば、宗案が原著者であつて、清良記の著者がこれを利用するに当つて手を加え、更にその後多くの人々によつて補修されたというより外はないのである。宗案が架空の人物であるという説に対しては以上の様に答えるのである。伊尾喜本清良記の一領具足のことを述べた条の欄外に「宗案は松浦氏にて其節は隠居してありしと聞ゆ、極才有人物にて此記事なと宗案か申伝し事なとを多分記し置たる事と被」察候、松浦八郎兵衛松浦瓢箪之助なとの父也」とある如きは穏当な見方であろうと思う。尤も八郎兵衛瓢箪之助は清良記中に活躍する人物で、この文の筆者も、清良記の記事を基として右の如く記したものであろう。そこで結論としては、(一)清良記農事の巻は松浦宗案なる人物がその原著者であること、(二)それを清良記の著者がその作中に採入れるに際しては前後の文脈に適応する様に相当に筆を加えたこと、(三)更に清良記を多くの人が伝写してゆく間に加筆改修した点が少くないこと、(四)清良記全体、就中農事の巻については西園寺本が最も原形を留めていること、(五)緒方古本の表紙中の古写本断簡によつて、清良記自体の製作が江戸初期ということは略疑いのないこと、(六)従つて農事の巻の原作の成立は当然それ以前と考え得ること、凡そ右の様なことが考えられるのである。

第七に、農事の巻に出てくる作物の名についてはなお若干の疑問は残るが、江戸初期まで時代を下れば大体説明はつくと思う。琉球芋については菅菊太郎氏の説の如く甘藷ではなかろうというのも一種の見解と考える。いずれにせよ今回西園寺本の発見されたことは、清良記の文獻学的研究に一大転機を与えたものであつて、今後の研究如何によつて、清良記そのものの価値が一層正しく評価され、同時に我が農業史の研究に寄与する所も少くないと信ずるのである。

（昭和十九年一月、社会経済史学第十三巻第十號掲載）

附、清良記に就いて

最近我国の農業史の研究の進むに伴つて、戦国末期の農学者松浦宗案の著書「清良記」が重視されて来た。勿論清良記全部ではなく、その中の農事を記した親民鑑月集と呼ばれる部分である。例えば中村吉治氏の名著「中世社会の研究」に収められた「中世農業労働の一例」及び「近世初期に於ける勧農に就いて」の二論稿は、共に清良記を重要資料としておられる。又「農業経済研究」誌第十五巻第二号の古島敏雄氏の「戦国時代に於ける農業の基本構造と農学」は、清良記に加えられた注目すべき見解である。

清良記が斯くの如く重要視されて来たのは、その内容からすれば当然であろう。それは全く驚嘆すべき体裁と豊富なる内容を含んでいるのである。併し乍ら、私はその余りに立派過ぎる内容に対して、若干の疑問を持たざるを得なかつたのである。かかる農書が永祿頃に忽然と現れ得るものか否か、清良記の内容を戦国末のものとして取扱つて差支えないか否か、という疑念があつたのである。

然るに最近、「伊予史談」第一百特輯号の誌上に、佐藤孝純氏が「松浦宗案は架空の人物」なる論稿を掲げられた。その所論は、宗案の事蹟は清良記以外に存しないこと。その清良記の内容には信頼すべからざる点の多いこと。殊に後に出た書物を引用せる疑の存すること等によつて、「松浦宗案は全く架空の人物で、清良記の著者土居水也が、その編著に当たり、その農業智識を発表するに、これを仮托したるに過ぎず、親民鑑月集はおそらく土居水也その人の手に成るものである。」というのである。

宗案その人が実存しなかつたという大胆なる断定には俄に賛成し難いとしても、清良記に幾多の疑問のあることは明かである。私は清良記を通覧したことはないが、問題となるその第七巻の親民鑑月集を、続日本経済叢書本によつて閲読した結果次の如き諸点によつて疑を持つたのである。

清良記には屢ゝ琉球芋のことが現れる。即ち「二月中可ㇾ植物之事」「八月種子取物之事」「九月種子取物之事」の条に、「かつらいも」「琉球芋かつらいもとも」「琉球芋」等と記している。又「琉球芋は渡り物也、此国にてはかつら芋共云」と記している。

琉球芋即ち甘藷が薩摩に入つたのさえ、慶長と言い、元禄とも言い、永禄よりは余程後の事である。前述の近藤氏の論文によれば、「宇和島御記録抜書」に、元禄十四年十月に、龍潭寺の霊屋和尚が薩摩からの土産に、砂糖漬一壺琉球芋一折を伊達侯に献じたとあるのが、琉球芋渡来の初めであるという。小野武夫博士によれば、伊予に甘藷を移入分布せしめたのは、同国大三島の下見吉十郎である。「彼は今より二百五十余年前に、身を巡礼行者に托し、郷里大三島を出でゝはるばる九州薩摩に遊び、伊集院村にて、甘藷種子を請ひ受け、其れを郷里大三島を始め、瀬戸内海沿岸地方に分布せしめたる人である。」(一) 二百五十余年前とすれば貞享元禄の頃である。然れば清良記に琉球芋のことが書加えられたのは早くとも貞享元禄以後である。

清良記には西瓜のことが記されている。併し県令須知には「西瓜は昔日本になし、寛永の末初めて其種子来りて、其後諸州に広まり」とあり、（二）久留米地方の年代的記録の石原家記には、寛永十九年の条に、「近年琉球より西瓜と云物渡る。瓜より大き也。夏給物也。尤菓子類ニ而用る。甚あぢわひ美なり。」とあつて、（三）両書の年代は符合する。和漢三才図会には、「按西瓜、慶安中黄檗隠元入朝時、携二西瓜匾豆等之種一来、始種二於長崎一」とある。何れにせよその渡来は江戸時代に入つてからである。

清良記の「夕顔類之事」の条に南蛮夕顔が記されてい、その説明に、「南蛮夕顔ボウブラ共云、冬瓜同前也」とある。その渡来の年代は、県令須知には「南瓜《ボウフラ》西瓜よりは早く日本に来れども、京都へ種る事は寛文の頃より始るよし」とあり、（四）久留米石原家記には、延宝元年の条に、「南瓜《ボウフラ》元和年中長崎へ渡る。近年此辺に来る。」と記している。（五）四国に入つたのは恐らくそれ以後であろう。

清良記は、「生姜苛類之事」の条に、「唐苛肥たる土によく植て吉、是もしやうが唐胡麻などのごとく末久敷実のるゆゑ遅く植ては実少し、早ければいか程も実多くなる、種子は七八月取、二月始に植。」と記している。和漢三才図会には、「按番椒出二於南蛮一、慶長年中、此与二烟草一同時将来也」とあり、近代世事談には「秀吉朝鮮征伐の時、はじめて取来候と云、又慶長十年、たばことおなじく番国よりわたるともあり、」とあり、対州編年略には「慶長十年此比自二朝鮮一蕃椒渡、」と言い、大和本草には「昔ハ日本ニ無レ之、秀吉公伐二朝鮮一時、彼国ヨリ種子を取来ル、故ニ俗ニ高麗胡椒ト云」と記している。

櫨に就いては、大日本農史では、島井俊三郎神谷市太郎所蔵古書によつて、「天正年中筑前国博多ノ人島井宗湛ハ支那ヨリ櫨実ヲ肥前国ニ取寄セ櫨苗ヲ仕立之ヲ望ノ者ヘ頒チ与フ終ニ櫨樹繁殖シテ蠟ヲ製出スルニ至レリ」としているが、清良記には櫨樹を記し、櫨実を取る時期を記している。

又大日本農史では、慶長三年の条に、同年に朝鮮より還る者が初めて木綿の種を伝えたとしており、地方凡例録には「秀吉公時代文祿年中、中華ヨリ木綿種九州へ渡リ、其後海内一円ニ是ヲ作ル事ニ成タリ」と記しているが、(六)清良記にはその栽培方法を記している。この外にも唐茄子茘枝等にも同様の事が考えられるであろう。

これらに徴しても、現在流布されている清良記に、相当な追筆修正が加えられていることは明かである。以上に述べたものは、外来種である為に明白に指摘出来るのであるが、他の農作物にも同様な加筆があるに違いない。近藤孝純氏は、餅稲中の大坂餅に就いて疑問を出しておられる。しかもその外に、耕作方法に就いても同様な疑問が生じ得るのである。

兎に角、現存の清良記を、戦国末期の農書として取扱うことは甚だ危険といわなければならない。その前に書誌学的の研究を必要とするのである。

尤も清良記偽書説は、既に史料叢誌第二編にも見られるので、之に対して菅菊太郎氏は「土居清良記考」を記して反駁されている。(七)それによれば経済叢書本は「文章に潤飾夥だし、又難解の辞句を平解したるの跡歴然たり、後年の改作と思ふ、但し中間本よりでなく古本より直に改作したるか。」ということである。且つ清良記は、寛永年度の緒方古本を最古のものとし、元祿以後に改作補修され、幾多の別本の存することが指摘されている。そして、氏は「之を校合して、正しきに従ひ、原本に近からしむるは、本書研究家の当に勉むべきことならんと想ふ。」と述べておられる。

誠に之は至言である。少くとも現在刊行されている経済叢書本の内容によつて戦国時代の農学を云々することは不可能である。その前に為すべき基礎的な問題が横つているのである。松浦宗案が架空の人物か否かは別として、清良記が戦国末のものか否かは明かにされ得る筈である。（昭和十五・三・廿三）

註（一）社会経済史学九の九、農学校と農業史

註（二）（四）日本経済叢書第八巻二一五頁

註（三）福岡県史資料第二輯三三〇頁　大和事始にも寛永年中渡来とある。

註（五）福岡県史資料第二輯三三八頁

註（六）日本経済叢書第三十一巻一六五頁

註（七）社会経済史学九の十

（昭和十五年五月、歴史地理第七十五巻第五號掲載）

四、神社の特殊慣行の研究

一

神社祭祀又は神祇崇敬は我国の社会生活の上に於て極めて重要な地位を占めている。勿論単に信仰という点よりすれば仏教や基督教も大きな影響を与えている。特に仏教の如きは奈良朝以来政治的経済的にも重要な役割をなして来た。仏教が何故に輸入され、又崇拝されたか、寺院建立の為に如何なる事態が引起されたか、寺院僧侶が如何にして其広大なる所領を支配して来たか、それらはここに述べる必要もないであろう。

併し乍ら日本人にとつて神社祭祀神祇崇敬という事実は甚だ特殊なものであつて、仏教や基督教に対すると同一なる態度を以てする事が出来ないのである。仏教や基督教が宗教としてかなり高度に発達した後に輸入されたのとは頗る趣を異にしているのである。

日本の古代社会は少くとも氏族制社会又はそれ以前に起原を持つと信ぜられるが、宗教信仰もその時代に既に発生した。そして恐らく人類の原始生活中より発生したと考えられる靈魂崇拝の思想は、氏族制社会に於ては祖先崇拝と合致したのである。彼等の社会生活に於て、その祖先の堆積せる幾多の経験は、一つの法則の如くその生活を指示する重要な役目をなした。そうした豊富なる経験の所有者であつたと信ぜられる祖先が、その子孫達の意識の中にあつて成長し、超人間的な形をとり、更に神格化されるに至つたのは当然である。かく神格化された祖先は各氏族共同体に於て共通なる崇拝対象であり、氏族全員に幸福を与えその不幸を防ぎ、彼等の生活を保護しその成長を助くるものと信ぜられた。その結果として、この氏族の守護神即ち氏神の性質は、その崇拝者たる氏族員の生活内容経験によつて決定されることとなるのであつて、農耕者に崇拝される神は農業神となり灌漑神となつた。即ち祖先神は自然神と結合し、又は自然神に転化したのである。

さてこれら氏神に対する氏族員の関係は各人平等であつた。その生産生活に於て平等であつたと同様に神の祭祀についても同等の権利と義務とを有したのである。その信仰は各人共通のものであつた。

しかるに氏族が多く結合して種族を形成すると共に種族神が生じた。種族神となつたものは多くは最も優勢なる氏族の守護神であり、更に之に多くの協調的な属性が附加されて全種族員の崇拝を得ることとなつた。埃及に於けるプター、ラー、アモンの神達は夫々メンフィス、ヘリオポリス、テーベの政治的優勢に伴つて全国的守護神となつた。即ち政治的統一に伴つて国家神が分離されて来るのである。かく主要神が現れるに及んで氏族神との間に混淆が起り、氏族神は何時の間にか国家神たるの性質を帯びるか又はこれに変つて行つた。延喜式によれば当時国幣は又は官幣に預る神社は全国に於て三千一百三十二座に達している。和名抄によれば全国六十八ケ国は四千三十九郷に分たれていたということであるから、一郷に一社近くが官幣又は国幣を受けたのであるが、恐らくその多くは元は氏族神であつたであろう。

さて又社会の階級並に職業分化に伴つて専門に祭祀に従事する者を生ずるに至つた。その結果として他の者は次第に祭祀より離れて行くこととなつたのであるが、併し完全に離れたのではない。種々の場合を通じて祭祀に参加しようとした。勿論氏族制社会の崩壊に伴つて祖先神の意義は薄らぎ開拓神又は国家神としての崇拝に移つたが、尚氏神と称し、又自らを氏子と呼んだ。そして祭祀の際には出来るだけ古い習慣を維持することに努めた。もとより神社の制度や慣習が時代に伴つて変化するのは当然であるが、併しなるべく古制を存し伝統を尙ぶことが必要である。その為に積極的に消極的にその維持に努められたことが多かつたのである。従つて一般の社会が絶えざる変動と編成換を余儀なくされておる時に、その一部に於て旧来の慣習制度が、その本質を忘れられ乍らもその儘に存置されている場合を見ることが出来る。

そうした旧慣の中に吾々はそれが単に神社の制度としてのみならず、一般社会の夫として注意すべきものが少くない。それは神社が先述した如く日本の古代社会から発生しておることに基くことが多いのである。時には正しい文献記録の伝わらぬ古代社会を解明する一つの方法たり得るとも考えられるのである。其意味に於て全国の神社に伝わる習慣の調査は重要なるものであるが、ここに一二の神社の特殊慣行を紹介したい。

二

諸方の神社に宮座が存することはよく知られているが、ここに言うのは彼の中世の商工業の座と関係があるとも考えられる所謂氏子の座である。神社の祭祀に際して特殊な或る権限を有する氏子の座である。それに就いては既に幾つかの例が発表もされているが、ここに長野県更級郡八幡村鎮座の県社武水別神社の例を挙げることとする。

武水別神社は参拝者の多い点では長野県にて有数の神社たるのみならず全国中にても相当上位に在るのである。祭神は天之水別神、国之水分神合して武水別神にして即ち水利の神である。鎮座は孝元天皇の時代と伝えるが、三代実録によれば貞観八年六月朔日に従二位を授けられ、延喜式にても名神大社に列しておるのであるから、古来崇敬の盛んであつたことは明白である。千曲川に臨み善光寺平の南端に位するこの神社が、農業灌漑の神として信仰崇拝の中心であつたことは疑いない所である。しかるに陽成天皇の時代に石清水八幡宮の分霊を勧請して相殿に祀つてより一般に八幡宮として知られるに至つたのであるが、ここに前述せる国家神との結合が見られるのである。江戸時代には幕府より朱印領二百石を寄せられ、領主真田家よりは年々遣幣使が立てられた。かかる由来を持つこの神社の新嘗祭の慣行に就いて述べたいと思うのである。

この神社にては新嘗祭は維新前までは十一月十日より十四日に及ぶ五日間に亘つて行われたが、太陽暦の採用されるに及んで一月後れて十二月となつた。この祭式に新嘗献備の役を氏子中より選ばれた者が奉仕するのである。八幡・羽尾・須坂・若宮・上徳間・千本柳・向八幡の七郷の氏子中より五人の頭番が選ばれるのであるが、全部の氏子にその権利があるのではなく、維新前に於ては高三十石以上の者、維新後は地価千円以上所有の者に限られている。

五日間の頭番には夫々順位あり、その家が初めて頭番を勤仕する時は五番頭即ち十四日の頭番、二代目なる時は四番頭即ち十三日、三代目なる時は十一日の二番頭、四代目の時は十日の一番頭、五代目以上が十三日の三番頭を勤めることになつており、三番頭を大頭《だいとう》と称する。しかも此代数も途中にて勤仕の絶えた時は進むことが出来ない。一代中絶の場合は昇進を許さないのであるが、二代中絶すれば一級下り、三・四・五代と中絶した時は之に準じて降るのである。又分家した時は親と同じ頭番を勤めることとなり、本家よりは一級降る。例えば親が二番頭を勤めた後分家をすればその分家は二番頭となる。但し三番頭即ち大頭の分家は一番頭に降るのである。かくて各頭番の家柄は夫々決つておるわけであるが、その内忌服病気の者を除き各番毎に頭番が選ばれるのである。その選定は十一月（今は十二月）十五日の夜即ち新嘗祭終了の翌夜神官のみにて行われる。先ず各級の明年度頭番候補人の人名を小札に記し二つ折にして捻つて神前に備え、神主が幣帛を以て之を撫で、幣帛に附いた札の人名を以て神慮として頭番を決する。五番頭より始めて五度同様のことを行つて明年の頭番人が決するが、その順序は五・四・二・一・三番頭と決定する。翌十六日曉方七郷の氏子が神庭に参集し、之に一番頭人より五番頭人まで読渡し、頭番人の姓名村名を書記した幣帛をその村民に渡すのであるが、参集せる村民は之を請取つて帰村する。この頭番に当ることを通常「ミアタリ」又は「ゴミイレ」と称している。頭番に当つた者は社務所へ頭請即ち受諾届をなし、又神官・村・組等へも其旨を届けるのであるが、これより翌年新嘗祭の終るまで何番頭人又は頭殿《とうどの》と称して一般にその姓名は呼ばない。この日親類知人等は頭祝と称して金穀を贈る。人によりて相違はするが籾四五十俵より百五十俵に及ぶ。これはその人の面即ち顔によるわけである。これより足掛二年満一年間の潔斎と諸々の神事が行われて後新嘗祭の番頭を勤仕するのである。

かく氏子が祭祀に参加する形式こそ古代の神社祭祀の形式である。嘗て氏人全部がその守護神たる氏神を祀り、その祭事に勤仕したが、その神事の頭たる者が頭人である。しかるに其後専門神職を生ずるに及んで平常の祭事は凡てその手に委ねられて、農村に於て最も重要な意義を持つ新嘗祭にのみ古来の習慣を或る程度に残して来たということが出来る。一般氏子の中から世襲的神職を生じたことを示すものはこの社の社家と氏子の関係である。この社の神主松田家は隣村稲荷山城主たりし上杉景勝が会津に去るに際して其家臣たりしものが神主職に補せられたのであるが、(松田家文書)それ以前より本社と関係のあつたのは宮川・宮沢二氏の本家分家である。全氏子はこの二氏の何れかに附属しており、之を幣下《へいした》と呼ぶが、各社家に属する幣下の範囲は地域的に略々一定している。これは旧社家が何れも其地に住居していた関係と考えられ、特に宮川氏と大池附近の氏子との関係はこの推察を確かめるものである。即ち社家も元は各郷の氏子の列に在つたものが、世襲的神職となり神社附近に移つて来たものである。

尚頭番を勤仕する家は相当なる財産を所有することが条件とされているが、古い時代にはかかる制限はなかつたであろう。しかるに頭番たることは非常な名誉とされるにも拘らずかなりの費用を要し遂にかかる制限が生じたものであろう。嘗ては全氏子は皆平等の権利と義務とを有してをり、之を支配統率する者は又彼等を率いて氏神を祭つたのであるが、それは氏人の中から選ばれた。その方法は神籤の如き公平なる方法が用いられたであろう。その任期も短期間であり、恐らく新年祭と新嘗祭を含む一ケ年がその最初のものであり、やがて任期が延長し、次で終身制となり、最後に世襲制となつたのであろう。且つ政治と祭祀との任掌も異つた者によつて行われることとなつたのである。かかる過程を彼の祭事の慣行が示しているのである。

三

次に数年来調査せる所に基づいて、京都市上京区上賀茂鎮座官幣大社賀茂別雷神社に於て行われていた特殊慣行に就いて述べよう。

本社が古来朝野の尊崇頗る篤く、嵯峨天皇の御代には賀茂斎院を置かれ、二十二社本縁にも「凡伊勢賀茂八幡をば三社とて、神領も余社に不レ准崇重礼異レ他者也」とあることなど今改めて説く迄もない。

この社に往来田と呼ばれる特殊な土地の制度が行われていた。

往来田とは如何なるものかというに、賀茂注進雑記に「百四十人之氏人者年齢次第往来田を帯し神事祭礼の神役等に社司に相次で勤来り云々」とあり、享保年間に書かれた往来田訴論記には「当社領高二千五百七十二石余之内千二百二十八石余之地方者往来田と称し、氏人百四十人分往古より廻り給田に相定無二増減一収納仕来、死闕有レ之節者無足之氏人年齢次第請二取之一社役相勤来り候」とある通りである。

即ちこの神社には祭神の子孫と信ぜられ往古より連綿として神勤して来た社家が数百軒あつた。何れも賀茂県主《あがたぬし》という姓を保ち、賀茂の氏人と称していた。その氏人中年齢順に百四十人が一定の土地を班給されたのである。死亡すれば之を神社に返還し、無足の氏人即ち従来土地を給されていなかつた者が年齢順に給せられるのである。要するに江戸時代に於て千二百石余の土地は氏人の総有地であつて、之を年齢順に配分占有することとなつていたのである。そして神社と氏人の間を往来するという所から往来田と言い、又一に回給田とも称したのである。

此外にこれと同様なる方法にて班給した土地に、貴布禰《きぶね》田、河原畑、老者田と称するものがあつた。貴布禰田というのは、貴布禰神社が明治初年迄同社の摂社として取扱われて来た関係上、同社の氏人は十六歳以上の者が交代に日参して四十七歳迄勤める。その為五十歳に達すると貴布禰田を受ける資格が出来た。これは五十七人分あつた。河原畑というのは恐らく新開地であろうが二十三人分あり、老者田というのは十人分あり、宿老と称する一老より十老迄に給せられた。従つて年長者に於ては四種類の回給田を持つこととなつたのである。

しからばそれらの面積又は石高は幾何かというに、往来田は江戸時代では高八石が標準になつていた。併し実収は田の善悪によつて十二三石より下は五六石迄あつた様である。

貴布禰田は一人宛僅か一石余、合せて六十石程に過ぎず、河原畑は数升宛、老者田は一二石であつた。従つて一人分の収入は左程大なるものではなく、別に個人として朱印地を得ておる者もあり、京都に於て公武に勤仕しておる者も少くなかつたのである。

さてかく土地の給与を受ける以上は神社の神事祭礼を勤める義務のあつたことは無論で、幼少の頃より種々の役を勤めていたのである。京都に於て公家武家に奉公する者と雖も年内に一定の日数は神勤する義務を有していたのである。往来田を受取る年齢は時により相違があつたが、大体三十歳より四十歳位の間であつたし、貴布禰田は五十歳以上、河原畑、老者田に至つては六七十歳を越えてであつた。

さてこの往来田制度の起原は如何というに、蔣池《こもいけ》直一の南柯記に社記を引用して「氏久神主任中文永ノ比一条以北ノ水田人別ニ三段宛宿老ノ氏人ニ寄附セラル是老者田ノ始也」とあり、又経久日記を引用して「経久神主任中一条以北ノ水田甲乙人等ヵ為濫妨セラル、分徳政ノ御沙汰有テ社家ニ返シ附ラル依之社司氏人会合シテ更ニ配分ス社司ハ十九人ニ配分氏人ハ一人別ニ五反ヲ結テ老者次第ニ配当ス氏人中へ七十町也」とある。幕末より明治にかけての社家中の学者であつた戸田保遠は「按コレ社司氏人ノ往来田ノ始也、社司十九人各一町、或社務ハ二町モ配分スル歟、氏人々別五段合七十町百四十人也此事社務記ニモ正安乾元ノ比徳政興行ノ御沙汰ヲ申立一条以北ノ水田甲乙人等ガ買領ヲ停止セラレ社家ニ返附ラルトアリ」と言つている。（賀茂史略）前後の文よりして乾元二年七月である。今日南柯記等に引用せる経久日記社務記の類は所在不明であつてその文書の正否を知る事は出来ない。元禄より享保頃にかけて賀茂第一の学者であつた岡本清茂の如きも賀茂群記類鑑に於て「往来田の事そのはしまれる年紀いたま考へす久しき事と見えたり」と言い、元亨・貞和頃の社記を引いて「往来田と申事ふるき事としりぬへし」と言つておるに過ぎず、経久日記は見ていない様である。併し乍ら南柯記に引用せる資料は他の部分についてみると頗る正確であり、恐らくこの引用文も信用出来るものと考えられる。乾元年中徳政によりて取戻した土地を配分したのが往来田であるとすれば、それ以前その土地が同様なる方法で配分されていたものではないかという疑問も生ずる。かくの如き配分方法が突然に考え出され実施されたものか否かということは問題であると考える。併しここではそれには触れずに置くこととしたい。乾元中百四十人分一人宛五段に配分された往来田はその後永く変動なく推移した模様で、応仁元年写の往来古田帳によつてみても、一人宛は大部分五段であつて、四段半、四段というのが極めて稀にあるに過ぎない。又先に引用の経久日記に「氏人ハ一人別ニ五反ヲ結テ」とある如く、五段の土地は一ケ所にあるのではなく一段宛に区分されて、太宮・川上・中村・岡本・小山の各郷に散在していた。恐らく公平なる分配を目的とした為であろう。

然るにその後所謂戦国時代を経過し、天正十三年及び同十七年に太閤検地あり、旧来の社領は大半失われて、改めて二千五百石余の朱印地が寄進されることとなつた。往来田の下地もこの間に当然勘落して、新社領中の千二百二十石を以て之に宛てることとなつたのである。これよりして土地の面積収入共に甚だ不均一となり、前述せるが如く良田にては十二三石に及ぶ一面悪田にては五六石の収入よりないということとなつた。ここに於て当り田即ち班給される田の善悪によつて重大なる利害が生ずることとなつた。しかもそれは何等年齢には関らず全く死闕当り番の偶然性に因るわけであつたからして、年齢を重視し公平なる分配を根柢とする往来田制度の上で重大なる欠陥となつた。この欠陥を幾分にても緩和させる目的で行われたのが恐らく仕替田の制度であつたろうと考える。仕替田の起原は未詳であるが、多分江戸時代に入つてのことであろうと推測する。仕替田というのは、往来田帯有者が、自己の往来田の収納高が僅少なる場合に、収納のより多い往来田と交換することである。その方法は仕替田の希望者は一旦自己の往来田を神社に返還して次の「あき田」を待つて之を受取るのである。併しその為には百二十日の日数を立てるということが必要である。百二十日の日数ということは、今年八十六歳になる旧社家の藤木経東翁の談によれば、一旦死んだものとしてその間謹慎することであるという。この百二十日の謹慎が終つた時に「あき田」があれば之を受けるのであるが、必ずしも良田があくとは限らない。ここにおて百二十日の日数を立て乍ら、よき田があく様子の見えない時は他所に宿泊して謹慎を破る。これによつて百二十日の日数が闕けてその田に当ることを避けることが出来たのである。百二十日目に他宿の為往来田を次の者へ廻すという例は社記に屢々見えておることとである。藤木翁の談によれば仕替田は上賀茂に居住する社家に限られ、京都に於て他の職務を持つ者はその権利なく、又比較的貧困なる社家が行つたのである。

倘仕替田は老分の者の行う年と若者の行う年と交互になつていたが、老分と若役の境は六十歳位であつた様である。且つ八月末と正月と年二度行われ一度に三人宛と人数の制限があつた。

以上極めて簡単であるが往来田制度の大要の紹介に止める。

この往来田制度の如きは土地制度として甚だ稀なるもので、殆ど他に類を見ない所である。班田収授法や乃至土地割替制などと比較してみる時、そこに多くの興味が呼び起されるのである。

四

ついでこの賀茂別雷神社の氏人間に於ける山林収益権の行使慣行について述べようと思う。

この山林制度については農林省山林局編纂の日本林制史資料社寺領編中の同神社領の内にもその資料は収めてあるが、その山入りに関する部分を簡単に記述する。

江戸時代に於ける同社々領二千五百余石中には貴布禰山その他相当の山林を含んでいたが、その収益権は往来田所有の氏人及び二十一人の社司にあつた。毎年山取りと称してその下草苅が春秋二回行われた。社司及び往来田帯有の氏人合せて百六十一人は十手と称して十組に分れておつたので、山も先ず十等分して鬮を以て十手に配分した。之を山の大分という。次で各手毎に小割を行つて十六人又は十七人の手中の人別に配分するのである。山刈は二日に亘つて五手宛交代に行うのであるが、山刈を行わない他の五手の者は山奉行として番所を守り、違反乱行者の取締に当つたのである。かくの如く鬮取りを以て小分迄行うことは一般の入会山に於ても稀な方法と言わなければならず、又頗る徹底したやり方である。

尚又山は平常は氏人中にて山廻り衆を依頼して見張りを行うのであるが、その依頼の際に社中より一札を入れて、万一山盗人等に出会つて之を殺害することがあつても、その責任は社家中として負うこととし、又反対に山盗人の為に殺害される様なことがあれば、往来田帯有者の場合は十五年間その収益を遺族に与え、無足の氏人の場合は五石宛与えるという契約が行われた。この年限は時に十年の時もあるが、之は一種の生命保険であり相互を扶助する規約である。かくの如きことは既に古くより行われた所で文明八年一社騒動の際討死した氏人等の遺族へ十年間往来田を預け置いた例があり、長享二年社領であつた江州舟木庄へ衆中より派遣された尾張守及び幸藤大夫が討死せる為衆議を以て遺族へ十五年間往来田下地を与えたこともある。（市文書）従つてかくの如き相互を扶助する規約は既に早くより行われていたことを知ることが出来る。尤も衆中の団結自治ということは室町時代の後半より急速に発達し、かなり強固な統制が行われた例が多く存するのであるが、この社の場合もそうした時代に始つたものであろうか、或は亦それ以前より行われていた所であろうか。往来田制度の設定乃至発達より考えて恐らくかかる相互扶助の思想は古くより存した所であろうと思われる。それが戦乱時代に入り一層強化されることとなつたものと考えられる。

結

以上神社に伝つた慣行中一二のものを紹介した。それらは比較的珍らしいと思われる制度習慣である。併し初めに述べた如く、神社の持つ特殊性によつて、嘗ては一般社会に於て通常の事柄であつたものが、何時しか神社にのみ残るものとなつたのであろう。或は一般民衆の欲する所が、神社に於てのみ行われて来た場合も多いであろう。何れにせよそれらを明かにすることは単に神社制度の研究という立場のみからでなく一般社会制度の研究上頗る重要な事柄といわなければならない。今ここに僅かな例を挙げてその証としたのである。

（昭和十一年十月、神社協会雑誌第三十五年第十号掲載）

五、賀茂別雷神社の往來田制度

序

本稿は昭和七年以来調査に従っている「賀茂別雷神社の旧慣行」の一部をなすものである。資料の大部分の存する同社を遠く離れた鹿児島に住し、且つ寛文五年以来明治初年に至る大部の日次記の中から断片的の記述を蒐集することとて、既に五ケ年を経たるも猶未だ考証不十分論究不徹底のものであるが、取敢えず一応の成果を発表することとした。

尚本研究の為文部省より昭和十一・十二両年度に於て精神科学研究費補助を与えられたことと、賀茂別雷神社々務所に於て多大の便益を計られたこととを附記し、併せて謝意を表する次第である。

一　往來田の意味

上賀茂社即ち賀茂別雷神社に於ける旧慣中最も特徴あるものはその土地制度である。この特殊なる制度を便宜上往来田制度と称することとするが、先ず初めに往来田の意味を説明しなければならない。その為に一二の文献を引

用することとする。賀茂注進雑記に、

百四十人之氏人者、年齢次第往来田を帯し神事祭礼の神役等社司に相次て勤来り云々

とあり、往来田訴論記（巻八、享保十四年の条）には、

上賀茂新宮以下之社司氏人奉レ訴候者、当社領高弐千五百七十二石余之内千弐百弐拾八石余之地方者、往来田と称シ氏人百四拾人分往古ゟ廻リ給田ニ相定無ニ増減一収納仕来、死闕有レ之節者無足之氏人年齢次第請ニ取之一社役相勤来リ候、

とある。これにてほぼ明瞭なる如く神社に一定の土地があり、事実上は賀茂氏人の共有に属し、これを年齢順に氏人百四十人迄請取りてその収益を収め、死去するに及んで之を社中に返還し、更に無足の氏人即ち従来給田を有しなかつた者が年齢順にこれを請けることとなつていたのである。かく社中と氏人の間を往来することからその土地を往来田と称するのである。又一に回給田とも言うのである。尤もこれに就いて賀茂旧社家出身の鎌倉宮々司座田《さいた》司氏氏（現在鶴ケ岡八幡宮宮司）は「往来田とは、この給田に附随する田券の軸が往来軸であることに起因する名称である」という説のあることを述べておられる。（同氏談）同氏所蔵の往来田券には如何にも往来軸に似かよつた軸があり、或はそれより変化したものかと考えられる底のものであるが、田の名称の起原としては前説が妥当であり、江戸期の文献もそれに従つている。

二　往来田制度の沿革

往来田なる名称は寛文五年以来の神社日次記に屢々現れる所であり、その他の神社所蔵文書中にも散見する所であるが、その起源沿革に就いて記述したものは殆ど管見に入らなかつた。日次記によるも遂に判明する所なく、又元禄より宝暦にかけて賀茂随一の学者たりし岡本清茂の如きも、(註一)

按するに往来田の事そのはしまれる年紀いまた考へす久しき事と見へたり元亨の比ほい往来田勘落のさたありて氏人等当宮へ立願し侍けるに何のさハりもなかりしかハ貞和四年五月六日に社頭の馬場にして臨時けいは(競馬)十番を奉つて賽し侍ける是去る元亨年中氏人往来勘落のおりの立願を果也と社記(氏人惣中小櫃ニ有)侍れハ往来田と申事ふるき事としりぬへし又はるか後の事なれとも他記に見たるハ甘露寺親長卿記なとにも往来田と申事ミへ侍る。(註二)

と述べておるに過ぎない事を知つた。この元亨年中の記録は現存しないが、応仁元年写の往来田古帳が存しており、親長卿記の文明年間にも往来田のことが見えている。親長卿記は大日本史料にも引用されているが、往来田が親長卿記に単に往来と記されている為その意味を取る事が出来なかつた様である。即ち大日本史料文明八年八月二十五日の条に引用された同月廿六日・廿九日の文中二箇所に於て「往来(ママ)」とされている。(註三)殊に廿六日の「今度依社司訴訟、発向社頭放火、罪科不軽、所詮新(所カ)帯等一所被召上、可被付造営、在京氏人等事者、可被召放往来(ママ)帰為造営也、各不存知之由仰之、迷惑難治之由申之」(不存知之由は可存知之由であろう)の「往来」が不明であつた為に、親長卿記三十二の「在京氏人下地事、度々被レ仰候処、猶以不承引云々、」の文意又不明となり、大日本史料同年十二月二十四日の綱文には「賀茂社司等、氏人ト争ヒテ、下地ヲ付与セズ」云々となつているが、この解釈は誤りである。元来在京の社司氏人が発向して賀茂在住の氏人と争乱に及び、その結果一社を焼亡せしむる大事となつた為、在京社司氏人の責任を問い所帯を召上げ、在京氏人の往来田を召放して造営料に宛てんとしたので「迷惑難治之由申レ之」又「在京氏人下地事度々被レ仰候処猶以不ニ承引一」るものであつたのである。

それはさて措いて、往来田の起原が応仁文明以前にあることは判明したが、それ以前のことは不明であつた処、偶々昭和十一年夏に同社主典中大路季長氏が蒋《こも》池直一の著せる南柯記の写本を蔵せられしが見出された。南柯記は上賀茂社家の沿革を記せる興味多き書であるが、その中に旧社記を引いて、

氏久神主任中、文永ノ比一条以北ノ水田人別ニ三段宛宿老ノ氏人ニ寄附セラル、是老者田ノ始也、

とあり、又経久日記を引用して、

経久神主任中、一条以北ノ水田甲乙人等カ為濫妨セラル、分、徳政ノ御沙汰有テ社家ニ返シ附ラル、依レ之社司氏人会合シテ更ニ配分ス、社家ハ十九人ニ配分、氏人ハ一人別ニ五反ヲ結テ老者次第ニ配当ス、氏人中ヘ七十町也、又競馬料ニ二町附ラル、

乾元二年八月也同十四日社司氏人ヘ昨日ノ田ノ充リ文ヲオクリ引附ラル、又黄衣白衣ヘ配分ノ田ヲ給フ、

とある記述を見ることが出来た。次で維新前後の賀茂の社家戸田保遠も賀茂史略にこの文を引いて、

按コレ社家氏人ノ往来田ノ始也、社司十九人各一町或社務ハ二町モ配分スル歟、氏人々別五段合七十町百四十人也、此事社務記ニモ正安乾元ノ比徳政興行ノ御沙汰ヲ申立一条以北ノ水田甲乙人等ガ買領ヲ停止セラレ社家ニ返附ラルトアリ、

と記しているのを知り得た。今日経久日記、社務記の類は所在不明にして引用文の正否を確かめることは出来ない

が、南柯記の他の部分より推してこの引用文に信を置くことが出来ようと思う。

然ればここに一応往来田の起原を知り得たのであつて、或は徳政によつて返附される前にもかくの如き方法を以て土地が配分されていたのではないかという疑問も生ずるが、その問題は後日に譲ることとして、本稿にては乾元二年八月に始められたものとして筆を進める。

一人別五段の往来田はその後永く維持されたものの如く、応仁元年写の往来田古帳及びその頃のものと推定される前後の部分の欠除した往来田古帳によれば、往来田は大体一人五段宛であつて、稀に四段半又は四段というが如きものもあるが僅に二三に過ぎない。しかもそれら古帳によれば、往来田は殆ど凡て一段宛に区分され各人の給田は太宮・川上・中村・岡本・小山の五郷に一箇所宛計五段となつており、前文の「一人別ニ五反ヲ結テ」というに該当する。併し戦国時代に入ると共にかくの如き制度を厳格に維持することは困難となつた。いうまでもなく社領の勘落する所少からず、平安朝以来鎌倉時代にかけて諸国四十余所に在つた荘園は次第に武家に押領され、賀茂六郷の神田さえ永正頃より乱暴狼藉を蒙る有様であつたから、(註四)其後に於て往来田をその儘維持することが出来なかつたことは疑ない。併しその制度が継続していたことも亦明かである。天正十三年頃より所謂太閤検地が行われたが、検地奉行は所司代民部卿法印玄以・山口宗長・松浦重政・大野光元・一柳勘左衛門等であつた。現在神社にある天正十三年十二月付の検地帳には松浦重政の名があり、先年米国エール大学校友会に購入された天正十四年のものには玄以等の名があつた。同十七年安威攝津守・太田又介等が奉行として再度検地が行われ天正十八年七月廿五日精帳なり、その結果翌十九年九月に至つて二千五百石余の朱印状が与えられたのである。(註五)「歴史地理」六十二の一に掲げられた中川泉三氏の「天正検地の一史料」は、賀茂社家の岡本保望の書状であつて、それによれば保望の力によつて作州の神領を一時回復したが、再び退転したもののようである。

これは往来田制度の上にも重大なる影響を及ぼしたと考えられる。旧の如く五郷の地に一段宛を配分するが如きことは不可能となり、恐らく便宜の方法を講じたに違いない。併し江戸時代に於ける一人当りの高が神役落地分を差引き七八石平均であつたことからすれば面積はほぼ旧に近いものであつたと推測される。日次記元禄三年十月廿七日の条に載せられた田地図面によると、若狭介・玄蕃允・内蔵頭・内匠允の往来田は略同一区劃に仕切られ、若狭介往来田に六段田と記されている。恐らく面積を示すものであろう。又この図によつて往来田が大体一ケ所に於て配分されたことも推定出来る。これを以て考えれば戦国争乱の間に往来田制度は依然継続されたが、その土地面積等に異動のあつたことは明かで、江戸時代にはその儘の状態で推移したのである。

往来田制度の沿革はこれにて終り、次にこれと全く同一方法によつて配分された他の土地に就いて述べることとする。

註(一) 歴史地理第七十巻第六号拙稿「賀茂清茂伝」参照
註(二) 賀茂群記類鑑八 県郷神領名所古跡
註(三) 大日本史料第八編之九、三六頁第七行第十五行
註(四) 賀茂注進雑記、賀茂別雷神社文書
註(五) 賀茂氏之筆記、日次記元禄十三年四月廿四日の条、歴史地理第六十一号第一号解説欄拙稿参照

三　貴布禰田・老者田・河原畑等に就いて

往来田に類似した、というよりは寧ろ往来田の一というべきものに、貴布禰田・老者田・河原畑がある。貴船神社は現今は全く賀茂社とは別個の官幣社であるが、中世以降明治維新迄は上賀茂社の摂社として取り扱われて来たのである。それに関係ある田が貴布禰田である。又木船田とも記す。往来田訴論記に、(註一)

右貴布禰田之儀も往古ゟ氏人収納来候、久敷儀ニ候故其初慥ニ不㆓相知㆒候得共、旧記証文ニ所見仕候ハ元亨年中ゟ相見へ、四百年以前ゟ慥ニ収納仕来申候、氏人十六歳ゟ四十七歳迄貴布禰社江毎日巡番ニ参詣仕候儀先日申上候、此儀を天正十年ゟ初而相勤百四十年余以前ゟ之事ニ御座候得者、必貴布禰社江毎日参詣仕ニ付貴布禰田収納仕儀と申儀ニ而は無㆓御座㆒候事、

とある。文中朱書の註に「貴布禰田之事見㆓社務補任記森基久神主之伝㆒」とあるが、社務補任記は今見当らない。併し宝徳三年の地がらみ帳には貴布禰田の名が見えるから古くより存したことは明白である。これは五十七人分あり年齢次第に五十七人に配分されたものである。一人宛一石余であつた。

老者田の名は宝徳地がらみ帳にも見えるが、先に引用せる南柯記に「氏久神主任中文永ノ比一条以北ノ水田人別ニ三段宛宿老ノ氏人ニ寄附セラル是老者田ノ始也」とあるのを信ずれば往来田に先立つものといわなければならない。これは十人分あり、江戸時代では一人当り一二石程度であつた。(老者田新写便覧)

河原畑というのは長享二年六月六日附の文書(註二)にその名の見えるのが最も古く、その起原は不明であるが、廿三人

分あり、これ又年齢次第に配分され、高は数升より一二石の間にあつた。又瓦畠とも書いた。

併し貴布禰田・老者田・河原畑の収入は極めて僅少なものであつた。これら廻給田の高は延宝五年に於ては、(註三)

一、千弐百廿七石余　氏人百四十人往来廻田
一、六拾七石余　同年老五十七人木船田廻田
一、五石余　同年老廿三人河原畠廻田
一、十九石八斗余　同年老十人老者田廻田

であり、元禄二年には、(註四)

高千弐百五拾四石壱斗九升四合七勺　氏人往来田百四拾人
高六拾七石九升六合六勺　同貴布禰田老五拾七人

で、河原畑・老者田の高は不明である。

尚これらの廻給田の外にも氏人惣納の土地があつたが寛文四年に取除かれた。即ち寛文四年の江戸幕府裁許状に「氏人中惣納五十八石四斗八合六勺　是者累年氏人雖レ支ニ配之一、往来田・貴布禰田・家領等有レ之候間今度取除候事」とある。

社家は以上の廻給田の外に家領があつた。その総額は延宝五年には三百六十五石余であり、(註五)元禄二年には五百九十一石四斗余であつた。(註六)「右家領之儀者、社職料・往来田・貴布禰田等之給田御座候得共、年中繁多之神役難レ勤、殊一生之後者次社家へ相渡リ申候故自ニ前々一社家為ニ相続一家附ニ伝来収納可(マヽ)仕来候」ものであつた。(註七)これは凡ての

氏人が所有するものではなく限られた家に伝来するものであり、この外にも神社の高の外に別朱印地を有する社家もあつた。その高は延宝八年には合計弐百六拾五石八斗にして僅かに七家が有するに過ぎず、大部分の社家にはなかつたのである。(賀茂註進雑記)

尚注意すべき事は、往来田が単に氏人の間に限られず、刀禰・神人の如き下役人にもあつたことである。既に文明十六年八月の納帳に中村郷に刀禰往来のあることが見え、(註八)宝徳三年の地がらみ帳にも刀禰往来・神人往来の名が記されている。又「寛永十一年三月ノ比ノ指出ノ控」に、

　刀　禰

田当リハ三拾二人有レ之 内かぶなし三人有レ之

とあり、日次記延宝五年十二月廿二日の条に記載された「賀茂社御社領之覚」には、

一、廿三石余　　刀禰廻給田

一、七十九石余　　同刀禰家領分

一、八石七斗余　　神人廻給田

とあり、又同じ覚の中に、

一、刀禰四十二人 白衣　　一、神人 黄衣　四十二人

とありてその人員が知られる。尤もこの石高は一定したものではなかつた様で、元祿二年の社領書出には、(註九)

高五拾六石五斗四升三合八勺　　刀禰四拾弐人給田

内三拾弐石七升三合五勺　　同家領

高二石　　神人四拾弐人給田

此外毎神事下行有

とある。何れにせよその一人宛の収納は極めて僅少なものであつた。刀禰・神人は何れも下役人であるが、(註一〇)刀禰及び神人の職務は、元禄八年四月九日附で社中より京都町奉行へ提出した覚書に、

一刀禰と申役人者、神人之上ニ立申候役人ニ而御座候、是ハ神供之取扱仕、社用之配膳を勤申候、此刀禰ハ白衣と申候而、白丁之類を着用仕候御事、

一神人と申候者、役之内最下之者ニ而御座候、御供を舁申候担夫ニ而御座候、其外諸事卑キ役義勤申候、然共古代之者ニ而候故、榊なとも為レ持来候、神人之字久敷書来候へとも、若上代者地人と書候哉未考候、都庭上地上之役勤申候、依レ之此神人ハ土の色をかたとり黄衣を着候御事、

とあり、社記明治四年七月十五日の条に、刀禰は「御社頭御門勤番として楼門脇番所ヱ刀禰四拾弐人交代連夜相詰来候」とある。

神人に就いては賀茂群記類鑑に、

神人《ジンニン》　常云自忍　神人着二黄衣一事見二衣服部一

○氏神筆記云、神人廿一人之内年々一人宛矢刀禰になる、御生所囲之頭人なり、神人廿一人非衆廿一人合四十弐人あり、然とも非衆様之者ハ数定らす今七八十人あり、又賀茂之御供舁に参る者ハ神人之内一ちの下六人なり、

○中略

○ひろく神人ト云時ハすへて神につかふるものをいふ事なれと、当社にハ下輩之役人ニ神人と号するものあるによりて其名の相混せんことをにくんで、その役人のほかを神人と称する事なし、

と記している。かかる氏人外の下役人迄廻給田のあつた事は注意すべき事であるが、南柯記によれば往来田の起原と同時に始まれるものであることは、前に引用せる乾元二年八月十四日の条に「黄衣白衣へ配分ノ田ヲ給フ」とあるによりて知られる。

以上を以て往来田及び其他廻給田の名称及び起原を記述したので、それが如何様にして配分されたかという制度に就いて述べることとする。

註（一）巻三、享保十年九月十日
註（二）賀茂別雷神社文書
註（三）（註五）日次記、同年十一月廿二日
註（四）（註六）（註七）（註九）日次記、元禄二年十一月廿九日
註（八）賀茂別雷神社文書
註（一〇）賀茂注進雑記
註（一一）十九、社職人伝

四　往来田受給の資格

往来田は賀茂の氏人たる者がその年齢の順によつて百四十人迄その配給を受けるものであるが、単に年齢を重ねた

というだけでなく、規定の神事祭礼に勤仕することが、配分を受けるに必要な条件であつた。日次記元禄二年十二月十一日の条に、

無職氏人年中相勤之神役

一正月十六日歩射神事之時自二七八歳一十六歳迄二十一人着二烏帽子浄衣一箭取之社役相勤候事、

一毎年卯月と十一月両度氏神祭馬上参向之神役相勤候事、

一神前之詰番自二十六歳一御札ニ書載而当番相勤来社法ニ而御座候事、

一貴布禰社年中毎日為二輪番一参詣仕来候事、

一五月朔日同五日競馬之乗尻、於二朔日足駄一者皆無職人乗申候、其乗主神斎有二故障一歟、或落馬病気之為二名代一乗申儀ニ候、然者朔日ニ四拾人五日ニ名代二十人皆是無職之氏人勤来候事、

一社司之神役幷氏人之社役共以二当病歟或老人之名代一皆以勤来候事、

一神前之御掃除奉行其外雑用普請方等之奉行相勤来候事、

右無職氏人と申者廿一官之社司職未レ及二其年齢一間者、雖レ為二神主之子一依レ無二社職役一而無職と申、又略二賀茂二字一而氏人ト呼来候、（下略）

とあり、又往来田訴論記には、（註一）

一百四十人ニいまた加り不レ申候条無足之氏人数多御座候、此輩も幼少ゟ神役相勤申候、則粗左ニ書付申候、

一二季之氏神祭舞人十人ツヽ、年齢五六歳之時分ゟ相勤申候、

一十六歳ゟ四十七歳迄貴布禰社江毎日参詣巡番ニ相勤申候、
一五月朔日競馬足揃乗尻之役相勤申候、
一葵祭走馬之乗尻朝廷之御馬以下相勤申候、
一所司所労之時神事代参等相勤申候事、
右之外ニも段々役儀相勤申候事、

とある。無足の氏人とは未だ往来田の配分を受けざる者を言うのであつて、往来田の配分を受ける前に前記の如き諸役を勤めなければならなかつたのである。尤も中には往来田を受取つた後にまで及ぶものもある。例えば貴布禰日参の如きは四十七歳迄順番に行うのであるから当然往来田受取後にも勤めなければならなかつた。もしもこれを怠る時には、無足の者は貴布禰日参違日三日、衆分の者、即ち往来田帯有者は連日五日を勤めなければならなかつたことが、岡本清茂日記の元禄十六年五月十四日の条に見えている。従つてその意味からは前文の無職の氏人即ち社司に補せられざる氏人の職務と称した方が適当である。この外に下鴨社参があり、これは十手にて交替に行つたものの如くである。清茂の享保十七年日記の表紙に、

六月十日七番衆下鴨参、老人番也、予若役、下鴨参之若役ハ貴布禰日参勤候四十六才迄之人除レ之、又本若役除レ之、精進頭除レ之、右之外四十七才以上之内若キ人ヲ差定事也、

とあり、同人の享保十九年の日記の二月十八日の条には、

七番衆下鴨参、若役予也、今年年寄番ニ而釆女正・三河守・右馬権頭・内匠頭参勤也、

とある。併し何れにせよ往来田の配分を受ける氏人の義務であつた。而して次に述べる精進頭はその義務中最も重要なものであつた。

精進頭とは如何なる職かというに、往来田訴論記に、(註二)

一精進頭五人

精進頭と申候者神事之頭人と申事ニ而、氏人中之内ニ而頭人を相定、年齢次第五人ツヽ、正月ゟ明年正月迄一日も無二間断一参社致シ御祓修行仕、天下安全公武御安泰之御祈禱長日不断相勤、重キ役儀ニ而御座候事、

とあり、又同社古文書の「年中行事」中賀茂社御祈禱条々に

一五人之御精進頭、此役人ハ為二天下安全之御祈禱一従二正月十六日一来年正月十六日まで毎日両度参詣并貴布禰丑ノ日ことニ参詣、従二往古一今ニ無二懈怠一相勤候、きふね参詣之外禁足ニテ在所ヲ不レ出、あしともに座して汚穢不浄ヲ不レ見、精進潔斎ニ相勤候事、

とあるによつて大体その職務を知る事が出来る。勤務の期間については天保十五年徳大寺御用帳によると正月五日より翌正月十七日迄とあるが、年中行事の方が正確である。藤木経東翁の談話によれば、(註三)精進頭は大行事とも言い、神社に勤仕の為往来するにも傍を見ることを得ず、手にて蔽いて下を見ながら歩行し、又下に不浄のものを見る時は水を浴びて清めたという。或は丑の日毎に貴船に社参し、正月は川水を浴びて祈禱をなし、その外廿一反参とて夜通し本社・太田・氏神三社へ参拝すること等があつたということである。精進頭が潔斎のための行水料が給せられたことは社記にも見えている。元禄八年十一月二十七日の条に、精進頭の行水料は年に八斗宛であつたが、

今度は、正月・二季の御祭・競馬等に湯屋をたくようになつたから判桝六斗宛にするということがある。

しかも精進頭たるには三歳の時より番頭日記にその名を載せて置くことを必要とし、又十年以上他所に居住せる者は三箇年当参の後でなければ精進頭たり得なかつた事が次の置文で知られる。

当社々家精進頭置文之事

一雖レ為二賀茂氏分明一、自二三歳一於下不レ載二番頭日記一之仁上者、被レ勤二精進頭一之儀堅可レ為二停止一、勿論饗膳之上物向後令二停止一之事、

一当行事者雖レ為二年齢次第之古法一、若闕如有レ之節廿日之日数相立被レ超二越当参之仁一勤之儀向後令二禁止一事、

一縦雖レ載二神前之御札番頭日記等一年来住二居于他国一而猶十年以往無二参社一之輩ヲハ更遂二三年当参一之後可レ被二相勤一之事、

右之趣自今以後急度可レ被二相守一、従二当亥年一来申迄ニ参勤可レ有レ之、尤其節可レ被レ相二届于会所一者也、仍以二衆評一所二相定一之状如レ件、

天和三癸亥年五月　日　　社家中(註四)

精進頭を勤める事も元来は往来田班給と相関関係はなかつたと思われるが、精進頭が年齢順に毎年五人宛勤仕する結果やがて往来田受給の資格として考えられ、之を勤めなければ給田を受けることが出来ないものとされ、従つて精進頭を勤めることは重要な権利とされ、前記の如き規定がなされたものと思う。併しこれが為に享保頃に至つて死亡者が増加した時に往来田を受ける資格者を闕き、往来田は社納することとなり受給人員が減少した為に、氏

人側に不満を生じ、同六年十二月、置文を定めて、精進頭五名の外に、次の五名も往来田を受取り、一年に計十名宛往来田に当るように定めた。そして翌七年の精進頭五名は、八年正月八日に往来田を受取り、残る五名は同十三日に当ることと定めたのである。而して精進頭を勤めずして往来田に当る場合には百廿日の日数を立てて当るのであつて、その場合途中で他宿して日数を欠く時は精進頭勤仕後に当ることとなつた。しかるにこの精進頭勤仕前に往来田を受取ることを定めたことが、間もなく問題となつた。

上賀茂では古くは賀茂氏人が一姓平等に社職に補せられて来たのが、鎌倉時代の中葉より後鳥羽天皇の皇子と称せられる氏久の子孫のみが社務職に補せられ、ここに一般氏人と対立関係を生じ、遂には文明年中の大争乱となり、遂に一社焼亡のことさえ引起したのであるが、その関係は江戸時代に入つても継続し、寛文四年幕府裁許の結果、氏久の子孫と称する松下・森・鳥居大路・林・梅辻・富野に氏人側の岡本を加えた七家を以て、本社の神主・禰宜・祝・権禰宜・権祝と摂社の片岡・貴布禰の禰宜・祝の九職に補し、十六流の氏人を以て、新宮・太田・若宮・奈良・沢田・氏神六社の禰宜・祝十二職に補することとしたのである。(註五) 往来田の配分に預るのは十六流の氏人に限られていたので、所謂七家社司と新宮以下社司氏人との間には常に利害の対立感情の疎隔があつた。往来田社納問題に於ても七家社司は往来田が社納となり神社の収入の増加する事を欲し、新宮以下社司氏人は百四十人分全部の班給を望んだ。これが為享保十年より遂に訴訟となり、七家社司側にては、

氏人帯二往来田一候儀者、従二古来一年齢次第五人充精進頭と申行事を毎年正月十六日ゟ始、翌年正月七日ゟ参籠を勤、其間に給田を請取、田地之巻物を役人ゟ渡申候、収納之儀者亦翌年之秋ゟ直納仕、夫ゟ一生之間納レ之、死

後ニ者其儘田地之巻物を役人迄指出、精進頭相勤候者江渡候事故、給田を往来田と称シ申候、右往来田百四十人分御座候、又氏人数多有レ之候得共、精進頭相勤給田を請取社役相勤申事古法社例ニ而御座候、如レ此田数人数相極御座候得者、両方相満候事稀成儀ニ候、依レ之精進頭相勤候而も往来田明キ無二御座一候儀有レ之、亦近年之通死闕多御座候時者往来田数明キ有レ之儀も御座候、其節者一社ニ納来候社法ニ御座候、

と主張し、之に対して新宮以下社司氏人側よりは往来田と精進頭とは何等関係なきものとして、文明八年同十五年永祿六年に於て往来田を受取りて後精進頭を勤めた例を挙げて反駁し、享保十年より十四年に及んで訴論あり、結局京都町奉行より、

惣而氏人百四拾人社役相勤候儀者古法社例之旨双方ゟ書上候、夫故古来ゟ往来田も百四拾人分有レ之上ハ、縦中古死闕等ニ而人数減少有レ之候共、早速無足之氏人を差加、古来之通往来田配分可レ仕事ニ候、其上氏人ゟ者宝永元年之頃迄ハ人数相満有レ之旨申上、七家ゟハ天和之頃ゟ社納ニ仕来リ候旨申上候得共、是以漸四十年以来之儀ニ候処、年来旧式を相破リ人数不足致置候儀は有間敷事ニ被レ為二思召一候得者、（中略）彼是不レ拘二余事一、享保六年七家氏人一同ニ申合候通、拾人充年々往来田請取可レ申候、

という裁決が下され、（註六）氏人側の主張が通つたのである。しかしこの後年々十人宛日数を立てた為に、日数を立てて往来田に当らない者が増加したので、明和五年八月に至つて、立会老若三手一統の決議によつて、日数を立てることとを暫く延期し、田当り前二十一人目になつた時に、その一人目から十人宛日数を立てることとした。（註七）かくの如く精進頭勤仕は往来田受給の前のこともあり、後のこともあつたとしても、往来田受給の条件となつていたことは明

かであり、又この後に於ても往来田請取後精進頭を勤めなかつた為に往来田を社納せしめられた例も存する。(註八)

以上述べた所は要するに氏人の義務であり、之を闕くことは氏人として往来田を受ける資格を失うものである。

註(一) 巻三、享保十年九月十日

註(二) 巻二、享保十年八月三日

註(三) 翁は旧社家にして明治維新前を知る殆ど唯一人、昭和十一年八月その談を聴く、時に八十六歳

註(四) 日次記、天和三年五月十七日

註(五) 寛文四年六月廿二日江戸幕府裁許状

註(六) 座田司氏氏所蔵の往来田訴論記八巻はこの顛末を記したものである、

註(七) 日次記、明和五年八月卅日

註(八) 往来田新写便覧

五　往来田の配分と返還

前項に述べたる如く賀茂の氏人は諸種の義務を負う一方に於て、往来田の班給を受ける権利を有した。往来田の配分方法は、本来「上ケ田」のあり次第年齢順に班給さるべきものであつた。併し江戸時代前半に於ては前項に述べたる如く、精進頭勤仕後「上ケ田」のあり次第之を請取ることが行われていたのである。例えば日次記元禄十三年正月八日の条に、

一五人精進頭今日往来田ニ被二相当一也、田当リ之次第八年次第ニ被二相当一事如二例年一、

一宮市大夫清寅　　故少内記ノ上ケ田ニ当ル

一松之介大夫保箍　故大炊允ノ上ケ田ニ当ル
一源大夫成通　右衛門佐任職ノ上ケ田ニ当ル
一鶴神大夫兼齊　故左兵衛尉ノ上ケ田ニ当ル
一権六大夫清佳　故若狭介ノ上ケ田ニ当ル
右五人自二今日一百廿日日数被二相立一者也、則評議所ニ書記畢、

とある。正月八日に往来田に当ることは、前項の七家社司の申条中に「精進頭と申行事を毎年正月十六日ゟ始、翌年正月七日ゟ参籠を勤、其間に給田を請取、田地之巻物を役人ゟ渡申候」とあるに合するものである。任職の上ケ田とは氏人が社司に補任せられた為往来田を返還したもので、他は死闕による上ケ田である。百廿日日数のことに就いては後述する。さて此場合には上ケ田があつた為に精進頭勤仕を終ると同時に往来田の配分を得たのであるが、常にかくの如くであつたと言うことは出来ない。時には或る期間待つ必要もあつた。又中には往来田の善悪によつて当ることを避けて善田のあくのを待たんとする者もあつた。即ち往来田の高は江戸時代に於ては不均一となつて、善田にては十二三石に及ぶが悪田にては五六石という状態であつたから、悪田が班給せられんとする場合には之を避けて善田の空くのを待つ事が行われたのである。ことに於て元祿五年六月廿七日の置文に於て、(註一)

一精進頭被二相勉一之後当参之輩六月已前者不レ及レ申、雖レ為二六月以後一不レ撰二闕田之善悪一次第ニ可レ被二相当一事、

と定めて、往来田を選択することを制限している。

以上は精進頭勤仕後往来田に当りたる場合であるが、勤仕前に当る場合には「充往来田前百廿日日数」なるもの

を立て、然る後に往来田を得、更にその後に精進頭を勤めたのである。(註二)往来田受領後も百廿日の日取を立てる必要があるが、それは後述する。この往来田を受取る前後に百廿日の日数を立てるということは如何なる事か甚だ不明瞭である。只藤木経衷翁の談によれば謹慎をすることであつたというが、謹慎の程度は神社日次記に現れた例から推せばこの期間外泊をせぬことであつたらしく、それ以上のことは判らない。尤も元来は他行を禁じたものと思われるが、実際には外宿しなければよかつたものの様である。又百廿日と限定した根拠も不明である。これは既に岡本清茂なども不審とした所で、賀茂群記類鑑二十に於て「百廿日日数期限之事」と題して、続日本紀天平宝字二年九月丁丑(八日)の条、及び三代実録巻第卅八陽成天皇元慶四年十月七日丁亥の条に、国司交替の期限を定めて「官符到後百廿日内付了帰京」とある本文を記している。恐らくこれと何等かの関係を求めんとしたものであろう。併しこれと直接結付けることも困難である。仍てここにも不審を存しておくこととする。明和五年八月の定によると、それまで「充往来田前百廿日日数」を立てる者が置文の旨によつて年々十人宛あつたが、只今では日数の満ちた者が多数になつたから、暫く日数を立てることを延期し、田充前二十一人目になつた時、その一人目から十人宛立てることにした。(岡本清足日記)

との日数のことは外にも往来田受給者に一条件として附せられてゐる場合が多い。例えば元祿五年六月廿七日の置文に、

他所住居之輩、或奉公人者、更当ロ廿日之日数立可レ被二相当一也、又俄闕田有レ之時他宿之人日数未満之内者雖レ為二年老之闕田一次座之人可レ被二相当一、但他所へ被レ出歟又者於レ被レ勤二奉公一者、日数之日限兼而可レ被レ相二断于

所司大夫一也、

とあり、他所住居者又は奉公人には更に当ロ廿日の日数なるものを立てることを要求している。元来社家間に於ては他所居住を好まず、成るべく上賀茂に居住することを望んでいた故に、止むなく外に出る者に対してはこの外にも条件を附したのであつて、同じ置文に、

一当社家衆分之中無レ拠而勤二奉公一或住二他所一之輩、二季之日数如二古法一可レ為二百廿日一事、

但自二元旦一算二大小一百廿日相満者春日数也、自二八月末一算二大小一至二大晦日一百廿日相満者秋日数也、且又春日数可二相立一之旨雖レ相二違所司大夫一、到二日数半途一依二私用一而他行之節相止、春日数秋日数被二立替一事向後可レ為二停止一也、

と言つている。衆分とは往来田帯有者のことであり、奉公とは公家武家に仕えることであるが、往来田を有して他に出ておる者も春秋二季何れかに百廿日の日数を立てることを必要としたのである。これは岡本清茂日記の元禄五年三月十六日の条に、

往来取京町宅住居之内壱岐掾・式部大輔両人ハ近日当所へ罷帰居住可レ有レ之由也、右京進者女一宮様奉公人之由也、然者京町ニ而殊家持家職相勤賀茂社家と被レ申事成間敷事、御奉公人と相究候共町之居住成間敷由也、因幡守・左近将曹御奉公相勤町宅ハ許容モ可レ有レ之歟、然共社法日数終ニ不レ被二相立一向後は京都於二居住一は如二社法一日数可レ被二相当(立カ)一由也、

とあり、又同月廿日の条に、

被レ為レ帯ニ給田一之仁他所居住之衆近日当所へ可レ有ニ帰住一由也、

とあるに関聯するもので、彼の置文により殆ど他所居住を禁止せんとしたものであることが判る。

往来田に当る以前に奉公に出で精進頭の勤仕の不可能なりし者は勿論往来田に当ることを得ず、帰住後精進頭を勤めてから往来田を請取る資格を得た。清茂日記元禄六年三月十五日の条の左の文はこれを証するものである。

二番之精進頭藤木甲斐―頭卒去六十歳(故)古伊兵衛息種松大夫精進頭補闕相勤、年久敷奉公相勤、当春ゟ当参也、

以上往来田班給の条件を記述したが、その条件は常に同一であつたわけではなく、重大なる支障の生ぜざる限り異論も生じなかつたものである。蓋し最初よりあらゆる場合の条件が確定していたわけではなく、その時々の事情に依つて適宜処理されて来たからである。従つて異論を生じ訴訟問題となつても訴陳何れにもその根拠ありて黒白を附し難く、社家の集会又は町奉行等の裁決に俟つ所が多かつたのである。

扨愈々往来田を受取る段に至れば社中より土地券を受取るのであるが、これは寛文三年以後のことの様である。往来田新写便覧上に、

賀茂社

評定　今度往来田以ニ本帳一令ニ新写一為ニ別巻一渡ニ預当領主ニ置文之条々

一凡往来田者一社之公物氏門之転領也、然為ニ当社人一者誰構ニ一身之私一哉、爰此比粗其紛出来者支配之本帳唯在ニ社中ニ而当替新給人面々不ニ所持一之所レ致也、故今度往来・貴布禰田・老者・河原畠等之田所作職年貢高配符出合落地作職役米弁備等之儀自ニ先規一支配来之趣、令レ写ニ社中之本帳一為ニ別巻一以ニ当役者之奥書一各渡ニ于当領主一

之事、

とあるによりてそれが知られるが、この置文の日附は寛文三年六月十日である。この後当領主に渡された巻物は竹筒に収められ、筒に何番衆何某往来田と記されている。竹筒のことは寛文二年職中算用状事十二月の条に、

・九匁壱分　往来帳入筒 六寸竹 十四本ノ代

とある。これは先の置文が出来、各人に土地券を渡す迄には六ケ月間あることであるが、社中の本帳を一々竹筒に入れておく必要もあるまいから、矢張り当領主に渡す筒であつたと思われる。

この地券は手継文書にて、往来田を返還する迄帯有するものであるが、「若於二破壊紛失一者為二課料一巻別米一斗別以二其年往来田米一可二社納一」であつた。(註三)事実延宝年中遠江守令顕は往来田の帳を焼失して過料米五升を社納せしめられ、元禄五年右近太夫保別は往来帳・貴布禰帳・河原畑帳の三巻を焼失し「一所ニ焼失ノ事ナレハ」とて五升の過料米を徴せられた。(註四)

往来田を受取れば次には当り後の日数を立てなければならなかつた。元禄五年六月廿七日の置文に、

一相二当往来田一而以後之日数者不レ論二当参仕替田之差別一彌可レ為二百廿日一、尤日限可レ被レ相二達于所司大夫許一事、

とある。日次記延宝六年正月九日の条に、

昨日往来田ニ被二相当一五人則今日ゟ百廿日之当日数被二相立一候由兼述ゟ被二相届一ニ付書記如レ例、

とある。岡本清茂日記享保八年九月五日の条には、

今日所司代保繁へ予充往来田前百廿日々数之注文持参、自二来七日一立始也、

とて、当り前の百廿日の日数のことを記し、翌享保九年正月八日の条には、

今朝予充ニ往来田一（中略）今日ゟ充往来後百廿日之日数立始由ノ折紙持参也、

とある。百廿日日数のことは前述の如く他宿禁止であつたと思われるが、万一これを破れば往来田を返納しなければならなかつた。寛政四年日次記に備前介宗氏の口上書として「私儀往来田充後百廿日日数来十九日相済筈ニ御座候処」関東へ下向に付き「右日数未レ済申一故不本意至極」乍ら「無レ拠往来田辞退仕候間、何分可レ然御披露奉レ願候」という旨のものがある。（註五）当後の日数を欠いた場合は単に往来田辞退に止まらず、その後当口に出た場合に三箇年間は往来田を受取ることが出来なかつたものである。元禄十二年日次記に先例を引いて、（註六）

延宝三乙卯年五月廿七日ノ寄合ニ及ニ披露一之由、其旨云、因幡守兼友去年精進頭被ニ相勤一、当正月八日往来田ニ乍レ当、去ル三月日数ノ内竹門主御供ニテ江戸へ被レ下候事非沙汰之限歟、尤往来田可レ被ニ相果一也、然上者任ニ先例一重而当リ口日数百廿日被ニ相立一当口ニ被レ出候刻、任ニ古法ニ一三ケ年往来田可レ被レ押義ニ一統相極畢、先規度々如レ此、勿論向後如レ此之仁躰於レ有レ之者可レ為ニ此旨一、乍レ去咎之可レ依ニ軽重一歟、

とある。この兼友のことは延宝五年閏十二月十七日の条に、

兼友先年当日数ノ内他行ニ付、則越度ニ相究、任ニ先例一当年迄三ケ年当口被レ押レ之候、然者件年限相済来正月ニハ罷出往来田ニ被ニ相当一覚悟ニ候、依レ之今日ゟ当口廿日之日数被ニ相立一候由所司以顕へ被レ届候旨、則会所ゟ又依レ届如レ例記レ之評議所ニ張候事、

とあり、兼友は翌六年正月六日に当口廿日の日数が満ち翌七日往来田に当り、次で当り日数百廿日を立てているの

である。(註七)

往来田に当りたる者は日数を立てる外に祝儀米を出す要があつた。寛文三年の置文に、(註八)

当運新給人者如二古法一日数等之儀悉告二于所司大夫一、恒例之祝儀米急可レ被レ送レ之也、兼又社頭祝儀米如二先例一応二当運之時節一弁米多少之式法無二異儀一急度可レ被レ弁二備之一也、若有二難澁一者可レ及二社中之披露一也、无二相違一於レ有二弁納一者其旨可レ被レ告二于当役者一、其後以二件一巻一可レ被レ渡二新給人一之事、

とあり、それらが終了して田券が渡されると、

新給人其田地初領之年守二此一巻之旨一往来作式之田地幷配符田所等自身向而其田地堺之広狭要須レ有二撿察一之事、

と定められている。但し収納は翌年秋からであつた。これは往来田受給者死闕の場合は当年来年二ケ年はその遺族が収納するのが例であつたから、(註九)正月に往来田に当れば翌年より収納することになるので、前項に引きたる往来田訴論記中に「収納之儀者亦翌年之秋ゟ直納仕」とあるが如くである。

かくの如くにして初めて帯有せる往来田は通常はその死亡する迄これを利用収益するものであるが、又種々の理由によつて之を放たれることがあつた。例えば賀茂社家系図の久之一流にある知久の条には、

同(天文)十七年四月御祭御生所囲之日為二堯平代一出勤有レ過而被レ放二往来田一、

とあり、同系図保之一流の保淑の条には、

元禄十二年九月於二奥州一卒、年七十九、入二宿老一之人久住二居他所一之事古来無レ例之由依二一社評議一元禄九年八二被レ放二往来田一、

とある。宿老とは年長者十人を指すものである。或は永正十七年に山城守式部少輔父子が前年の徳政によつて請取つた卅貫文について無沙汰をした為、氏人中として「卅貫文之内且返辨残り彼父子兄弟往来一段貴布禰田迄相当之程押二取之一可レ付二社屋修理一」ことを命じ、万一傍輩等にて彼等に心を寄せる者があれば、「往来田令二勘落一次座江可二宛行一者也」という置文を作つている。（註一〇）又往来田新写便覧によると、「召上ケ」「依二精進頭難一レ勤上ケ」「依二勤行御差止一上ケ」の如きがあり、貴布禰新写便覧には「官位被レ止仍召上」の如き例が見えている。この外には氏人が新宮以下の社司に補任せられた時は往来田は上ケ田となるものであつた。

かくの如く往来田は一旦班給された後に於ても之を社納せしむる事もあつたが、通常の場合には死亡に至る迄同一の土地の収益を附与するものであつた。死亡の場合にはその穢を嫌う為に未だ其喪を発せざる内に彼の土地の巻物を神社に返納したのである。寛文三年置文に、

自今以後給人当替之時は其家未レ触二死穢一以前其年之沙汰人急有二参向一而可レ被レ請二取此一巻一也、

とある。田券は社納されると直に次の受給資格者に与えた。岡本清足日記に、（註一一）

長季卒去二付給田被レ上候、仍往来田即日言俊充、木船田苗清 翌六日充 河原畑白顕 翌六日充 老者田保覚 即日充

とあるが如くである。

右の通り一般には死亡と同時に往来田を社納するのが例であつたが、特殊なる事情のある時はその往来田の収益を或る期間其遺族に附与することもあつた。例えば文明年中一社争乱に討死せる氏人十五人の遺族に対して後世菩提訪いの為として十年間の収益を与えておるが如きもそれである。（註一二）長享年中社領近江舟木庄に衆中より派遣された

讃岐守・尾張守・幸藤太夫等が討死せるに対して、衆議を以て往来田・貴布禰田・河原畑等の作毛を長享二年より十五ケ年間その遺族に与えたるが如きもそれである。(註一三)又慶安元年五月朔日の競馬足揃に落馬して翌日死去せる将顕と、同五日の競馬会に落馬して六日に卒去せる時久に対して惣中評議を以て往来田十五年毛を遺したるもその例である。尚この時、競馬にて負傷したる時は「九日埒ヲコホタヌ内ニ死去之時ハ遺ス」と言つているが、必ずしも慣例ではなかつた様である。(註一四)或は又江戸時代を通じて毎年山林監視の為氏人中より山廻衆を選んだのであるが、その際山盗人に殺害されるが如き場合あれば往来田の収益を十ケ年又は十五ケ年間その遺族に与えるべき契約をなしている。(註十五)これらは要するに特殊なる場合であつて、氏人集会の決議によつて定めたものである。

以上を以て略往来田配分と返還に関する事情が明かとなつたと考えるが、尚往来田を受けるのは何歳位であつたかに就いて附言すれば、無論これは時によつて相違したものであつて、往来田訴論記に引用された勘例によれば、(註十六)文明八年光寿太夫季顕は十一歳にて往来田を請取り、同十五年福松太夫清秋は七歳にて、永禄六年保筆は三歳にて請取つている。併し氏人の人員増加と共にかかる若年にて班給されることは全く不可能となり、江戸時代にては四十歳前後となつたのである。岡本清茂は享保九年四十六歳にて往来田に当つている。又往来田訴論記には、(註一七)

只今社納ニ成有レ之往来田之浮田廿人前有レ之候、壱人分はつか(僅)高八石計ニ而御座候、右之分年齢次第一度ニ請取候而もいち若き者三十九才之者ニ而御座候、三十九才以下無足之氏人凡三百人計も御座候事、

とあるによつてその時代の状態を推測する事が出来る。貴布禰田は五十歳以上の者は受給資格があるわけであるが、岡本清茂の場合では五十三歳である。(註一八)老者田に至つては七十歳より八十歳の中間にて受取るのが例であつた。

往来田の下地は元来田地であるが場合によつては畠地のこともあつた。旧来の往来田下地に故障を生じて畠地を以て換えたものであろう。又往来田の耕作は凡て作人があり、その手によつて為されたものである。年貢米は直接給人に収められたが、時には一旦神社に納めた上改めて給人に渡すことも行われた。(註一九)往来田は勿論売買することは許されなかつたが、作人職の売買は行われた。作人は江戸時代にては多く賀茂在住の百姓であつた様で、藤木経衷翁の話では「賀茂の百姓は水呑百姓で土地を持つていなかつた」ということである。併し作人が初めから存したものか、又は古くは氏人自らが耕作したものかは疑問に属する。清茂日記によると作人を被官と呼んでいる。

註(一) 日次記、同年七月十日
註(二) 岡本清茂日記、享保八年九月七日、九年正月九日
註(三) 往来田新写便覧上
註(四) 日次記、元禄六年正月十八日、貴布禰田新写便覧
註(五) 二月十三日の條
註(六) 九月晦日の條
註(七) 日次記、延宝六年正月七日
註(八) 往来田新写便覧上
註(九) 日次記、享保十五年十一月廿二日
註(一〇) 賀茂別雷神社文書
註(一一) 明和五年六月五日の條
註(一二) 註(一三) 賀茂別雷神社文書、南柯記、市貞顕氏所藏文書
註(一四) 成房案競馬記

註（一五）日次記に毎年契約状を載す、例えば元祿二年四月十三日
註（一六）巻二、享保十年八月十一日
註（一七）巻二、享保十年八月廿一日
註（一八）日記、享保十六年九月十五日
註（一九）日次記、元祿五年四月七日

六　仕替田

前に記述せるが如く往来田の一人平均は高八石程であつたが、土地の面積土質の変化を生ずると共に収納高に差別を生じ、善田にては十二三石に及ぶ一面悪田にては五六石に過ぎざることとなつた。ここに於て当り田即ち班給される田の善悪によつて大きな利害問題を生ずることとなつた。しかもそれは何等年齢に係わるものではなく、全く死闕当り番の偶然性に因るわけであつたから、年齢を重視し公平なる分配を根柢とする往来田制度の上に於ては重大なる欠陥となつたのである。しかも往来田の組替を行うが如きことは既得権を犯すことでもあり、技術上に於ても容易に行われ得る所ではなかつたから、この欠陥を幾分にても緩和せしむる目的を以て行われたのが仕替田の方法である。その開始された時代は不明であるが恐らく江戸時代の初めかその少し前だろうと思う。

仕替田とは簡単に言えば、往来田帯有者が、自己の往来田の収益が僅少なる場合に収納の多い往来田と交換することである。その方法は仕替田を希望する者が一旦自己占有の往来田を神社に返還して次の「上ケ田」を待つて之を受取るのである。併しその為には百二十日の日数を立てなければならない。これは藤木翁の談では一旦死んだも

のとして謹慎することであるという。具体的には他所に宿泊することが禁ぜられていたのみのようである。

八月末に仕替田の希望を届出で、それより百廿日の日数を立てると、翌年正月初めに満了するので、その時「上り往来田」を受取ることとなっていた。仕替田は初めは希望者が少数であった為、希望次第に行われていたが、その後希望者が増加するに及んで、之を制限せざるを得なくなった。即ち寛文六年正月廿七日の寄合にて、

仕替田之儀ニ付、当時代替手多候故、此近年者鬮取ニ而三人宛被レ致候事、然処ニ年老之仁ニ而も被レ除、幾年も相延候へは、年老之仁及二迷惑一候、自今以後仕替田年老次第ニ可レ被レ成ニ相定申候事、

と決定した。(註一) 然るに寛文十年に至り、今度は若衆方より抗議が出て、次の如く改定された。(註二)

仕替田之掟

一壱年者如二今迄一老年次第可レ被二仕替一候、但年齢者五十五以上可レ為二老年分一事、

一壱年者五十五以下之衆以二鬮取一而可レ被二仕替一事、

一田地被レ上様之次第者、老年若衆共以二年老次第一可レ被レ上候事、

一可レ被レ致二仕替田一之衆毎年八月廿六日其人数被二書立一可レ被レ渡二于沙汰人一候、於二評議所一月奉行役者立合仕替田之義可二相究一候事、

右之子細者今度若衆老年仕替田之儀社中迄依レ有二訴訟一、為二向後一若衆与二老年分一可レ為二隔年一之掟如レ斯候、将亦近年達二他所之用事一被レ抱二往来一其上被レ致二仕替田一候故、為二其吟味一之掟如レ件、

寛文十年八月廿七日　社中

右先当年ハ老年ノ衆也

即ち一年はこれまで通り年齢次第に仕替え、一年は五十五歳以下の者が鬮取にて仕替えることとなつたのであるが、正徳三年に至つて、年老と若衆の区分は六十五歳とすることが要求され、そうすることに改められた。即ち社記の同年八月廿七日の条に、

仕替田ノ置文従二老若中一二三ケ年以前ゟ一社へ相談之処、漸当月相極候ニ付、十手中ヘ置文一通宛被二相渡一候畄左ニ記レ之畢、

右寛文年中之比精進頭三十才前後被二執行一、然上五十五才迄隔二数年一、中古以来社家次第依二繁栄一、当時既精進頭及二五十才一、右置文之通相守之時は、纔五ケ年計也、故老若一同之願亦有レ故歟、向後六十五才以下為二若衆一、従レ夫以上為二老年一、若後年精進頭如二寛文之時一節者、仕替田亦可レ改二其節之通一歟、外之掟等は可レ為レ如二先定一之条如レ件、

正徳三癸巳年八月　日　　社中印

仕替田の方法を更に具体的に述べると、八月末に仕替田志望者中より鬮取にて三名が選ばれるが、八月廿七日乃至晦日までの間に往来田を一旦社納する。その方法は、仕替田志望者が他宿することによつて、往来田を取り放されるという形式によるのである。例えば日次記元祿三年八月廿九日の条に、

入レ夜仕替田ノ小寄合アリ、（中略）夜半之大鼓以後　和泉守定久披露　訴人証人之方ゟ小寄合ノ座ヘ御酒肴ノ経営アリ

一今夜々半も過候処長門守神直・左京進保白・伯耆守清実三人被二申合一他国被レ致候、則日数欠候間、往来田ヲ

被二取放一次座へ可レ被三下ケ一哉事、

評ニ云、慥に証跡有レ之候哉被レ尋候処、則帯刀左衛門尉清喜・但馬守清常両人共ニ三人ノ証人ニ罷立候由也、

然上者無二是非一社例之通往来田ヲ可レ被レ果ニ極ル、

とあり、元禄六年八月廿八日の条に、

一今夜仕替田有レ之候、出座人々月奉行ハ賢久・成直・氏書、其外六役、夜半過迄各々対座ニ而如レ例御酒吸物等

御馳走有レ之而以後右近大夫保別披露、

一今夜大膳亮季秋・采女佐兼起両人申合他国へ被レ参候ニ付吟味仕候内夜半も相過候間往来田ヲ銘々次座へ可レ被
(下カ)
□哉之事、

評ニ証人有レ之哉、答テ云証人ハ内正膳保算、保別モ能存候由也、然上者乍ニ笑止一不レ及二了簡一往来田ヲ次座

へ可レ被レ下ニ決定ス、

とあるのは、それを示すものであつて、他宿の訴人や証人は、すべて仕替田志望者に依頼されたものであり、従つてそれらから小寄合の座へ酒肴の経営があるわけであつた。

往来田を放たれる理由となつている日数のことは、延宝四年の日次記に幸増・保台・清章三人の者が「右三名今夕依二他宿一百廿日之日数及二闕如一之間被レ任二社例一往来田次座へ可レ被二相下一」と訴えられ、評議の結果、

日数相闕義訴人証人歴然之上ハ不レ可レ及二言語一歟、非沙汰之限也、勿論任二先例一三人共往来田・木舟田・河原畑共次座へ可レ被二相下一者也、(註三)

と決せられたのによれば、百廿日の日数である。これは先にあげた元禄五年の置文にあつた春秋の百廿日の日数は、当参の社家にも必要があるもので、通常の場合には当参の者は寛容されているのが、仕替田の時に限つて形式的に利用されたのではないかと考える。

さて八月末に往来田を放たれた仕替田の志望者は、九月から日数を立てることになる。それを宝永三年の例で見ると次の通りである。

（八月晦日の条）

一入レ夜仕替田有レ之ニ付、月番六役評議江参集之事、

一仕替田　伊豆守宗真・内匠権頭安俊・阿波守保古

右証人縫殿大允保麗・造酒佑季秋・越中守林顕等也、

季秋披露、

一宗真・安俊・保古、此三人之輩、今日京大津伏見之辺へ所用有レ之由ニ而今朝他出にて帰宅無レ之、最早及二夜半一候得共帰宅無レ之、此上ハ何共可レ致様無レ之、則此三人之者于レ今帰宅不レ仕ニ紛無レ之儀証人ニ相立候旨也、

評云、右三人于レ今帰宿無レ之上ハ、任二社例一往来次座へ可レ被二下ケ一旨ニ一決、已後各退散也、

（九月朔日の条）

一当り口日数案内之覚

一九月朔日ヨリ　阿波守保古

一同自二一日一　　内匠権助安俊

一同自二二日一　　伊豆守宗真

右之通当り口百廿日之日数被二相立一之旨、従二所司大夫一会所迄届有レ之ニ付記レ之畢、

（翌宝永四年正月三日の条）

一阿波守保古、自二今日一当百廿日之日数被二相立一者也、

（同四日の条）

一内匠権助安俊、自二今日一百廿日田当日数被二相立一者也、

（同五日の条）

一伊豆守宗真、自二今日一田当百廿日之日数被二相立一者也、

これによつて大体を知ることができるわけであるが、なおまだ問題は存する。それは、仕替田を希望して鬮に当つた時に、既に「上り往来田」があれば、翌春になつて自分が受取るべき往来田も判明するわけであるから、その間に日数を破らぬ限り、鬮取の順位によつて、自分の受取るべき往来田が確定してしまうことになる。従つて鬮に当るや否やとこれを辞退する者もあつた。元禄八年八月の仕替田に第三の札に当つた大膳権亮季之は、即座にこれを辞退しているが、その理由として、「私儀往来田悪敷候ニ付、仕替田ニ罷出候へ共、私可レ当田、指而相違も無レ之田ニ候故、次座三人ノ方へ遣し候、」と言つている。（註四）

さて仕替田を希望して、一旦往来田を放たれた者は、往来田に当るまでは当然無足となつた。日次記の延宝九年

八月廿六日の条に、

当年仕替田之臨番若衆也、仍而保知・法顕・兼近三人鬮取ニ被ニ相当一候故、仕替被レ申旨届也、

評云、任ニ先例一子細有間敷者也、然は法顕事可レ為ニ無足一、其内評席出座可レ為ニ無用一之、

とあるように、評定衆はその資格を喪失することとなつた。

仕替田を希望して日数を立てても、その日数の終つた時に、必ずしも良田があるとは限らない。場合によつてはさらに悪田のあくこともあり得る。ここに於て、百廿日の日数を立てながら、良田のあく様子が見えない時には謹慎を破つてその田に当ることを避けた。これを「日数を立崩す」と言つているが、その方法は他所に宿泊することであつた。

一度仕替田を避けて百廿日の日数を立崩した場合には、再び百廿日の日数を立てなければならない。しかしそれにも種々の解釈が行われて、制度として明確になつたのは元禄五年のことである。元禄五年二月、遠江守令顕が社司に補せられた結果の上り往来田に、山本肥後守兼格が、仕替田の日数を立てたから之に当りたいと申し出たが、精進頭上りの山本市佐清太より、肥後守の日数は百廿日に充たない故、自分が当るべきであると届け出た。

肥後守の言い分によれば、百廿日の日数の中間にて他宿によつて中断された後も、その後の日数を前の日数に加算して百廿日になればよいというのであつて、仕替田を望む者は上り往来田の善悪を見極めて自由に調節できることとなる。肥後守はその口上書に先例を挙げている。それによれば、この中断前の日数が有効な場合は、立崩しが何時でもよいというのではなく、百日過ぎた後で立崩した場合には、更に廿日間の日数を立てるのであつた。

これに対して清太の申し分は、百廿日の日数中に立崩した場合には、改めて百廿日の日数を立てるべきであるというのであつて、これもその先例を挙げている。

この争論に対して、立会参会では置文等を調べたが、これを規定したものはなく、先例は両方に存する。「所詮仕替田ヲ停止トある義ナレハ別ノ事也、仕替田ヲ向後も相続メ許容ニ候ハヽ、以来仕替田のいたしよき様ニ可レ被レ極哉と而、兼格ニ被レ当可レ然存候、」という意見となり、これを老若寄合に諮つたのである。即ちその披露の書付は、

覚

一今度兼格・清太往来田被二相当一之相論ニ付、遂二僉議一候処、百廿日之内ニ而廿日宛の立崩之例、雖レ為二近例一度々之例相見え候、此儀ヲ被二相止一候得者、仕替田之衆難儀多候間、弥百廿日之内ニ而廿日之立崩相成候様ニ可二相極一候、然者肥後守被二相当一可レ然存候事、以上、

というのであつた。（註五）しかるに老若寄合にては、

立会ノ御吟味候而、向後仕替田ノ為勝手宜敷故ニ肥後守へ被レ当候様ニ被レ仰候ハ、如何様共御了簡次第ニ而候、乍レ去古法ハ相違仕候、兎角古法ノ破レ候所が気の毒ニ存候、

という意見で、之に反対した。（註六）かくてその解決は延引したが、六月八日に至り、社中より十手に諮問し、手毎に参会して誓紙を以て所存を申し述べるように命じた。十手は老若寄合の母団体である。（註七）十手よりの誓状の結果は、社司評定衆を除き、「六拾八人ハ百廿日ノ内ニ而立崩ス事成間敷ノ由、三十四人ハ古法不レ存ノ由、八人程ハ百廿日ノ

内ニ而立崩シ之義尤ノ由」であつて、清太の意見に賛成する者が半数以上であつた。ところが立会参会では「畢竟両方ニ三ツト四ツノ例アリ、兼格・清太双方共右ノ両田ハ勿論不二当テ一、清太組ノ連判競望ノ衆氏記・福顕・清栖ニモ不レ当、次座ヘ可レ被レ当也、猶兼格勝手次第ニ百廿日ノ日数ヲ立可レ被レ当也、清太ハ当リ口ニ而候間、右ノ二ケ所ノ外ノ田ハ有次第ニ可レ被レ当也」、「然ハ右ノ二段ノ往来田一毛者社納ニ決定ス」と決定し、かつ今後のために置文を制定した。(註八) 即ち清太側の言い分を認めながら、喧嘩両成敗的な方法で、清太にも不利な決議をしたのである。そこで清太並に氏記より老若中へ口上書を提出して、自分らの側には誤りがないのに、社納とは迷惑千万であると訴え出た。これによつて老若寄合を開催し、その席上、「此闕田両方へ不レ被レ当義合点不レ参」という意見が多く、結局両者に先例があるならば、両人に当てられては如何ということになり、立会参会でも之を承認した。しかし今後の例とはしないということであつた。そして前の置文に追加として書き加えた。この置文は前にも部分的に引用したものであるが、ここに全文を掲げる。(註九)

一［社印］　　置　文

一当社家衆分之中無レ拠而勤二奉公一或住二他所一之輩二季之日数如二古法一可レ為二百廿日一事、

但自二元旦一算二大小一百廿日相満者春日数也、自二八月末一算二大小一至二大晦日一百廿日相満者秋日数也、且又春日数可二相立一之旨雖レ相二違所司大夫一到二日数半途一依二私用一而他行之節相止春日数被二立替一事向後可レ為二停止一也、

一精進頭被二相勉一之後当参之輩六月已前者不レ及レ申、雖レ為二六月以後一不レ撰二闕田之善悪一次第ニ可レ被二相当一事、

付、他所住居之輩、或奉公人者、更当ロ廿日之日数立可レ被二相当一也、又俄闕田有レ之時他宿之人日数未満之内

者雖レ為二年老之闕田一次座之人可レ被二相当一、但他所へ被レ出歟又者於レ被レ勤二奉公一者日数之日限兼而可レ被レ相二断于所司大夫一也、

一仕替田之輩日数之事同可レ為二百廿日一、今度兼格・清太依二当口争論一而、百廿日之内ニテ立崩之例兼格被二書出一之、百廿日満之後新ニ廿日之当口之日数立被二相当一之例清太・氏記・福顕被二書出一之、両例証文雖レ無レ之、互有二現在之蹤跡一、難レ分二双方之理非一歟、依レ之只今之闕田両人分一年之立毛者令二社納一、下二当口於次座一畢、如レ此之争論者証文無レ之、人々之覚悟依二不一一也、然故以二衆評一相定、向後者仕替田之日数亦無二猶予一而、全可レ為二百廿日一事、

一仕替田之輩百廿日之日数相満之後及二百廿一日一者、不レ顧二往来田之善悪一可レ被二相当一、若雖レ為二百日以後一悪田見来時当口於レ被レ退者、更相二極日限一又百廿日満之後可レ被レ出二当口一、勿論立替之日限可レ被レ相二達于所司大夫一事、

　但百廿日之後被レ出二当口一悪田之時於レ被レ退二当口一者、又仕替田可レ為二一ケ度一也、

一及二百廿一日一雖レ被レ出二当口一可レ被二相当一往来田無レ之内、或他宿、又者悪田可二出来一様子相見之時、於レ被レ撰二其田一者、更当口廿日之日数可レ被二相立一、勿論被二立崩一之度々可レ被レ相二達所司大夫一、且又被レ出二当口一之旨幷被レ当二往来田一之義可レ被レ告二知次座之輩一事、

　付廿日之当口之日数不二相満一之内俄往来田之闕雖レ有レ之、廿日未満之輩者被レ当事成間敷也、

一相二当往来田一而以後之日数者、不レ論二当参仕替田之差別一、弥可レ為二百廿日一、尤日限可レ被レ相二達于所司大夫許一事、

一樽代者可レ為レ如二有来一事、

一向後貴布禰田之悪田当様者、死闕之田六月以前於レ有レ之者、其年之五十歳之下薦六月晦日迄二可レ被レ当也、於二六月以後之闕一者、其節之五十歳之下薦極月晦日迄二可レ被レ当事、

右者今度肥後守・松福大夫依二当口争論一而度々雖レ及二衆評一、肥後守・松福大夫共被レ挙二其例一、証文雖レ無レ之、互有二現在蹤跡一、且人々之覚悟不一故難二決定一、然処又清昌闕田有レ之、両田共是非不レ分、依レ為二式法不二相定一之、間、此両闕田者令二社納一、来収納下二当口於下座一畢、件之争論者、古法之証文無レ之而人々之覚悟令二擾乱一故也、因レ茲方今尋二一社一統之意趣一、尚以二衆評一定二条目一、此外了簡之説繁多也云々、向後者此条目之外者一切可レ為二法外一者也、永可レ被レ相二守此旨一、条目之文字違等雖二固陋一為レ暁二衆人一以二習俗文章一記レ之、依二風躰之鄙一勿レ失二文義一 仍而以二衆評一所二相定一如レ件、

元禄五壬申年六月廿七日　　社印

神主職久以下社司評定四十人（四十二人中二人闕）が連判している。これに前述の兼格と清太に対する特例が追加として附加えられたのである。

追加

右条目者依二四拾弐人之衆評一而雖レ令二決定一自二老若中一被二懇望一旨者、今度双方当口訴論之義不届候故、衆評之決判雖レ当レ理、枉二道理一両闕田申請度由及二訴訟一之間、以二寛宥之沙汰一令二許容一之、任二訴訟之旨一被レ当二肥後守・松福大夫一畢、堅不レ可レ為二後日之例一者也、仍而如レ件、

元禄五年七月九日

これによつて、百廿日未満に立崩した時には、改めて百廿日の日数を立てる必要があることとなり、百廿日の日数を完了した後に於ても、他宿、又は往来田を選択すれば、更に当口廿日の日数を立てる必要があることとなつた。しかもその廿日の日数完了のうちに往来田の闕があつても当ることはできないのであつた。

仕替田にかかる日数を立てる必要があつた結果、これを行い得るのは上賀茂居住の氏人に限られ、京都に於て公家武家に仕える者には不可能であつた。宝永四年、北面に勤める藤木致直が仕替田を望んだ時の口上書にも、「当社家往来田仕替之事、前々ゟ御奉公相勤申候仁者仕替田停止之御制法者兼而承知仕罷有候事ニ御座候」と述べている。(註十)

また宿老十一人目迄も仕替田の権利はなかつた。(註十一) これは、宿老十人即ち往来田帯有の氏人中最年長より十人までは老者田を有しており、次の十一人目はその第一候補者たる所から仕替田を認めなかつたのである。実際上も老齢者は仕替田を希望する者も少く、往々その人員に満たず、若衆中の希望者に仕替田を譲ることもあつた。(註十二) これに反して若衆中には希望者が多かつた。清茂日記享保十四年六月廿四日の条に「今日於ニ講所一仕替田之若衆役鬮取有レ之、故忠直上ケ田ニ保万当ル、故永顕上ケ田ニ清徳当ル、故兼格上ケ田に兼族当ル、予モ出レトモ不レ当也、以上人数廿人也、」とあり、又同年八月廿日の条には「朝飯後於ニ講所一来晦日仕替田衆廿五人参会、予モ其内也、有ニ鬮取一、故清因上ケ田ニ保言、故申顕上ケ田に保堅、季英上ケ田ニ森清被レ当也、当リ衆三人ゟ一座へ一献被レ通」とあるのはそれを示すものである。仕替田をなす者は初め年に三人と限られていたが、享保六年十二月、往来田当りが年十人宛と増加された時、仕替田の人員を増し、「上ケ田」のある間、老分三人若衆三人計六人宛許容することとなり、老分と若衆は輪番にて其年の先番となつた。且つ田に当るのは、精進頭が正月八日に当り、残る五人が十三日に当るので、その間の前後へ仕替田の者が出ることと定つた。(註十三)その順序については翌年十一月に至り更に置文を以て決定された。(註十四)

仕替田置文

一年寄衆頭番之時者、上五段ノ前後、若衆下五段ノ前後ニ而仕替田可レ有レ之事、

但若衆頭之時茂可レ准レ之事、

一年寄衆仕替田三段ノ内望無レ之明田《あきた》有レ之時者、年寄衆江若衆入魂ニ而可レ被レ出事、

一年寄衆ニ而茂若衆ニ而茂仕替田上五段ノ前後ニ而被レ致候方ハ八月廿五日迄ニ被二相究一会所え可レ被二相届一、下五段ノ前後ニ而被レ致候方者同月廿八日迄ニ被二相究一会所え可レ被二相届一事、

右老若一同所二相定一如レ件、

享保八癸卯年十一月五日

この置文中の十段というのは往来田十人分のことで、上五段というのは精進頭勤仕者の当り田、下五段は精進頭を勤めずして日数を立てた者の当り田をいうのである。

この仕替田の順序が屢〻論議されたのは、これによつて非常な利益不利益が生じた為で、中間に精進頭上り等の、新しく往来田を受取る者が入ると否とでは大きな相違があり、又同じ仕替田の順序によつても利不利があつたから

である。勿論「上り往来田」の順序で当るのであるから、全く偶然的なものであつたが、それだけに規約は明確にしておかなければ後日の紛争の因となるからであつた。

この規定の出来ない前の天和三年の往来田の当り方を見ると次の通りである。

天和二年七月十六日　右衛門大夫死去
　八月廿三日　主税助保通死去
八月　晦日　仕替田の衆、若狭守・刑部丞・信濃守
九月　七　日　大監物死去
天和三年元旦　木工允死去
　正月二日　右衛門大夫死闕田に刑部丞当る
正月八日　主税助死闕田に精進頭右馬頭当る
　若狭守仕替田に精進頭越中守当る
　刑部丞仕替田に精進頭木工允当る
　信濃守仕替田に精進頭但馬守当る
　大監物死闕田に精進頭主殿助当る
正月九日　木工允死闕田に若狭守当る
正月廿一日　刑部丞死去

正月廿二日　　刑部丞死闕田に信濃守当る

これは前述した元祿五年の山本兼格と山本清太の争論の時に兼格が引用した例で、若狭守・刑部丞・信濃守は仕替田を希望し、刑部丞は正月二日に当る様に百廿日の日数を立てていたが、途中で日数を立崩して八日以後に当るように変更しようとした。恐らくその当るべき右衛門大夫の死闕田がよくなかつたためであろう。ここに於て精進頭衆は、信濃守が正月八日前に当り口に出るように日数を立てるように依頼をした。しかし結局刑部丞はそのまま正月二日に当り口に出て、しかも間もなく死去したので、信濃守がその死闕田、即ちもとの右衛門大夫の死闕田に当ることとなつたのである。（註十五）

この様に仕替田の当り番でも、新たに往来田に当る者の当り番でも、「上り往来田」の善悪によつて利益に甲乙があつたから、「上り往来田」の善悪を見極めて当り口に出ることが行われ、そういうことに不案内の者の為に、肝煎る人物もあつた。（註十六）仕替田を希望した者が、その順番が決定してみると、自分の当るべき往来田がさほど良田でもなくて現在のものと区別もないような時には即座に之を辞退することもあつた。（註十七）或は仕替田をする三人が妥協して、当り田の善悪によつて生ずる利害を折衷しようとすることも行われた。例えば、先の肥後守山本兼格の時の場合で見ると、兼格が仕替田の日数を立てたのは元祿四年九月であるが、此時彼と共に仕替田をしたのは主膳佑と壱岐守の二人であつた。この三人は同年九月五日に次の如き誓状を交換している。（註十八）

定一札之事

一当年之仕替田之公事（鬮）取当申候付、当年之仕替田望候趣、何も相談ニ而被二相極一候者、来申ノ正月九日ニ三人共

ニ当ロニ年次第出申候ニ相定候ヘ共、三人之以ニ相談一正月六日ニ壱岐守当ロニ出被レ申候様ニ日数ヲ相立させ申候、次ニ主膳佑・肥後守其翌日出候様ニ日数相立申候、就レ其若シ年内ニ八石ノ上ケ田御座候ハヽ、壱人ニ付三年ニ四石五斗、九石ノ上ケ田御座候ハヽ壱人ニ付三年ニ六石、拾石之上ケ田御座候ハヽ壱人ニ付三年ニ九石、右之往来田従ニ高下一積米ヲ相定、弥三人共ニ往来田ニ相当リ候以前ニ誓状ヲ以テ互ニ取替シ可レ申候、若壱岐守・主膳佐(ママ)正月七日まてノ内ニ相当被レ申候而、肥後守往来田相見ヘ不レ申候ハヽ(ママ)、申ノ六月晦日迄に宜敷往来田ニ当候ハヽ、右之定之通、田地之高下次第ニ壱岐守ヘ積米相立可レ申候、右掟一札如レ件、

元禄四未年九月五日　　主膳佑判

肥後守判

藤木壱岐守殿

このような妥協策も行われたのである。ところが主膳佑は年内に良田に当ることとなつたので、この契約によつて壱岐守に三年間に九石、その翌年に一石、計拾石を送ることとなり、そのためにある田地の年貢米を提供することとしたのである。その一札は次の通りである。(註十九)

一札之事

一今度我等仕替田ニ付、其方元之往来田ニ被レ当候故、我等故内蔵允往来田ニ相当リ候ニ付、為ニ礼物ニ三年ニ九石其翌年ニ壱石、合拾石相立可レ申候、則藪田ニ壱敷進退之田地申之年土田ゟ其方ヘ相渡シ置申候間、積米相済候迄ハ年貢米可レ被レ納候、若相背仕候ハヽ、請人罷出其埒急度明ケ可レ申候、仍而為ニ後日ニ一札如レ件、

元禄四未歳極月六日

藤木主膳佑判

西池左衛門佐判
中大路右衛門佐
季有判
中大路壱岐守殿

壱岐守が藤木から中大路に変つた理由は不詳であるが、何れにせよ元禄五年正月六日に、壱岐守が自分の上げ田に当つて、いわば仕替田の権利を放棄したので、主膳佑は七日に内蔵允の死闕田に当り、肥後守は豊後守の死闕田が悪田であつたから日数を立崩し、その後二月廿日になつて、遠江守が社職を拝任した為に生じた上り田に当ろうとして問題を生じたのである。これは争論などが生じたために一切が明白になつたのであるが、この外の場合にもかかる契約の類が行われたものと推測される。仕替田を欲した場合には一応往来田を返納するのであるから、その間は無足の氏人となる。それ故に良田がないからといつて永く避けていることは不可能であつたから、一層かかる妥協策の必要があつたと考えられる。尤も仕替田を行つた翌年の収納までは受益したことは、延宝四年八月に仕替田を行つた清章の往来田が実際は翌五年の暮に社納することになつた例によつて証される。(註二十)従つて事実の上で仕替田のために収納が途絶えることはなかつたと考えられる。

仕替田は二度以上行い得たが、往来田新写便覧に現れた約三四代の間に於て仕替田をなせしものは全体の僅少なる一部分に過ぎず、二回行つているのは僅か一人に過ぎない。これも仕替田による利益が不確実であつた為であろう。仕替田制度の目的とする所を更に徹底せしむる為には割替制度の如きを採用して常に平等の収益を得せしむる様にしなければならなかつた筈であるが、家を標準とせず個人を単位とする本制度に於て、その様な複雑な方法を加えることは困難であつたから、遂にかかる弥縫的な方法を講じたものであろうと思う。

註(一) 日次記、同日の条
註(二) 日次記、寛文十年八月廿七日
註(三) 八月廿七日の条
註(四) 日次記、同月廿七日の条
註(五) 註(六) 日次記、元禄五年三月七日
註(七) 本論考中にしばしば出てくる寄合については、拙稿「賀茂別雷神社の集会制度」(社会経済史学第八巻第三号)を参照されたい。
註(八) 日次記、元禄五年六月廿七日
註(九) 日次記 同年七月十日
註(十) 日次記、宝永四年八月二日
註(十一) 中大路清令日記、元禄六年六月九日
註(十二) 日次記、延宝二年八月廿七日
註(十三) 日次記、享保六年十二月三日
註(十四) 日次記、享保七年十一月五日
註(十五) 註(十六) 日次記、元禄五年二月廿七日
註(十七) 日次記、元禄八年八月廿七日
註(十八) 日次記、元禄五年七月九日
註(十九) 日次記、宝永八年三月廿七日
註(二十) 日次記、延宝五年十一月廿七日

七　往来田制度の終末

往来田制度が何時迄継続したかといえば勿論明治の初め迄であるが、当時諸般の改革相継ぎ社家の異動も少からず、その顚末の如きは甚だ明瞭を欠いている。明治四年六月十二日に老若即ち老若氏人より一社に対して「社家中往来職領以下持地を一同に頂戴仕度間宜敷御取計頼被レ存候」と望んでいる。(註一)翌五年正月には岡本維邦が、往来田の筒は渡されたが其下地は一箇所もないと訴えている。(註二)尤もこの月の八日には神祇省より元神主梅辻太久以下社司氏人の神勤を免じ、氏人の称も停止して、凡て京都府貫属を命じている程であるから、あらゆる方面に大動揺が行われつつあつたのである。同年三月には禰宜出仕関目顕純・権禰宜出仕戸田保遠・同岡本経春の三名は上京を命ぜられ、四月廿九日関目は権中講義、戸田、岡本は少講義兼任となり教導職となつた。六月廿三日岡本は賀茂別雷神社少宮司に任ぜられ大講義に兼補したが、既に同月十六日には正二位久我建通が賀茂別雷神社御祖神社大宮司兼松尾神社貴船神社大宮司に任ぜられ、(註三)今や古来の慣例を破つて氏人ならざる者が社務を執る事となつたのである。

往来田に関しては明治五年正月三日に神祇省出張所へ往来廻り給田頂戴幷無禄之輩人名書一冊を提出しているが、市岡惟顕の緑舎日記同年九月二日の条に、

内々願覚

過日相伺候元社家中所持之田地近々地券状出願仕候ニ付而ハ兼而御即答被ニ成下一候通リ一統にも御尤ニ相心得候間、是迄廻合にて当リ居候者も、不レ充ニ居候者たり共、貫属之一人たるへき輩へも夫々配当仕リ、元社家中銘

々より可ニ願出一様ニ罷成候間、追而区長奥印出来候上其筋へ差出候節ハ速ニ御許容ニ相成候様御取計ニ預リ度御含置候段内々兼而可ニ願上一□儀ニ御座候、

とあるを見れば、往来田は氏人中にて配分し銘々より地券下附を願出することとなつたわけであるが、同記十月十三日の条に、

元賀茂神領惣高二千七百石余之内

一元一社役所持地之田有レ之、是ハ過日上地ニ相成申候事、

一別相伝と申士族幷貫属等之持田有レ之、夫ハ頃日ニ地券可ニ願立一ニ相成申候事、

一回田と申貫属中一同之持地有レ之候処、此分丈ハ先追而可ニ願出一未御取調済ニ無レ之よし御沙汰有レ之候、夫ハ何等之御取調ニ御座候哉、御内々奉レ伺度候事、

とあり、往来田の処分のみは未決定であつた事が判る。而してこの後の事は記録がない。京都府愛宕郡村志によれば、社禄廃止の時公債に引換えられたということであり、藤木経衷翁の談では往来田に代るに金二百六十円宛を下附されたのみで、それも少宮司の奔走によるものであつたというから、公債額面二百六十円であつたのかも知れない。明治十年三月十九日の大蔵省達乙第十二号旧神官配当禄調査規則第九条に、

一廻用給ト称シ数家ノ旧神官輪番ニ配当ヲ受ケタル類ハ其配当金額ヲ総人員へ平等ニ分配給与スベシ

とあるのは、往来田を対象として規定されたものと思われ、多分これによりて配当金の分配を行つたものであろう。

註（一）日次記　同日の条

註（二）日次記　同月二日同人口上書
註（三）日次記　明治五年六月廿四日

八　往来田制度の意義

往来田制度は上述する所によつて略その輪廓を明かならしめたと思うが、然らばこの制度の有する意義は如何であろうか。この制度が殆ど他に其の例なき土地制度であつた事は明白であるが、併し或る特殊なる事情下に於ける特殊例として看過する事は出来ない。成程従来知られたる我国に於けるあらゆる土地制度とは全く別個の制度であることを指摘することは極めて容易である。けれどもその一面に於て亦相類似せる制度の存せる事も容易に考え得る所である。

先ず吾々は往来田制度に関聯して土地割換制度を思浮べることが出来る。土地割換制度又は地割制度に関しては古くから多くの研究が発表されているが、それは要するに土地を一定期間毎に均等に分割してその一部分宛を抽籤其他の方法を以て村民又は部落民に配分しその期間の利用収益権を与えるものである。

而してその起原に関しては原始共産村落遺制説・班田収授遺制説・徴税便宜説・水損益均分説・共同開墾説・地目変換説・境界整理説等が唱えられたが、初めの二説の如きは今日殆ど顧る者がなくなり、徴税便宜説等が有力なものとなつている。尤もその制度の行われた所の状況によつて常に同一起原論を以て律することは不可能である。又時代的には近世殊に江戸期若しくはそれを少し溯る程度にして、近世封建社会を背景とするものであることは一般に認められている。

今往来田制度と地割制度とを比較するに、(一) 両者共に土地がある団体の共有にして、その手により土地の配分が行われ、国家権力によるものではなく相互的なものであつた。(二) 往来田はその数に定数があり班給を受ける人員は制限されていたが、地割制度の多くも戸数に制限があつた。(三) 団体構成員に対して公平なる分配を目的としていたこと両者同様である。しかも各地の地割制度中には往来田制度と殆ど類似の起原を有するものがある。牧野信之助氏の「割地起原論」(註一)によれば越前国丹生郡上石田の割地の起原は「天正年間石田神社々領地一千石ヲ上石田在住ノ社家二十家ニ分割セラレシニ濫觴スト伝」えるということである。又細川亀一氏の「白山社領の地割制度」(註二)によれば、その起原は慶長十六年に前田利光が年中四拾余度の祭礼・毎日の御供料として社領七拾四石を寄進し、之を十一に割つて長吏・神主にて配分せるものであるということである。制度そのものの相違は別として起原のみに於ては甚だ類似している。

併しこの反面に於て両制度に相違点も多い。往来田制度は(一) 既に鎌倉時代に始まりその点に於て一般の地割制度より遙かに古く、(二) その配分方法に於て年齢順に一定人員に班給するを特色とし、(三) 地割制度の如く一定期間毎に割換えるものではなく終身これが収益権を有し、(四) 土地を共有する団体が村又は部落の如き地域団体に非ず賀茂氏なる血族団体であつた。けれどもかかる相違点にも拘らず両制度を以て全く別個に発達せるものとするは当らず、そこに関聯を認むべきである。而して両制度に関聯を認めたる上に於て、往来田制度と班田法の関係を求むれば如何であるか。

今両制度を比較考量するに、（一）班田収授法は国家の権力によつて行われ土地は国家に属するものであつたが、往来田制度は一つの血族団体によつて行われその土地は氏族の共有であつた。（二）班田法は六歳以上の男女に給するを原則としたが、往来田はその数に制限あり男子にのみ年齢順に之を給したこと等はその相違点である。がそれらと雖も全く両制度に関聯なしとする証とはなり得ぬものである。班田収授法は初め男女共に班田したものであるが、その実行の困難となつたが為に元慶三年遂に京都の女子に班給するを止め、その口分田を以て畿内の男子に加給することとなつた。即ち京戸に於てはこの時以来男子にのみ班給せられることとなつたが、実際に於てはかかる方法は一般に行われたものであろうと考えられるのであつて、往来田制度に於て男子にのみ給せることは班田法と必ずしも矛盾せざるものである。又班田法に於て六年一班と定められしも、後十二年一班ともなり又実際には数十年一班ともなつたが、（註三）その施行に当りては死歿者の班田を収公して、その間に六歳以上になれる者に班給したのであるから、一個人につきてみれば班給された後は終身これを収益するのである。しかも六歳以上の者凡てに田を給することは国家の如く開墾すべき土地を有する場合に於てのみ行い得る所であるが、しかも現実には不可能となつている。従つて往来田制度の如く、一団体の限られたる権力及び面積土地内に於て施行するとすれば必ずや年齢順とならざるを得ない。又六年一班の如きも事務的の問題にして、死歿と同時に次の者に班給されるが理想であるから、往来田制度に於てその様に行われたことも班田法と矛盾せざる所である。又田令に「凡因王事、沒落外蕃不還、有親属同居者、其身分之地、十年乃追、身還之日、隨便先給、即身死王事者、其地伝子」とあるが、往来田制度に於て氏人衆中の為に討死せる者の遺族に十年又は十五年間の収益を与えたことは、これと甚だ相類似している。

かく見来れば両者相似る所甚だ多く、往来田制度開始に当りて班田法が採入れられたと見ることも出来、或は班田法が次第に崩壊せるに伴い、それが国家によりて行われなくなつた時、賀茂社の如き一団体に於て存続したものであろうと考えるも必ずも無理ではあるまい。それには往来田制度が乾元年間に創始せられたものか、又はそれ以前よりあつたものが一時中絶してをり、土地の回復と共に復活されたのではないかという疑問も解決せねばならぬが、その点は更に他日に期する次第である。

最近地割制度と所謂「遺制」との結付に付ても再検討が加えられつつあり、「先行するいいい地割の存在について深い注意を払う必要」があるといわれているが(註五)、往来田制度は正しくそれに該当するものであろう。

(十二、十一、廿八)

註(一) 国家学会雑誌第二十五巻第四号

註(二) 帝国農会報二十三ノ七

註(三) 三代実録、巻卅六、元慶三、十二、四

註(四) 類聚三代格、承和元、二、三、官符、延喜二、三、十三、官符等

註(五) 本誌四ノ三、奈良正路氏「地割制度に関する一考察」

(昭和十二年十二月 社会経済史学第七巻第九號掲載、昭和十九年三月補筆)

六、仙臺藩の持高制限令と貫文制

仙台藩に於ける土地制度の中で特色あるものとして、農民の耕地持高制限に関するものが挙げられている。即ちその持高の限度を五貫文に抑えていたことで、これがために同藩領に於ては大地主がそれほど出現しなかつたとさえ言われている。その法令の出たのは享保年間とされていた。野村岩夫氏の「仙台藩農業史研究」においても享保十三年の令が最古のものとされており、昭和二十三年五月に刊行された中村吉治氏編の「土地制度史研究」に収められた玉山勇氏の「仙台藩の土地制度」においてもなお、享保四年の記録が最古のものとされている。この制限令が既に延宝五年に発令されていること、及びその法令の概要については二十三年二月に発行した拙著「江戸時代の農民生活」の中において述べているのであるが、それは極めて概略であつたから、ここに少しく詳細に記述してみたいと思う。

仙台藩の延宝五年の持高制限令は三つから成立つている。第一は三月十四日に、柴田中務・小梁川修理・大条監物の連名で「御郡司衆中」にあてて出された「百姓共地形分御式目」で、田畑の配分・売買、倹約に関することの外に、五貫文以上の持高制限を含むものである。第二は三月廿三日に田村図書・屋代五郎左衛門の名で「御郡司衆中」にあてられた「在々御仕置御式目」であり、第三は同日附の「同添書」である。第二は持高制限令等の施行法の如き意味のものであり、第三は理由書である。

第一の「百姓共地形分御式目」の中で直接に関係ある箇条を逐次あげれば次の通りである。

一去秋仰出候通、百姓共地形分不レ仕候様、自今以後弥以堅可二相守一、若不二相分一不レ叶者於レ有レ之ハ、其所御代官衆へ相達、御郡司衆吟味之上可二申付一候事、

これは農民の分地制限であるが、これによれば制限令はその前年に発令されていたものである。田地の売買はそれ以前から禁じられていた。

一売田買田従二前々一雖レ為二御制禁一、弥以御停止ニ被二仰付一候条、向後堅売買仕間敷候、若シ不レ叶儀有レ之売買可レ仕候ハヽ、其所御代官衆へ相達、吟味之上可二申付一事、

売買の禁令も絶対的なものではなく、事情によつては許可を得る余地は存していた。このように分地や売買を制限した上に、一定の耕地には一定の耕作者を配置する方法を講じた。

一百姓妻子兄弟下人迄合、持高壱貫文ニ三人ツヽ、拵之人数有レ之者ハ、人ヲ抱増へからす、年十五以下六十以上幷長病之者ハ可レ為二各別一事、附肝入、検断等御用之為、持高ゟ一人二人抱増候儀制外之事、

一貫文の地に働く者は三名と限定して、過剰労働力は他に廻そうとするわけである。この肝入・検断は他地方の庄屋名主に相当するものであるが、それだけには除外例を認めようというのである。しかし「在々御仕置御式目」の方では次の如くややゆるやかになつている。

一百姓持高壱貫文ニ稼人三人之積被二相定一候へとも、或ハ海辺山根之者ハ農耕之外ニ別而渡世之所作仕者、或ハ

畑過ニ持候百姓、右定之人数ニ而不足申儀ニ候ハヽ、御代官衆遂二吟味一、壱貫文上下之百姓ニハ御定之外一人
二人増候儀ハ不レ苦候事、

と言つている。このような耕地に対して適当な人数を配分しようという政策は、婚姻の上にまで強制を加えることとなるのである。

一百姓子共嫁娶之儀、次男ゟ末之子、未地形不レ持者ハ男三十已前ハ女取べからず、雖レ然其家稼之人数、妻子兄
弟下人迄合、持高ゟ不足之者ハ、其所御代官衆江相達、指図次第ニ可レ仕候事、

二男以下の結婚は、労働力を必要とするか否かによつて左右される。これは慶安五年八月十九日「御村方万御定」の中にも示されている同藩の一貫した政策である。即ちその一条に次の如く示されている。

一諸百姓入聟娶取仕候ハヽ、双方之肝入組頭相談之上縁組可レ仕候、以来夫ニても女にても相果、本所へ罷帰度
由申者ハ無二異儀一相帰可レ被レ申候、
但致二養子一聟ニ仕候ハヽ、仮令女房相果候とも本所へ相帰し申間敷候、附養娘も右同前、并他所ゟ女房懐子
ヲ連来、成人ノ後右之子本所ゟ相返可レ申由申候ハヽ、年記ヲ勤、扶持衣類迄辨候而相返可レ申候、兼而御定
之五ツゟ上ハ本所へ指置、嫁入可レ仕候、四ツゟ下は女房召連参り候とも、成人の後本所へ構有間敷候、五ツ
ゟ上の子ニ候とも所之証文無レ之候ハヽ、其証文取召連可レ参候、尤証文次第ニ可レ被二申付一候事、

この最後の「所之証文」というのはよく判らないが、とにかく婚姻が労働力の移動という形で考えられ、子供の所在も養育の如何によつて決定されるのである。延宝五年の婚姻制限令は、「在々御仕置御式目」の添書によつてもそ

の理由が示されている。

右被二相定一候儀、寛永年中ニ四民高改被二仰付一候節ニ、近年被二相改一候人馬取合御覧被レ成候所、人数大分ニ相増、十年十五年之内ニ飯米不足仕候積ニ相見得候、依レ之禽獣之子相増し（マヽ）如く猥ニ増申候ヘバ、末々大勢之人数御飢シ被レ成候、縦成長之者相助申とも赤子ハ殺不レ申候而ハ不レ成儀ニ候条、然る時ハ成長者も赤子も人ヲ殺候段ハ同前之由御吟味ニ而右之通被二仰出一候事、

要するに現在の耕地に対して人口は十分であるから、それ以上に人口を増加することは有害無益であり、生れた者を殺さぬために、生れないようにするというわけである。生れた者を如何にするか、或は増加する人口に対して如何なる方策を立てるかということではなく、封土として一定している耕地に対してどれだけの労力を必要とするかが問題とされているのである。さて持高制限令は次の如くである。

一百姓持高五貫文以上御割屋御帳面ニ無レ之、自分才覚納候高ニ候ハヾ、五貫文以上ゟ地形召上、其村少高之百姓ニ配分可二申付一候事、

これが第二の「在々御仕置御式目」には、

一百姓持高五貫文以上御割屋御帳面ニ無レ之、自分ニ致二才覚一高ニ成候分、持添之地形召上、其村少高之百姓ニ配分仕候様可レ被レ成被二相定一候得共、兄弟伯父甥名子等ニ至ル迄、分為レ作置候者有レ之候間、縦持添之地ニ候とも分為レ作候実儀、其村肝入組頭申出、御代官衆承届ケ於レ無レ残ハ、可レ取二放之一、雖レ然重而分地者相見（マヽ）、右地形地主へ相返シ五貫文以上之高ニ罷成候事も可レ有レ之候間、至二其時一ニハ、御代官衆御郡司衆吟味之上、御

式目ニ不二相背一候様可レ相二計之一、地形才覚致候節、双方以二相対ヲ一金子相出シ、永代持添ニ仕候者ハ、求申候節之金高之半分ヲ、配分之地形受取百姓手前ゟ、高ニ応シ為二相出一、地形召放候百姓ニ可レ為レ取候事、

とあり、実際の取扱法を示している。更に「同添書」にその理由を次の如く述べている。

一百姓持高五貫文以上ゟ地形召上、其上少高之百姓ニ配分可レ申由被二相定一候義、売田買田先規ゟ御制禁之所、手前宜百姓ども百姓ニ不二似合一奢ヲ致申候ニ付、貧キ百姓も随而其まなびヲ仕候故、益々及二困窮一申候、富申百姓ども金銀米銭ヲ貸置、其代り永代ニ田地ヲ買取申候ヘバ、御改法ニ相背申儀ハ勿論、困窮之百姓ヲ弥苦メ申候条、急度御いましめ可レ被レ成候へども、以二御慈悲一、五貫文也ゟ以上之高ヲ被二召上一少高之百姓ニ配分申様ニと被二仰渡一候事、

つまり田地売買の禁令に背いて質流その他によつて取得したものであるから、本来は処分すべき所を、特に五貫文以上の分の没収に止めるというのである。

さて以上の法令に示された持地制限は、「御割屋御帳面ニ無レ之」もので自分才覚により持添にした分である。御割屋御帳面というのは検地帳のことと考えられる。仙台藩では寛永十七年に検地を行つているので、それを基準としてそれ以後の買得田を加えて五貫文以上になつているものは、超過分を取上げて村内の少高百姓に配分するというのである。もつとも兄弟伯父甥名子等が分けて作つている場合は夫々を独立したものとして取扱う。また買得田はその買入代金の半額を、配分を受ける百姓から出させるというのである。

寛永十七年（一六四〇）の検地から延宝五年（一六七七）までは三十七年を経ているが、その間には田畑の移動も

相当に行われたものと考えられるのであるが、これを五貫文という制限を附して取上げるということはかなり思切つた処置である。

さて、この五貫文というのはどの位の土地に当るか。仙台藩の一貫文は石高にすればどの位になるか。前掲玉山氏の論文では一貫文は十石であるとされている。しかし同じ論文の別の所では一貫文の地から十石の年貢を納めるという計算を示されている。(同書一九三頁)この矛盾をどう解釈すべきであるか。その資料として、寛永二十一年九月七日の「御村方万御定」がある。

前々ハ本代八貫文ニ付、米壱石ツ、納候へ共、為ニ御用捨ニ本石百文ニ米壱石ツ、、幷大豆壱石ニ付本代六拾文之積ニ相定候事、

というのである。はじめの本代八貫文は八拾文の誤りである。八十文に一石を納めたのを、百文に一石に軽減するというのである。そうすれば一貫文には拾石を納めることになる。大豆は六十文に一石納めるというのであるから、百文には一石六斗六升六合余、一貫文では十六石六斗余となるわけである。納めるというのを年貢を納めると解釈すれば、一貫文の地は年貢米十石の地ということになる。果してそう解釈してよいかどうか。

寛永十八年八月十三日の「領知六十万石代高之一紙」には次の如く記されている。

一四万弐千八百拾四貫弐百五拾七文　御検地前本高
　百石ニ付七貫百三拾五文ニ当ル　並シ壱貫匁ニ五石ツ、
　此米三拾五石六斗七升五合　但三ツ五分六厘ニ当ル

一五万千三百七拾七貫百八文　同ニ割出ヲ入高

内八千五百六拾弐貫八百五拾壱文　同ニ割出

百石ニ付八貫五百六拾弐文ニ当ル　右同断

此米四拾弐石八斗三升　但四ツ弐分八厘三毛ニ当ル

一六万五千四百拾貫八拾八文　本高ニ割出

内壱万四千三拾三貫九百八拾文

百石ニ付拾貫九百文ニ当ル　右同断

此米五拾四石五斗　但五ツ四分五厘ニ当ル

一七万四千五百弐拾九貫三百三拾八文

寛永十七年御検地惣高本地新田共

内九千百拾八貫弐百五拾文　新田

百石ニ付拾弐貫四百弐拾壱文ニ当ル

並壱貫文ニ四石九斗三升五合

但本地ハ五石　新田ハ四石五斗

此米六拾壱石三斗四升七合　但六ツ壱分三厘四毛ニ当ル

これによれば仙台藩の陸奥国内領六十万石に、貫文制をあてはめていたが判るのであつて、一貫文に対する租税は平均五石である。租税が増加すれば、それだけ貫文高も増加するわけである。逆に言えば貫文高を増加させれば租税が増加することになるのである。即ち朱印高百石を七貫百三拾五文で計算すれば、六十万石は四万二千八百余貫となり、租率は三割五分六厘である。これを二割増して百石を八貫五百余文で計算すれば、六十万石は五万千三百余貫となり、租率は四割二分余になる。更にその二割増で計算すれば、租率は五割四分五厘となる。しかもこれは単に計算したというばかりではなく、実際に租率を高めて来たものであろう。寛永十七年の検地では、六万五千四百余貫はそのままで、更に九千余貫の新田を打出しているのである。ただ本高は一貫文に租米五石を平均とするが、新田では四石五斗を平均とするので、総体では一貫文に四石九斗三升五合となる。

そこで先の寛永二十一年九月の本代八十文につき米一石納を、百文につき一石納にするというのはどういうことかというとこれは年貢米のことではなく、租税の率を変更したことを意味する。即ち寛永十七年以来の朱印高百石に対する十二貫五百文の基準を、百石に対して十貫に引下げたことである。一貫文に対する納米を平均四石九斗三升五合とすれば四割九分三厘五毛の租率となつたわけで、六割一分三厘余に対しては二割余の減税である。実数では六十万石の領内で、三十六万八千石の租米を二十九万六千石に減じたことを意味する。果してかくの如き大減税を行うことができたか否か問題であるが、前述の法令の上ではそういう意味となる。

いずれにしても一貫文十石というのは租米のことではなく石高に対する関係を示すものであつて、租米は平均して一貫文五石ということになるのである。一貫文の地が石高十石を意味するものであることは、元禄十一年十二月十九日附の伊達綱宗の左の書状でも知られる。（大日本古文書、伊達家文書四ノ一五九頁）

依レ之、齋（熊谷貞清）只今之進退四拾五貫百四拾文余ニ候キ、拾四貫余り加増候而、六百石之高ニ為ニ取成一申度候、

直清の勤功が著しいから十四貫余を加増して六十貫にする、即ち六百石とするという意味で、一貫十石という内容も明確である。

そこで前に戻って考えると、五貫文の制限というのは高五十石に制限したことになる。一貫文に三人の耕作者を要するとすれば、十五人を要する。これはいうまでもなく五六人の家族で経営できる限度ではない。名子その他の労働力を持つ家族構成を前提としていたか、或いは小作させる場合を考えていたか、そのいずれかである。もとより耕作者十五人を有する家族構成は一般的ではないが、五貫文というのも一般百姓の持高標準ではないことは明白である。

この制限令は享保四年二月「伊達吉村条目」において次の如く述べられている。（伊達家文書六ノ六六頁）

一百姓一人前之持高、五貫文ゟ上之持添仕間敷由、兼而被ニ相定一候通堅ク可ニ相守一、且又、地形分ケハ不レ及レ申、売田買田之儀も、前々之通御停止之事候、併不ニ相叶一儀於レ有レ之ハ、御代官え可ニ申出一候事、

附、妻子兄弟下人等迄合、持高に応じ、かせき人数指積り令ニ扶持一、其外無用之人数召抱間敷事、

これは全く延宝五年の繰返しであることがわかる。これ以後のことについては既に知られていることであるから、ここでは触れないこととする。

さてこのような制限令を出した仙台藩の土地制度なり農民統制策なりは、これのみで理解できるものではなく、

他の法令と相関連させて考慮すべきものであることはいうまでもない。慶安五年の「御村方万御定」の中で、

一百姓名子水呑之者多き所、幷御検地御帳面ニ付候百姓ニ候共子供兄弟数多有レ之者候ハヾ、吟味之上無主所へ
　移候様可レ被二申付一候、

と述べているように、耕地と労力の均衡を計るための政策があり、「御領内之者他国え罷出候義は、御代々堅御禁制候処」であつて、（寛保三年の令、仙台叢書二）領民の逃亡については、天和二年の「所々御境目欠落者之御仕置」その他の諸禁令があり、他領との物資交流については寛文二年の「御境目他領へ不レ被二相出一物」及び「従二他領一不レ仕二相入一物」等の厳重な制限令がある。貞享元年四月に在々へ商人が持参することを禁じたものの中には、薄物羽織地・上下《かみしも》地・切出し小刀・合羽・書物之類・せんから・辨当・のし・水引等がある。

前に引用した延宝五年の地形分御式目にても、

一百姓作事之儀、公義御馬買衆幷諸大名衆御通(之カ)し道中ハ勝手次第ニ作事可レ仕、雖レ然襖障子ニも或ハ唐紙張付或ハかゑしき類之絵様不レ可レ用レ之、其外至而結構仕間敷候事、

一右之外御家中之侍衆往還之道中作事、自今以後裏板長押塗縁等不レ可レ仕レ之、表向板敷迄之儀ハ制外之儀雖レ為二勿論一諸事結構仕間敷候事、

一往還之外、在々百姓作事、板敷堅無用之事、雖レ然大肝入・村肝入表向板敷之儀ハ不レ苦候事、

とあつて、人の目に触れない在々百姓の家は板敷さえも禁じられていたのである。板敷を禁じ土間住居を強制したのは東北諸藩には外にも類例があるけれども、こうした一連の政策が持高制限令と関連のあることは疑ない所であ

ろう。

（引用資料は特に示したもののほかは仙国御郡方式目による）

（昭和二十五年十月、日本歴史第二十九号掲載）

附記、「文化」第十七巻三号（昭和二十八年五月）に小林清治氏が「仙台藩における貫文制の成立」という論文を発表され、その中で私の論考にも言及されている。その要点は、仙台藩では免地と上納地が区別されていて、上納地では生産高通りの年貢が賦課される。だから一貫文十石というのは上納地については生産高でもあり年貢高でもあつたというのである。免地と上納地が別になつていたということについては私は何の資料も持つていない。常識的に言えば、不可能でないまでも実行のきわめて困難な制度であつたと思う。これについてはさらに調べた上で意見を述べたいと思つている。

（昭和二十八年八月）

七、山田松齋傳

序

山田松斎の著書の内、経典穀名考と国字攷補遺に就いては早く内田銀蔵博士が紹介されており、日本経済史の研究経典穀名考と譬稲性辨とは日本経済叢書に収められているが、松斎自身の伝については未だ明白にされておらず、経済雑誌社編纂の大日本人名辞書が其歿年を誤つてから、その儘伝えられている状態である。

筆者はこれを遺憾に思い、北信濃の豪農として知られている山田家を訪ね、その伝記について少し調査する所があつたので、之を紹介することとする。

一　松齋の略歴

山田松斎は信濃高井郡東江部村（現在は長野県下高井郡平野村江部）の人である。

山田氏の祖はその略系図によれば源実朝の三男右衛門佐頼時で、その後長基の時に信濃安曇郡仁科の城主源義隆の許に身を寄せ、同郡山田に館を築いて居城とした為山田次郎と号する様になつたという。更に義保の時武田信玄の旗下に属し、その子義兼は永禄四年の川中島の合戦に抜群の働をなして、小県郡和田にて二百貫文の加増を受けた。その時の馬場美濃守の奉書の写が現存する。

しかるに天正十年武田氏が織田信長に敗れた時、義兼は高遠城にて討死し、その子義達は幼少であつて、母と共に諏訪に移り、次で今の江部村に住し、江部山田氏の祖となり、爾後同地方の豪農として松斎の代に及んだ。

松斎は本名を庄左衛門顕孝と言い、顕元の子で、明和六年に生れた。姉二人兄一人弟一人あつたが何れも夭折した。松斎の幼名は丑之助と言つたが、その五歳の時、父は三十九歳にて歿した。その後母の手によつて育てられたのであるが、代々豪農であつた同家を相続する為には、何らかの紛糾があつたのではないかと思われる。松斎自筆の家系図には「以母之高恩家名相続ス」と記されている。

松斎の母は同郡飯山上町の中野甚左衛門の娘で、元文五年の元旦生れであるから、夫に死別した時には三十四歳であつた。五人の子女の内生長したのは松斎のみであるが、この母が余程勝れた人であつたと思われ、松斎の如き人物の出たのも母の力に負う所が大きいと推察される。この母は文化三年六十七歳で歿している。

松斎のことはその家系図に次の如く記されている。

庄左衛門顕孝　初丑之助顕治明和六己丑十月十八日生後名靜字太古号松齋文化丙子隠居称太一又改縫殿助文政二丑正月移別荘

宝善院　初室長沼村吉村伴七娘無子、後配中山氏新野村中山五郎右衛門娘四十歳ニ而死、松斎此春四十九齢也

庄左衛門は代々の通称である。本名は顕孝であるが、これは表向には用いなかつたものの如く、通常文静又は静の名を使つた。号は松斎の外に宝善堂がある。

家庭的には恵まれなかつたと言うべく、前妻には子がなく、後妻に一女千世があつたのみで、四十九歳で早くも鰥居することとなつた。後妻の死ぬ前、文化六年に牟礼村の小川五郎大夫の二男千代吉を養子として迎えたが、千代吉は時に十四歳であり、文化十三年に松斎が隠居した時には、松斎は四十八歳、千代吉は二十一歳であつた。恐らく此時千代吉は千世と結婚したものであろう。千代吉は後に健蔵と改め、本名は顕済と言い、文済と号した。

松斎が四十八歳の働き盛りで隠居したのは、彼が学問に志して自由の生活を求めたことが原因であろうが、又彼が社会事業等に屢〻大金を投じ、それが家産にも影響したということであるから、それも一因ではなかつたかと考えられるのである。

隠居の翌年後妻にも死別し、文政二年五十一歳の時別荘に移つた。これから家業を離れて専心学問に身を委ねることが出来た。松斎が学に志したのは少壮時代であり、既に多くの書籍を閲読していたけれども、未だ彼の欲する儘にはならなかつた。然るにこの時から心身の自由を得て、自己の勉学に歿頭することを得て、いくつかの著者も残すことが出来たのである。今知られている著作は次の通りである。

懐風草（文政八年）　国字攷補遺（文政九年刊）　大和仮名考（同上）　譬稲性辨（文政十一年刊）　経典穀名考（文政十二年刊）　講余贅言　茶話　宝善堂漫筆

講余贅言以下は筆者未見のものであるが、他は何れも六十歳前後の述作であつて、積年の学殖が一時に発揮された観がある。そしてその間には江戸の亀田鵬斎に師事し、京都の頼山陽と文通して、営々として倦む所を知らなかつた。歿したのは天保十一年八月二十八日で病は中風であつた。寿七十二歳、法名は宝善院義山一徳居士という。

大日本人名辞書も下高井郡誌も天保十二年の歿としており、従来その儘誤り伝えられていた。

二　松齋の社會事業と譬稲性辨

松斎の事績を調査する為に最も遺憾な事は、松斎の書斎より出火して、その資料たるべきものが殆ど現存しないことである。従つて彼の業績は、その著書や口碑等によつて知るより外はないのである。

松斎の社会事業に就いては、譬稲性辨の序が最もよく述べている。譬稲性辨は種稲法を以て人間の性命に譬喩して之を説いたものであるが、その思想は既に懐風草に現れている所である。

懐風草は命・心・情・性につき、経典に基づいて松斎の考えを述べたものである。奥附はないが、自らの跋文の末に「文政八年三月朔山田文静謹識」とあり、松斎の著述中では最も早く刊行されたものである。その跋文の中で、

可レ見孔門之誨。専在ニ学レ礼以脩レ己。行レ義以安ニレ人矣。如ニ性命心情一。則在ニ其曰レ己之中一。何須ニ別論一焉。故此編唯要下辨ニ各自性命心情之不一レ同。而明中聖人脩レ己以安レ人之道上而已。静也山野小人。田間農夫。身浴ニ升平之化一。心楽ニ堯舜之道一。忠信為レ友。衆庶成レ親。是以熟知ニ民心之無一レ中。篤信ニ聖言之有一レ徴。感ニ古今万国民情之所レ帰無一レ異。躬親不レ揣。漫録ニ管見一。以俟ニ有道之君子一。

と言つている。

命については、

命者天之命令也。不レ知レ所ニ以然一而自其然者。天命也。故君子畏レ之敬レ之。

と言い、

君子之処レ世也。主二忠信一従レ義。学レ道成二其徳一。用舎行蔵。唯義之与比。在二治乱興廃窮達存亡之間一。坦然不レ疑。克レ已終始如二一日一。則可レ謂二知命之君子一矣。

と述べている。

心に就いては、

心者天地氤氳。万物化醇也。故神明之主。枢機之本。一身之君。而百骸之所レ受レ命也。然放レ之不レ制。則億万之人。則億万之心也。故聖人建二之中一。能使四億万之心如三百骸之従二一心一者。乃在二君子之一徳一也。

と述べており、情については、

情は心の枢機にして、物に感じて能く動くものである。故に意志思慮言行皆情に由つて発する。しかも天地万物苟も生ある者は情なき能わず、情有る者は欲無きことが能わない。併し乍ら人々が其情の欲する所によつて制度なき時は底止する所がない。ここに於て之を制する為に義がある。義は礼の義である。義を知るは詩書を学ぶに在り、若し詩書を読んで礼の義に達せざる時は、以て士となすことが出来ない。故に道に志す者は、学んで其義を知り、義を行つて其道を達し、已の欲を舎てて民の欲する所に従つたならば、恐らくは天命に享うることが出来よう。

と記している。性に就いては、

性は天地感じて万物の化生するものである。地の万物を生ずるや、各其種有つて、其類を異にする。類は亦地と時とに因つて其性を異にする。故に人には剛柔長短知愚賢不賢の異があり、一として同じものはない。これ古え性と生の字義の相通ずる所以である。蓋し性はその生れるの初めに天地父母に受ける所で、如何ともすることが出来ない。併し乍ら物に循つて能く移ることのあるのは生の情である。故に導くに徳を以てし、斉うるに礼を以てするは、猶庖人の和羮の如きものである。

と言つている。

この懐風草に現れた思想を押し進めて、人性を稲の性に譬えて述べたのが譬稲性辨である。（日本経済叢書巻二十一所收）

松斎は譬稲性辨の中にて、「万物各々其生レ得タル所ノ性ハ、変易ス可カラズト雖ドモ、然レドモ亦人力ヲ尽シ、各々其道ヲ以テ養ヒ育ダツルトキハ、其性ノ近キ所ニ循ヒ、善不善ノ移ラザルコトナシ、是亦物ノ情ナリ、故ニ既ニ生ル、ノ後ハ、稲ハ稲ノ方ヲ以テ培壅シ、人ハ人ノ道ヲ以テ教化シ、各々其受テ生レタル所ノ性命ヲ遂ゲ尽サシム可キ者ナリ、」と述べている。

又稲苗を水田に分ち栽える時は、論語に「性相近也」と言える如く、皆一様に見える。しかるにその後人力を尽して培養するか否かによつて、或は良穀となり或は悪穀となる。是は道に順い情を節して人力を尽すのと、怠りて固有に委せ、情のゆくまま自然にするとの差いである。「習相遠也」というはこのことである。孟子が「性善也」と言つたのは、苗の初めて生れ出た所を言うのであり、荀子が「性悪也」と言つたのは、苗の生い出たままの自然にして、人力を仮らぬ時は、稲米とならぬことを警むるものである。

元より人の性と稲の性とは同じものではないが、人たるものが直情にして道によらざる時は鳥獣と異ることがない。この故に聖賢が常道を制作しているのであるから、之に従うべきであり、学問せざる者も各その生れ得た所の事業に自ら天祿のあることを知つて夫々の道に励むべきである。

譬稲性辨には大体右の様なことが記されている。これが中野代官大原四郎左衛門の目に入つて、大原氏が之を刊行して治民の資となしたのである。

その刊行の由来を記したのが「頒譬稲性辨序」であつて、大原氏の属吏大塚揆の撰したものである。

これによれば、大原氏の管轄する信州高井・水内両郡七万石の地方は、山水清淑にして民俗樸淳、五穀蕃登して争訟簡略なる地方であるが、就中代官所中野の西南数里の地は、民俗最も淳にして、稼穡に勤め、礼譲に厚く、宛然近古の風があつた。ここに於て大塚揆が之を異として、里中に仁人あるかと考えて旧治簿書を調査した。然る所、東江部村に荘左衛門なる者があり、天明八年に義倉令が下ると直に穀百斛を出して官庫に納め、以て凶饉の備としたので、時の代官河尻氏は銀五枚を与えて之を褒揚したことがあり、更に文化四年米価暴落し、富民に貯穀令を発した時には、即日二百両を獻金して、升平の徳沢に報い、代官恩田氏が再び銀五鈑を賜つてその行を賞したことが判明した。

ここに於て揆は案を拍つて歎じ、後日事に因つて詢察すると、果して荘左衛門は温雅慈祥篤学の人であり、当時家事を謝して自ら松斎と号し、彊勉益懈らず、博く経史に渉り、実践躬行を先となしていることを知つた。且つその著した譬稲性辨を読んで愈〻感歎し、一郷を薫陶し風俗の美を致した所以を察し、その状を記して代官大原氏に、報告した。大原氏は直に之を印刷して部下に頒ち、以て治民の資としたのである。時に文政十一年で、松斎が六十・歳の時であつた。

松斎の人物はこの序文のみでも明白である。穀百斛を出して官倉に納めたという天明八年には松斎は未だ二十歳の青年であつた。それさえ奇特の行為といわなければならない。まして躬行実践して一郷を薫陶し、代官や手代が一目して之を他郷と区別し得たというに至つては偉大なる感化力と言うべきである。

彼は友人の山岸蘭觴・畔上聴誕等と計つて、中野に晩晴吟社を興し、亀田鵬斎・柏木如亭等を招いて講莚を開き、又自らも教鞭を取つて子弟を教育したが、下高井郡誌自宅に於ても郷中の子弟に講書をなし、中には十数里の所より通学した者もあつた。

松斎が斯くの如く積極的に教化に勤めたことと、彼自らが躬を以て範を垂れた結果が、前述の如き実を結んだものと言えよう。

三　國字攷補遺の撰述

松斎の著述中の重要なものの一つである「国字攷補遺」は、言う迄もなく亀田鵬斎の「国字攷」の欠を補う意味のものであるが、その内容を述べる前に、鵬斎と松斎の関係に就いて触れておきたい。

松斎は鵬斎を師として就いて学んだのであるが、松斎が何時頃より師事したかは明かではない。只鵬斎は越後には良寛などの友人が多く、度々信越路を往来したので、その途中に於て松斎と相識つたものと思われる。現在山田家に所蔵される「琴書楼記」と題する鵬斎の書の後半には次の如く記されている。

信州山太古善鼓琴頗究音律之学其後園構一楼壁上掛琴一張架上積書千巻無復置它物焉自命曰琴書楼常在斯楼繙袟誦之倦則撫琴而遣間焉太古之誦書也盍在於尚友千古之人而奇古其思也其思既奇古矣以其奇古之思寄諸奇古之器則其琴亦足聴矣今茲余游信州宿於其家者数日余既聴其琴又観其人而熟之矣如其奇偉之事則余行問之於信州之人矣文化六年歳在己巳季秋上浣之日茌土鵬斎亀田興撰幷書

これによれば文化六年九月上旬に鵬斎が山田家に数日間滞在したことが知られる。この時が初の対面であつたか否かは別としても、未だこの時には師弟の関係がなかつたことは、右の文にて明かである。なほ鵬斎書の別の一幅には、「己巳秋八月十五日同嶋梅外遊於信州澁山温泉賞月是日高聖誕携酒来」という詞がある。澁山温泉は今の澁温泉で、松斎の住む江部の東方僅かな所であり、聖誕は松斎と共に中野に晩晴吟社を興した畔上聖誕のことであるから、鵬斎は澁山温泉滞在中に松斎のことも聞き知つて、その帰途に江部を訪れたものであろうかと推量される。

松斎が鵬斎と師弟の約を結んだのは何時であるか。又松斎が江戸に出て師事したのか否かも明かではない。松斎の方に記録がないのみならず、亀田家にても先年類火の為遺墨書類等大方烏有に帰して、松斎に関するものは全く存しない由であるから、残念乍ら如何ともなし難い。しかし松斎の学問が鵬斎によつて啓発されたことは勿論であつて、その著述は多く鵬斎の説を祖述し且つ発展させているのである。只松斎が鵬斎に師事したのは五十歳前後であり、既に積書千巻の中に在つて究学していたのであるから、鵬斎の説をその儘信奉するという態度ではなくて、自己の見解はそれとして立てるという風であつた。その事は、鵬斎の撰述した「国字攷」と松斎の撰した「国字攷補遺」を比較すれば最もよく知ることが出来る。

鵬斎の国字攷は「伊呂波釈文」とも言い、いろは四十七文字の起原に就いて述べたものであるが、その出版は松斎の力によるもので、跋文も松斎の名を以て記されている。

余毎写二伊呂波四十七字一。為二児孫及里中児輩課業揮掣之資一焉。其間有下一二難三領会二其義一者上。於レ是拠二先儒之説一。而彼是参考。終不レ能二釈然一也。因就二鵬斎先生一而質レ之。先生乃出二所レ撰国字攷一篇一而告レ余曰。（中略）余承而読レ之。辨論痛快。攷証明備。四十七字之義。煥然而成二於両間自然之音一焉。於レ是与二友人山地孟教一相謀。募レ工刊二布於世一。并記二余喜一云。

文政癸未冬十月

門人　信濃松斎山静謹識

国字攷には今見る所二種の版があり、初版と思われるものは右の如き跋文があり、他の一種は右の跋文の初めにある「児孫及里中児輩課業」という句の中、「及里中児輩」の五字がない。そして跋文の末尾に「友人　江戸陶斎呂省吾書」と加えている。跋文の書体は同じであるが、個々の字の形は異つているので、書改めたものであることが知られる。両版共に表紙には「伊呂波釈文全」とあり、表紙裏に「鵬斎先生著　国字攷全　宝善堂蔵」と三行に印刷されている。宝善堂は松斎の別号である。

この奥附には二書共に、「文政六癸未歳十二月新刻、善身堂一家言全二冊既刻、黍稷稲粱辨全一冊同」の三行が記されている。然るに内田銀蔵博士は「鵬斎の『国字攷』は余が見たるもの二本あり、其の中初刷と思はるる分には、巻末に『文政六癸未歳十二月新刻、善身堂一家全二冊既刻、黍稷稲粱辨全一冊同』と記せり。」と言つておられる。（註）

してみると前記の奥附のない他の一本が存するわけで、都合三版は少くともあつたこととなる。

現在山田家に祕蔵される松斎の手沢本は、跋文に「児孫及里中児輩」の語句があり、且つ奥附のあるもので、筆者が初版と推量するものである。

この手沢本は、表紙に「祕本」と記してあり、跋文の末尾に「此跋属於　綾瀬先生」という小張紙がある。綾瀬は鵬斎の養子亀田梓である。跋文は明に綾瀬の書であるが、小張紙の意味は、その文も依嘱したことを言うのであろう。跋が綾瀬の手になつたとしても、その刊行の由来は違うことはなかろう。

この本を見ると、鵬斎と意見を異にする所は、朱筆を以て頭註している。例えば先ず最初の「い」字について、鵬斎は梵字より来たものとしているが、松斎は之に註して、

大師漢字ノ以ノ草書ムヲカリテいニ作ラレタルナリ、我ガ先生一見識ヲ以テいハ梵字ヨリトラレタリト極メラレタリ、左ルニヨリ牛ノ角文字《ツノモジ》ノ歌及ビ古人ノいト書レタルハ皆訛字偽作トセラレタルナリ、先生ノ論高妙ノ新説ナリト雖モ大師ノ筆ニハ勿論其他ノ古人ノ書跡ニモ曾テ見ザルヿナレバ唯一家ノ言ノミ、世ノ人ノウケガフヤ不レ敢ヤ、予ハ門生ト雖コレヲ主張センヿヲ欲セザルナリ、ソノアラマシハ片カナノ題言ニフクメリ

と言つている。「片カナノ題言」とは、松斎の撰述した大和仮名考の題言のことである。大和仮名考は国字攷補遺に合冊されているが、その題言には、特に「い」字に就いて記している所はない。但し松斎の門人篠田惟賢が識した、「附録補遺外伝」の題言に、

松斎先生所ㇾ撰之国字攷補遺。考証精覈。字義明徴。遠捜二古人之壼奥一。近排二今人之疑関一。然先生恭謙不二敢自専一。題以二補遺一。且欠二巻首い字之義一者。蓋有ㇾ所ㇾ避也。惟賢受ㇾ業之暇。幸得ㇾ聞二其説一而不ㇾ堪ㇾ喜。竊記二其要略一。併附二京字之説一。以為二自家之珍一云。

と述べており、本文中に松斎が「い」字は「以」字より来れるものであると教えた旨を記している。松斎は鵬斎の説に反対し乍らも、鵬斎が最も得意であつた「い」字梵字説に、真正面より反対して之を著述することは遠慮したのである。

又鵬斎が国字攷に於て、「つ」は「爪の草字訓ヲ仮ル」という条に、

白石先生書契文談ニ菅家ノ点図ト云ヘルモノヲ引テ云フ爪寸ノ二字トモニスト訓ズトコレハ先生考覈ノ疎ナルト見ヘタリ

と述べておるのに松斎は反対して、

ツノ片カナハ点図ニ川ニニ作ル即チ爪字ヲ省ケルナリ

スノ片カナハ爪ニ作ル即為字ヲ省ケルナリ、寸ハ音ヲトル、如此ナルトキハ白石ノ考ヘ確然ト〆誤リニ非ザルナリ、反テ此書ノ誤レルナリ

と朱筆にて書入れている。

これらの鵬斎と説を異にする文字、又は鵬斎が不明とした文字に就いて記述したのが国字攷補遺である。その序文は亀田梓が撰しているが、その中に、

先子嘗撰釈文一編。以啓空海氏之微旨。門人信濃山田松斎捐貲刊之。又推先子之意。著国字攷補遺一巻。考証精粋。辨論縝密。毫無余憾矣。旁援引日本風土記海篇心鏡諸書而資多聞。亦足以観其博覧洽聞矣。(文政六年)癸未之歳。先子年七十二。開筵会一時之耆耋。松斎抱孫。百里命駕。先子称其篤行。作詩謝之。所謂幸将古希祝古希。共捧寿觴醺綵衣者。蓋記其喜也。今復逢此義挙。自懼怠惰不振而墜纉述之業。慨然識於其首。

と述べている。この序文の日附は「文政丙戌(九年)夏四月仏誕生之日」であるが、川内侗の跋文の日附には「文政丙戌春三月」とあり、且つ跋文の末尾には、「剞氏功畢。百里郵寄。而索二余言一。余之於レ翁歯在二随行一。宿老之言重。義曷可レ辞。乃謹書二于其後一。」と言つている所によれば、既に本文を刊刻した後に、序文と跋文を求めたことが知られるのである。

松斎の手沢本の国字攷補遺によつて、その体裁を見るに、奥附がなくて発行所は不明であるが、前記の亀田梓の序文に次で本文が紙数にして七枚あり、次に大和仮名考が十五枚、書史会要二枚、海篇心鏡一枚、日本風土記巻之三が三枚、前記の篠田惟賢の附録補遺外伝三枚と跋文がある。しかしこの附録補遺外伝は、終りに「文政十一年秋八月　信濃酔経堂蔵版」とあり、国字攷補遺とは別に刊行されたものを、松斎が合冊したものと思われる。補遺の全紙の折目毎に宝善堂蔵と印刷されているが、この外伝のみは酔経堂蔵とあり、頁数も別になつている。

国字攷補遺にて師説を補正したものの内二三の例を挙げるならば、国字攷にて「へ」は「皿ノ草字」としておるのに対して、補遺にては閇の草字としている。「と」は国字攷にては「止ノ草字訓ヲ仮ル」としているが、補遺にては「土ノ字」とし、「此ノ仮字古クヨリ止ノ草書ナリト言伝フレド今按ズルニ古事記日本紀万葉集ニとノ仮字止ニ作リタルモノ未タ見ズ云々」と言つている。

「る」は国字攷にて「刀ノ字」とせるを、補遺にては「多ノ字」の草書より訛略せるものとしている。又国字攷にてその拠る所明かならずとして、諸説を列挙している「ヲ」「ま」「ん」の三字は、補遺にては夫々満・支・武の三字としている。

既に内田博士も言われた如く、松斎が仮名研究に於ても、単に鵬斎の説を祖述敷衍するにとどまらず、自己の見解を確立しているのを知ることが出来る。

国字攷補遺に合冊された「大和仮名考」は、国字攷が及ばなかつた片仮名の出所を記したもので、その題言に於て、「大和仮名ハ古シヘ神事ノ祝詞国史ノ詔書文字ノ下タヘ細書シタル助ケ仮字ノ余裔ナルベシ」と言い、「大和仮名ハ空海ノ以呂波字ヨリ採摭セシモノ多ケレバ弘仁天長ヨリ以後ニ出テ来リシ者ナル可シ」と言つている。

その字原に就いては、「以呂波ノ章句ニ循ヒ先輩ノ考証ニ因リ間々字原ノ疑シキ者アレハ一二ノ愚臆ヲ加ヘテ考古博雅ノ君子ニ問フ庶幾クハ大方家ノ批抹ヲ俟ツノミ論ヲ立テザルハ予カ性ナリ若シ考証スル所ヲ明白ニセントスル者ハ先輩ノ著論セシ原本ヲ併セ見ル可シ」という態度であるから、特に変つた説もない。

只今日一般に信ぜられているのと異る二三の字原説を挙げると、

ヘハ閇ノ字草書ノ全文平ラ仮名ヨリ来ル、ワハ和ノ字、草書ノ全文平仮名ノわヨリ来ル、ユハ弓ノ字上文、万葉集ニ弓ヲユト訓ズ、マハ万ノ字省文

の如きものがあり、ンも牟字の上文でムと同じとしている。

本音四十七音の次に、ヿ 𪜈 𪜊 等の合字の類を挙げ、終りに同字が二字続く場合の、々ゝ〱等を説明している。大和仮名考の末尾には文政八年十一月下浣と、撰述の時期が記されている。

この次には書史会要・海篇心鏡及び全浙兵制所収の日本風土記の如き漢籍に載せられた「いろは」文字を参考の為に収録している。これは研究者の比較考証に便宜を与える目的であり、そこにも松斎の学問に対する態度を見ることが出来るのである。

尚山田家には松斎手沢の岡田真澄著「仮字考」がある。これは鵬斎の国字攷よりも一年早く、文政五年に刊行されたものであるが、鵬斎も序文を書いている。松斎はこの本にも自説を朱書している。例えば「サ」の条の所には、「サハ散ノ省文、古ヘ散ヲカナニ用タルヿ多シ」と註記している。又仮字考にて、「とハ止之訓也」「トハ止之省文也」と言つておるのに対して、「とノ本字ハ土ト云説正シ、草書ノ法ヲ以テ考証スルニ然リ」「とヲ止ノ字トミタカヘテ真カナニ止ト書タルヨリ後ニ片カナハ出来タルナラン」と頭書しており、自著大和仮名考にもその通り記している。

松斎の時代には既に仮名の字源も大方は研究され尽した観があり、従つて松斎の意見もそれらから取捨撰択したものであるが、その間自ら一個の識見が確立しているのを見ることが出来る。

（註）日本経済史の研究六七〇頁

経典穀名考は松斎の述作中にて最も傑れたものと言うべきである。（日本経済叢書巻二十一所収）この書は、経典中に現れた穀類即ち支那古代の農作物に就いて彼の意見を述べたものである。

彼によれば、古え諸夏の地は江北に在り、土地高燥にして平原多く、五穀は皆陸種であつた。之に反して江南は其土下湿にして川源多く、民の習らは水田であつて、陸種の利を知らなかつた。然るに司馬晉が江を渡つてから南北隔絶すること数百年、為に六朝以来南方の学者は北地の穀種を辨ぜざるに至つたとなし、経典中に現れる穀名に就いて彼自身の見解を述べたのが本書である。

その自序によれば、初め明の徐光啓の農政全書の穀部二巻を公刊しようとしたが、その書が農家者流たる為に、後人に卑視廢棄せられんことを憂い、自己の見解をも併せて述べるのであると言つている。

の体裁は、三冊よりなる第一冊の表紙裏には、「経典穀名考・農政全書穀部合刻」とあり、第一冊には文政己丑（十二年）之秋に記せる頼山陽の経典穀名考序、文政十年十月附の自序、目録、及び経典穀名考の上巻を収めている。第二冊には下巻を収め、末尾に「文政十年丁亥十月　男荘左衛門文済校刊」とある。第三冊は農政全書の第二十五、二十六巻を収め、末尾に「文政十年校刊　宝善堂蔵」とあり、奥附には「文政十一年戊子十二月刻成　宝善堂蔵版」とある。

経典穀名考の内容は、百穀・五穀・六穀・無八穀之名之辨・三農・九穀・黍・秬・秠・穄・稷・稗・稊・稲・秔・火耕水耨之辨・粱・糜・芑・飯粱考・菽・荏菽之辨・瓜瓞之辨・麦・苽の項目を設け、項目毎にその定義を述べ、次に証拠と題してその論拠を述べ、次に正謬と題して諸家の説を論駁している。

それらの論説をみると、広く諸書を引用して、考証明白理路整然たるものがあり、傾聴すべき点が甚だ多い。しかしそれに就いては、先に内田銀蔵博士が「徳川時代に於ける支那経済史の研究に就きて」という論文中にて、日本経済史の研究所収極めて詳細に批判されておるので、ここでは右の紹介のみに止めることとする。

五　松斎と頼山陽

松斎は前述の経典穀名考が完成した後、文政十二年その一本を携えて伊勢神宮に詣で、次で京都に入つて頼山陽に面接した。

山陽の母梅颸の日記の同年九月二十日の条に、

　しなのの国山田小左（庄）衛門、百姓、文つくり、経典穀名考持参、五とくの名の考のよし、

とあるのがそれを示すものである。頼山陽全書附録七八一頁

松斎はこの時自著の批判を乞うたのであるが、帰国後改めてその序文を求めた。山陽は十二月に至つて之を書いて送つたが、その時の添翰は次の如くである。

　仲冬九日之御手教相達拝誦仕候、誠に先日は被懸厚意御来訪且貴著御齎示刮目之義愉快此事に候、其後御無恙御帰郷被成候よし、暫時之御旅行ながら御老体御平全、御家内様にも無何事御待受御逢被成、御歓悰奉察候、小生も老母を送候て旧国に赴、三十日余にて帰京、此節少落着申候、貴著序文之義被仰下早々下筆此度差下申候、別に申候事も無之、面晤に申候だけの事を仕候、是山陽本色語無雕飾無回護直攄胸臆候迄之処御賞味被下

候はゞ本懐に候、任命東土へ向飛脚へ差出申候、御取用に相成雕刻候はゞ一本拝領いたし度候、先頃御見せ之分それ迄は質物に仕置候、昔歳御上木之数品も御示被下御旨意敬領、是も先当置申候、何分考証精博には驚入候事ともに候、今便急ぎ不尽意、匆々申残候、頓首

臘月十四日　　　　頼　久　太　郎　襄

山　田　松　斎　様

尚々本文に申後れ候、誠に御書簡御尋問のみならず安曇郡之乾蕎麦未相試候へどもさぞ清脆之品と存忝敬領相楽居申候、是も係穀候ものに候へば別て妙に候、又痛却候は貴地之御製出にて御座候而紬壱疋厚貺敬領感荷之至に候、家内ども調法之品とて大慶いたし居候、迎歳春衣に可仕と是又相楽候事に候、

又書添申候、御眼疾其後如何被成候哉、誰も眼は大切と申内、貴公などの銀海は涸候ては、被其潤沢候もの迷惑いたすべく候、千万御保重可被成候、小生御伝申候灸法は何卒無御怠被成度候、酒は些ゝ娯老之資に御廃被成まじく候、飲酒読書は古人も如両輪申来候へば妨読候ほどになくばよろしき事と奉存候、脚灸は久不廃は可見其效候、作輟無常候へば無験候か、御考拠之学勝於臆論候は勿論に候へども、一事一辞皆引証某書ゝゝ則其弊落於拘牽不能自由、清儒往ゝ坐此に、亦不可不戒候、老後之学以娯性霊為貴、擺去葛藤指出真実亦古人所貴也、釈迦に説法なれども申上候、取捨唯公意、

山陽は又経典穀名考の序文の中で松斎のことを次の如く言っている。

太古(松斎)居二信濃万山中一家世力レ穡、時還読レ書、非下求二名於世一者上、其懃二々於此一、誠有レ不レ能レ已也、(中略)太古

今茲詣二伊勢太廟一迂路入レ京、齎レ此示レ余、々常謂、大丈夫不レ能レ為二天下不レ可レ無レ此之人一、猶当レ著二天下不レ可レ無レ此之書一、今於二此著一乎見レ之、烏得レ不二楽而序一レ之也、文政己丑之秋山陽外史頼襄子成父序

右の序文のみでは、松斎が入京の時に序文を求め、直にその求めに応じた如く考えられるが、そうでなかつたことは前掲の添翰にて明白である。この序文は恐らく文政十三年の初めに松斎の手に達したのであろう。そして間もなく版に刻されて経典穀名考の巻頭を飾つた。

山陽の序の附せられたその著書は、四月二十三日に、松斎より山陽に送られ、五月十八日にその手に入つた。それについて山陽は次の如き書面を出して居る。

孟夏廿三日之貴書此節相達併新著二本及甲越五戦記二冊其外新著縮本とも数通潤筆金弐円一々落掌いたし候、先以御安健奉慶候、拙序放言如何と存候処、協御心候旨に而御丁寧被仰下、於僕大慶不過之候、刻手上手に而別而醜態無逃処候、雖然公之所取不在書字と存候、縮本もよく被成候、愈有益と存候、甲越記被挂御心御投示扨々忝奉存候、大意拙著外史候節諸書取しらべ定候所と同意にて是又大慶仕候、猶熟読可仕ぞんじ相楽候、何分加餐御長寿可被成、知己可与語者同世而生候は仏家所謂因縁不浅と申様之意に御座候、拙著外史も兎角未定不軽出候処、楽翁侯御所望に而先々差出候而猶考異など附尾候様にも可致やと存候、是にもよほり果申候事御同意に候、扨も世間の詩文家などすらすら上木候人などは楽なるものに而可羨且人の争観候書物に候、僕など二十年来著書僅一故相失勢之人、もとより非有求於世候へども、其与時相背所謂悪物好可知已、附之一笑而已、御覧被成度と申事猶為知己徐計之可申候、小生も国元に老母有之此節病気のよしに而冒此大暑上途百里赴省身

心忙乱不能乙〻候、就安候はゞ帰京万々可申候、草〻頓首

六月七日(文政十三年)

襄

太古老人机下

尚々貴書到着候日楽翁侯忌辰にて如此祭文を仕候、尚饗の尚は庶幾にて和読之通にては如何と存候人も可有之候、凡間に有合候に付呈覧、鬼猶求食の猶と尚饗の尚と同意と存候也、韻法も従毛奇齢之説、用古法申候也、毛説僻拗不可従、可従者春秋与古韻通之類而已、如何思召候哉、此祭文忌辰と存候より午時より存立、暮比に書了、ヤガテ相用申候、不加装飾候候処、協彼公之意可申と、不再删改候へども、篇首二句は入れねばなるまいと申者候て如此御坐候、無副本候故、御覧後御返投可被下候、急ギ草仕候、彼公初政之様子老人ナラデハ存知不申候故、其時の心持を記置、後世にも示度存候迄に候、浅間山は御近所ナレバさぞ今猶御寒心と存候、それにて存付候也、因懸御目候、此文草了候て扨披覧貴書候イシ、

松斎と山陽の関係はこれより極めて親密なるものがあり、度々書面の往復もあつた様である。山田家に現蔵される日本外史は、松斎の求めに応じて山陽が之を送つたものであるが、それには自ら筆写せぬことを謝する書状が添えてあつた由で、書状は火災にて焼失したという。山陽は又「宝善堂」という額字も書いて贈つたが、之も焼失して、後に頼復二郎が書改めて贈つたのが残つている。

その外に松斎は学問上の疑義も問合せている。例えば論語篇末に在る、孔子が子張に答えた「尊五美屏四悪」に就いて、四悪は虐・暴・賊の外に何を意味するかということを問うている如きである。

松斎が山陽に会つたのは恐らく只一度であつたろう。しかも松斎は山陽を師と仰ぐに至り、山陽も亦松斎に尊敬の念を以て接したことは、前掲の書状や経典穀名考の序文で知られるのである。しかしその交際も永くは続かなかつた。松斎が山陽に会つた文政十二年九月二十日より満三年後の、天保三年九月二十三日には山陽がなくなつているのである。松斎は程経てから山陽の死んだ噂を聞いたものらしく、翌年正月になつて、京都の鳩居堂主熊谷久右衛門に宛ててその確否を問合せた。久右衛門の返書は次の如くであつた。

○前略

一御年賀状辱拜見仕候、然ば山陽先生之事御尋被下、如仰物故無相違残念至極に奉存候、抑辰六月十二日痰血少〻出候処、小石氏治療被成候処、肺血故必死症と申事に候得共、先生には左迄難症とも不被思召、下拙抔も重病とも不存候処、七月上旬又出血、其後又出都合四度にて、追々御よはり被成、九月廿三日七過往生にて候、残念申がたく候、然共サスガ大家故、命終迄書見にて少も妄念無之、眠る如くにて候、戒名は山紫水明居士と兼而山水好之別号在之故如此に御座候、墓所は洛東長楽寺山上に諸先生家の墓在之候地に候、

一跡式はまず其儘にて矢張三樹に居られ候、当四月頃は子息余市公江戸より帰国被成、其節京都へ立寄相談候上取究可申義に御座候、後室若年候得共神妙成御事に候、子息復二郎殿三木八殿二人在之、女子二歳都合三方にて候、余一公は三十五歳、表向は舎弟にいたし在之、頼家の名跡にて芸備の儒家に御座候、此段御安心可被下候、京都もばつたり火の消候ように諸人共存申候、乍併幸福は八十の老先生も不及候、学才は勿論也、然る時は物故せられても不苦哉、定而冥々中よりの御取計と奉存候、

○中略

巳二月十一日

熊谷
久右衛門

山田老先生

尚〻老牛飼料御恵投千万辱奉存候、当年にて九ケ年相続仕候、御同慶可被下候、

頼先生事

○麦飯被召候故、此悪症遅由、米而已候はゞ三年も已前に差起候由老医の評判に而御座候、然候時は彼先生の命数六百余日下拙が延し候歟と存候得ば、かなしき中の楽に御座候、以上、

かくて松齋と山陽の交際も終りを告げたのである。

六　松齋の思想

松斎の生きていた時代は、江戸時代も後半期に入り、封建社会の諸矛盾があらゆる方面に於て暴露されつつあつた時代である。彼が生育した明和・安永・天明時代は、言うまでもなく全国的に凶作飢饉が相次ぎ、死者二万余という浅間山の噴火があり、各地に強訴一揆の継起した時代である。特に安永年間には信濃の全幕領に亙つて、苛酷なる検地打出しが行われている。

松斎が専ら著述に従事した文化文政の頃は、江戸にては将軍家齊の執政下に頽廃的な享楽生活がその最期を飾つてはいたが、地方にては至る処に農民の窮乏と苦難が増大していた。「信濃万山中」に在る松斎の居村地方がその

例外たり得ることはあり得なかつた。

そうした中に豪農の家に生れ且つ生活した彼が、幾多の矛盾を感じたであろうことは容易に推測される所である。「母之高恩」を以て漸く家名を相続し得た彼にとつては、それが一層痛感されたであろう。二十歳の時に百石の米穀を義倉に納めたという一事にも、多感な青年としての彼を知ることが出来よう。更に長じて後の家庭生活の不遇さもその人生観に大きな影響を与えたに違いない。彼が壮年にして隠居したのは、そういう苦難の姿の現れではあるまいか。

これら内外の諸矛盾の解決を、彼は経典の中に求めた。積書千巻、千古の人を友となし、誦書に倦めば琴を撫でて自ら慰めつつ、松斎は人を求めようとした。懐風草や譬稲性辨はそうして出来た。

天命は唯一にして善なるものであるが、その感応する所によつて性が異る。例えば人が生れるに当つて貴賤貧富知愚賢不賢のあるのはその為であり、之は人力にて如何ともすることが出来ぬものである。併し乍ら生ある者は情なき能わず、情は物に感じて能く動くものであるから、欲に牽かれて移る。従つて之をその儘放置する時は底止する所を知らず、直情にして道に由らざる時は鳥獣に異る所がない。乃ち之を制する為に制度があり礼義がある。人が道を学ぶ所以のものはここに在るのであつて、道に順う時は天の祚を受け、道に逆う時は天の殃を受ける。その道たるや既に上古の神聖が制作し、聖人が之を紹述して、百世の儀則となり来つたものであるから、後人は専ら之に順えば誤る所はないのである。

各々その生れ得た所の事業に、自ら天祿のあることを知つて、夫々の務むべき道に怠らず、君上を畏れ敬まい、法度を謹み、忠孝を励み、義を先にして利を後にし、我意を棄てて周く聞見に随う時は道に協えるものということが出来る。

とういう考えは、もとより松斎独自のものではない。易経や詩経や論語その他から導き出されたものである。且つそれは封建時代に於て最も受入れられた思想である。譬稲性辨が代官によつて刊刻頒布された原因も亦そこに在るといわなければならない。その意味では松斎も時代の人であり、境遇の人であつた。

けれども松斎はその時代その境遇に溺れてはいなかつた。そこを足場として立上つているのである。凡そ人は、身には貴賤上下の等差があつても、心に尊卑の階級はないものであるから、志は道によつて如何にも高くし得るものであるとする。彼が学問を志した所も亦そこに在る。「古ヘノ道ヲタヅネテ今ノ務メヲ知リ、礼義ヲ明カニシテ人情ニ達シ、己レヲ脩メテ以テ安ンゼンガ為」である。学問を以て「才能ニ矜リ、声誉ヲ求ムル」具としてはならない。先ず何よりも自己を完成させることである。学問は単なる知識の堆積ではなく、受入れた知識を己れのものとして発揮し実践しなければならない。

「若シ博ク学ンデ身ヲ約スルコト能ハズ、今日ノ礼儀ヲ忽ガセニシテ、言行眼下ニ違フコト有ラバ、仮令才学世ニ勝レタリトモ、剪テ挿タル瓶花ノ如ク、其美観ナルモ、本根ナケレバ久シカラズシテ凋落スル」ものである。知識は行為とならねばならないが、同時に行為はその根を持つていなければならないのである。

然らば学問するには如何なる態度で臨むべきであるか。「先ヅ己レヲ謙遜シテ仮リニモ自満倨傲ノ意ヲ生ゼズ、志シヲ厚クシ、身ヲ約ヤカニシ、博ク学ンデ其徳ヲ成シ、天職ヲ務メテ以テ其天祿ニ報ユ可」きである。我意を棄てた謙虚な心を以て周く聞見に随う所に学問の要諦がある。

彼の学問に対する態度は飽く迄も恭謙であり、人に対しては最も遜譲であつたが、その中には強い自信と高い見識の存するのを見逃すわけにはいかない。その師鵬斎の七十二歳の賀宴に孫を抱いて馳せ参じた松斎は、その師説に合わぬ時は、「予ハ門生ト雖コレヲ主張センコトヲ欲セザルナリ」と言つた。多くの漢籍に親み其説を採入れたけれども、「使㆘新学、辨㆓彼邦古今時勢之異、南北土地之不同㆒而知㆗我東方風土之美、稼穡之饒、遠出㆖㆓於彼邦之右㆒耳」と言つている。自ら「山野小人」を称し乍ら、一方にては「日本信濃山田荘左衛門文静」と記した。

かかる自信と見識とは、自ら努め自ら行つた者にして初めて生ずる所のものであつた。「日々其面テヲ洗フガ如ク自ラ新タニシテ」得たるものであつた。彼が「五言古風述懐之詩」と題して書残した草稿に、「少年志于学、性愚道難進、憂思懐疢疾、組結斑雙鬢知命十年過、亦何了耳順、老幸減所欲、唯余磨不磷」というのがある。また以て自ら持する所を知ることが出来よう。

近時日本文化の性格に就いて種々論議されるけれども、それは単に形の上に現れた所のみを以て決定されるのではない。日本の文化を建設し維持するものは、日本全体であり、同時に個々の全日本人である。一つの文化が模倣的であるとか自主的であるとかいうことも、その文化を創るもの、伝えるものの心構えに徴さなければならない。文化が自主的であるということは、その文化が他の文化と全く別なものであるということでもなく、それが世界で最も高い文化であると信ずることでもなく、況や他の文化を否定したり排斥したりすることではない。自己の持つ文化の価値なり性質なりを、正しく評価認識して、之を更に高め且つ弘めようと努力する実践の存することである。

その為には他の文化との比較校量も行われ、自己の文化への反省もあり、或は進んで他の文化を摂取することもあり、その上で自らの文化を拡充し高揚してゆくのでなければならない。そうした意欲と努力を持つ人を文化人というべきであろう。

山田松斎は、山陽の母の所謂「百姓文つくり」であるが、その中に勝れた文化性を見出すことの出来るのはわれわれの喜びとする所である。それと同時に、江戸時代の農村に於て、かくの如くにして日本文化が進められつつあつたことを注意しなければならない。江戸時代の文化は主として都市の文化であり、或は武士町人の文化のみである如く考えられ易いけれども、それと並んで農村農民の間に於ても日本文化が推し進められていたことを想起すべきである。

農村文化又は農民文化は決して民謡とか民芸のみに限られるものではない。学問もあり思想もある。土地に即し農業に立脚する新しい展開がある。宮崎安貞・佐藤信淵・大蔵永常・宮負定雄等も亦農村を背景とする学者である。その外にも有名無名の数多の人々がある。彼等の多くが郷士であり名主であり豪農である所に、自ら制約せられるものはあつたけれども、農民間に於ける指導理論がそういう人達によつて樹てられていた事も動かし難い事実である。それはある時には封建制と一致し、ある時には背馳した。

その思想は華々しく表面化せられることは少かつたけれども、根強い力を持つていた。それが明治維新に際して大きな潜勢力となつた。明治維新の持つ複雑な性質を理解するためにも、こういう方面に更に研究を進める必要がある。

そういう意味でも山田松斎は一個の対象となり得ると考えるのである。その人の全貌を明確にし得なかったのは遺憾であるけれども、偶彼の歿後満百年に際して、その片鱗にても世に知られれば幸いである。尚本稿を執筆するにあたり、当主山田荘左衛門氏があらゆる便宜を与えられたことを深謝する次第である。（昭和十五年十二月稿、

（昭和十六年三月四月、歴史地理第七十七巻第三号第四号掲載）

八、有卦に入る

一　有卦に入る

有卦に入るということは言葉としてはよく使うのであるが、本来どういう意味のものか気にも止めない場合が多い。この言葉が極めて一般的に用いられることから考えれば、有卦に入るという行事の痕跡位はあってもよいと思われるが、筆者は寡聞にして知らない。

有卦無卦は又有気無気有暇無暇などとも書き、江戸時代に最も盛んに言われた様である。原来五行説から出たもので、胎・養・長生・沐浴・冠帯・臨官・帝旺・衰・病・死・墓・絕を十二年に配し、木性の人は酉に胎し戌に養すという具合で、酉年酉月酉日酉時より七年間有卦に入り、辰年辰月辰日辰時より五年間無卦に入るというのである。火性の人は子年に有卦に入り未年に無卦に入る。勿論有卦の間は万事吉く、無卦の間は不吉というのである。

有卦入りの儀式などの行われたのは、記録上では宮中や公家などに限られている様で、有卦入りには御祝があり、側近より物を献ずるということが行われた。

京都上賀茂の社家岡本清茂の日記を見ると、元禄十五年五月十三日に、伏見宮邦永親王が有卦に入らせられて、御所で御賀儀があり、清茂は菓子二袋献上したとある。同じ日に青蓮院宮様も有卦に入らせられ、清茂は御祝儀として人形と犬の御玩具を献進した。青蓮院宮は邦永親王の皇子で時に御年五歳であらせられた。後の尊祐法親王である。清茂は前に伏見宮の近習であつた関係によるものである。

清茂の日記によると、自分が有卦に入つたとか、父が無卦に入つたとかいうことが見えるが、これも宮中や宮家の風が入つたものであろう。がそれにしても一般民衆の間にはどんな習俗があつたものであろうか。古今要覧稿によると、「世俗専ら称することゝなれば、貞享の頃より仮名暦に書載ることゝはなりぬるとぞ」とあつて、一般にも行われていた様に思われるのである。

二 厄年の二歳子

右の岡本清茂の日記によると当時も四十二の二つ子などということは忌まれていた様である。享保八年正月に清茂の弟の清々の所で男子が出生したが、清々が四十一歳の為に、「俗ニ云四十二ノ二ツ子」というので、清茂の子ということにして清茂が名前をつけてやつている。尤もその子は五歳で夭折しているから、兕も効果がなかつたわけである。

前の子供が育たないと、次の子を辻に棄てて人に拾つて貰うということも行われている。享保十三年六月三日に上賀茂社家の長氏という者の所で男子が生れた。併し長氏の前の子供が早世しているので、之を辻に棄てて清茂が拾うことを依頼された。同月九日の清茂の日記に、長氏二男今日辻ニ棄レ之、予上下着之、出向拾レ之、先以ニ幣串一払ニ清之一、其後令レ抱レ之、帰ニ于私宅一、入レ自ニ妻戸一（入ニ産屋一）令ニ妻抱レ之呑レ乳、其後令レ送ニ于長氏許一、書状送之、塩鯛一折一尾送之、其後予向ニ長氏亭一、有ニ祝儀一献一、件之児為ニ予三男一故蔦三郎（脱字カ）遂ニ折紙一遣ニ長氏一者也、長氏子息早世故ニ依レ頼如レ此也、

とある。これも名儀上は拾つた人の子にするのである。

三二　親持

清茂の日記には盆の時の変つた習俗が出ている。上賀茂では毎年行われている、二親を持つ者の祝である。七月十四日にそれが行われる。元祿十五年の日記によると、二親持の者は社家に限らず土民に至るまで悉く「御料括之」とある。この語の意味は不明瞭であるが、献備の御料を差上げるという様な意味ではなかろうか。御料備進の役もこの時は二親持の者が代つて勤める例であつた。とにかく百数十家の社家のみでなく、この時は一般民も参加したことが判る。太鼓を合図にして、二番太鼓で出かけて、先ず二親持の最年長者の家に至つて祝儀がある。次に二親持に限らず最年長者の家に行つて祝儀がある。この時の二親持の一老は錦部長門守保業であり、惣一老は九十二歳の岡本治部保香であつた。その次に左馬権頭亭に行つているが、之は惣二老であつたかと考えられる。

上賀茂は非常に年齢を重要視し、神社附属の田地を社家に分配するにも年齢順にするという様な所であるが、年齢を一つの基準とすることは古くからの慣例によるものであろう。二親持の者に限るなども興味のある点である。賀茂に限らず、神社で行われている慣行や祭儀の中には、古い民俗が取残されていることが多いので、民俗学な

どでも此の方面に進出する必要があろうと思う。

柳田氏が「食物と心臓」の中に書いておられたナオライ（直会）にしても、たしかに神主の役徳という様な性質のものではなく、神社では祭事の一つの部分を占めていたのである。上賀茂社の直会殿なども御本殿の直ぐ前にあつて、拝殿の一部と言つてもよい。そこで神事に続いて直会が行われているのである。それは全く一つの儀式である。民俗を考えるにはこういう方面の調査も役立つと思う。

四　ザ ツ シ ョ ウ

柳田氏の同じ「食物と心臓」の中に、ケンズイだのゴチョウだのと共にザッショウという名が出て来るが、そのザツショウは上賀茂の神事の中にも出て来る。

上賀茂には精進頭という役があつて、天下安全の御祈禱のために、正月十六日より翌年正月十五日迄一年間神勤し、日々二度の長日参社を行い、丑の日毎に貴船に参拝する外にいくつかの神事に与る。これは大体年齢順に五人宛勤めるもので、社家の生涯での最大義務であつた。精進頭の精進というのは精進潔齋を厳守する所からつけられ、頭は頭役の頭であろうと思う。

神事に携わる者が潔齋をすることは何処でも行われるが、ここの潔齋は極めて厳重であつた。京都に出てものを食しても、その火には穢があるとして、帰宅すれば直に潔齋しなければ自宅の火に接することは出来なかつた。それ故外出には常に燧石燧金を持参して、主人の前でもそれで煙草の火をつけた。勿論家で飯を炊くにも燧を鑽つて火口につけ、更に枯松葉や枯杉葉に移し、手で振つて火を盛んにして薪に移した。又吹盒という器があつて半焼の松葉を貯えておいて、之に火種を加えて火吹竹で吹くと容易に燃えついた。

上賀茂では民家でも火を尊び、他村の者には火を借すことを忌み、来客にも燧石とホクチを差出し、火で煮たものは出さぬ風があり、俗に之を賀茂火と称した程である。この様に火を特別に厳格にしたのは、神社に備進する神饌に火を通ず、即ち熟饌を献ずるという、全国に殆ど類のないことが行われているのと関係がありはしないかと思われる。

又死の穢を忌むことも社家としては当然乍ら厳に行われた。忌服にかかる者があれば必ず室を別にし火を別にし父母の喪に服する時は一年間神事に預らぬはもとよりのこと、家門を出入せず、菅の編笠を冠つて不浄門を通行した。

併し精進頭の勤仕中は、その潔齋も通常のものではなかつた。門には「潔齋也僧尼軽重服不浄之輩不可入矣」という門札を懸け、自身も貴船参拝の外は上賀茂を離れることが出来なかつた。又勤仕中服忌にかかることがあればたとえ満行近くでも神事解として精進頭を止めなくてはならず、その闕には別人が補せられた。

年中白衣を着し木履を用い、日々の参社をはじめ通行の途中は扇子を以て顔を覆い、不浄物を見ぬ様にした。女人とか獣の屍とか凡て穢であるから、誤つて見れば必ず潔齋しなければ神前に出られない。貴船参拝の途中にて穢に冒された時は寒中でも川に入つて潔齋をした。

さて精進頭は日々の参社、規定の神事の外に丑の日毎に摂社であつた貴船神社に参拝する。往復何里になるか、とにかく一日行程である。更に苦しいのは正月五月九月の廿一度参りである。これは境内の本社摂社を悉く巡拝するのであるが、広い境内を廿一度巡るのは容易ではなかつた。子の下刻からはじめて未明に十反済し、辰刻頃の朝飯前に十四度、廿一度目の終るのは申刻位になつた。即ち夜中より初めて夕暮に及んだのである。尤も前には二十一度参詣の前に、日々行う長日参社二度を別に行つていたのであるが、享保九年に岡本清茂が精進頭になつた時、その二度は廿一度の中に含ませる様に改めたのである。これは本人が巡拝しては相当に疲労する為に名代を立てることも許されていた。

精進頭の最後の勤めが正月七日から十四日迄の参籠である。境内の庁屋《チョウノヤ》の北側に侍所があつて之に参籠した。参籠の日も例日の如く長日の参社二度あり、一旦私宅で休息後又参社して神供直会があり、再び私宅に戻つて祝儀の勧盃がある。頭人五人の家々で今年の新頭人五人を招いての祝儀があり、盃が巡流の間に発声ということあり、新頭人五人がマイラシャレ〳〵と同音にいう。その後一の頭人の里亭には新一の頭人が行き、二の頭人の里亭には新二の頭人が行くという様に五人が夫々新頭人を迎える。その後一同惣宿に参集して参籠所に向う。新頭人五人も校倉《アゼクラ》（参籠所へ数十間の所）の近くまで送り、ここで賀儀を述べて帰える。

参籠所には予め入用品が入れてあるが、ここでの起居もむずかしいものであつた。参籠中大小の用に立つ時は一人で行くことが出来ず、必ず一人が付添う。又五人全部が座を立つことも出来ず、五人が座を立てば火の気の入つた食物は一切之を捨てて、火を改めて調味することとなつている。そこで必ず一人は座にある様に定めてあり、之をキグサリという。居腐とか居饐という字を宛てている。参籠中に火打・湯明衣・庖丁・賄・居饐《イグサリ》の五役があるので之を鬮で定めるのである。

扨て参籠中夜半に頭人の家から雑餉《ザッショウ》を入れる行事が行われる。

即ち正月八日（実際は七日夜半）に一の頭人から雑餉を入れる。九日には二の頭人から、十日には三の頭人から、順次十二日まで五人が入れる。

その儀式は夜半子の刻に行われるもので、御鏡餅五ツ、串柿二串、干肴二枚、雑餉の餅（丸餅）五十を籠笥《ロウジ》に入れて下女に戴き運ばせる。白丁一人が松明を持つて先行し、侍一人が浄衣を着し従う。籠笥は脚のあるもので、注連《シ》を引き榊の葉をつける。参籠所の南の口に至ると、戸を叩いて一の頭人が出迎えて、少し離れた所にある摂社奈良社に参向して、鏡餅と串柿は丸盤に載せて神前に備え、二の頭人が祝祠を奏す。それが終つて撤饌して、元の籠笥に入れて参籠所に運ぶ。そこで脚の無い籠笥に移し、空の籠笥には丸餅一つを入れて返す、侍にも丸餅一つ、白丁・下女にも一つ宛送る。籠笥は一の頭人の私宅に戻し、そこで葩餅（よく判らないが、草餅のことか。）二枚を入れて二の頭人の私宅に送る。九日には二の頭人から入れ、二の頭人三の頭人が出迎える。以下同様である。

鏡餅と雑餉の餅は一番の精進頭の所では六日に搗く、以下一日送りである。餅は一番目のものを基準とするが、鏡餅は四升を五つに取るきまりである。延宝八年の賀茂保純の記録には雑餉を雑掌と書いている。又「内雑掌」とも言つている。又小餅五十は私に入れるもので、餅の数は心次第であるとしている。

鏡餅は備進後切餅としておく。其後参籠所に来る人には餅を贈る例となつているが、公的の関係で来た者には切餅を贈り、私的の見舞の者などには小餅を贈つている。そこでこの雑餉の餅というのは原来は頭人達の食事、いわば夜食として入れたものであろうと考えられる。これが済んで寅の半刻には浴室にて行水を行うのであるが、参籠中は種々の儀式その他で夜も昼もない程であるので、夜中に入るのであろうと思う。雑餉という言葉が何時から用いられているか判らないが、昔はこういう言葉が一般的であつたのであろう。それが神事の一つに保存されているのである。

精進頭も非常に興味あるものであるが、普通の頭役とは頗る違つた形を示しており、その性質も明かにはされていない。筆者の推測では河上・大宮・小山・中村・岡本五郷の頭役の変型したものであろうと思つている。精進頭のことを調べるには、清茂の子の清足が書いた「諸神事註祕抄」や元平野神社宮司関目琴季氏の編纂せられた「精進頭人日記抄」などがよい資料である。この項もそれらに負う所が多い。

五　記録と傳承

吾々が先人の踏んだ跡を尋ねる方法として、文書記録等の記述された資料によるものと、口碑習俗等の記述されぬ資料によるものと二つの方法がある。(この外にも遺跡等によるものがあるが、ここでは触れないでおこう。)主として前の方法によるものを歴史学というならば、後の方法によるものは民俗学であると言える。現在の所日本では、二つの方法がはつきり区別されている様に見える。歴史家と称する人達は記述された資料に絶対信頼を置いて、文字になつていない事柄は顧ない風がある。不思議なもので何の書の某月某日の条に記されていないとには安心が出来ない。その書が正しいものか否かは余り重視しないで都合のよい記述のみを拾い集めて来たりする。

民俗学者はそういう歴史家の態度を攻撃する。のみならず記述された資料というものはほんの一小部分の事柄であつて、限られた人達の間に於ける特殊な事件のみである。所謂常民の平々凡々なる生活はそういう記述された資料にはないものであるという。そして丹念に民間伝承を調べてそこから先人の生活に踏み込もうとする。昔話や伝説や習俗や、あらゆるものを蒐集する。極めて僅かな人達を除いては殆ど文献を相手にしない。

そこで歴史家が之を嘲ける。民俗家がやつている仕事はどこに何がある、あそこでこう言うということばかりで、そこには何の連絡もなければ統一もない。何よりも大事な、ものの発展というものがない。比較ということを重視するといつても、実際は羅列に過ぎないではないか。常民生活に最も根本的な社会的経済的な究明が全くないではないか、鏡の中を覗いている様で、もののあることは判るが、そのつながりや背景は少しも判らないと。

とにかく今二つの方法は互に助け合うという所に至つていない。お互に利用し合つて一つの目的を達じようという様には見られない。けれどもこういう対立的というか懸絶した態度が学問の発達に害こそあれ利益を与えないものであることは明白である。

日本の文化を推し進め国民生活の進歩を助けることが目的であり、その為に過去の集積を正しく観、正しく受取ることが両者の使命であるとするならば、相互に協力し又は利用し合つて共通目的を貫徹する様に努めるべきであると思う。記録と言い伝承と言い、それは手段にすぎないのであつて、手段に縛られてその進行を停滞させる程愚かなことはない筈である。

吾々は靴もはき下駄もはき草鞋もはくことがある。初め下駄をはいたからと言つて山へ登るにも下駄をはいていなければならない理由はない。靴より草鞋の方が歩きよいこともある。はき馴れたというだけの理由で便利なものを棄て去るには及ばない。

学問の地盤が拡るにつれて、区別が段々消失して来る。経済史などでは経済学の方から入つたものと歴史学の方から入つたものとが或部分では全く重り合つて区別がつかない。歴史学と民俗学の方では未だ別々の埒を進んでいて、接触する部面さえ甚だ僅少である。この様に自分の埒のみを守つていることは、刺戟や競争のないために、その進歩を停滞させる基である。二頭宛競う賀茂の競馬の如く、歴史学と民俗学も、或る部分では同一埒内で競い合うことが両者の進歩を促す所以であると信じている。（昭和十六年八月）

（昭和十六年十月、ひだびと第九年第十号掲載）

第三編

一、我が町村制度の發達

現在日本内地に幾つの町村があるかというと、昭和十三年二月一日現在で一万一千二百三十八あり、外に百四十六市を数えることが出来た。その町村の面積人口は如何かというに、昭和十年の国勢調査によれば一ヶ町村の平均面積は三三・〇九方粁（市は三九・一二方粁）人口は四、〇八二人（市は一七八、四七五人）である。尤も町や村によつて面積も人口も様々であつて、同年の国勢調査の時人口の最も多かつたのは兵庫県の小田村の五万四千余人で、間もなく市制の施かれた大阪府の布施町や長野県の平野村（今の岡谷市）など三万以上のものが十八ヶ町村あり、最少は東京府の鳥打村の百五人で、人口二百人以下の村が八つあつた。又府県に就いて見れば鹿児島県の町村の如きは他府県の町村に比較すれば甚だ大きく、その面積平均は六四・九五方粁で全国平均の約二倍あり、人口の一ケ町村平均は一万四十二人にて、全国平均の二倍半にも達している。かくの如く一概に町村と称しても所により地方によつて大なる差違のある事を知り得るのである。

然らばかくの如き相違は何処から生じて来たかというに、それには夫々の歴史的又は地理的の背景が存しているのである。ここでは主として行政上の変遷の跡を尋ねて見たいと思う。

元来村落は山河の地勢に従つて人間が聚住する所にその起原を発し、太古に於ては常に日当りよき水のある土地が選ばれていたが、そうした聚落は氏族制度時代にては同時に氏族の集団でもあつた。氏の上や氏人は凡てそこに集まり氏神は文字通りその氏族の中心であつた。氏人の外に奴隷などがいた。それらは同一血族ではなかつたが、兎に角そうした聚落は血縁聚落と呼ばれている。しかるに氏族制度が漸次崩壊するに伴つて、村落は最早血縁的なものではなくなつた。一つの村落にはいくつかの氏族が混住する様になり所謂地縁的な聚落となつた。我国では大化改新前後には村落は最早血縁的なものから地縁的なものに移りつつあつた。日本では村落を「ムラ」とか「フレ」と呼んでいたが大化改新の時「里」という行政区劃が置かれた。これは聚落とは無関係に五十戸を一里となすものであつた。そして五戸を以て一保となし、保毎に保長を置いたのである。当時は一戸の人数もかなり多く時には数十人乃至百数十人にも及び、それ丈で一聚落をなしておる事もある位であつたから、里は相当に広い地域に亘つたものである。されば二里を以て一郡とすることも行われ得たのである。この里は霊亀元年には郷と改められたが、もともと行政区劃として設けられただけで何等地理的な事情を考慮したものではなかつたから、間もなくそれは単に地名に残るに過ぎないものとなつた。やがて律令制度が廃れ庄園制度が起ると、私領では庄園が管理の単位となり、一つ一つの聚落は行政上は何等の意味も有せぬ様になつた。その聚落は村と呼ばれる事もあり、保とか郷とか又庄と呼ばれる事もあつた。律令制度で十保を一里とした時には地域の広狭に拘らずその戸数や人口は大体劃一的であつたわけであるが、庄園時代の村や郷保の内容は所により大なる差異が生じ　数百戸の郷もあれば数十戸の保もあつた。而して庄園制度の特徴として知行権は分裂し、一つの土地に対して本所・領家・地頭・庄官等の諸職が作用していたが、鎌倉時代より地頭・領家の間に下地中分が行われて庄郷村保が分れて夫々の一円知行地となつた。

それは領家村・地頭村・政所村・公文名村等の名称にその跡を示しているのである。こうして村落が再び政治的な単位となる傾向が現れて来た。勿論庄園時代に於ても村落が経済的社会的単位である事は変りなかつたに違いない。しかも再び政治的にも結び付が復活した。室町末期から村落の結合ということが盛んに現れてくる。村極めや村の掟によつて村落の社会生活を維持しようとしたり、村人の共同力によつて村に対する危難を避けようとしたりする運動が頻りに現れて来た。戦国時代にはそうした村落の自営団結の風が最も顕著である。やがて新しき封建支配者達はその状態を利用した。盛んに検地を行つて年貢徴収の基礎としたが、それらは凡て一村落単位で村毎に何千何百石という石高を定め、それを基にして年貢を賦課した。その年貢を如何に分担するかは村人の相談で決つたが、定められた額だけは死人があつても逃亡者があつてもその村から出さなければならなかつた。村人全部の連帯責任であつた。又江戸時代に入ると五人組制度が設けられて連帯責任は愈々強化された。村の団結は内からも外からも好むと好まざるとに拘らず益々固められて行つた。村落に於て隣人の生活は他人の生活ではなかつた。色んな形で自分のそれと密接なつながりを持つていた。

それは兎に角、戦国時代末から新田の開発や街道の発達に伴つて新田村や街道村落が増加した。その頃の文献に現れた村落の戸数などを調べて見ると百戸以内のものが多く、中には四戸の村もある。加賀の江沼郡では石高平均が三百八十石で二百石から三百石の中間が最も多かつたから、人数も大体二三百人戸数は五六十戸が普通の大さであつたものと推測される。江戸時代に入つては寺社領、大名領地、幕領などが一つの村落の中に入込むことが多かつたから、一つの村落も行政区劃ではいくつかに細分された。一方では新田開発等による新しい村落も激増した。

勿論それは関東とか越後とかの平野地方に多く、新田村、今在家村、新屋敷村、新村などと呼ばれ、又一つの村落が大きくなつて之を上中下大小東西南北等に区分する事もあつた。かくの如く江戸時代に入ると村落の膨脹や増加が盛んであつたが、新しい村落が直ちに一つの「村」として独立出来たかというにそれは簡単には出来なかつた。新村落は何れも古い村より移住した者によつて作られたわけであるが、暫くの間はその親村落の支配を受けなければならなかつた。そういう状態にある子村落や孫村落を当時支郷・支配郷・枝郷・寄郷・帳尻郷などと呼んでいた。そして夫等の子村落が親村落から独立して完全な自治権を獲得する迄には屢両者の間に抗争が行われたのである。これは経済的な原因から親村落がその分離を希望しなかつた事が大きな原因で、往々飛地などになつて現今でも遠隔の地が、或る村に属している事もある。新しい村落が完全に独立すると初めて領主からの検地帳や年貢割当状もその村限りとなり、年貢を直接に納める様になり、名主・庄屋等の村役人も設置されるわけである。はじめて「村の人格」を得たのである。

江戸時代には大体町村の自治が認められ、幕府又は諸侯は年貢の徴収・人馬の徭役さえ確実ならば他の事は村民の自治に任せた。尤もそういう賦課は非常に過重なものであつたからその未進のない様にする為には細い干渉もした。衣食住のあらゆる方面に制限が加えられ、着物の色合や地にも制限があり、食物もなるべく米を食わず雑穀を用いる様にし、家作も容易に許さぬというやり方であつた。従つて自治と言つても今日の自治というのとは意味が非常に異るものであることは言う迄もない所である。けれども前に述べた如く年貢徭役の賦課をはじめ凡てが町村単位であつた結果はその社会的な団結は益々固くなつた。経済的にも当時は村落の自給自足が普通で、一村落は経済的にも一単位であつた。一村落内に鍬や鎌を作る鍛冶屋があり濁酒を売る酒屋があれば大抵なことは間に合つて行つたのである。

そういう村が明治元年には六万五千七百余あつた。これが当時の自然村落の数であつた。尤も少し後の統計では七万九千余というのもあるが大体七万前後という町村数が太古から明治はじめ迄に出来た日本の村落であつた。これは前述の如く小さな自然発生的な村落である。六七十戸位の小部落である。しかるに明治維新後の社会経済政治のあらゆる方面の急激なる変化は到底旧態をその儘存置することを許さなかつた。これ迄の、小部落は封建制度の鎖された経済事情の下にそれが一つの経済単位となり、農民は年貢生産の機械の如く取扱われていた時代にはそれでもよかつたが、資本主義時代にはこれではその自治体の発達も望めず地方の商品生産の施設も助成出来ない有様であつた。城下町が純商工業都市に転ずると同時に地方町村も商品の生産場に転ぜられなければならなかつた。それらは如何にして行われたか。

明治四年四月廃藩置県を前にして戸籍法を布告し、「各地方土地の便宜に随ひ予め区劃を定め毎区戸長並副を置き長並副をして其区内戸数人員生死出入等を掌らし」めることとなつた。併し一方には旧来の村役人がその儘存していた為二重の組織となつた。そこで翌五年四月それまでの庄屋名主年寄等を廃止して戸長副戸長と改称し、二重組織を改めて統一した。この時又大小区制が施行されて町村は行政区劃とは別のものとなつたが、町村の歴史性を無視した大小区制は到る処で矛盾を暴露し之が解決は必須となつた。明治十一年四月内務卿大久保利通が地方体制・地方官職制・地方会議法の諸案を地方官会議に提出し、之が同年七月郡区町村編制法・府県会規則・地方税規則となつて公布された。郡区町村編制法の区というのは後の市に当るもので、ここに大小区制は廃されて区町村が再び行政区劃となり、各町村の戸長も多く民選となり、町村が一の自治体と見做されることとなつた。江戸時代には不完全ながらも自治体として発達して来たのであるが、明治六年頃より町村の戸長は村を代表する権限を失い、戸長は単なる吏員となり明治七年には等外吏と見做され、村民の代表者ではなくなつた。人によつてはこの時代を自治覆滅時代という者もあるが、この十一年以後再び戸長の性質は単に地方行政官吏ではなく、町村自身の理事者であるということが認められる様になつたのである。この時又区町村会を開設することも認められ明治十三年四月区町村会法が公布され、ここに町村自身の機関としての戸長と町村会を有することとなり、その自主自立の目的が法律上にても認識され自治団体たることが明白となつたのである。

この頃の戸長役場は各町村に在つたのではなく、明治十一年には全国で三万三千八百で、戸長は二三ケ町村を管理し代表した。しかるに町村の小区劃なることは新時代に適応せざること前陳の如く、況や明治十年以来国内産業の急速なる進歩は内部よりして小村落の結合を破壊しその合併を要求した。仍て政府は戸長役場を先ず合併して行政区劃をより大なるものたらしめんとして、明治十六年及び十八年の両度に亘つて戸長役場を減じて一万一千五百余となし、更に町村数もこの戸長役場の数に近付けんとした。即ち戸長役場の管轄区域を大体に於て行政単位たらしめんとしたのである。

明治二十一年の町村制はかくの如き意図によつて発布された。勿論それのみが全部の原因ではなかつた。市町村制実施に当つて内務大臣山県有朋の目的とした所は、彼自身の言によれば国民皆兵主義の徹底を期し、当時未だ兵役の義務を辨知せず入営を嫌ら者も少くなかつたので、やがて施行される立憲政治の下に於ては、挙国齊しく参政権を享有すると共に、国家防護の任務も亦挙国齊しく之を担当すべきものであるとの考えから市町村制の実施によつて其目的を達せんと考えたのである。山県有朋は明治十六年十二月内務卿に任ぜられてより鋭意市町村制完備に力を尽した。当時自治制の施行を立憲政治施行前とするか後とするかについては意見が対立していたが、山県は国会開会前に地方自治制を実施すべく準備を進めた。これが為に明治十九年プロシャ人アルベルト・モッセ（Albert Mosse 1846—1925）を招いて町村制制定のことに当らしめ、モッセが市町村制の案文を起草した。モッセは独国ポーゼンに生れ公法の権威者グナイストの高弟で州裁判所の判事をし、又ベルリンの日本公使館顧問を数年間勤め、ベルリンで伊藤博文等に法律を講じた関係もあつて、内閣及び内務省の法律顧問として聘せられたものである。彼の草案は勿論独文で書かれたので、荒川邦蔵が飜訳して、更に地方制度編纂委員会で審議され、同年九月閣議にかけられ、十一月元老院に付議された。元老院でも言議区々にして容易に一決せず、中には自治反対論や実施延期論もあり、外国制度模倣不可論や大修正論もあつたが、山県の努力で大体原案のままで町村制は二十一年一月、市制は同二月に通過した。

然るに閣議を開いて最終の決定をせんとした所が再び閣議で異論が出た。即ち元老院にては町村長は公選にして無給、市長は官選ということにし、東京京都大阪には特別市制を定めることに決定したのであるが、閣議では市長も公選とし三都にも一般市制を施行すべきことを主張した。この為山県は元老院と内閣の板挟みとなり非常な苦心をした。宮中顧問官品川弥二郎に宛てて「町村制実際施行の事に至るまでは猶於二内閣一数回の舌戦相開不レ申ては兎角目的は難レ遂儀に今より覚悟罷在申候」と言つてやつたのも、又「自治元来是国基。百年長計莫ニ遅疑一。唯当ニ打破一五更夢。須レ及ニ桜花爛漫時一。」の一詩を賦して僅かに欝憤をやつたのもこの時であつた。結局市長は候補者三人を公選し上奏裁可を経るに決し、三都についてはパリーの制度に倣つて特別市制を定め、市長助役を置かず府知事書記官をして市の事務を行わしめ、市参事会は府知事・書記官・名誉職参事会を以て組織し、収入役その他の吏員には府庁の官吏を以て宛てることとなり、明治二十二年法律第十二号を以て公布されたが、かくの如く自治体として十分の機能が与えられなかつた為市民等はその撤廃を要求し遂に明治三十一年に至つて廃止されたのである。而して現在都制案に就いてこの官治主義と自治主義の衝突を見て未だ解決せぬのであるが、要するに之は過去四十年間に於て東京市民・市会・市政当局者が真に自治の精神を体得するに至らず絶えず市政の紊乱が行われて来た結果であつて、自治制施行以来五十年を経た今日都長官選論や参事会員官選論が行われておるのは不名誉至極の事柄である。とりも直さず東京市民に自治能力なしということの表明である。筆が少しそれたが山県等の努力で明治二十一年四月十七日法律第一号を以て市制及び町村制が公布された。又附録として理由書を公布した。法律に理由書を添付したのは前後に例のないことであつたが、偏えに自治制を十分に理解せしめ立憲政治の運用に遺憾なきを期せしめたものである。この町村制の内容は勿論我国情を考慮しての事であるが、プロシャの町村制度を基準としたから独逸臭のある事は免れなかつた。その具体的な例は市町村会議員の選挙等を等級制度となし、市会では三級、町村会では二級に分つた如きはこれである。一八五〇年のプロシャの市制を議するに当りて其政府は「市街ハ株式会社ニアラサレハ本来各自所納ノ税額ノミニ限ラス尚ホ他ノ諸条件ヲ参酌シテ公民ノ等級ヲ立ツヘシト雖、参決権ヲ分ツニ当リ租税ニ依ルトキハ能ク其平均ヲ得テ権利義務ノ権衡ヲ保ツヲ得ヘク、而テ尋常ヨリ数百倍ノ市税ヲ納ムルモノニハ納税額議定及共有財産管理ノ任アル代議会ノ選挙ニ対スル参決権ヲ多ク付与スルハ素ヨリ当然ナレハナリ」と説明しているが、我が町村制理由書に於ても等級選挙を説明して、

本制ニ於テハ納税額ニ依テ選挙人ノ等級ヲ立テ選挙権ヲ以テ市町村税負担ノ軽重ニ伴随セシム……其税額ノ多寡ハ姑ク之ヲ論ゼザルモ其専ラ自治ノ義務ヲ負担スル者ニ相当ノ権力ヲ有セシムルハ固ヨリ当然ノ理ナリ…… 等級選挙ノ例ハ本邦ニ於テハ創始ニ属スト雖モ之ヲ外国ノ実例ニ照スニ明ニ其良結果アルヲ徴スルニ足ル

と言い、又

此選挙法ニ依テ以テ細民ノ多数ニ制セラルヽノ弊ヲ防グニ足ル

と言つている。

又選挙権を有する市町村公民は総て被選挙権を与えられたが、例外として所属府県郡の官吏、有給の町村吏員、検察官及警察官、神官僧侶及其他諸宗教師と共に、小学校教員も市町村会議員たることを得ない定めであつた。これも独逸では小学校教員は僧侶と共に其職務上の所得に関して町村夫役を免除されておつた関係もあつたが、日本では何等の特権を与えずして被選挙権を与えなかつた。しかもその理由として明治二十一年二月の町村制市制講究会に於て内務参事官荒川邦蔵は

小学校教員ハ高等完全ナル教育ヲ受ケタルモノニ非スシテ徒ラニ論弁ヲ弄シ着実ノ思想ヲ有スルヲ得サルノ患アリ之ニ参政権ヲ与ヘサルコトハ各国多ク此例アリ又小学校教員ハ生徒ノ父兄ニ対シテ親密ノ関係ヲ有シ選挙ノ公

平ヲ害シ易キノ弊アリ是亦之ヲ除キタル所以ナリ

と述べているが、当時の小学校教員はその地方に於ける有識者又は相当なる家の子弟の勤むる所であつたから、小くともこの前半の理由は理由とならぬものであつた。

もつとも後に内務省議として各府県に通牒したところによれば、次の如く説明している。（岐阜県庁文書明治二十二年郡市町村治、行政）

市制町村制第五条ニ依リ小学校教員ハ議員タル事ヲ得サル儀ニ付、解釈上彼是疑団ヲ抱クモノ不レ少趣、右教員ノ議員タルヲ得サルノ理由ハ、第一ハ小学校教員ハ専ラ児童ノ教育ニ従事シ、授業時間ノ定メアルモノニシテ市町村ノ事業ヲ与リ議スルノ余暇アラス、第二ニハ小学校教員ハ市町村児童ノ父兄ト関係甚ダ親密ナルベキモノナレバ、若シ教員ヲシテ議員タルヲ得セシムレバ、選挙ノ公平ヲ害シ易ク、且教員ノ思想ハ為メニ独立ヲ失シ教育上ニ影響ヲ及ボスノ恐レアリ、第三ハ小学校教員ハ市町村ノ有給吏員ト同一ノ地位ニ在ルモノニシテ、市町村ノ代議及行政ニ参与セシムルハ適当ナラザルニ因ル

さて新町村制に於て行政区劃は如何になつたかというと、町村制第三条に「凡町村ハ従来ノ区域ヲ存シテ之ヲ変更セス」とあり、その意味を前記の講究会に於て内務大臣秘書官大森鐘一は「今日ノ町村ヲ指スノ意ニシテ古昔ノモノヲ云フニアラス又今日ニ在テモ戸長役場ノ区域ヲ云フニアラスシテ現ニ存スル某町某村ト云ヘルモノヲ指スノ意ナリ」と説明しているが、その意味での町村は五六十戸の小部落が多く、政府の目的とする町村合併には適応せぬものであつたから、実際に於ては戸長役場の区域を一町村となすことが行われた。現に政府でも二十一年六月十

三日の内務大臣訓令を以て

町村ヲ合併スルハ其資力如何ヲ察シ大小広狭其宜ヲ量リ適当ノ処分ヲ為ス可シ但シ大凡三百戸乃至五百戸ヲ以テ標準ト為シ猶従来ノ習慣ニ随ヒ町村ノ情願ヲ酌量シ民情ニ背カサルヲ要ス且現今ノ戸長所轄区域ニシテ地形民情ニ於テ故障ナキモノハ其区域ノ儘合併ヲ為スコトヲ得

と命じている。

かくの如くして新町村制の実施と共に町村の分合が行われ、二十一年に七万四百三十五の町村は二十二年末には一万三千三百四十七（外に三十九市）となつた。まさに新時代に適応すべき村落の改組が行われたのであつて、我町村史上劃期的な変革であつた。けれどもこの新制度も地方の歴史や地理の条件を無視することは不可能であつた。政府は一町村の標準を三百戸乃至五百戸と示したが、群馬県では旧来の千二百十九ケ町村を分合して二百六ケ町村となしその平均戸数は六百三十四戸で大体標準に近かつた。しかるに鹿児島県の如きは中世以来の郷の団結頗る固く遂に郷をその儘町村とするの余儀なきに至り、町村制施行の際既に谷山村は人口二万二千余戸数四千八十九、頴《え》娃《い》村は四千余戸一万八千余人を算し、人口一万を越えるもの二十二ケ村に及んだ。これ全くその歴史的原因に由来するものであつた。

尚この時の市制に於ては人口二万五千以上の市街地たることを標準として、それ以下にても商業繁盛にして将来都市となる見込あるものは市となす方針であつたが、最初に市制施行地として指定されたものは三十一、明治二十二年末に三十九であつたが、逐年増加して今や百四十六を算するのである。

町村制が施行された時合併町村の新名は、その町村中の大きな町村名を附けたり、中山村と尻高村と合して高山村としたり（群馬県）中村・郡元村・宇宿村を合して中郡宇村という不可解な名をつけたり（鹿児島県）合併三カ村が都合よく和睦するようにと三都和《みつわ》村とつけたり（長野県北佐久郡）十六村合併して地十六村となつたり（高知県）、明治村とつけたり、古い歴史的な名前を附したりしたが、これは合併後に合併町村（旧大町村）と被合併町村（旧小町村）の如き対立観念を生じ、役場の所在地と非所在部落との間に軋轢が絶えなかつたりしたことを見れば、新町村名も軽々には附けられないわけがあつたことが判るのである。小野武夫博士の挙げられた例に山梨県北巨摩郡清哲村があるが、これは水上・青木・折居・樋口の四村が合併して水上の水と青木の青を合して清となし、折居の折と樋口の口で哲を作り清哲村と名づけたのである。これらも村民の失われんとする自己の歴史に対する執着の現れという事も出来ようか。

市制町村制の実施に当つて最も困難な問題は町村の合併ということであつた。これらの具体例については別の機会に触れることとして、ここには岐阜県安八郡蛇池村の佐久間国三郎らの建白書を掲げて参考に資することとする。これは岐阜県知事小崎利準から元老院議長に進達されたものである（岐阜県庁文書「明治廿一年分、文書部、文書公文編纂報告統計建白請願全」の「建白ノ部」）

町村制区域ニ関スル建白

謹テ佐久間国三郎等本年四月十七日法律第一号ヲ以公布セラレタル町村制中ノ区域ニ関シ聊卑見ノ存スルアレハ我明治大政府ニ建白セントス、国三郎等該町村制ヲ通観スルニ中央集権ヲ減殺シ地方自治ヲ作興シ治中治ヲ計リ安中安ヲ求メラル丶ノ政策ニ外ナラス、大日本帝国臣民ノ幸福勝テ云フ可カラサルナリ、況ンヤ本制ハ事重要ニ亘ルヲ以テ一般人民ヲシテ本制趣意ノアル所ヲ熟知了得スルヲ竢テ而シテ後之ヲ実施セントシ、一年間ノ日子ヲ与ヘラレタル者ハ施政上ノ用意綿密慎重ナル誰カ之ヲ感佩セサランヤ、然ルニ本制ニ意見ノ存スルモノハ町村区画是レナリ、本制理由書ニ云ク本制ハ町村分合ニ就テ詳細ナル規則ヲ設ケス、各地ノ情況ヲ斟酌スルノ余地ヲ存スルナリ、唯十分ノ資力ヲ有セサル町村ハ比隣合併スヘキノ例ヲ設ク、此クノ如キ町村ハ独立ヲ有タシムル事能ハサルヲ以テ、仮令其承諾ナキモ他ノ町村ニ合併シ、又ハ数箇相合シテ新町村ヲ造成セサル可カラス、固ヨリ本制ニ定ムルカ如ク各市町村従前ノ区域ヲ変更セサルハ其原則ナリト雖トモ、現今各町村ノ大半ハ狭小ニ過キ本制ニ拠テ独立町村ノ資格ヲ有スルヲ得サルモノ蓋シ少カラス、故ニ合併ノ処分ヲ為スモ亦止ムヲ得サル所ナリト、既ニ従前ノ区域ヲ変更セサルヲ原則ナリトシ、其大半ハ狭少ニ過キ独立町村ノ資格ヲ有セストシ之ヲ合併センカ、誰カ之ヲ原則ニ随ヘル者ト認メンヤ、之ヲ道路ノ風説ニ聞ク、町村制ノ施行ニ付我大政府カ独立ノ町村ト認定セラル丶ハ三百戸乃至五百戸ヲ標準トスト、是ニ依リテ之ヲ観レハ、我岐阜県ノ如キ旧町村ノ儘ニテ独立シ得ヘキ者ハ実ニ百中ニ一二ヲモ見出ス能ハス、果メ然ラハ寧ロ新町村造成ヲ以テ法ノ原則ト謂ハサルヲ得ス、何ソ名実相反スルノ甚シキヤ、西哲確言アリ、曰ク国王ハ之ヲ作為スルヲ得ヘシ、政府ハ之ヲ組織スルヲ得ヘシ、町村社会ニ至リテハ人類創造ノ時ト同フスト言フテ不可ナシト、我大日本帝国従前町村ノ区域モ亦人為ニ造成セシニアラス、自然ニ成立セシコトハ智者ヲ待テ而テ後知ルニ非サルナリ、然ルニ従前ノ町村ハ区域狭小資力空乏ニシテ本制施行上要スル処ノ費用負担ニ堪ヘサルヘシトノ推定ニ拠リ、一朝人為ヲ以テ之カ合併ヲ断行セラル丶モ、和気霽然タル団体ヲ永遠ニ維持スル能ハサルヤ必セリ、何トナレハ則従前各町村ノ気風ノ齊シカラサル、習慣ノ異ナル、共有若クハ公有財産上ノ利害ノ同シカラサル等種々ノ事情ニ因リ、便益ヲ見ント欲シテ却テ損害ヲ蒙ムルナキヲ期ス可カラス、近ク之カ一例ヲ挙示スレハ、去ル明治七年我岐阜県ノ如キ大政府ノ指揮ニ出テタルヤ否ヲ知ラスト雖モ強制手段ヲ以テ頻リニ小町村ヲ合併セシ者其幾町村ナルヲ知ラス、然ルニ前陳ノ如ク気風習慣等ノ異同ニヨリ各団躰ヲ維持スル能ハサルノミナラス、旧町村互ニ相仇敵視シ新弊百出土崩瓦解、空シク冗費ヲ消尽シ其結果タル数年ナラスシテ概ネ分離セサル（ママ）ナリ、其今日ニ合併シテ体面ヲ維持スル者ハ実ニ十中ノ一二而已、況ンヤ十中一二ノ合併町村タル、経済ヲ異ニシ習慣ヲ別ニシ、表面合併ノ名ヲ存スルカ為メ其内部ニ於ケル煩雑ハ実ニ言フニ忍ヒサル者アリ、殷鑒遠カラス、戒メサル可ケンヤ、慎マサル可ケンヤ、然レハ則従前ノ町村タル区域狭少（ママ）ナルモ資力ハ空乏ナルモ之ヲ独立セシムルノ策ヲ講セサル可カラサルナリ、然リ而シテ之ヲ独立セシムルハ敢テ至難ノ事ニ非ス、何トナレハ則従前ノ区域狭小ナレハ随テ部下ノ人為現象モ亦僅小ナリ、故ニ行政事務モ簡易ニシテ煩雑ナラス、費額用度モ夥多ナラサレハ実施上独立合併ノ二者各民負担ノ費額ハ大差ナカル可キナリ、且町村長助役ノ名誉職ノ如キモ従前ノ区域ニシテ存スル以上ハ相当ノ人ヲ得ルコト決シテ難カラス、而シテ本制実施ノ上ハ現金徴集セラル、所ノ地方税中戸長以下給料旅費等ノ不要費額ヲ生スルヲ以テ、之ヲ町村費用ニ転用スル者トセハ、従前ノ町村ヲシテ合併セシメサルモ独立町村ノ資格躰面ヲ全フシ（ママ）得ヘキヲ信スルナリ、是レ国三郎等ノ本制ニ於テ必ス従前ノ町村区域ヲ保存セラレン事ヲ希望シテ已マサル所以ナリ、然レトモ若シ施政上ニ於テ以上ノ方法ニシテ有害ノ場合アリト認メラルル、コトアリトセンカ、更ニ一方法ヲ陳述セン、従前ノ町村タル概ネ区域小ニシテ到底独立ノ実象ヲ維持シ能ハサルモノト認定シ、断然之ヲ合併セラレンカ、天然固有ノ町村区域ハ業ニ已ニ破壊セラレタル以上ハ、寧ロ一歩ヲ進ンテ小合併ヲ捨テ大合併ヲ取ルノ勝レルニ如カス、故ニ其合併ハ大凡人口五千以上一万以下ニ一ノ町村ヲ設定シ、現今ノ郡役所ヲ廃滅シテ其郡役所ヲ経過スル一階級ヲ除去シ、町村ハ府県ト直接ニ事務ヲ往復セシメ、而シテ従前ノ町村ニハ区長ヲ置キテ人民ノ租税上納等ノ権義ニ相関セサル一般事務ヲ代理セシメハ、其町村人民ハ区域広大ニナリタルモ百事却テ簡易ニ帰シ、大ニ利益ヲ感スルナルヘシ、斯ノ如ク新町村ヲ設定シ町村ヲシテ大ナラシムルニ於テハ、其又町村長助役ハ有給員トシテ事務ヲ辨理セシムル事ヲ要ス、果シテ然ラハ、地方税中郡吏員給料・旅費・郡庁舎建築修繕費及戸長以下給料旅費ノ諸費ヲ減殺シ得ヘキヲ以テ、現今実施ノ地租三分一以内ヲ五分一以内ト改定スルモ府県施政上差支ヲ見サルヘシ、又町村ニ於テハ郡役所廃止ニ付キ生スヘキ事務ニ関スル費用ト、其区域ノ広大ニナリタルトヲ以テ、本制定ムル所ノ地租七分ノ一ニテハ到底支ヘ得ヘカラサルハ最モ覩易キ事実タレハ、此地方税ノ減額ヲ移シ以テ町村費ノ不足ニ補充スレハ容易ニ事務ヲ整理シ得ヘキヤ明ナリ、元来我国ハ行政上ノ階段複雑ニシテ中央政府ト町村トノ間郡衙アリ府県府アリト雖モ、彼ノ英吉利国ノ如キハ中央政府ト自治府トノ間ニ一物ノアル無クシテ百般ノ政務整理セリト云フ、然レトモ英国ハ英国ノ気風習慣古来ノ沿革アリ、又我国ハ我国ノ気風習慣古来ノ沿革アレハ、浸然英国ニ模倣セラレンコトヲ希望スルニハ非サルナリ、要スルニ以上縷陳セシ方法ヲ以テ郡役所ヲ廃止シ、新町村造《(ママ)》成シ大政府ノ下府県市町村二級自治躰トスルモ利アリテ更ニ害ナキハ去ル明治十二年以前郡区役所ノ設置之レ無キ時ニ徴シテ明ナリ、況ンヤ郡ナル者ハ単ニ称号ノ存スル而已ニシテ真ニ一郡同躰ノ得喪利害アリヤト問フニ絶テ之カ例証ヲ見ス、実ニ一郡同躰ノ共同事業アリヤト言フニ又之カ事実ナキヲヤ、乃チ世人カ認メテ一郡ニ関係ノ事業ト為ス者ハ、其実数町村聯合ノ事業ニ非サレハ一府県ノ事業トシテ毫モ差支ヘナキ所ノ者タリ、故ニ郡ナル者ハ人民ノ気風習慣古来ノ沿革等ニ関スル事ナク行政上之カ保存ヲ要スルノ理由ヲ発見スルニ困ムナリ、是レ国三郎等カ本制実施ニ付テハ郡役所ヲ廃止スルモ不可ナカル可シト信シテ疑ハサル所以ナリ、我賢明ナル明治大政府、請フ其一ヲ採択セラレン事ヲ、国三郎等国家ノ安泰ヲ祈理スル一片ノ衷情黙セント欲シテ黙スル能ハス、人民ノ幸福ヲ希図スル満腔ノ熱心抑ヘント欲シテ抑フルヲ得ス、尊厳ヲ冐シ町村制区域上ニ関シ聊卑見ヲ陳述シ我明治大政府ノ省慮ヲ煩ハサント欲スル所ナリ、誠恐誠惶頓首敬白

岐阜県美濃国安八郡蛇池村一番地　平民

佐久間国三郎　印

四十二年八ヶ月

(外廿九名を略す)

明治二十一年八月十七日

元老院議長　大木喬任殿

とまれ明治二十一年四月市制町村制が発布され翌二十二年より実施され、昭和十三年は五十年目に当り四月盛大なる祝典の挙げられたことは耳目に新しい所である。その時の記念スタンプには山県とモッセの像が刻されていたが、たしかに両人はこの新自治制に関する中心人物であつた。しかしこの町村制実施は我町村史上の一大転機であつたが、その事は同時に我社会経済上の大変革を語るに外ならないものであつた。爾来今日まで半世紀、今亦地方

自治制度の改革案が審議されつつある。時代は再び改革を必要としているのである。

参考文献

小野武夫博士「日本村落史概説」
我妻東策氏「明治前期農政史の諸問題」
東京市政調査会「自治制発布五十周年記念論文集」
国家学会「明治憲政経済史論」
中田薫博士「明治初年に於ける村の人格」（国家学会雑誌第四十一巻）

（昭和十四年七月、学習院史学会会報第九号掲載）

二、鹿児島縣の町村制度

一

他府県人が鹿児島県に来つて気附くものに、鹿児島県の町村が頗る大きいということがある。区域も大であれば人口も多い。試みに昭和十年十月一日の国勢調査の統計によれば、県内にて現在人口三万人を越えるものに川内《せんだい》町（三三、三五四）潁娃《えい》村（三一、七五九）があり、二万人を越えるものは谷山（二八、一四三）、枕崎（二八、〇〇〇）、鹿屋（二四、七八〇）、串木野（二四、六三七）、阿久根（二四、〇八三）、名瀬（二二、八八五）末吉《すえよし》（二二、一六三）、西之表（二一、一二一）、垂水《たるみず》（二〇、九四八）、指宿《いぶすき》（二〇、六四六）の十ケ町を数えることが出来る。人口一万以上の町村は凡て五十八に達する。又鹿児島県最少人口の村は薩摩郡黒木村で一、六四三人であるが、全国では東京府の鳥打村の一〇五人を初め二〇〇人以下の村が八ケ村あり、黒木村の如きも他府県にては左程小村ということは出来ないのである。

鹿児島県に於て鹿児島市を除く百三十九ケ町村の平均人口は前述の国勢調査の統計によれば一〇、〇四二人であるが、日本全国一万一千四百十二ケ町村の平均人口は四、〇八二人である。との内より鹿児島県を除外すると四、〇〇七人平均となる。即ち鹿児島県の町村は他府県のそれと比較して約二倍半の人口を有していることが明かである。

次に面積に就いて調べると、昭和十年の全国市町村別面積調によれば、全国一ケ村当三三・〇九方粁、鹿児島県を除けば三二、六九方粁であるが、鹿児島県にては平均六四・九五方粁で先ず六十五方粁と見ることが出来、他府県平均の約二倍となつている。（此等数字の算出は鹿児島県統計課長加治木誠一氏の御好意に基く所が大きい）小学校なども他府県では一ケ町村に一校位が普通であるが、鹿児島県にては三校余の割合となつている。

これらの数字によつても明かなる如く鹿児島県の町村は他府県の町村に比して区域も大であり、人口も遥かに多い。元来都市と村落の区別を人口数によつて分ける方法があるが、万国統計協会では二千人を境としており、我国では一万人を境としている。一万人を境としても鹿児島県内五十八町村は都市に入り、平均をすれば全部が一万を越えるのであるが、併し実際にそうは言えないのである。この一万人を都市村落の区分とするとしても、或は二千人を標尺とするとしてもそれは一聚落をなしていることが必要である。しかるに鹿児島県の町村は数個乃至十数個の聚落よりなり、人口は大であつても散布しているのである。従つて人口が二万三万を越えても必ずしも都市とは言うことは出来ない。例えば頴娃村の如き三万余の人口を有しておるが之を都市と称することは出来ないのである。然らば之を要するに鹿児島県の町村は日本全国から見て類例のない構成をなしていることが知られるのである。

何故にかかる例外的な町村制度が施行せられたか。それに就いて若干の考察を加えることが小論の目的である。

先ずそれには我国の町村制度の沿革に就いて簡単に述べておく必要がある。

明治維新の大業成るや、地方行政においても旧来の名主庄屋年寄等総て廃止されて戸長副戸長と改称され、やがては戸長はその身分が官吏に準ずることとなり漸次中央集権的な官治制度が行われることとなつた。又明治五年四月太政官布告によつて大小区制が施行されて町村の区劃は行政区劃とは関係のないものとなつた。併し大小区制と旧の町村制との矛盾は多く、これが解決は必須であつた。

しかるに泰西の地方制度を調査帰朝せる内務卿大久保利通は、立憲政治を布くにはその基礎として自治行政を行う必要を認め、明治十一年四月に地方体制・地方官職制・地方会議法等の諸案を地方官会議に提出したのであるが、これは更に元老院の議を経て、同年七月郡区町村編制法・府県会規則・地方税規則として公布され、同時に地方の便宜に従つて区町村に区町村会を開設することが出来る様になつた。この区というのは後の市に当るものである。かくて大小区制は廃され区町村が再び行政区劃となると共に各町村の戸長も多く民選となり、町村が一の自治体と見做されることとなつた。次で区町村会が各地に起るに及んで明治十三年四月区町村会法が頒布され全国的に統一された。

当時町村の数は頗る多く七八万を算えたのであるが、戸長役場は明治十一年には三万三千八百で二ケ町村以上に一戸長役場の割合であつた。政府は町村を合併し、戸長役場を合併し、行政区劃をより大きなものとしようという意図から明治十六年・十八年両度に戸長役場を減じて一万一千五百余となした。従つて一戸長役場は数ケ町村を管轄することとなつたのであるが、之を改めて町村を単位とする自治制度を施行しようとしたのが明治二十一年の町村制である。

明治十六年十二月山県有朋が内務卿に就任すると鋭意市町村制の完備に努力した。十九年プロシャ人モッセを招

いて町村制々定のことに当らしめたが、モッセが同年七月呈出した意見書中に、

憲法ノ成規殊ニ上下両院ノ如キハ地方団体ノ構成ニ関スル所少カラズ、且立憲政治ヲ実施セントスルニ当リテハ先ヅ国民ヲシテ公務ニ習熟セシメ党派政争ノ風派ニ当ルノ前予メ地方自治体ノ制ヲ建テ以テ国家ノ基礎ヲ強固ナラシムル必要アリ、故ニ地方制度ノ改革ハ必ズ憲法ノ実施ニ先チテ之ヲ施行セザルベカラズ

ということがあつた。当時自治制を実施するのは国会開会の前とするか後とするかの意見が対立していたが、山県はこの意見に従つて国会開会前に地方自治制を実施する様に準備を進め、明治二十年二月閣議に於て府県郡市町村制の綱領数十条を定め、それに基いてモッセが市町村制の案文を起草したのである。これは独乙文で書かれたので荒川邦蔵が之を翻訳し、更に地方制度編纂委員会に於て審議され、同年九月閣議を経て、十一月元老院に付議された。元老院に於ても、外国の制度模倣不可論、実施延期論、自治反対論等があつたが、結局多数を以て原案が是認された。(註一) 市制・町村制が議了したのは明治二十一年二月八日であつた。かくて同年四月十七日法律第一号を以て市制及町村制が公布された。又附録として市制町村制理由書が公布されたが、法律に理由書を附して公布されたことは例の無いことであつた。この法律が独乙の自治制度を基とした為に多分に独乙臭のあることは当然であつた。山県も亦自ら

抑々予カ我法律案ノ起草ヲ、欧洲人タルモッセ氏ニ命シタルハ、我邦従来ノ五人組、庄屋、名主、総代、年寄ヲ設ケタル制度ノ中ニ於テモ、自治制度ノ精神固ヨリ存スト雖トモ、明治二十年トモナリテ、欧米列国トノ間ニ処スヘキ当時ナレハ、他ノ制度トノ調和ヲ図ル為メ、勢ヒ法案ノ形式ニ於テ、欧洲ノ制度ヲ参照スルノ必要殊ニ切

ナルモノアリ。随ヒテ自治法案ノ如キモ、我邦古来ノ自治ニ関スル精神ヲ基礎トシテ、明文上、自治法規ノ完備他ニ優リタル、独乙ノ自治制度ニ則リ、其ノ形態ニ遵拠シテ、我邦自治法案ヲ起草セシムルノ、最モ確実ナル功程ヲ進ムヘキ好方法ナリシヲ以テナリ。（註二）

と述べている。例えば市町村会議員の選挙を階級選挙とした如き著しい例である。

明治二十一年二月の町村制市制講究会は、政府が地方長官を召集して質疑応答をなさしめ、この法律の趣旨徹底に努めたものであるが、この会を開くに際しての山県内務大臣の演達中に、

今市制町村制ヲ設クルハ地方ノ自治及分権ノ主義ヲ実行スルニ在リ自治分権ノ法ヲ施スハ即立憲ノ制ニ於テ国家ノ基礎ヲ鞏固ニスル所以ノモノナリ蓋町村ハ自然ノ部落ニ成立チ百端ノ政治悉ク町村ノ事務ニ係ラサルモノナシ今ヤ中央政府ノ制度ヲ整理スルニ方リ之ニ先テ地方自治ノ制ヲ立テントスルハ目下ノ急務ナリ地方ノ制度整備セスシテ独先中央ノ組織ヲ完備セシコトヲ求ムルハ決シテ順序ヲ得タルモノニ非ルナリ故ニ国家ノ基礎ヲ鞏固ニセント欲セハ必先町村自治ノ組織ヲ立テサルヲ得ス之ヲ喩ヘハ町村ハ基礎ニシテ国家ハ猶家屋ノ如シ基礎鞏固ナラス家屋独堅牢ナルノ理アル可カラス且今憲法ヲ制定セラレ国会ヲ開設セラルヽモ僅々一両年ヲ出テサルノ秋ニ方リタレハ益地方制度ノ確立ハ一日モ猶予スヘカラサルヲ見ルナリ

とあり、又

此制度タル至重至大容易ナラサルモノナレハ之ヲ実施スルニ臨ミ能ク地方ノ民情形勢ヲ察シ緩急前後其宜キヲ計テ事ヲ処ス可キハ勿論万々慎重ヲ加フ可キ……

とあつた。（註三）

さてこの講究会に於ける諸質疑は凡て町村制実施と直接関係することであるが、その重要なもの二三を述べよう。

町村制第三条に

凡町村ハ従来ノ区域ヲ存シテ之ヲ変更セス

とあるが、との「従来ノ区域トハ古来ヨリノ区域ヲ云フノ意乎又ハ地租改正ノ際合併シ今日ニ成立ツモノヲ云フ意乎」という質問に対して内務大臣秘書官大森鐘一は「今日ノ町村ヲ指スノ意ニシテ古昔ノモノヲ云フニアラス又今日ニ在テモ戸長役場ノ区域ヲ云フニアラスシテ現ニ存スル某町某村ト云ヘルモノヲ指スノ意ナリ」と言い、又「従来ノ区域トハ地租改正ノ際合村シ或ハ其他何等ノ事情アリテ分合シタルヲ問ハス総テ今日ニ存スル現形ノ町村ヲ指称スルモノニシテ現形ノ町村本案ヲ施行スルニ足ルモノハ可成現形ヲ存スヘキコト本案ノ原則トスル所ナリ」と答えている。（註四）

又町村の外に駅、宿、郷等の名もあり町中に村もあるが、町村の範囲を明確に示されたいという質問に対しては「宿駅等一区域内ニ存スル町村名ノ如キハ此法律ノ認ムル所ニ非ス大市街ニシテ市制ヲ施行スヘキ土地ヲ除キ其他全ク一市街ノ団体ヲ云フ……可レ成一区域ヲ合シテ一団体ト為スコトハ新法ノ最希望スル所ナリ」と答えており、町村の範囲は略明かである。（註五）

即ち大体町並をなした、又は軒をつらねた一つの聚落を以て一町村とするというのである。これは更に同年六月十三日の内務大臣訓令を以て標準を示した。即ちその第三条に、町村ヲ合併スルハ其資力如何ヲ察シ大小広狭其宜ヲ量リ適当ノ処分ヲ為ス可シ但シ大凡三百戸乃至五百戸ヲ以テ標準ト為シ猶従来ノ習慣ニ随ヒ町村ノ情願ヲ酌量シ民情ニ背カサルヲ要ス且現今ノ戸長所轄区域ニシテ地形民情ニ於テ故障ナキモノハ其区域ノ儘合併ヲ為スコトヲ得

合併ヲ為ストキハ町村ノ区域広濶ニ過キス交通ノ便利ヲ妨ケサルコトニ注意ス可シ

とある。これは従来の町村なるものは多く五十戸位の小部落であつた為、政府はなるべくその併合を奨励したのであるが、同時に又余り広濶に過ぎぬ様に大体三百乃至五百戸という標準を示したのである。

以上で簡単乍ら明治二十一年の町村制発布迄の沿革を終ることとし、しからば鹿児島県に於てはそれが如何なる形で実施されたかに就いて述べようと思う。

註(一)（註二） 国家学会編 明治憲政経済史論、徴兵制度及自治制度確立ノ沿革
註(三) 町村制市制講究会筆記 二—四頁
註(四) 同 一四—一五頁
註(五) 同 二六—二七頁

二

鹿児島県では内地では明治十二年二月に郡区町村編制法が実施され、旧来の区が廃されて郡役所が置かれ、七月に至つて大島にも郡役所が置かれることとなつたのであるが、この際の町村は比較的に細く分たれた。

今明治十一年の統計によると、後に宮崎県となつた区域と南諸県郡、即ち日向一国及び大島を除いた薩摩大隅二

国の戸数は計十四万六千九十九戸であつて、村数は五百六十、町数は百四、浦数八十となつている。これに対して戸長二百二十九人、副戸長八百九十五人が配置されたのである。（註二）

この時の町村区分は全国的に非常に細分されたものであつたから、鹿児島県の如きも他に比して小に過ぎるというものではなかつた。併しこれらの町村が独立して行くには種々の困難が生じたことは全国的なことであつたとはいえ、その外に本県の特殊な事情も存した。それは旧島津氏領内にては郷が行政区劃で数百年来地方政治は郷を中心としていたことであつて、之を俄に分割することは公私に非常なる不便を生じた。例えば郷名の廃止の如きそれであつて、従来郷名が公唱されておつたものが、公文書には一切使用を禁ぜられた結果、官民共にその町村の所在を弁じ難くなつた。ここに於て県令渡辺千秋は明治十六年八月八日内務卿に対して「郷名ヲ唱フル儀ニ付」伺を出し、郷名の公唱の認可を求めその理由として次の如く述べた。

本県管下ノ儀ハ総テ其町村名ノ上ニ郷名ヲ冠ラシメ譬ハ谷山郷何村加治木郷何村ト云フカ如ク往古ヨリ唱ヒ来殊ニ旧藩制ノ頃ハ官民共ニ国郡名ヲ称フル事稀ニシテ専ラ何郷何村ト単称シ……国郡ハ恰モ其実アリテ其名ナキカ如キ況状ニ候処去明治十一年七月第十七号公布ヲ以テ郡区町村編制法ヲ定メラレシ以来……文書ノ往復行旅ノ不便ハ勿論百般ノ政務上ニ於テ便利ヲ欠ク事実ニ少カラス

この伺は十月六日「是迄之通リ郷名公唱セサル儀ト可ニ心得ー事」とて却下されてしまつた。仍て更に同年十二月十一日に再び

本県ノ如キハ郷名ヲ唱ヘサレハ政務処辨上ノ不便不レ尠ヲ感シ候次第ニ有レ之候ニ付特別ノ御詮議ヲ以テ更ニ伺出

ノ通内地ノ郷名大島郡ノ何方《ほう》何間切《まぎり》ト公唱候様相成度、

とて伺出た。ここを以て翌年一月卅一日に、

書面再応之申出事情不レ得レ止儀ト認候条郷名ハ町村ノ肩書ニ用候義ト可二心得一事、

と認可された。かくの如く既に呼称に於ても郷は一行政単位であつたが、経済その他に於ても郷内の小村を独立させることは困難であつた。即ち毎村に独立の資力なく負担に堪えず教育殖産其他の共同事業が甚だ不振となつた。ここに於て明治十七年十月に至つて戸長役場区域を改めて大体郷を単位とし、大郷は二三に分割して戸長役場を置き、稍旧体に復したのである。

かかる所に明治二十一年四月新町村制が公布され、翌年四月から実施することとなつた。前述の如く政府は小村の合併を要求したが、それは一聚落中分割したものを合併することであつて、その標準は前に記した通り戸数三百より五百というのであつた。しかるに鹿児島にては既に明治十二年以来の経験で四五百戸の戸数にても独立出来ないことは明白である。二十一年十月各郡々長はその管轄内の区域並資力其他調書を呈出したが、「町村区域之儀ニ付答申」に於て、何れも郷を基準とすべきことを述べている。例えば南薩の給黎《きいれ》・揖宿《いぶすき》・頴娃《えい》・川辺四郡（今の揖宿、川辺二郡）の郡長面高成二は

本年四月法律第壱号市町村制区域ノ義(ママ)ハ従来ノ成立ヲ存シテ之ヲ変更セサルヲ以テ原則トナスト雖モ当所轄内給黎揖宿頴娃川辺四郡内十ケ郷ハ村数七拾ケ村アルモ土地戸口狭小村力薄弱ニシテ其負担ニ堪ヘス故ニ毎村独立シテ其本分ヲ尽ス能ハス抑モ部下各郷ノ義ハ数百年来共同団結ヲ為シ患難相扶ケ利害相共ニシ地形情誼慣行等ニ於

テモ亦然ラサルハナシ且ツ常ニ郷貫ヲ唱フルニ村名ヲ用ヒスシテ郷名ヲ用ユル慣例ニヨルモ亦自然ノ区域ヲ固有セシハ言ヲ俟タス而シテ往年自治区域ノ成蹟ヲ徴スレハ明治十二年中部下各郷ヲ分割シテ六拾ノ戸長役場ヲ配置シ施治区域ヲ定メラレシニ旧来ノ慣行ハ勿論教育殖産其ノ他共同ノ事業等漸ク頽弛シ殆ンド振興ノ術ヲ失セシ情況トハ成レリ然ルニ明治十七年十月其区域ヲ改メ概ネ郷域ニ基キ部下十ケ郷ニ十四ケノ戸長役場ヲ置カレシニ其頽弛セシ事業モ復タ頓ニ振起セシハ実際ノ経験ニ徴シテ明ナリ依テ法律ノ精神ニ悖戻セサル以上ハ加世田郷南方郷ノ如キ区域広濶ニシテ公共事業ノ不便ナル郷ニ限リ之ヲ二三ニ分割シ其他ハ一郷ヲ以テ新村ヲ造成スルヲ適当ト思料シ尚部下各村戸長村会議員及ヒ長老者等ヘ親シク諮詢セシニ小官ノ意見ト毫モ異ナル事ナク依テ別紙理由書ノ区域ニ因リ新村御造成相成ルニ於テハ古来ノ良慣行ヲ襲用シ自治団体ノ基礎鞏固ナラント考量候、

と述べている。各郡長の意見は略これと等しいものであった。姶良《あいら》・桑原・西囎唹《お》三郡々長小浜氏興は

本県下ノ義往昔郷制ノ設アリ其由テ起ル所久シク今ヲ距七百余年文治二年島津忠久封ヲ薩隅日三州ニ受ケ国ニ入ルヤ其随従ノ臣隅州ノ守護代トナリ或ハ従前有土ノ故家名族ヲシテ其旧邑ヲ伝領セシメ其大部落ヲ為スモノヲ某院ト云ヒ（院名ノ儘郷名トセシモノ今ニアリ）院内小部落ヲ為ナスモノヲ某郷ト云フ是乃チ藩内諸郷ノ称アル濫觴ニシテ町村ハ又其一小部落ナリ降テ十余世中興ノ藩主島津貴久島津義弘ノ世ニ迨ンテ乱ニ戡チ邦ヲ夷ケ郷々ヲ鎮撫スルニ有功ノ臣ヲ以テ地頭職ナルモノヲ置キ各其郷ヲ統轄シ且ツ士ハ屯田ノ法ヲ兼用シテ皆田祿ノ地ニ土着セシメシモノナリト、

と言い、国分郷の如き大郷は当時の戸長役場区域に従つて三分するを可とするも大体一郷を一町村とするを適当と

する旨を答申している。蓋し郷域を新町村区域とすることは県主脳者の意向でもあつたので、諸問案にもこれが示されておつたのであるが、その理由は以上の答申によつても明かなる如く旧来郷が地方の行政区域であり各郷には屯田兵式の郷士が居住する所謂麓（府本）があり、この郷士によつて地方行政が行われて来たのである。郷士制度に就いては今ここに詳述する余裕を持たないが、薩藩の百二外城を守る郷士が又地方行政の中心であつたことは注意すべきである。勿論農民中にも庄屋名頭《みようず》の如きは存したが、他の地方に於ける様な自治組織は発達していなかつた。

各郷は元外城《と》とも言い、夫々に地頭が置かれていたが地頭は家老以下の所謂掛持地頭が多く、其地に在住しなかつた為に、実際の郷の政治は郷年寄（噯《あつかい》）、組頭、横目の三役が取計つたのである。されば郷年寄の善悪は郷の盛衰に影響したと言われている。（註二）この郷三役は麓郷士中より選ばれているものであつて、大体その家筋は定つていたが、要するに郷の政治の中心は麓にあつた。それと同時に郷の社会生活に於いても郷士は中心をなした。郷士と雖も農業に従事した者も多いのであるが、一般農民との身分区別は甚だ厳格であり、その支配関係は極めて緊密であつた。これは島津氏が数百年間此地方を領有した重要なる支配網となつたものである。事実郷士の数もかなり多く、明治十一年の薩摩国の戸主総数は拾万五千四百十四人であるが、内三万百七十四人が士族であり、大隅では四万五千八百三十二人中一万四千四百三十九人が士族で、大約三割が士族である。島津氏の封建的支配が如何に強固であつたかがこれにても窺知出来る。これが薩藩の重要なる特色である。之を要するに各郷にては地域的には麓が、人的には郷士が永年中心をなして来た。これを俄に分割して郷内の各部落を独立町村たらしむることは種々の方面より見て支障があつたのである。そのことは例えば上述の答申書中で東噛唹・南諸県郡長宮内勝海が

財産知識ハ概ネ各郷ノ麓ト称スル士族居住ノ町村ニ偏集セルヲ以テ其他ハ概シテ材智低劣為メニ凡百ノ技芸万般
ノ術業発達遅々ノ観ヲ免レサルモノノ如シ、

と述べているのでも知るが出来よう。結局明治十七年戸長役場を整理して一郷一戸長とし、大郷は二三に分割したのを以て二十二年以後の新町村の区域としようというのであった。これに対する反対論もあったが、当局者の意向は大体前述の通りであった。高城《たき》外三郡長であった長谷場純孝も亦、地勢の如何によって分割分村を許すとなれば、県下より続々出願するであろうから到底明治二十二年四月より実施することは出来難い。兎に角「一郷ヲ以ッテ一村域トシ広濶止ヲ得サル地ハ現在ノ戸長役場区域ヲ以テ規定セラレ黒木郷ノ如キ小郷ト云ヘ（ママ）雖先ツハ現今ノ儘ニシ置カレ……必要止ミ難キニ臨マハ徐ロニ第四条ノ法文ヲ適用スル蓋シ晩キニアラサルヲ信ス」と述べている。第四条の法文とは町村の廃置分合を定めたものである。

以上県当局に於ても郡衙に於ても、大体郷を以て新町村を造成する方針で進んだのであるが、これに対する反対も相当にあった。出水《いずみ》郡にて武本・上鯖淵・上大川内・下大川内・上知識の五ケ村を以て上出水村を作ろうというのに対して、上大川内・下大川内の人民総代より、以上二ケ村を以て一町村とされたき旨出願している。その理由は両村が旧来殆ど一村の如き団結をなし、共有財産を有し学校区域を一にするという様な点であった。その外に麓部落と同一区域に編入されることを喜ばず、これを理由とする所もあった。例えば下伊佐郡大田村の人民総代なるものは意見書を呈出して、

当大田村ノ儀ハ従来旧大口郷ニシテ現今里村外七村戸長役場ノ所轄ニ附属罷在候、然処右町村制御実施ノ上ハ同

郡旧山野郷ヘ合併ヲ願フノ事由ニ有レ之、果シテ其起因ヲ挙レハ第一現今ノ戸長役場区劃通リ据置カルル事アリトセン歟、果シテ旧藩政ノ余弊今尚ホ存シ麓（里村ヲ指シ云）人民ノ検束圧制を受ル事一ニシテ足ラス、為メニ人民ノ苦情常ニ絶ヘス、

と言つている。又南諸県郡に於て志布志郷の帖村外十一ケ村を以て志布志村を造成せんとするに対して同郷内の藩原・野井倉・原田・野神各村の人民総代は反対意見を述べて、

且ツ帖村ハ従前ノ麓士族ノ居住スル場所ニテ旧藩時代ニ異ナルナク、士族ト平民トノ交際待遇恰モ如ニ主従一、聊思想ヲ伸ントスレハ腕力ノ憂ナキニシモアラス、平民ハ唯身縮低頭スルノ外ナキ……

と言い、志布志町人民総代は、

我カ志布志町ノ儀ハ戸数モ殆ンド八百戸ニ垂ントシ剰ヘ他ノ各村トハ人情風俗経済上大ニ特殊ノ場所ナルヲ以テ明治十二年一町限リノ戸長役場ヲ置カレ人民大ニ便利ヲ得タルモ明治十七年十月帖村外五ケ村ヘ合併セラレ不便ニ堪ヘス……帖村ハ従前ノ麓士族ノ居住スル村落ニテ士族ト平民トハ旧藩時代ト異ナルナク其交際主従ノ如シ唯默止身縮低頭スルノ他ナシ、且ツ過般明浦校ヲ閉廃シ帖村ナル南陽校ニ合併セシニ明浦校アル日ノ出席生徒ノ半数モ出席セス……出席ヲ促スモ子弟ニ於テハ頭痛、或ハ腹痛ヲ名トシ到底南陽校ヘ出席スルヲ拒ム是レ他ナシ士族ノ子弟ハ平民ノ子弟ト交際上主従ノ如キ雲泥ノ差異アル所以ナリ、

と論じている。

麓部落と他部落即ち郷士と一般農民の間はこれらによつて知られる如く、今日よりの想像以上に不円滑であつた。

けれども為政者としてみれば、郷を分割することは自治制の実施に支障を来たすと考えられた事は前述の如くである。のみならず当時の戸長其他、所謂町村の有力者は悉く麓の士族である。従つて町村識者の声として郡長等の耳に入る所もそれら士族の要求、即ち郷の不分割論が大であつたことも注意しなければならない。その意味で言えば郷の分割不分割の争は旧来の伝統を守らんとする士族と、これを破らんとする平民の抗争であつたとも言うことが出来る。そして前者の勝利という結果に終つた結果、士族の平民に対する封建的優越感は尚永く存続し、故老の言に依れば町村自治の施行後もその中心は麓士族にあつて、町村会議員も多くその独占する所となり、偶々元の名頭（名主）の如きものが当撰すれば、町村当局者の説明に対して、平身低頭して承知の旨を答えたという。かくの如き状態は実に普選時代に入る迄続いたということである。これは新町村制施行に関して郷の旧支配者たりし麓士族の要望が有力なるものであつた証左とするに足りようと思う。とまれこれらの事情を考慮せる各郡長の答申に基いて県知事渡辺千秋は内務大臣に対して、

管内ノ儀ハ古来町村ノ外ニ外城世人百二外城ト唱ユルモノ是ナリ即チ郷ナルモノアリテ其団結ハ一家一室ノ如ク情義慣行亦一郷一轍ニ出テ喜憂相扶持シ離ル可カラサル情況ニ有レ之而シテ其町村ノ名アルモ他県ニ所謂一村内大字ナルモノノ如ク到底一村独立ノ資格ヲ有シ難ク且ツ此外城即郷ナルモノハ元来施治ノ区域タリシカ故ニ之レヲ一町村トナスモ交通ニ不便ナキハ勿論地勢風俗ヨリ看ルモ将来該町村人民ノ福利ヲ増進セシムベキハ信シテ疑ハサル所ナリ故ニ今新町村ヲ造成スルモ専ラ従来ノ習慣ニ随ヒ町村ノ情願ヲ酌量シ其程度ヲ郷域即現在戸長役場区域ニ取リ其区域広濶過大ニシテ地形上不便ナルノミナラス慣行風俗特殊ノモノアリテ利害休戚ヲ共ニセサル如キ事実已ムヲ得サルモノハ

既ニ分裂シテ現ニ戸長役場区域ヲ異ニスルヲ以テ是亦其慣行ニ依リ該区域ヲ以テ新町村ヲ造成スルモノトシ夫々調査ヲ遂ケ候処実際ニ於テ差支無レ之視認候、

と内申しその指揮を仰ぎ、これが明治二十二年二月十九日内務省指令秘乙第二一七号を以て聞届けられた。

こうして全国に稀な大町村が出来たのである。明治二十一年八月現在にて、谷山村は戸数四千八十九、人口二万二千七百二十二、頴娃村は四千二十三戸、一万八千九百五人を算え、人口一万を越えるもの二十二カ村に及んでいる。（註四）又市制を施行した鹿児島市と町村制を実施しなかつた大島郡を除くと、明治二十二年十二月末日現在にて総戸数十六万六千二百五十八人にして村数は百十五であるから、一村平均千四百四十五戸に及ぶのである。（註五）かの内務大臣の訓令に示された三百戸乃至五百戸という標準に三四倍している。又群馬県は町村制実施の際、旧来の千二百十九ケ町村を分合して二百六ケ町村としたが、その平均戸数六百三十四戸であつたのに比しても（註六）二倍以上に当つている。

新町村の名称は大部分郷名を附し旧町村名は大字名としたが、郷名は一般に相当古くより存したものである。尤も比較的新しいものもある。今和泉の如きは延享元年島津吉貴の季子三次郎が和泉家を嗣ぎ、頴娃指宿両郷の間に於て封一万石を得、これを今和泉と称したに始まる。（註七）郷名を変じたものには牧園村がある。もと踊郷と称したが、郷内の宿窪田村字牧園という地名は往昔日本武尊が茶臼山に拠城された時乗馬其他の畜類を養育した園である所から起つたというので、これを後世に伝えようという所から牧園と附けた。又伊敷・吉野は郷名がなかつた為併合村中最も著名な村名を附けた。又西ノ別府村・武村・田上村の三村合し西武山村となり、中村・郡元村・

宇宿《うすき》村合して中郡宇村となつた如きもある。

郷が二郡に跨つていた所は郡域を変更して郷域はその儘とした。薩摩郡山崎郷の内二渡村・泊野村・白男川村を南伊佐郡に、串木野郷の内羽島村を日置郡に、頴娃郡山川郷の内大山村・岡児ケ水村を揖宿郡に、西噌唹郡牛根郷の内境村を南大隅郡に編入したのがそれであるが、新村を作る為にこのように多くの郡域を変更したのは稀な例であろう。

言う迄もなく明治二十二年実施された町村制は今日の町村制の基礎である。勿論若干の異動はあつた。二十四年八月に志布志村が東志布志・西志布志・月野の三村となり、大崎村が大崎・野方二村に分れ、上出水村が上出水・大川内二村となり、水引村・太良村が夫々東西に分れた如きは、町村制実施当時の輿論の一部が容れられたものである。後に東水引・平佐・隈之城が合併して川内町となり、近くは吉野その他が鹿児島市に編入された如きもある。けれども大部分の町村は今に何百年来の郷を基礎としている。これは甚だ興味ある事実である。一見すると今日では日本全国同一の施設が行われておる様であり乍ら、その間には種々の相異があり、しかもそれは永い歴史や習慣に基くものである。鹿児島の百二外城は今失せてしまつた如くに思われているが、実は形を変えて今日に及んでいるのである。自治体の中心は階級的な郷士ではない。村の中心は麓ではない。けれども郷の持つ地理的意義は尚崩壊してはいないのである。

註（一）明治十二年七月編製鹿児島県治一覧概表

註（二）薩藩史談集　五五二頁

註(三) 註一ニ同ジ
註(四) 鹿児島県公報第四百六十三号附録
註(五) 同右第五百六号附録
註(六) 群馬県新旧町村名一覧
註(七) 西薩野史巻之二十

附記

明治二十二年四月一日鹿児島四十八箇町村には市制が施行された。又大島五島及川辺郡十島は内地と民度習慣を異にし町村制を施行し難いという理由を以て実施されず、旧の通り戸長役場が置かれていたが、明治四十一年四月一日より島嶼町村制が施行されて、旧二十三ヵ方戸長役場区域を以て十六ヵ村を編制して村治の緒を開いた。これらに就いても尙説明を要することであるが省略する。この外鹿児島県の町村に飛地の多いこと。郡制廃止の結果県と町村の中間に何等かの機関を設ける必要が論ぜられておる折柄、鹿児島県の如き大町村制は何等かの暗示を与えるものではないかということ。特に町村の財政上の問題に就いて重要な資料を提供するであろうと思われること等述ぶべき事柄は多いのであるが、一先ず筆を擱く。偶々転任の命を受け怱忙の間に執筆し、意を尽せぬ所が多いのを遺憾とする。

(昭和十二年十月鹿児島史談会講演草稿、十三年三月加筆、同年鹿児島史林創刊号掲載)

前の論稿を発表したあとで、本富安四郎氏の「薩摩見聞記」という書を入手した。これは明治三十一年に出版されたものであるが。同氏が二十二年から二十六年まで鹿児島に滞在していた間の見聞・統計に基くものであるから、ちょうど町村制発布からその実施直後のようすをよく伝えているということができる。内容は土地、気候、歴史から年中行事、言語、宗教、農業産物等二十二項目に分れているが、ここでは邦制と士平民の二項の中から、町村制度と関係あると思われることがらを紹介しておこうと思う。（原文には句読点がないが、適宜施した。）

まず邦制において「麓《ふもと》」即ち外城の制を論じ、「偖て又島津幕府は之を徳川幕府に比ぶれば、統轄上容易なる所あり。実に島津氏は非常なる権力を以て其首府鹿児島に附したるのみならず、城外をば百二十余ケ所にも分ちたれば、各外城の勢力は甚だ弱くして、到底中央政府に敵する能はず。今日にても鹿児島は天下の一大市として五万六千の人口を有てるに、其外には県下に一の町制地だもなし、百二十外城皆村なり。斯く市より直に飛んで村となるは薩摩の外全国になかるべし。是れにて其勢力の如何に懸隔せるかを知らるべし。」

「此百二外城は廃藩の今日如何なりしやと云うに、直に之を一村とし、又は余り大なるは二三ケ村にも分ちたり。中には小藩位の形をなしたる者多かりしに、之を以て一村としたることとなれば、其大なること世間尋常の一村とは異なり。去れば谿山《たにやま》・頴娃《えい》の二郡は各々一村より成り、給黎《きいれ》・馭謨《こむ》・北大隅の三郡は各々二村より成り、揖宿《いぶすき》・阿《あ》多《た》・高城《たき》・甑島《こしきしま》・北伊佐《いさ》・菱刈《ひしかり》・熊毛《くまけ》の七郡は各三村より成れり、」と言い、その最大の村は人口二万を越え、最小のものも一千人を越えていることを述べ、全国にて人口二百人以下の村が百二十余ヵ村あることと比較し、「去れば薩摩に於て村長と云うもの、大なるは古の小藩主、今の小郡長に等しきなり、斯る人口を有し乍ら町制施行地の一もあらざるは散居したる農民のみ多くして、中央の首府「フモト」には数十百戸の士族と僅少なる商人あるのみなればなり。」と論じている。

次いで士平民の項に於ては、先ず士族中に城下士族と外城士族に差異のあることを述べ、「外城士族は藩主の陪臣にして、屯田の制に従ひ、屋敷の外、山野に土地を与へ、之を耕して自ら生活せしむ。藩制の日に於てはその陪臣たり、又半農半士たるの故を以て、城下士族よりは田舎武士とて痛く賤められ、非常の圧制を受け、途中に相逢ふて少しく無礼あれば殆んど斬捨御免の有様あり、俗に之を紙一枚と称し、一枚の届を出せば夫にて事済みしなり。素より其風俗言語人品等之を城下士族に比ぶれば粗野なることを免かれざれども、其質朴壮勇の風頗る見るべき者あり。」となして、「西遊雑記」を引いてその証としている。しかも維新後、城下士族が扶持を離れて零落した者が少くないのに反して、「外城士族は素より土地を貰ひ自ら耕して生活の道を立て居たりしかば、廃藩の今日になりたりとて之が為め何程の影響をも受けず、兼て馴れたる農業にて豊かに其日を送れり。去れば今外城士族の有様を見るに、依然として其旧邸宅に安んじ、戸々相依り門々相対し、敗屋空地等あること稀なり。屋敷廻りには石垣を以て高く積み上げ、生墻《いきがき》板塀竹垣を以て其上を取り廻し、門を構ひ（マヽ）、道を掃へ儼然として封建武士の邸なり。内には下男下女を置き、牛馬雞豚を畜ひ、馬小屋あり土蔵あり浴場あり物置あり下人部屋あり、自ら耒耜を執て耕すもあれども多くは奴婢をして田畝を耕さしめ、少しく暮しの宜しき者は所々の村々に土地を有し、之を其地の農民に貸し付け、刈入の幾分を納めしめ、納米数十百俵に至り、食余は売りて金となし、公債の利子と共に日常の雑費に充て、士族は地主にして農民は小作人の姿なり。去れば昔は陪臣郷士とて侮られ、「日シテ兵児《へこ》」（日シテハ隔日ノ事ナリ、一日ハ耕シ一日ハ士タルヲ賤ムノ語ナリ）と嘲られ、又自らも恥辱と考へたる半農半士の風も、今却つて幸福となり、其生活も寧ろ城下士族に優ることとはなれり。」

とうして生活の難易から、両種の士族間の距離も相近づいて二族同権のありさまとなつたという。「ところが翻つて平民社会の状態を見るに、それは誠に憐れなもので、鹿児島等の一部の商人の外は財産もなく智識もなく勢力もなく、士族との間にはなお甚だ広き隔りがあつて、容易に混和することができない。藩制が破れて既に二十余年、戸籍面にこそ士平民の区別もあるが、その実際には最早何らの違いもない今日に於ても、薩摩のみはなお依然たる封建の天地である。東北地方では士族といえばほとんど貧乏頑固の代名詞の如く、場合によつては平民と名乗る方が都合のよいことも折々あるが、薩摩では万事万端士族でなければ夜が明けない。東北では士族というのは全く空名で、封建時代の武士の子孫であるという標《しるし》にすぎず、士族自身もこの名を負えるために何の有難味のあることも知らないが、一たび薩摩に到れば初めて士族も亦一の名誉の称号であつて、実際真に大きな有難味のあることを悟るであろう。即ち旅店に泊つても宿帳に士族と書けば応答待遇必ず他よりも鄭重である。

一体に西南地方は士族の勢力がいずれも盛んであるが、薩摩は実にその極点であつて公共の事業はその大小に係らず、悉く士族掌中にある。国会議員・県会議員・市会丼に村会議員・県庁・郡役所・村役場・警察・裁判・登記・山林諸役所の吏員から高等中学・師範学校の生徒・小学校の教員に至るまで、その九分九厘までは実に士族を以て充たされている。現に国会議員七名のうち一人の平民もなく、又勿論初めより競争しようとした者さえない。県会議員も士族三十七名に対して平民は三名に過ぎない。これを東北の諸県、たとえば神奈川県（士族一、平民五十六）、埼玉県（一人・三十八人）、千葉県（三人・五十人）、群馬県（四人・五十六人）、新潟県（四人・六十人）、栃木県（五人・三十二人）、長野県（六人・三十二人）、岩手県（七人・六十人）、宮城県（八人・五十六人）、山形県（八人・二十三人）、秋田県（九人・二十一人）、茨城県（十人・四十八人）、福島県（十人・五十人）、青森県（十二人・十八人）に比べれば非常な相違である。

薩摩のみ何故にかく平民が振わないかというに、第一の原因は平民に財産のないことである。元来薩摩は極南にあつて、どこにも到るべき通路もなく、ことに藩制の日は他国との往来を禁じ、たまたま国産品を輸出するにも藩府の手によつて行い、その上百二外城の士族はみな屯田兵の組織で、飲食衣服器具までも大抵は手製で間に合せ、拠ろない物でなければ決して商人の手をかりない。従つて現在の各外城を見ても、幾百戸の士族が外城を取り囲んでいる中に、多くて数十戸、少ければ五戸三戸の商戸が、いとみすばらしく立つているのみで、商業繁盛だといつて名高い外城が漸く二三百戸の商戸を持つているに過ぎない。他国の都邑とは全く反対で、城下の商人の一部外は、いかなる宿駅でも見るに足るような町家はない。これもそのはずで、商人は世間のいわゆる商人ではなく、全く士族の御用たしであつて、その一定した少数者の必用品を調達するにすぎず、販路の拡張を図る方法もなければ、商機の変動にあつて奇利を制する折もない。全体自ら田畑を耕して米や野菜を収め、自ら薩摩絣を織つて衣服を作り、焼酎を製して之を飲み、雞豚を養つて之を食い、山に入つて薪を採り鳥獣を狩り、川に行つて魚介を捕り、味噌醤油酢麹菓子まで作つて之を用うる者に向つて、それ以外の何ほどの物を供給できようか。従つて商人には富を致し家を興す機会がない。その日々の米薪の代を得れば仕合せとするまでである。商品仕入の資本さえ士族の力による者が少くない。財産があれば商人も勢力を得られようが、それがこの有様ではどうして働きをなすことができようか。

それならば農民はどうかというに、百二の外城は各々みな数百戸の士族があつて、他国ならば農夫の所有たるべき末々の場所まで、肥沃の良地は悉くこの屯田士族に占領され、残余の小地を数多の平民で分有し、それさえも自分で所有することはできず、多くは士族の小作人となつて、その労力の結果は悉く士族のために吸取られる有様であるから嘗て豪農なる者が見られないのは当然の理である。

このように商人も農民も、その財力は士族に及ばない。実際に薩摩の内地に入つてみれば一目瞭然であるが、衣食住から生活百般の程度が、平民は遠く士族に及ばない。他県では士族は智識学問で勝り、平民は財力で勝り、そこで相平均している。否、今日のように万事金力による時代では、政治教育殖産興業の事から各種の運動が悉く平民の手に帰して、士族はただ背後にあつて空声を発しているに過ぎないが、薩摩に於てはこの財力も智識もともに士族の有するところであつて、平民は資力がないために子弟の教育も十分ではなく、又事に当つて経験を積み智識を得る機会もない。従つて士平民間の距離は容易に短縮することができない。

第二の原因は士族の多数であることである。今日の県は昔の藩領よりも狭く、かつ士族の他境に転籍した者も多いが、県下の士族は戸数が四万六千五百二十九戸、人口二十四万六百七十六人に対して、平民戸数は十五万八千八百十九戸、人口七十六万九千七百八人である。全国で士族の多数の府県は、東京の二万九千余を筆頭にして、福岡・佐賀・長崎・山口・宮崎・熊本・石川・愛知・山形の順で、これが一万戸を越えている。九州では大分一県が一万に足りないばかりである。本州北部の新潟・福島・宮城・山形・秋田・岩手・青森七県で四万九千二百余戸で、ほぼ鹿児島一県に相当する。維新以来西南人、ことに薩摩人が天下に跋扈するのも怪むに足りない。維新の役に東北七県の諸藩が連合して西南諸藩に対抗したとしても、到底抵抗し得なかつたのは当然といわなければならない。

さてこの特別の勢力のある士族がかく多数の上に、国内に残る隈もなく配置されていたのであるから、平民は到るところで頭を抑えられてその手足を伸ばすところがなかつた。その今日あるも余儀ない次第である。今も士族は平民に対しては極めて横柄な言語を使い、その名を呼び捨てにし、平民からは極めて鄭重なる御辞儀をし、之を訪うにも必ず勝手口からする有様である。他境から薩摩に行つた者は、最初には士族の専横を憤り、次には平民の卑屈を怒るが、後にはこれは真の優勝劣敗で止むを得ない結果であると考えるようになる。実に他地方と違つて、平民はまだ競争すべき勢力に達していないのである。」

以上は「薩摩見聞記」に記された本富氏の所論の一部である。これには、薩摩に於ける外城制度と、町村制施行との間に存する問題を解決すべきものが極めて多いように思う。拙論に於て制度史的に取扱つたところを、これは社会的に述べておるともいえるのであつて、甚だ興味深く考えたので、ここに紹介を兼ねて附記する次第である。

（二八、七、二三）

三、町村制実施と分村問題
——愛媛県の例——

一、町村制と分村の規定

明治二十一年四月十七日、法律第一号を以て市制と町村制が公布され、翌二十二年四月一日以降全国に実施せられることとなつたのであるが、いうまでもなく、これは日本における自治制の創設であつて、町村発達史上よりして劃期的な事件であつた。明治維新前における村は、大部分が自然発生的な集落を単位としたものであり、単に行政区劃としてばかりではなく、社会的にも経済的にも、ほぼ一単位をなしており、村民は強いきづなを以て結ばれていた。それだけに排外的でもあつて、他村と感情的に対立する場合も少くなかつた。ことに生業の相異から来る利害の対立や、領主を異にする場合などは、一層その傾向を助長したのである。

それが明治維新後いくたの変遷を経たとは言え、町村制施行までは、なお実質的には旧態を維持して来た。しかるに町村制施行に当つて、ほとんど強制的にいくつかの村々が合併させられ、新しい町村を形成することとなつた。合村の目的は自治に堪えうる資力を有するようにするということであり、明治二十一年六月十三日の内務大臣の訓令の第三条において、その標準を指示した。

町村ヲ合併スルハ其資力如何ヲ察シ大小広狭其宜ヲ量リ適当ノ処分ヲ為ス可シ但シ大凡三百戸乃至五百戸ヲ以テ標準ト為シ猶従来ノ習慣ニ随ヒ町村ノ情願ヲ酌量シ民情ニ背カサルヲ要ス且現今ノ戸長所轄区域ニシテ地形民情ニ於テ故障ナキモノハ其区域ノ儘合併ヲ為スコトヲ得

合併ヲ為ストキハ町村ノ区域広濶ニ過キス交通ノ便利ヲ妨ケサルコトニ注意ス可シ

この三百戸以上というのはかなり厳守されたのであつて、県によつては必ず三百戸以上になるように合併し、また三百戸以下にて一村を作る時には必ずその理由を附したのである。この標準と「民情ニ背カザルヲ要ス」ということとは矛盾するところが多かつたのであるが、現実には三百戸以上を目標として強行された観がある。その強行があつたがために町村制はとにかく発足し得たのであり、今日において規模が小に過ぎるといわれても、一応の役目を果したとみることができる。しかしその強行の反面には多くの摩擦を生じたことも当然なことであつたが、大部分は若干の年月の経過後に自然と問題が解消したが、ある所ではついに分村問題まで発展したのである。

右の町村制の実施は各府県によつて実行上に差異があり、それはたまたまその地方の歴史的な背景に関係があるものであつた。それらの問題については今日まで比較的に等閑視されていたように思われる。のみならず、町村制施行の法制的のことについては多くの著作があるにも拘らず、現実にいかに実施されたかについてはほとんど触れられていないように考えられる。「鹿児島県の町村制度」という論考で、同県における実施状況を述べたが、ここに愛媛県における分村問題を取扱おうと思う。この分村問題を通じて、町村制がいかに実施され、またいかなる影響を及ぼしたかをも知ることができると思うのである。

分村をなす根拠は町村制第四条に「町村ノ廃置分合ヲ要スルトキハ関係アル市町村会及郡参事会ノ意見ヲ聞キ府県参事会之ヲ議決シ内務大臣ノ許可ヲ受ク可シ」とあるのがそれである。これに基いて分合に関する異議の申立をした町村は数多かつたが、そのうち異議申立が採用されて分合が行われたものは僅少であつた。愛媛県における事例によつてそれらを調査すると明治二十七年までに分村が行われたものは三ケ村にすぎず、それにもかなりの時日を要していることが知られる。いまその三ケ村について分村までの経過を記してみようと思う。

二、満崎村の分村請願

愛媛県宇摩郡満崎村の村民惣代から分村についての請願書を県知事に提出したのは明治二十四年七月十五日であつた。同県の町村制施行は二十二年十一月十一日であつたから、一年半にして早くも異議を生じたのである。満崎村は元の天満と蕪崎の二ケ村を合併してできたものであるが、請願書によれば「当初自治区ヲ組織スルニ必要ナル条件ニ就テ精密ナル観察ヲ下サズ、皮相ナル考ニ依リ単純ニ合併ノ利ヲ唱ヘテ合村シタリ、今日ニ至リ軽挙事ヲ誤リタルヲ大イニ悔ユル所ナリ、」とし、「村会ハ天満蕪崎部落ノ争論場ニ異ナラズ、日ニ月ニ衝突ヲ来シ今将ニ破裂セントスル勢ニアル事実ナリ、是人情風俗ノ相異ナルモノヲ合併シタル弊ナリ、」と述べ、分村した場合においても「町村ノ財源トモ称スベキ国税地方税ヨリスルモ、戸数人民貧富ノ度ヨリスルモ、共有物ヨリスルモ本郡各自治区ノ中位ヲ占ム、」というのである。

この請願書にはその理由として人情風俗の異るものを合併したということを述べているにすぎないが、この時に村会が町村制第三十五条第二項（町村会ハ町村ノ公益ニ関スル事件ニ付意見書ヲ監督官庁ニ差出スコトヲ得）に基いて提出した意見書によれば、天満は山林に富むも蕪崎は乏しく、水利も天満は溜池に富むが蕪崎には挙ぐべきものがない。この二区は利害の関連するものがないから団結して自治をなす必要がない。また天満は農業によつて生計を立てるものが多く、商業または他の産業は農間を以て行うに止まるが、蕪崎は商業によつて維持され、農業は商暇を以て営むにすぎない。商をなすものは勇進、華美の生活をしようとし、農をなすものは退守、朴質の活路を開こうとする。この両者が共同一致して事を営むことは望むべくもない。天満は山に添つて農家散在し、蕪崎は平地に屋檐を接している。前者は人馬の往来少く彼我の事情を伝播し難く個々に分立し易いのに対して、後者は朝夕往来繁く事があれば同心協力する所がある。かかる両者が相団結して一自治行政機関を円満に運転させることは求むべからざることである。こう村会では述べている。

また宇摩郡長の意見書にも両部落の反目が日を追つて激化する状況であることと、分村後においても自治独立に堪える見込であると言つている。

なおこの請願書と共に分村後の見込予算表、基本財産設備に係わる上申書並に二十四年度の予算表を提出しているが、天満では基本財産としては二十五年より二十九年まで五ケ年賦で一年百四十八円五十銭（一戸当り負担金三十三銭）を以て七百四十二円五十銭を積立てる計画であること、その外の共有金・共有山・共有地等を加えれば凡そ二千四百九十七円五十銭の基本財産を得る見込であること、蕪崎では二十五年より三十年まで六ケ年賦で千八十円を積立て、それに共有金・共有地等の見積額を加えれば二千三百六十五円の基本財産を得る見込であることを記している。

また二十四年度の歳入出の予算表を見れば、との時代における町村財政がいかなるものであつたかをうかがうことができる。その歳入予算は千十六円九十五銭で、歳出は経常費九百八十五円六十五銭、臨時費三十円九十銭で、合せて千十六円五十五銭で、差引き四十銭の残金となる。その明細は次の如くである。

満崎村明治二十四年度歳入出予算表

歳入

科目	前年度予算額	本年度予算額	附記
第一款 財産ヨリ生ズル収入	円 一七・五二三	円 一九・五七一	
一、貸付金利子	一四・〇〇〇	一六・三〇〇	共有金貸付元百六拾三円年壹割
二、学田小作米	三・五二三	三・二七一	大字天満字原田田宅地小作米、石代
第二款 雑収入	一一三・七〇〇	一一三・一〇〇	
一、不用品払代	七・一〇〇	六・一〇〇	反古払代、役場番共尿払代
二、桑葉払代	一・〇〇〇	一・四〇〇	
三、小学校授業料	一〇五・六〇〇	一〇五・六〇〇	生徒百六十人、一人ニ付六拾六銭
第三款 前年度操越金	ナシ	一四四・〇〇〇	
第四款 国庫交付金	ナシ	四・〇八〇	徴収金一〇二円ノ百分ノ四(國税徴法第三條第二項ニヨリ交付ノ分)
第五款 地方税交付金	ナシ	九・四〇〇	徴収金二三五円ノ百分ノ四(府縣税徴収法第一條第二項ニヨリ交付ノ分)
第六款 村税	九六〇・六四二	七二九・七九九	
一、地価割	四九〇・二四二	四八九・九九九	地價十円ニ付三銭五厘五毛 地租一円ニ付一四銭二厘地租ノ七分ノ一

二、戸別割	四七〇・四〇〇	二三六・八〇〇	本年度地方税戸数割ノ一倍六歩二厘
合計	一、〇九一・八六五	一、〇一六・九五〇	

歳出（経常費）

科目	前年度予算額	本年度予算額	附記
第一款役場費	六〇八・六一八	五〇一・八九七	
第一項給料	二三七・九〇〇	二一六・〇〇〇	
(1)書記給料	七二・〇〇〇	八四・〇〇〇	月俸三円五十銭二人
(2)収入役給料	六六・〇〇〇	六六・〇〇〇	月俸五円五十銭一人
(3)使丁給料	四八・〇〇〇	四八・〇〇〇	月給一円六十銭一人、一円四十銭一人 一円一人
(4)附属員給料	五一・九〇〇	一八・〇〇〇	臨時雇百廿日一日十五銭
第二項雑給	二〇〇・〇〇〇	一五四・八〇〇	
(1)旅費	一〇・八〇〇	一六・二〇〇	書記旅費
(2)報酬	一四四・〇〇〇	一〇二・〇〇〇	村長報酬一ケ月八円 助役 一ケ月五十銭
(3)実費辨償	三九・二〇〇	二四・六〇〇	村長實費辨償額、旅費 助役同 筆墨料
(4)雇入料	六・〇〇〇	一二・〇〇〇	雇人足百日分賃
第三項需用費	一四八・七一八	一二〇・五九七	
(1)備品費	四〇・九六〇	二六・二四〇	書籍買入、ランプ、硯、火箸、箒、水入 土燼、土瓶、ソロバン等買入代 書籍箱、印刷箱、椅子、提灯 ランプホヤ等修繕及新調費
(2)消耗品費	七四・二三五	六四・三一一	大判、小判、墨、薪炭、石油、ローソク、マッチ 朱墨肉、ランプシン、帳簿用紙、茶等買入代
(3)賄費	一八・二五〇	二〇・七五〇	吏員宿直辨當代、書記、小使同
(4)通信運搬費	一二・八〇〇	七・〇〇〇	郵便料、運送費
(5)雑費	二・四七三	二・二九六	借地料米石代
第四項常時修繕費	二二・〇〇〇	一〇・五〇〇	

(1) 役場修繕	一九・〇〇〇	一〇・五〇〇	屋根、畳表替
(2) 物置修繕	三・〇〇〇	ナシ	
第二款 会議費	五七・九九〇	四五・〇四〇	
(1) 議員実費辨償額	四五・〇〇〇	三六・〇〇〇	議員十二人、一人三円
(2) 書記給料	三・七五〇	三・〇〇〇	書記一人二十日分
(3) 筆工料	六・〇〇〇	三・〇〇〇	議案筆工代、決議書同
(4) 備品費	一・〇〇〇	八〇〇	火鉢、茶碗買入代
(5) 消耗品費	二・二四〇	二・二四〇	筆墨紙、薪炭、油買入代
第三款 土木費	五・〇〇〇	五・〇〇〇	
(1) 通路修繕	五・〇〇〇	五・〇〇〇	里道修繕
第四款 教育費	三一九・一九〇	三五九・七〇〇	
第一項 給料	二六四・〇〇〇	三一二・〇〇〇	
(1) 校長兼教員給料	ナシ	一四四・〇〇〇	月俸拾弐円一人
(2) 教員給料	一八〇・〇〇〇	八四・〇〇〇	月俸七円 一人
(3) 授業生給料	八四・〇〇〇	八四・〇〇〇	月俸四円一人、三円一人
第二項 雑給	一五・四〇〇	一五・四〇〇	
(1) 旅費	五・〇〇〇	五・〇〇〇	教員旅費
(2) 職員慰労金	四・〇〇〇	四・〇〇〇	教員三円、授業生一円
(3) 生徒奨励費	六・四〇〇	六・四〇〇	生徒百六十人一人四銭
第三項 書籍費、器械	一九・六五〇	一二・二五〇	
(1) 図書費	一〇・三〇〇	七・九〇〇	教科書、参考書、新聞代
(2) 器械標本	二・五〇〇	五〇〇	指数器買入代
(3) 器具費	六・八五〇	三・八五〇	卓子、腰掛修繕費 書籍箱、硯新調費

第四項 需用費	一三・一四〇	一一・五五〇	
(1) 雑具費	四七〇	六〇〇	火鉢、土瓶、土爐買入代
(2) 消耗品	一一・七七〇	一〇・〇五〇	筆墨紙、帳簿用紙、マッチ焚炭、茶、朱肉買入代
(3) 通信運搬	五〇〇	五〇〇	郵便料、運送費
(4) 教員講習会、教務研究会費	四〇〇	四〇〇	
第五項 常時修繕費	七・〇〇〇	八・五〇〇	
(1) 学校修繕	七・〇〇〇	八・五〇〇	屋根修繕及表戸井、戸井新調
第五款 衛生費	一〇・〇〇〇	一〇・〇〇〇	
第一項 種痘施行費	一〇・〇〇〇	一〇・〇〇〇	
(1) 種痘医手当	九・〇〇〇	九・〇〇〇	春秋二度、一度四円五十銭
(2) 雇人料	一・〇〇〇	一・〇〇〇	雇人足賃金
第六款 警備費	六・八〇〇	六・八〇〇	
(1) 夜番人給料	五・六〇〇	五・六〇〇	一夜七銭一人八十日分
(2) 消耗品	一・二〇〇	一・二〇〇	炭、ローソク代
第七款 諸税及負担	二・二三六	二・一一三	
(1) 地租	一・八二八	一・八二八	村有地大字天満字原田 七九八ノ内 第二及學田ニ依ル分
(2) 地方税	二七六	二八五	同上
(3) 延納手賦	一三二	ナシ	
第八款 雑支出	五・八〇〇	五・一〇〇	
(1) 墓地管理者給料	四・八〇〇	四・八〇〇	月給貳拾銭二人
(2) 消耗品	一・〇〇〇	三〇〇	ローソク、紙買入代
第九款 予備費	四〇・四八一	五〇・〇〇〇	
合計	一、〇五六・一一五	九八五・六五〇	

（臨時費）

科目	前年度予算額	本年度予算額	附記
第一款　衛生費	三五・七五〇	三〇・九〇〇	
第一項　伝染病予防費	一九・五〇〇	一七・三〇〇	
(1) 医師検診	ナシ	九〇〇	検診三回、一回三十銭
(2) 仮避病室建設費	ナシ	一〇・〇〇〇	假小屋二軒
(3) 賄費	ナシ	二・〇〇〇	傳染病流行ノ節衛生主任書記辨當代一日二十銭十日分
(4) 予防係給料	七・五〇〇	二・〇〇〇	一人一日二十銭十日分
(5) 汚物運搬夫給料	七・〇〇〇	一・四〇〇	一人一日十四銭十日分
(6) 立番人給料	五・〇〇〇	一・〇〇〇	一人一日十銭十日分
第二項　需用費	一六・二五〇	一三・六〇〇	
(1) 備品	一・一〇〇	一・一〇〇	石炭酸吹器具、擔荷、桶買入代
(2) 消耗品	一五・一五〇	一二・五〇〇	石炭酸、亞硫酸、石炭買入代
通計	一、〇七一・八六五	一、〇一六・五五〇	

これを見ると町村制実施当初における町村の経済行政等が極めて明瞭になる。この村は戸数八百、人口四千百余人で、当時としては大きな村である。経常歳出中では役場費が五一％弱、会議費五％弱、教育費三六％強で、土木費の如きは僅かに五円にすぎない。いわば徴税戸籍等の事務を除いては教育が唯一の事業であつたといえる。そして教育費が町村費中で主要な地位を占めることは全国的に永く継続したのである。江戸時代において村の行政といつても租税の徴収と戸口の調査の外にほとんど仕事らしい仕事がなかつたのが、維新後において教育という一部門が加つた外はなお大きな進歩はみられなかつたわけで、そこに当時における町村の自治の限界があり、またその後

の自治制度の発達とも関連する所があるのである。

さてこの分村の請願に対しての県の処置はどうであつたかというと、

本村ハ区域・地勢・風俗其他沿革等ニ関シテハ分村ノ理由トスベキモノアラズ、然レドモ蕪崎ハ専ラ商ヲ営ミ天満ハ之ト反対ニ農ヲ専ラトナス為、人情ノ点必ラズ差異アルモノト存候、殊ニ互ニ略匹敵スル区域・人口アリ資力モ又敢テ薄弱ナラズ、故ニ両々相譲ラズ競争ノ結果茲ニ出タルモノナルベク、果シテ然ラバ目下ノ情況ニ於テ郡長ノ見込ノ如ク分離セシムル方却ツテ得策ナルガゴトシト雖モ、実施後日尚浅ク其利害得失モ容易ニ知ルベカラザル今日ニ於テ軽々分離スル如キハ当初ノ処分ニ対シテモ甚ダ不都合ノ義ニ付、今後篤ト調査ヲ遂ゲ追テ府県制実施県参事会組織ノ上該会ニ付セラレ処分相成方穏当ト認ラレ候、

ということで書類はそのまま留め置きとなつた。二十四年八月二十二日である。この文中にもある通り、町村制第四条に示されている郡参事会府県参事会はまだ組織もされていなかつた。郡制も府県制も実施されていなかつたのであるから、当然のことである。

翌二十五年一月八日満崎村民は再び請願書を提出した。その理由の第一には「両部落ノ人民当初ニ於テ自由独立ヲ希望スルモ当路者之ヲ圧迫シテソノ意志ヲ貫徹セシメズ、カク一時人民ヲ抑圧セシモ爾来稍智識ノ進歩ニ伴ヒ其不便ヲ看破スルニ至レリ」と述べているが、おそらくこれは事実であり、ほとんどすべての町村において行われたことであろう。第三の理由には「実業ハ乙ニ多ク甲ニ少ク活計ノ度ニモ差異アリ、往時甲ハ幕府領ニシテ乙ハ西条領ナリ、古来ヨリ海上魚市・道路・境界等葛藤止ム時ナシ、風俗ニ於テモ一ハ驕奢一ハ質野ナリ」とある。江戸時

代における領主の異つたことが対立感情を生ぜしめていたことは容易にうなずける所である。その他の理由は前にあげた所と大同小異である。そして「カカル源因ニ依リ両部落最初ノ村会議員ヲ選挙スルニ当リテ擾乱ヲ起シ、後次々村会議員村吏等辞任相ツギ大イニ事務澁滞セリ、此儘ニ経過セバ部落ノ存廃期スベカラザルナリ」と言つている。

この分村問題をめぐつて騒動も起つた。明治二十五年一月二十二日付の郡長宛の内務部長の照会文には次の如く述べている。

御所轄満崎村分村再請願書提出ニ付テハ人民総代参庁親シク知事ニ面謁陳述ノ次第有レ之、知事ヨリモ懇ニ説諭相成候、該村ハ元一戸長所轄区域ニシテ明治二十二年町村分合之節ハ表面甚シキ異議アリシニ非ズ、然ラバ玆ニ分離ノ得策ナルヲ認メタリトテ一日片時モ措クベカラザル焦眉ノ急トシテ騒擾スル程ノ特殊ノ事情ヲ生ジタル義ニモ有レ之間敷、其処分ノ急速ヲ欲シ騒擾スルガ如キハ自治制下ノ人民ニアルベカラザル所為ニシテ故意ニ機体ノ運動ヲ止メソノ処分ノ即決ヲ迫ルカ如キハ法律上許スベキニアラズ、貴官ハ町村行政第一次監督ノ責任ニアリ、所轄内ニカヽル不法アリトセバ法律ニ依リ監督ノ目的ヲ達スルニ強制ヲ施スニ躊躇セラレザル可キハ勿論ノ義ト存候、

これに対して宇摩郡長からは、特別に分離を要すべき事情が発生したのではないが、両部落の分離の熱望は一層度を進めて両者対立の状を呈して、その余波は議会に影響して到底円満な結果は望むことができない、と返信した。これにより県では二月下旬に至り、特殊の事情が発生したわけでもないからそのまま留め置き然るべしという裁断

を下した。

これに対して同年十一月に至り満崎村の近隣十ケ村の代表者は「隣村ノ衷情噤黙スル能ハズ」として、知事宛に建白書を提出したが、その文中に「満崎村ノ紛擾既ニ星霜ヲ経、分村請願書呈出再三ニ及ブト雖モ未ダ其要ヲ得ズ、故ニ民帰スル所ヲ知ラズ、警察権ヲ使用シ之ガ鎮圧ヲ勉ムト雖モ一時ノ政策ニシテ、永久ノ良謀ニアラズ」と述べているのは、満崎村内の対立が激化していることを示すものであるが、県の処置はなお決せず、翌二十六年一月満崎村より三度請願書が提出されたが、県は更に一年半を放置し、二十七年八月末日に至つて漸く知事より宇摩郡長にあてて天満・蕪崎の区域資力等の取調方を命じたのである。

この内訳によつて宇摩郡長が提出したのは、満崎村が分村した場合の両村の「歳出入仮予算総計」「満崎村歳入出廿五・廿六両年度決算及廿七年度予算調書」、分村前と分村後の「歳入出予算比較増減表」と資力区域等の調書であつた。

分村前と後の歳入出の比較増減は次の如くである。

歳入

	満崎村費	分村後村費概算額	比較増減
廿五年度決算額	一、四八七・〇九三円	一、四八一・三六〇円	減 五・七三三円
廿六年度決算額	一、六六八・九四六	〃	減 一八七・五八六
廿七年度予算額	一、二八四・八三六	〃	増 一九六・五二四

歳出

廿五年度決算額	一、四六九・八九五	一、四八一・三六〇	増	一一・四六五
廿六年度決算額	一、六六八・九四六	〃	減	一八七・五八六
廿七年度予算額	一、二八四・八三六	〃	増	一九六・五二四

右について備考として記されているのは次の項である。

一、分村後村費ノ概算額ハ大字天満、燕崎ノ予算額ヲ合算シタル額ナリ。

一、廿六年度決算額ニ比シ金百八拾余円ヲ減ズル所以ハ、廿六年度中ニ在テハ組合高等校建設費ノ負担（臨時ノ支出）百九拾余円ノ支出ヲ要シタルカ為ナリ。

一、廿七年度予算額ニ比シ金百九拾余円ノ増額ヲ見ルモ、廿七年度予算ニ在テハ前年度予算ノ項目ヲ削除或ハ各款項目ニ非常ノ減殺ヲ加ヘタルモノニシテ、既往両年度ノ決算額ニヨリ徴スルモ今後幾多ノ予算追加ヲ要スベキコト、存ズ。

要スルニ普通経常費予算ノ上ニ於テハ分村前後ニ於ル費用ノ概算比較上大差増減ヲ呈セズ。

一、分村後ト雖モ小学校ヲ組合設立維持セシムルニ於テハ右概算金ノ内大概弐百円内外ノ額ヲ減ジ得ベシ。

この備考に記された如く、分村後の予算は実際よりは過小に見積られているが、それは分村後における負担の増大という理由で、分村が認められなくなることを恐れて、意識的に減額されているためである。

人口

分村後の人口戸数は次の如くなるはずであつた。（明治二十六年十二月末日現在）

	戸数	士族	平民	新平民	合計
天満	四三九戸	ナシ	一、九〇二	五三八	二、四四〇
蕪川	三六一	ナシ	一、七二九	ナシ	一、七二九

職業別の戸数は次の如くである。

	農	工	商	漁	雑
天満	二一八	九	三二	三〇	一五〇
蕪崎	一六四	一五	九六	一六	七〇

この表に現れたところだけでは、天満は農業、蕪崎は商業によつて立つという分村の理由はそれほどには感じられない。しかし両者の対立意識等よりして、県においても分離を至当と認めるに至り、二十七年十二月二十五日附を以て弓削村・津島村の分離の件とともに、県知事より内務大臣に具申した。それについては後に述べることとする。

三、弓削村の分村請願

越智郡弓削村は町村制実施に当り上弓削・下弓削・佐島・魚島の四村を合併してできた村である。上弓削・下弓削の存する弓削島は小海峡を隔てて広島県の因ノ島に対し、佐島はこれに近接するが、魚島が海上遠く南方三里余を隔てているために分村問題が起つたのである。

明治二十三年十一月九日附で同村村民惣代が提出した請願書によれば、魚島は本村下弓削から三里余を隔てた海中の一孤島であるために航海往復不便であつて、公用は滞り経費はかさみ、合併の趣旨に反するというのである。

また同時の村会意見書にも「村会開設ニ際シ議員召喚状ヲ発シ開会当日ニ至ルモ風波ノ為メ渡海ヲナシ得ル事不レ能ヲ以テ緊要至急ノ事件ナルモ欠員ニヨリ来会議員空シク散会スル事屢ナリ、平常至急ヲ要スル公用アリト雖モ海上往復殆ンド七里ノ航路ニシテ甚ダ不便ナルニ、況ヤ時々風波ニヨリ数日間航海ヲナシ能ハサル困難不整理ニ於テヲヤ、」と述べている。郡長の副申書によれば、魚島が不便不利な地にあることはいうまでもないが、先に町村合併調の時に、その戸数は二百に満たず、また寸尺の田もなく、わずかに畑八町歩の瘦地があるのみで、住民は専ら漁業を営んでおり貧民は最も多く、もとより他の町村と比肩する見込はなかったが、議員名望ある者に諮問した所、特に一村独立のほか方法がないとした。しかしその経済的負担の過重なことを思い敢えて弓削島と合併することを承引したもので、将来の得失については分立は止むを得ないものと思考するが、実施後一ケ年に満たぬ今日において分村を望むのは軽躁を免れないので懇篤に説諭したが承服せず、ついに請願書を出すことになったというのである。

これに対して愛媛県では郡制施行を俟つて処理する方針であつたが、二十四年四月になつても未だ郡制施行の期日も確定しない上に、弓削村の一部の大字にて広島県に所属換を出願して書類を内務大臣に提出したので、その処分決定後に分村問題も処理することに決定した。

しかし魚島独立を熱望する村民は同月再び分村願を提出し、郡長もその副申書において「今日ノ状況ニテハ分立セザレバ到底将来運動上折合ノ見込無レ之、事情不レ得レ止次第ニ付、願意御採用相成候方可レ然ト思考候」と述べている。これに対して県では「町村廃置分合ノ件ニ関シテハ県参事会成立ノ上処分ニ及バル、庁議ニテ……本件モ此儘留置相成方可レ然」と決した。ここにおいて弓削村民は同年八月更に追願して、本村ハ両弓削島佐島ヲ以テ組織スル事地理上便利ヲ得、人情風俗相適合ス、然ルニ明治八年ノ頃魚島部ヲ編入シ太ダ不便ヲ感ジ、復分離シテ両弓削佐島ヲ以テ組織ナセルニ、町村制発布ニ際シ魚島部独立ニ耐ヘ難キヲ口実トシ、当時出張県官郡吏再三彼我ノ間ニ在テ説諭シテ曰ク「魚島部ハ譬フルニ遭難船ニシテ九死一生ノ危急ナリ、両弓削島ハ順風快進ノ船舶ナリ、点在連島ノ好ヲ以テ何ゾ是ヲ傍観シテ救援セザルハ徳義ヲ抛棄スルノ甚シキ乎、一旦合併ヲナスモ事宜ニヨリ分離ノ難キニ非ズ」ト、茲ニ於テヤ旧議員其他既ニ合併シテ不便益ノ実施経験アルニモ拘ラズ、徳義ヲ重ンジ遂ニ合併ヲ承諾スト雖モ平素不便利言フベカラズ、加レ之自然人情風俗ヲ異ニシ、魚島部ニ於テモ合併ノ為村税ノ負担ハ減少スルモ、役場遠隔ニヨリ其ノ実協議費ノ増加前日ノ比ニ非ズ、寧ロ齊シク費用ヲ要セバ公私ノ事務迅調速整便利ナル一村独立ニ若カズ、前記ノ事実ニシテ共ニ不利益ヲ惹起シ幸福ヲ喪失ス、

と述べている。これに対して内務部長は郡長宛に知事の依命通牒を発して、

該請願ハ人民ノ希望ヲ具申スルニ過ギザルモノニ付、願出ニ対シ指令可ニ相成ー筈ニ無レ之、且町村制実施後日尚浅クシテ其利害得失如何ヲ調査シ難キ而已ナラズ、町村ノ廃置分合ハ最モ重要ノ事件ナレバ可レ成県参事会ノ組織成立ノ上処分可ニ相成ー筈ニ付、分合村ニ係ル請願ハ目下総テ何分ノ詮議ニ及バレザル次第ニ有レ之条、該村民ヘ其旨貴官ヨリ諭示相成度、

とした。こうして三年後の明治二十七年八月三十一日に至つて知事の内訓を以て魚島分立に関する村会の意見及びその区域資力等の調査が命ぜられたのである。これに対する答申書類は不明であるが、二十七年十二月二十五日、

満崎村・津島村とともに、魚島分離の件が知事より内務大臣に具申せられたのである。

四、津島村の分村請願

北宇和郡津島村は岩松・高田・近家の三村を合併して成立した村であるが、明治二十五年五月に至つて分村の請願が行われた。請願書は大字岩松の人民惣代から一通、大字高田及び近家の人民惣代から一通提出されたが、その内容は大同小異である。いま後者によつてみると、

津島村之儀ハ去ル明治廿一年四月法律第一号之旨ヲ奉遵シテ、廿三年以来旧岩松・高田・近家ノ三村ヲ一自治区ト致シ合村罷在候処、双方不便不利ニ耐ヘズ、即チ大字高田・岩松ノ両字ノ中央ニ岩松川貫流シテ、一朝出水ノ折ハ人馬ノ往来絶エ公私ノ用務ニ一方ナラザル不便アルノミナラズ、高田・近家ノ地ハ一般農ヲ以テ今日ノ活計ヲ支維シ、岩松ノ地ハ商ヲ以テ今日ノ職業トナス、人心又差異アリテ彼我人情共和セズ、事毎ニ調和ヲ欠キ依然タル合村ノ不利ナルヲ信ズ、合村創始ニ方リ前条ノ事情ニヨリ合村ノ非ナルヲ挙ゲ之ヲ拒絶シタルモ、当時掛官等頻リニ行政負担ノ重キヲ弁明セラレ、高田・近家ニ於テハ意志ヲ屈シテ合村シタルニ依リ、爾来ソノ感情ハ村民ノ心底ニ纒綿シテ脱スル能ハズ、常ニ円満ナル運行ヲ妨グ、

この理由によつて高田・近家を一村に、岩松を一村に分割独立させようというのが請願の趣旨であつた。これに対する県の態度は満崎村などと同じで、結局明治二十七年八月三十一日に至つて、知事より郡長に宛てて「該分村ノ利害及新村名、本村会ノ意見ヲ徴シ、且其資力区域等諸件取調至急開申スベシ」という内訓が発せられたのであ

る。これに対して南宇和北宇和郡長よりの取調書は満崎村の場合と同じである。分村後の二村の予算合計は千百六十円一銭で、津島村の二十七年度予算に比して六十八円十一銭一厘を増すことになるが、そのうち岩松では村税の地価割は地租一円について十九銭六厘、一戸平均五十九銭七厘となり、「現今津島村ノ賦課額ハ壱円ニ付十二銭三厘余、一戸平均五十銭九厘余ニシテ、則チ地租壱円ニ付七銭三厘、一戸ニ付八銭八厘ヲ増加ス」ることとなる。一方高田・近家の予算によれば、村税の地価割は一円について十二銭六厘余、戸別割は平均五十銭二厘余となり、地租一円について三厘を増し、戸別割においては一戸につき七厘を減ずることとなるのであつた。

分村後における戸口は、岩松村が四百二十二戸、二千百十人、高近村（高田・近家）が四百十五戸、二千七十五人となりほぼ均分されることとなつた。

五、分村の許可

かくて満崎・弓削・津島の三ケ村の分村について、廿七年十二月廿五日付で、愛媛県知事より内務大臣に具申したことは前述の通りである。

本県ニ於テ市町村制ヲ実施セシハ去ル明治廿二年十二月ニシテ、其実施前町村ヲ分合セシ当時ハ可レ成有力ノ町村ヲ構成セントスル目的ヲ以テ資力充分ナラズト認ムルモノハ町村会又ハ有力者ノ意見ヲ問ヒ、異議ナシトノ答申ヲ得テ分合セシ次第ニ有レ之候処、翌廿三年以後分村ヲ請願セシモノ十ケ村有レ之、尤モ其中ノ多クハ将来ノ利害得失ヲ省ズ一時ノ感情ヨリ分村セントスルモノニ有レ之候ヘドモ、宇摩郡満崎村・越智郡弓削村・北宇和郡津島村ノ三ケ村ニ於テハ到底現在ノ儘ニテハ将来共同一致シテ自治ノ目的ヲ達スルコト能ハザルモノニ付、早晩分村ノ必要アリト認メ居リ候折柄、昨廿六年十一月三十日付内訓ノ次第モ有レ之候ニ付、倘詳細之ガ調査ヲ遂ゲルニ別紙記載ノ理由アリテ、事実分村スルニアラザレバ将来共同事ヲ為スニ至ラズ村治上差支アリト認メ候ニ付、分村ノ御処分相成度、

というのがその趣旨であつた。これに対して翌二十八年一月廿一日付で内務省より具申状不備の点をあげて再調方を照会に及んだ。即ち満崎村と弓削村の分割に対する郡参事会と村会の意見は諮問に応じたものでないことと、分割後の新村名について郡参事会と村会の意見がないこと、津島村についても郡参事会及び村会の意見書が不備であるというのである。これは町村制第四条に「町村ノ廃置分合ヲ要スルトキハ関係アル市町村会及郡参事会ノ意見ヲ聞キ府県参事会之ヲ議決シ内務大臣ノ許可ヲ受クベシ」とあるのによるものであつた。しかし郡会がまだ設けられていなかつたので、知事は一月二十二日付訓令第二八号を以て郡長と村会に対し、分村可否の意見を徴し、分村を可とするにおいては、新村名の意見をも併せ答申せしめた。これに対する答申が何れも分村を可としたことはいうまでもなく、その理由はすでに記述した所と大同小異であり、新村名は満崎村では旧に従つて天満村と蕪崎村、弓削村では弓削村と魚島村、津島村は岩松村と高近村とするというのであつた。しかるに津島村については内務部長より郡長に照会して、

客年（廿七年）十月二日付ヲ以テ開申ノ村会ノ意見書ニハ高田・近家ヲ津島村トナスノ趣ニ付、其旨趣ニテ既ニ調査ヲ了シタル次第ニ有レ之候、然ルニ津島村ノ名称ヲ廃シ高近村ノ名称ニ変更スルトキハ今日迄調査済ノ部分

総テ更正ヲ要スルノミナラズ、津島村ヲ存シテ大字岩松ノミヲ分立スルトセバ其分立村ノ新組織ヲ造成スルニ止ルモ、津島ノ村名ヲ廃スルトキハ全ク一村ヲ廃スル事実ニ付双方共吏員村会議員ノ改選等スベテ新組織ヲ造成スル事ト相成リ万般繁雑ニ渉リ不都合ニ付、津島村ハ依然存置スルモノトシテ村名ヲ改メザル様訂正方至急御取計相成度命ニ依リ此段及ニ御照会一候也、

と。これに対する津島村長の回答は、

一旦高田近家ヲ合シテ津島村トセントシタルヲ結局高近村ト為シタル義ニ付テハ彼是事情ノ有レ之候、抑モ津島ハ旧藩時代ヨリ今ニ津島郷ヲ指シタル総称ニシテ其区域ハ元十ケ村ナルモ、町村制施行ニ依リ五ケ村トナリタリ、津島郷ノ共同ニ係ル一ツノ事業ヲ起シ或ハ養蚕所ヲ設置シ或ハ会社ヲ組織スルモ、其名称ハ都テ津島ヲ以テスルノ予定アリ、且又現今ノ津島村役場ハ岩松・高田・近家ノ三ケ村合併シタルモノニシテ、今岩松ヲ分割シ別ニ岩松村ヲ置クトスルモ、一旦岩松モ合併セシ時ノ津島村ト、高田近家ヨリ成ル津島村トニ付、彼是紛ハシキノミナラズ、種々ノ事情評決之上確定シタル村名ニ付其辺不レ悪御了察可レ然御取計相成候様致度此段及ニ御回答一候也、

ということであつた。これにより県知事より内務省に対して村名更正方を進達している。

更にここに問題を生じたのは弓削村が分村して魚島と弓削の二村となつた場合の財産収入と雑収入の予算であつた。分村前の弓削村の二十七年度予算では財産収入は九十三円九十六銭一厘であるのが、分村後の魚島村の予算では九十円十二銭、弓削村では九十二円五十五銭九厘となり、計百八十二円六十七銭九厘となつている。雑収入は分村前の弓削村では九十八円四十一銭六厘の予算が、分村後の魚島村では百十二円七十九銭五厘、弓削村では八十円

十九銭、計百九十二円九十八銭五厘となり、九十四円余を増加している点である。

分村後の歳入をできるだけ多く見積り、歳出をできるだけ少くしようとしているのはどの予算書にも共通していることで、弓削村の場合でも、歳出では土木費教育費等は二分して新村の予算となしているために全く増減がなく、会議費の如きは三十三円、衛生費の如きは六円余を減じており、その理由として往復の船賃の軽減を挙げている。また臨時土木費二百九十七円余は全く削除して、通計において二ケ村は分立後において百五十八円余を減ずることとなつていたのである。

さて魚島村の雑収入と財産収入が増加していることについては内務省より問合せ電報があり、

魚島分村後ノ雑収入ト財産ノ収入額ハ弓削村ヨリ倍数ニ近キ増加トナルノ理由ハ如何、

ということで、これに対して、

従来魚島限リニテ所有セシ土地ト漁場ヲ分村後ハ其貸地料ヲ財産ノ収入、漁場ノ収入ヲ雑収入トセシ為増加ス、

と返信している。この雑収入については更に内務省より「三四年間ノ平均ナルヤ、又単ニ見込ナルヤ、平均ナラバ毎年ノ金額、見込ナラバソノ算出方」を示すようにと照会があり、これに対して、二十八年三月十六日付に郡長より申達した弓削村長よりの返答には、

右ハ三四年間ノ平均額ニ依ルモノニハ無レ之、全ク左ニ記載ノ如キ見込ヲ以テ予算致シタル義ニ有レ之候、而シテ漁場ノ成立及従来維持ノ沿革等ハ遠ク維新前ニアリテ今ヤ其一斑モ知リ得ベキ材料ナク、故老ノ口碑ニ徴スルモ更ニ要領ヲ得ザレバ、単ニ現行ノ習慣ヲ掲ゲ置候、

とある。そして雑収入の内訳としては、不用品払代二円（魚島尋常小学校生徒屎尿売却代一円と役場屎尿及び反故等売却代一円）、小学校授業料二十円二十九銭五厘（生徒数六十八人の内、納額三銭の者五十五人、一銭五厘の者十一人、月額一円八十四銭五厘の十一ケ月分）、予知すべからざる収入五十銭（過怠金等を見込んだもので全く推測によるもの）、漁場より生ずる収益金九拾円を挙げているが、この漁場収入については左の如く述べている。

是ハ魚島部落ニ於ケル従来ノ慣行ニ依リ、営業ノモノヨリ特ニ出金スベキモノニシテ廿七年度分該部落ニ於テ実収シタルモノニ有レ之、其漁場ハ同部落字江ノ島ノ南沖合ニ一ノ暗礁ノ如キモノアリテ吉田ノ洲ト云フ、於レ之営業シタルモノハ其漁獲シタル数量ノ二割又ハ三割若クハ之ニ相当スル価額ヲ部落ニ納ムル習慣アリ、故ニ毎年同一ナル金額ヲ得ル能ハズト雖モ、多年ノ平均ニ依ルモ本行ノ金額ニ下ラザルベシト云フ、之ガ維持等ハ其季節即チ春季中ハ常ニ番船ヲ出シ他県人ノ密漁又ハ侵漁ヲ予防セリ、

この魚島の漁場のことは、県知事の諮問に対する二十八年二月六日付の越智野間郡長の答申書中にも、

大字魚島部落ハ弓削村ヲ去ル遠ク三里余之海上ニ在ル魚島・高井神・江之島ノ三孤島ニシテ、耕宅地山林雑種地等併セテ弐百五拾町余、人口千六十余ナリ、土地荒瘠ニシテ島民多クハ漁業船稼ヲナシ、間農業及ビ土地ニ産スル石灰原石採取ニ従事スル者等ナリ、概シテ貧民多シ、然レドモ此島ニ於テハ往古ヨリ春期鯛漁ノ候ニ至レバ近海ノ漁獲ハ総テ此地ノ魚市ニ拠リ始テ各地ニ発売スルノ事アリ、即チ魚島ノ名アル所以ニシテ、此季間ハ稍繁盛ナリトス、

と述べている。しかしこの漁場収入が内務省において議論を生じた為に満崎村津島村の分村も遅延することを恐れ

た愛媛県知事は、弓削村分村の件は一応取消し、他の二ケ村の分を至急許可するよう照会する所があり、それによつて内務大臣は二十八年三月廿八日、「内務省許甲第三号」を以て左の通り許可を与えた。

明治廿七年十二月廿八日具申愛媛県宇摩郡満崎村大字蕪崎ヲ分割シテ蕪崎村ヲ置キ、大字天満ヲ分割シテ天満村ヲ置キ、北宇和郡津島村大字岩松ヲ分割シテ岩松村ヲ置キ、大字高田近家ヲ分割シテ高近村ヲ置クノ件、右町村制第四条ニ依リ之ヲ許可ス

一方弓削村については三月廿五日に内務部長より郡長に対して分村後の歳入予算につき再調方を照会した。即ち

雑収入ノ部ニ漁場ヨリ生ズル収入トアル廉ニ付、内務省ニ於テ種々異論有レ之、元来漁場ノ収入ハ確実ナルモノニアラズ、又漁場ヲ以テ町村ノ財産或ハ造営物ト同一視スベキヤ否ヤ、又将来右収入ヲ以テ一村ノ歳入ノ一部ニ編入シテ経済ヲ維持セントスル儀ニ候ハヾ到底分村ノ許可ヲ受クルニ至リ難ク、右漁場ノ収入ヲ控除シタル歳入出予算調書更ニ差出候様御取計相成度、右収入ヲ控除スルニ就テハ他ノ歳入科目ニ於テ負担セザルヲ得ザル儀ニ候得共、其負担額多分ノ増加ヲ来シ独立スルニ堪難ク相成テハ是亦許可相成難キヤモ計ラレズ、歳出ノ方ニ於テモ節約ヲ加ヘ可レ成負担ノ増加ニ相成ラザル様取調方御注意相成度ク、

これに対して郡長より知事に対する具申では、「雑収入」中の「漁業ヨリ生ズル収入」金九十円を削除し、「財産ヨリ生ズル収入」中に「貸地料」金七十八円二銭七厘と「石灰原石採掘料」金十二円を増加してつじつまを合せたのである。この改正後の歳入出予算比較表を見ると、分村前の歳入(二十七年度既定予算額)は二千百六十一円余、分村後の両村の歳入合計は二千二円余で百五十八円余を減じている。(歳出も全く同額である。)これは分村を望む

ために予算上にかなり無理な工作を加えたことを物語つている。分村後においても最も大きな歳出は役場費であつて、魚島村では総歳出五百三円余のうち二百二十七円余を占めて四五％に達し、弓削村にても総歳出千四百九十八円余のうち六百六十五円余で四四％に達している。教育費はこれについで、魚島村で百四十三円余（二八％）、弓削村で六百三十四円余（四二％）に及んでいる。また分村後の戸口は魚島村で二百二十八戸・千六十五人、弓削村で千十九戸・四千六百八十七人となり（二十六年十二月末現在）、魚島村はこの点からも極めて貧弱村となるを免れなかつた。しかし二十八年九月十二日附で内務大臣は分村を許可した。

六、分村後の取扱

内務大臣より分村の許可を得た結果、知事は二十八年七月一日より満崎村を分けて蕪崎と天満の二村とし、魚島村を分割して岩松と高近の二村とする旨を告示し、ついで十二月一日より魚島を分割して魚島村を置く旨を告示した。前者は旧村を廃して新村を設けたのであるが、後者は弓削村は存置して、魚島村が独立したこととなつたのである。分村許可後、新村成立までの取扱方について、県の発した訓令は、内務省が諸県の問合に対し発した通牒等に基くものであるが、その要点は、

一、新村会議員の選挙は分村期日とし、その選挙事務は旧村長において取扱う。

一、分村期日前に基本財産を初め、営造物村有財産その他役場備品等分割を要するものの処分方法を議決し、基本財産については郡参事会の許可を得ること。

一、分村期限後も役場事務は、新任村長が就職し事務引継済までは、旧村長において取扱うこと。

一、新村役場位置は二十三年法律第七十七号第二条に拠るべきであるが、村会成立前につき、行政上臨時処分として知事が指定するから、適当の場所を取調べて具申すること。

なお魚島村のように弓削村から分村した場合には、弓削村の旧人口は五千七百五十二人であつたから十八人の村会議員を選出していたが、魚島分村後の人口は四千六百八十七人となるので、町村制第十一条により議員は十二人の定員となり、六人を直ちに減ずべきか否か、減ずるとすれば抽籤によるか改選するか等の疑問もあつたが、県では「弓削村ノ機関ハ改選ヲ要セズ」という指令を与えた。

愛媛県における分村問題はこれで一応その終結を見たわけである。こういう分村問題の生じたことは、既述した所でも明かな通り、最初の町村の廃置分合に無理な点もあつたからである。これは、一応関係者を納得させて施行したとはいえ、町村制第四条第三項に「町村ノ資力法律上ノ義務ヲ負担スルニ堪ヘス又ハ公益上ノ必要アルトキハ関係者ノ異議ニ拘ハラス町村ヲ合併シ又ハ其境界ヲ変更スルコトアル可シ」とあつて、場合によれば強権を発動し得たので、異議を唱うるにも限度があつたためもあるのである。これらが表面化した例をここに見ることができる。

また先に挙げた例でも明かな通り、町村制実施当初における町村の事業は、ほとんど教育が唯一に近いものであつたが、この傾向は永く持続するのである。そして今日において再び町村の合併が希求される一の重要なる原因として教育費節約の問題がある。明治二十二年においての適正規模であつた三百戸乃至五百戸の町村が、その後の合併や自然増その他によつてその規模が逐次拡大されたとはいえ、六十年後において適正であるということはあり得ないであろう。昭和二十五年の国勢調査によれば、全国の町村数一万百六十六、そのうち人口二千五百以上五千未満が四千六百六（四六％）を占め、五千以上一万未満が二千六百十八（二六％）である。戸数でいえば五百戸乃至千戸が半数に近く、千戸乃至二千戸が四分の一を占めていることになるが、人口二千五百未満の町村も二千六十三（二〇％）に達している。今日では人口七八千人以上にすることが合理的能率的であるといわれる。ここに恐らく感情問題その他を乗り越えて合併を余儀なくされる理由が存するであろう。

しかし、教育制度の改革前に、あるいは少くとも併行して、町村制の大改革を行うべきであつたろう。順序が逆になつたことが合併への大きな支障となつている。町村の実態を考慮しないで、警察制度や教育制度を変革したことは、政府にも国会にも、また国民にも適確な判断と勇気とが欠除していた証左であろう。この点においては、明治政府のやり方が、摩擦があつたとはいえ、妥当な順序を踏んでいたといえる。

（昭和二十七年十一月　歴史地理第八十三巻第三号掲載）

四、秋田県の山林地租改正

序

地租改正が明治維新の諸改革中に於て最も重要なるものの一つであることは今更述べるまでもない事であるが、それだけに実行上には幾多の困難があり、少からぬ摩擦も生じたのである。この問題については既にいくつかの論述が現れているけれども、山林の改租については従来比較的閑却されていたと思う。山林改租について多くの問題を残したものは東北地方であり、就中秋田県におけるものは最も著しいものがあるので、ここに秋田県に於て山林改租が如何なる経過を以て遂行されたかを述べ、併せて山林改租の一斑を示したいと思う。

一

明治六年七月二十八日太政官布告第二百七十二号を以て地租改正条例が発布せられ、同八年三月二十四日太政官達第三十八号を以て内務大蔵両省間に地租改正事務局が設置せられ、地租改正に関する一切の事務を掌ることとなり、同年七月八日地租改正事務局議定を以て地租改正条例細則を発布した。これに基いて地租改正の事業は進められたのであるが、事の性質上速成を望み難いことは勿論ながら、一県又は一郡一区より漸次改正しておつたのでは遅速によつて権衡の平準を失い、且年々の物価の低昂によつて地価に差異を生ずるなど種々の障害を生ずるために、明治八年八月三十日太政官達第百五十四号を以て明治九年を以て各地一般改正の期限と定めた。

そして山林原野においても、明治八年十二月二十七日の地租改正事務局達乙第十四号を以て「本年太政官第百五十四号ヲ以改租ノ期限御達相成候ニ付テハ山林原野等ノ儀モ耕地(田畑宅地)改正済引続調査竣功候儀ト可二相心得一」と達せられた。更に翌九年一月二十九日地租改正事務局議定を以て山林原野等官民所有区分処分方法を定め、同年三月十日地租改正事務局別報第十六号達を以て山林原野調査細目を公布した。又十一年二月十八日に至り地租改正事務局達番外を以て、山林改租未済府県に対し、「山林原野改租ノ儀耕宅地竣成ニ引続調査着手中ニ有レ之処、曠漠タル山野耕宅地同様ノ手続ヲ以調査候テハ不二容易一手数ヲ要シ候ニ付、各地事情ヲ斟酌シ可レ成繁冗ヲ去リ手数ヲ減シ簡易ノ手続ヲ以調査可レ致」と命じ拙速主義を執つた。

右は中央官庁の発した原則であつて、各府県に於ては之に準拠して其地の情況に応じて更に細目を定めて実施に着手した。秋田県にては明治八年五月十二日触示第二百七拾五番を以て地籍取調心得書を発して、地租改正の基本たる地籍取調に着手した。その第一条に於て

此地籍取調ハ特ニ現状ノ地形其広狭区劃等ヲ実測釐正スルモノニシテ之レカタメ従来ノ租税ヲ増加スル等ノ事ヲナスニアラス故ニ旧帳簿ニ拘泥セス次条ノ順序ヲ以テ別紙雛形ノ通地引絵図並官民有地総反別等実際有形ノ儘明瞭ニ可二取調一事

として、その目的を明白ならしめている。而してこの触示に対して、同年八月二十五日触示第四百七十七番・同年十月三日触示第五百二十三番・明治九年一月二十五日触示第三十番・同年三月八日触示第百二番・同年三月十日触示第百五番・第百六番等を以て若干修正又は追加を行つた。その中には初めの心得書第八条に於て、間竿は従前仕来りの竿を用いることとして一間を六尺五寸竿とすることが規定されていたが、同年七月八日の地租改正条例細目の第二章第一条に於て「土地ノ分量ニ用ユル間竿ハ通常六尺(砂摺一歩)ヲ以テ法尺トナスヘシ若シ不レ得レ止事情有レ之分ハ姑ク旧慣ノ間竿ヲ用キ追テ改正済ノ上ハ算面上ニテ改正スヘキコト」とあつた為に、秋田県にても同年十月三日の触示第五百二十三番に於て「間竿之儀従前之尺度ニ不レ拘都テ六尺竿ニ(壹分ノ砂摺ヲ加フ)改正可レ致事」と第八条を改正した如きものがあり、こういう所にも全国劃一制への推移が見られる。

山林改租に際して秋田県の如き山林国がその地勢上に於て種々困難に遭遇したのは当然であるが、明治十一年二月に至り地租改正事務局より拙速主義を達せられた為、同年四月十七日県触示第百十四番を以て「耕宅地ノ如キ既ニ整頓候ニ付テハ、山林原野改正ノ儀モ別紙取調心得書ニ照準引続着手本年中悉皆竣功候儀ト可ニ相心得ニ」と命じ、同時に「山林原野改正ニ付心得書」を公布した。その要旨は、

一、土地の丈量は大略耕地丈量の手続に拠ること。
二、実測丈量の出来ない所は四至の境界を明白に記載し凡その反別を以て取調をなすこと。
三、数村入会等の山林原野秣場等は入会村々協議の上便宜の村方へ組入れて取調べること。
四、右によつて地引帳を作ること。

五、丈量前に見取を以て現形を模写した地引図を作ること。
六、地引帳図は卒業届と共に大区に差出し、大区に於て不都合なしと認めた時は、帳図は同所にまとめ置いて卒業届のみを県へ進達すること。

以上の如くであつた。更に五日後の四月二十二日触示第百二十七番を以て「山林原野其他原由取調書」の作成を命じ、右の地引図面と共に至急調整して五月三十一日迄に各大区事務所に差出す様に命じた。

これは山林原野改正取調及び官民有区別調査の為官員を派出するに当り、その調査に支障なき事を期したためであり、同時に「調査相済之後ニ至リ何様之確証差出候共決シテ採用不ニ相成一候条、此際悉皆取調写ヲ以可ニ申立一事」と命じた。(同触示)

以上の触示・心得書等によつて作成又は提出された書類図面等は何れも町村側にて用意したものでいわば民間側の資料を基礎としたのである。例えば地引図は「丈量以前町村総代人ハ勿論地所接続之者共一同立会」調製したものであり、地引帳はその奥書に「今般民有地山林原野税法御改正ニ付私共村方銘々持地之分反別取調方御達ニ依リ持主及ビ隣地接続之者共一同立会地毎ニ取調差上候」とある通りであり、原由取調書も亦奥書に「今般山林原野官民未定之地処御取調ニ付従来自由仕来之原由ハ勿論該地ニ関係ノ証書類等ケ処限リ悉皆取調候処前書ノ通ニ有レ之」と記せる如くである。

さてそれらを資料として官民有区分を立てる実地調査官は如何なる標準を以て之に臨んだかというに、十一年六月一日調整七月二十六日改正の「官民有地区別調査順序」という出張官心得がある。これは七年十一月の太政官達第四十三号を初め明治八年の地租改正事務局達乙第三号・同乙第十一号・明治九年一月二十九日地租改正事務局議定等に照準したもので、その主要箇条は次の如くである。（七月廿六日更正のものによる）

第二条　旧領主地頭ニ於テ既ニ某村持ト相定官簿亦ハ検使ケ条等下附シタル書類ニ記載有レ之分ハ勿論、口碑ト雖モ草茅等其村ニテ自由致シ何村持ト唱来リタルコトヲ比隣郡村ニ於テモ瞭知シ、遺証ニ代ツテ保証スルカ如キ秣場ノ類ニテ其所有スヘキ道理アルモノト見認メ候ハ、之ヲ民有地トスヘシ

但旧書類水火盗難ニ罹リ保存無レ之モノモ本文ニ準スヘキ事

第三条　従来村山村林ト唱ヒ樹木栽培候歟、或ハ年々地焼等致シ草木伐採若干之労費ヲ懸ケ、其村及ヒ其者所有地ノ如ク守護進退仕来リ候山林ノ類ニテ、自然生ノ草木伐採仕来ルモノト異ナルモノノ如キハ旧帳簿記載ノ有無ニ不レ拘、前顕ノ成跡上ニ就テ之ヲ民有地トスヘシ

但一隅ヲ以全山ヲ併有スル等不ニ相成一勿論ノコト

第四条　総テ売買ノ確証アル歟又ハ樹木植付ノ証跡著明ナルモノ等ハ之レヲ民有地トナスヘシ

但官山内へ植付タル歟或ハ官林帳ニ組入タル分ハ此限ニ有ラス

第五条　従来入会ト唱（甲村地方ニ乙丙入会ヲ云フ）村々於テ薪秣等苅採来リ候分ト雖トモ、其入会村持ノ確証アル上ハ勿論、右確証ナキ共年々焼払等ノ労費ヲ懸ケ居ル歟、或ハ入会村外ノモノヨリ公然山手野手及ヒ草苅料等ノ名義ヲ以米金請受苅採ノ為立入候慣習等有レ之、其成跡判然セス（シノ訛）山野之類ハ入会村持ト定メ民有地トスヘシ

但確証労費等モ無レ之全ク自然生ノ草木ヲ入会村ニテ苅取来候分ハ其地盤ヲ処有セシニ非ス、因テ右等ハ官

有地ト定ムヘシ、其他該地之原由ト情々等ニ依リ入会村持ニ為サ、レハ亡村ニ罹ル等之事故有レ之分ハ、確証労費ナキニ不レ拘実際ヲ考量シ其理由建議之末其筋経伺之積ヲ以テ取調置クコトトス

第六条　旧藩制札山ハ既ニ藩ノ制札ヲ掲示候分ニ付、一般官有地ト調理スルモノト雖トモ、従来壱人持壱村持ノ分ヘ願ニ寄制札ヲ提示ノ分モ有レ之ニ付、実調ノ上右従来ノ所有セル確証明瞭セル分ハ元名受人ヘ下戻民有地ト取調ルモノトス

第七条　耕地中或ハ耕地ニ接スル小畝歩ナル草生萱生稲干場秣場之類起原不分明ナルトモ従来自由進退致来候慣行有レ之、比隣持主ヲイテ保証ニ相立申出ルモノハ民有地トスヘシ

但本文ニ難レ拠モノハ渾テ官有地トスヘシ

第八条　海岸綱干場浜地川岸場物揚場ノ類民有ノ確証無レ之モノハ渾テ慣行ヲ問ハス官有地トスヘシ

第十二条　道路堤塘用悪水路溜池井溝敷等改正前迄貢租辧納スル歟、或ハ免税ナルモ他ヨリ作徳辧償ヲ受ケ候類ニテ持続度情願アルハ民有地トス、処有ヲ欲セサル歟又ハ確乎タル証ナキモノハ渾テ官有地トスヘシ

第十三条　地券授与有レ之地ハ無論民地ノ筈ナレトモ、該地原由取調民有地ニ難二据置一事由有レ之一般ニ指響アルモノ、如キハ箇所限リ取調本県ヨリ該券返納方可二相達一順序ニ取計フヘシ

但出張先キヲイテ説諭上ニテ地券返納願出ルモノハ此限ニアラス

右等の標準によつて官民有地の審査をし、民有地と見込みの分には原由書の箇所限りに甲印を押し、「例規外ニ出ル分等ニテ其節経伺ノ上御所分可レ然ト見込候分」は乙印、官有地と見込みの分は丙印を押捺することとし、調査官

帰県の上理由を建議して決議を受けてはじめてその民有官有が決定されることとなつたのである。（第十六條）

以上は官民有区分の規準であつて、これによつて民有地の区域が定められたのであるが、更にその一筆限りに地位等級を定める必要がある。仍て十一年十二月十四日触示第三百六十三番を以て地位等級取調順序を令達した。即ち

第壱条　地位等級定方ハ各地同一ニ見做シ難シト雖モ先ツ其地質等差ヲ考量シ毎地種ヲ類別シ凡四等内外ニ階級ヲ立ツヘシ

第弐条　右等級類別スルニ仮令ハ良材繁茂運輸モ至便ナル地ハ最上等トナスヘシ、又樹木繁茂セスト雖モ運輸ノ便アルカ或ハ開墾牧場等ニ便ナル地及ヒ人家接近ニテ採薪其他耕地培養ニ用フヘキ肥草等苅カ如キ地ハ上等トナスヘシ、又右ニ反シテ樹木繁茂セス運輸モ不便ナル地ハ下等トシ、兀山磽确等ノ収利些少ナル地ハ最下等ト類別スルカ如シ

第参条　各村一筆限リ地位等級ヲ議スルニハ地租改正掛戸長担当戸長及町村総代人持主一同集会協議ヲ尽シ、而シテ議定スル等級ヲ地引帳壱筆限リノ肩ニ朱記シ一村合計帳ノ外ニ左ノ雛形ニ倣ヒ等級帳ヲ製シテ区務処ニ差出スヘシ（雛形は省略する）

これは大体明治九年三月十日の地租改正事務局別報第十六号達による山林原野調査法細目の第二条に準拠せるもので、本文第二条の如きは右調査法細目第二条第三節そのままである。

こうして各村に於ける一筆限り地位等級が整理されると、次には村位等級を定めなくてはならない。

乃ち明治十二年二月十四日県達乙第十六号を以て地租改正正副総代八町村事務所に対して村位等級を議定すべきことを命じ「山林原野村位等級取調順序」を示した。即ち、第一条に於て「村位等級ヲ取調フルハ追テ地価ヲ定ムル基礎ニシテ一大事業ニ付勉メテ注意シ第二条以下ノ手続ニ拠リ一郡限村位等級ノ各表面ヲ協議決定差出スヘシ」と述べ、第二条以下に於て詳細なる手続順序を示している。その概要は、先ず地租改正正副総代人及び各事務所戸長に於て一郡中を通観し、十一年の第三百六十三番触示の地位等級取調順序第二条に照準して最上村と最下等村を撰定する。次に之を模範として各種を類別して毎村の平均を執り差異を熟考して漸次他町村に及ぼして十五等内外に分つ。種類は山・山林・林・竹林竹籔・秣山秣場・柴地籔地草生地芝地稲干場・萱場の七種として各別に表を作り、之を仮に可と認めて一同調印して地租改正正副総代人に渡す。正副総代人は之を謄写して原表となし先に集議せる戸長と一ケ町村より一二名宛地理を熟知せる者を地主総代人として召集する。正副総代人は戸長を立会人として地主総代人へ取調手続を演説して反覆協議し、一同異存がなければ表面へ調印の上県へ提出する。この時は県より視察官吏を派遣立会わしめる。なお地主総代人の申立に正理ある場合は等級を引直すが、申立に謂われなき時はその事柄の書面を執り正副総代人の見込を副えて県へ差出すこととなつている。

こういう手続によつて地位等級村位等級が定められ、最後に地価が算出される。地価を定める標準は既に明治九年三月十日の地租改正事務局別報第十六号達第三条に示されている。即ち等級確定後人民より地価を開申せしめてその当否を検すること、山林原野の地価は壱町歩毎にいくらと計算すること、山林地価は収利上より算出し、柴草山竹林の如く年々収利を得る地は前五ケ年平均の収利を以て計算し、薪炭山用材山の如きは成木年間の一期を認定し其一期中に成育する立木の売買代価の内から費用を除去し残額を其年間に配賦し凡一ケ年の収利を計算すること等であつた。秋田県に於ては十二年四月達乙第四十一号を以て、村位等級取調集議決定に引続き各村各種一町当り平均地価を議定せしめた。価格調査法は同年甲第四十九号布達に照準し、協議手続は前述の村位等級取調順序第二条以下に準拠せしめた。

山林地価を収利より算出する方法は、一等山林薪木山反別一町歩、此出薪三十張り、一張三十銭として代金九円、成木年間十五ケ年にて除すれば毎年金六十銭となる。費用を一割五分として九銭差引き残金五十一銭、更に村入費五銭七厘、地租七銭一厘を差引けば残金二十八銭二厘の所得となり、五分利子として地価金五円七十銭となる。

この様にして地価を算出して評価額の確定したのは十三年三月であつた。(秋田県史) 改租の結果として新地券が交附されたのは同年十一月以後であつて、同月二十四日達乙第百号に「山林原野地租改正新地券証既ニ調査済ニ付不日係リ官員出張之上首部役場ニヲキテ漸次新旧地券交換候条云々」とあり、交換取扱心得書を公布しているのはそれを示すものである。この地券は明治二十二年三月二十三日法律第十三号で廃され、現在の土地台帳に変つた。

山林改租の結果、山は四十七町歩余、山林は五万五千八百町歩余、林は一万三千三百町歩余、竹林は三十五町歩余、萱場は二千七百町歩余、秣場は六万四千五百町歩余、草生地は四千二百町歩余が算出せられたのであるが、之を秋田県管内総反別二十八万七千町歩余に比較する時、漸くその半ばに過ぎず、たとえ山林原野と田畑の計量に寛厳の相違があるにせよ、山林地方としては小区域であつたといわなければならない。(秋田県史) それ〻については第三項に於て述べることとする。

二

右に述べた如く民有地の調査は大略円滑に遂行せられた様に思われるけれども、ここに一つの難関に逢着した。それは官有地の区域が未だ明白とはなつておらず、従つて官山接続地の区別調査に支障を生じたことである。しかも官林区域の調査に着手すべき時期は未だ予測せられず、一方地租改正の事業は一日も早く完成させる必要があり、ここに於て秋田県にては、取りあえず一応官民有の区域を分ちて将来訂正し得る余地を存しておく方法を執つた。その事は明治十一年九月十日附を以て秋田県より内務省地理局秋田出張所に発した左記照会文に明白である。

官林之義ハ過日新旧絵図面ヲ以御引渡ニ及置候通ニ候所、右図面上多クハ民有地官民未定地等ヲ孕居候ニ付、御立会ノ上官林域界ヲ明分可レ致筈ニ候得共、目下未定地処分及山野改正ノ際ニ当リ御立会ノ都合ニ難レ及、依テ当県ニ於テハ其村々申出ニヨリ旧絵図等明証シ相当セルモノハ官民ノ区域ヲ分界候テ一時調理上差支無レ之様取計置追テ引違ノ廉ハ追々御立会引直之積、御異存モ有レ之候ハヽ、御申越相成度此段御照会ニ及候也（秋田営林局編『秋田県官林沿革調』二八四―二八五頁）

之に対して地理局出張所員は「御照会之趣了承、右ハ差閊無レ之」と回答した。（同上二八一頁）併し乍ら秋田県の如く官山接続の地の多い所にては、官山接続の民有地は追て官山境堺調理の際に訂正する場合のあることを触示するは一応差支えない様ではあるが、官山区域の調理の期日も予定あるわけではなく、若し引直し訂正の積を以て仮に地券を授与して地租収入等の手続をなす時は、民間に於て地所の売買立木の伐採等をなす憂がある。さりとて予定のない地理局出張官の調査を待つて地券を授与せず地租を賦課しなければ改租調理は有名無実に近い。仍つて秋田県にては実地証憑物と成跡とによつて仮に調理をなしおいて、速に実地調査を行つて官林区域を確定せんとして、此旨を地理局出張官に対して照会に及んだ。（同上二八〇頁）然るに地理局出張所よりは「右ハ当今事務多端且人少目下直ニ派出相成兼候間一応本省ヘ開申ノ上否何分ノ御確答可レ及」という回答であつたので、（同上二七九頁）秋田県よりも十月二日附内務省へ左の如く稟議した。

当県管内官林之儀ハ過日御省地理局出張官エ引渡ニ及置候処、右官林之義ハ旧藩図面及明治九年御省地理局官員出張調理相成候分共、図面上四至境界記入アルト雖モ実地ニ対シ境界標無レ之ニ付、現今山林原野改租及未定地処分ノ際ニ当リ各村申出明瞭ナラサルヨリ調理上差支、地理局出張官ニ立界之義照会ニ及候処御省開伸ノ上廻答ニ可レ及旨報答有レ之、然ルニ旧藩絵図面ノ如キハ全山ノ山沢ヲ模写セルモノニ付、図面上多クハ沢内居民ノ村落及民林等迄モ孕タルモノニテ従来ヨリ境界ノ明記モ無レ之ヨリ、各村ニテ時々官山部中ヲ民林ナリト申出夫々指揮ニ及置候分モ儘有レ之、右等ノ類ハ現今其堺区ヲ侵入シテ或ハ未定地ニ編入或ハ民有地ナル旨申出之向モ有レ之、即今定堺無レ之候テハ山林原野ノ調査未定地処分ニ至ル迄大ニ差支ヲ生候条、速ニ区ヲ御判定相成候様致度此段相伺候、（同上二七八頁二七九頁）

併し内務省よりの指示は容易に来ず、その間官民有区別調査を休止放任しておくことも出来ないため十月十九日管下第七大区に対して左の如く達した。

其区山林原野官民有地区別之義兼テ村々ヘ差示タル甲印ハ民有地、丙印ハ官有地ト相定、乙印ハ追テ処分可ニ相

達ニ候条未定地ト取調、早々地引帳差出候様可レ致、此旨相達候事

但官林接続之地ハ尚取調ノ上相達候義モ可レ有レ之候ニ付官民有地区別ハ仮定ト可ニ相心得一事（同上）

右の内但書の仮定以下は十一月五日に至り「仮定ト相心得地所売買及伐木共渾テ伺之上可ニ取計一事」と改正された。その改正されたと同文のものが第二・第三大区に対しては十一月五日、第四大区に対して同月二十六日に通達されている。（同上）その他の区に対しても同様であつたと推量される。何れにせよ官林接続地の官民有地区別は仮定として将来引直をなし得る余地を残しておいたのである。而して内務省に対しては十二月五日更に指令を督促した所、十二月二十日附を以て、「書面之趣ハ当省地理局出張所官員ヲ以テ実地調査可レ及候条、尚遂ニ協議ニ不都合無レ之様可ニ取計一事」と指令があつた。（同上二七九頁）これにより翌十二年一月に至り秋田県より地理局秋田出張所に対して実地出張の時期等に関して協議を遂げた結果、四月二十一日に至り「地理局委員立会官林境界区分ニ付調査手続心得書」を作成した。その要点は

一、官林区域は明治九年地理局出張官調理の官簿境界に依る。但し事故ある時は旧藩帳簿と図面により参酌調査する。（第二條）

二、官林部内を誤て民有とせる類は引直し方取計う。（第四條）

三、四至周囲の総郭を区分することが目的ではあるが、一時に功を終ることは困難であるから、民有接属にて林相上混淆せる箇所及び紛争等のある地所を除いては、沢口より四至の方法を正し、間数を概略して境界を定める。（第六條）

四、調理済の上は絵図面を新調し、地理局に本図を、県庁に謄本を置くこととする。(第七條)

なおこれは五月五日に至り若干訂正増補した。その主要点は、第四条を改正して、

官簿及図面ニ明記アル官林部内境堺ヲ侵取シ甲号ノ調理ヲ得タルモノハ其所有ノ確証ヲ取調官簿ヲ消却スルノ権力アル確証アルニアラサルモノハ其理由ヲ地主及戸長ヘ理解承服ノ上請書取置キ改正帳簿及図引直方各村ヨリ改正科ヘ願出サセ候事

となし、第八条を追加して、右の官簿を消却する権力ある確証の種類として、

一、官簿上ニ記載ナシト雖モ下方ニ於テ旧藩ヨリ授与セル証書処持セルモノ

一、旧藩来各村ニ於而処持セル林帳ノ当時藩吏ノ印章アルモノ

一、旧時ノ公証ニ寄リ所有ノ権ヲ有スルモノ

を挙げている。最後の公証云々は旧時肝煎の加判等ありて売買譲渡の公に行われたものをさしたのであつた。(秋田県官林調査沿革調)

この一方同年四月十五日県達乙第四十号を以て各町村役場に対して、「管内官林境界区分取調トシテ内務省地理局秋田出張所詰官員並本県委員来ル廿日ヨリ実地ニ派出候、就テハ調査ノ際夫々引直モ可レ有レ之候得共尚参考之為メ官林所属村々ヲシテ従来心得ノ通リ其境界ヱ仮ニ標杭設立可レ為レ致」と命じたが、七月七日に至り達乙第六十五号を以て、右の場合に官林接続地にして民有たるべきものはその証憑となるべき一切の書類を提出せしめ、それらに基いて官民地の区分を行い、証拠提出なき場合は民有地を官有と査定する場合もあるべく、その査定後は如何様の

証書も採用しない旨を達した。

さて官林の実地立界調査には四月二十四日より着手したが、その間追々人民側より申出した証書に対して疑似に渉る類等を生じ、遂にその儘継続することが不可能となり、止むを得ず一旦之を中止するに至つた。そして十三年四月に至つて、内務省より監査官員が出張し秋田県と協議の結果四月二十九日「山林区域調査心得書」を作成し、之を標準として各地に分派して実地踏査を行つたのである。この心得書は十二年の「地理局委員立会官林境界区分ニ付調査手続心得書」を土台としたことは明かであるが、なお相当の改正をみた。その重要なる点は十二年の心得書の第一条では「官林之区域ヲ定ムルハ地理局員ト協議ヲ尽シ相当調理スルモノト雖モ、元来官林引渡ノ際ハ図面上ノミニテ未タ実地ノ引渡ヲ成サヽルニツキ、総テ境界区分ヲ調理スルハ本庁派出官ノ本分トス」とあつたが、十三年の心得書にては第一条に「山林ヲ査定スルハ本県官員ノ専務タルモノニシテ、実地ニ就キ其所有及区域ヲ正シテ其官ニ当ルハ山林局へ、民林ニ当ルハ人民へ渡方ノ積ヲ以調査スヘキ事」と規定したことである。蓋しこの調査は官林の境界区域を定むることを主眼とするものではあつたが、官林であるか否かを決定することは必然的に民有であるか否かを決定することとなり、官林の区域を定むることは同時に接続する民有地の区域を定むることとなるのは事明の理であるから、官林調査は同時に一般山林調査をも含むこととなつたのである。即ち十三年四月以降の官林立界調査は官民有区分をもその目的の一としたことが明白である。この第一条中に「山林ヲ査定スルハ本県官員ノ専務タルモノニシテ云々」とあるが、その引渡方に関しては、秋田県においては「官林及民林ナルニ付成規上之抵触ハ勿論彼我異論無レ之分ハ別ニ伺ヲ経ス官林ニ当ルハ山林局エ、民林ニ当ルハ人民エ直ニ引渡只、疑似ニ渉ルモノノミ経伺ス」るという方針であつたが、内務省派出官等は悉皆経伺の上でなくては決定する権限を有しない旨を述べた為、四月三十日秋田県より内務省に秋田県の素志通り処分致したい旨の伺を立て、六月二十二日伺の通り指令があつた。その指令の発送と同時に内務省地理局長・山林局長心得代理の名を以て同省秋田出張所官員に対して、前記山林調査心得書中第一条を「山林ヲ調査スルハ本県官員ノ主務タリト雖モ都テ内務省出張官員ヘ協議ヲ遂ゲ云々」と改正することの外二三の改正を行う様秋田県と協議を遂ぐる様に指令を出したが、その結果七月十六日に至り若干改正を行つた。併し第一条は「専務」を「主務」と改めたのみで、「都テ内務省出張官員ヘ協議ヲ遂ケ」という字句は挿入しなかつた。要するにこの実地調査にては県官が主務となり内務省出張官は立会となつて、異議なき分は官民有を即決処分したことが明かである。

かくて明治十三年六月より秋田県官員は内務省より出張の監査官及び同省山林局秋田出張所官員と共に県下官林の調査に着手し、その結果は「官林立界帳」及び「官林絵図」として作成せられた。官林絵図は前記「山林区域調査心得書」の第七条によつて二通宛作成し、本図を地理局に置き謄写図を県に備えることとなつていたが、秋田県にては旧藩時代に秋田藩木山方吟味役加藤景林が作成したる「六郡御直山絵図」「能代川上木山絵図」等があつた為、之を利用して、これに朱線朱点を加え立界を示す附箋を添附して、副図とした。

かく官林立界調査を進むるに当つては、その地元村戸長・地主総代理等より請書を徴して、その区域決定に将来異論の生ぜざる様に取計つている。そして十四年二月に至り、秋田県より山林局秋田出張所に対して、両者立会実地調査済の分は立界済と承知致す様照会し、出張所よりは了承の旨を返答し、又三月三日県より内務省に宛てて、官林の調査は完了に至らざる箇所もあれど、「差向キ立界引渡済官林ケ所及改租誤謬ニ付官有地ヨリ民有地へ民有地ヨリ官有地へ編入反別並ニ各郡村々調査既済ノ区分トモ」別紙表として上申し、同年四月七日農商務省が設置せられ、山林局はその管轄となつた為に、五月十八日附農商務卿より「書面之趣聞置候事」という指令があつた。かくて官林の大部分は十三年中に調査を完了して山林局へ引継がれたのであるが、この官林立界調査に於て重要な点は、この調査中に改租調査に際して誤りのあつた場合に之を訂正し、或は官有地を民有に移し、或は民有地を官有に移し得る効力を有していた点である。

三

秋田県に於ける山林原野地租改正を法制的に見れば右に叙述した通りであつて、他府県の場合と大同小異の如くであるが、その中に於ける一つの特徴は地租改正に於ける官民有区分調理が、官林境界調査によつて牽制拘束されていることである。これは前項に記した所であるが、実際問題としては明治十一年に於ける査定が、十二年以後に於ける官林立界調査の結果を俟つて初めて確定又は修正されることとなつたのである。従つて十一年に作成された地引図簿がその後の調査によつて変更修正される場合も生じたのである。これが今日に於ても尚土地所有権に関する係争が惹起され易い原因の一つである。

秋田県の山林原野改租に於けるもう一つの特徴は、法文上には何等現れないが、官林に編入された部分が極めて多いという周知の事実である。官民有区分の標準は既に述べた如く太政官達や地租改正事務局達や心得書を基としておつて、特に他地方と異るものは存しない。問題はその標準や規定が公平忠実に守られたか否かにある。それには調査官の手心ということが考えられ、又屢々東北地方に於ける政治的措置ということが考えられ勝ちであるが、これは一定の標準があり資料が民間側より提出され、且つ地引帳図・原由取調書の如きは先ず民間側にて作られたものである以上、それ程大きな役割を演じたとは考えられない。只今日に於ても語り伝えられている所によれば若干の摩擦のあつた箇所もある様である。それと同時に口碑に伝えられているのは、人民側にて地租改正の結果地租を負担することを恐れて民有たることを主張しなかつたということである。士族などの住む町では民有地を多く得たにも拘らず、然らざる所にてはなるべく民有となることを避けたことがあるという。この場合になると官民有区分の標準がどの程度破られたかは全く不明である。そして法文にも記録にも全く現れては来ない。

併し以上の如き場合は何れにせよ程度問題ではなかつたのではないだろうか。根本問題はやはり旧藩時代に於ける藩有林の占める大さということにあると考えられる。

元来東北諸藩に於ては山林収入は極めて重要なる財源であつて、秋田藩に於ても之が経営には早くより細密の注意を払つていた。しかるに藩財政の困難になると共に林木の濫伐が行われ天明寛政頃には山林が著しく衰微したために文化年代に至つて大に改革を加え林政の整備が行われた。而して山林制度が整備するに伴つて藩有林が拡大されるのは自然の傾向である。それまではその所属の不明確であつた箇所も所有者が明かにされ、その場合に多くは藩有となるのは藩自身の立場上当然な結果であつた。文化八年麻生村に下した覚書に於て、

其方村御山処之内倉之沢之儀者先年ヨリ御留山ニ被二仰渡一候所、追々右御山モ伐尽ニ相成多分小柴笹立ニテ全ク

郷山ト相心得、於二郷中一連々杉植立候処年来相過候事ニテ不二相分一訳ニ付、去午年中能代表御旧記御吟味被レ成候所、宝永年中ヨリ御留山ニ被二仰渡一候儀明白致候、

とあり、かかる文書一通にて郷山は御留山に変じ得たのである。そして三尺廻り以下六尺廻りまでの七百余本の内三分一を年内守立の功にて拝領を許す。その拝領の冥加として杉苗千五百本を三年間に植立てるということになる。（能代木山以来覚七）こういふ場合が多かつたのであろう。そして郷山・自分持山へ植立てた青木は勿論、屋敷添畑添であつても、青木は凡て願出で聞届の上でなくては伐採出来ない。（同上十四）御直山その他の徒伐発見の為には長百姓を隠密に使つて、密々内通せしめる手段などが講ぜられる。（同上十九）この文化頃から加藤景林の御直山絵図等が出来上つた。それは今日に於ては決して詳密なものとはいえないが、当時に於ては全国にて最も勝れた山林図であつた。それによれば藩内の大部分の山林が藩有に属していたことが知られる。この図が明治になつて官林絵図の基本となつたのである。

秋田藩に於ける山林制度は江戸時代の中頃から漸次整備されて来ているが、それは山林の価値が次第に重要視されてきたことを意味するものである。尤も山林の価値としては、水源涵養の為とか秣山とか薪炭用とかいう意味もあるが、主としては木材の為であつた。即ちそれは藩の財源として重要視されてきたことを示すものであつて、従つて財政の困難になると共に、その取締りや植栽伐木の計画が周到になつたのは当然なことであつた。その結果嘗ては入会山に近いものであつたものも御留山になり、所属の不明確であつたものは多く御直山になるということが行われ、それがそのまま明治に引継がれ今日に及んでいるということも出来るのである。勿論これはひとり秋田藩

に於てのみではなく、東北各地に共通なことであり、更に広く言えば山林の多い所に於て略同様なことが言えるのである。その結果は山林の多い所程人民が山林に不自由するという皮肉な現象を生じてきたのである。しかも山林制度を全国劃一に施行しようとする意図はその傾向を一層強めることとなつた。

こうした矛盾を如何にして解決するか。根本的に言えば改租の調理にまで溯らなければならない。しかもそれは現行の法規上に於ては不可能な事柄である。否寧ろ現在の所有権の観念では不可能である。そこで国有民有という様な問題には触れないで、山村民に山林の恩恵を蒙らしめる様な手段が講ぜられる。現在農林省などで行つている地元民に対する施設は多くその類である。矛盾に対する妥協的な措置ということも出来る。明治維新の諸政の中には全国劃一ということが一つの性質として考えられるが、劃一にしようとすればする程、殊に法の適用が劃一的であればある程、実際上に不平等や不合理を来した点が少くない。山林改租の如きも亦その一例ということが出来よう。（昭和十八、一、六）

（昭和十八年二月、経済史研究第二十九巻第二号掲載）

五、明治八年の美濃国民俗調査

序

明治維新が我国史上に於ける最大の変革であつて、国民の全生活に亙つて著しい変化の生じたことは改めて言うまでもない所である。

明治維新によつて出現した現実の社会が、その指導者達によつて初めから意図されていた通りであつたか否かは別としても、少くとも多数の国民に予想出来兼ねたものであつたことは疑がない。

もとより封建組織に対する強い反撥は、意識的又は無意識的に到る処に弥漫してはいたが、その反撥抗争の結果が如何なる形で現れるかは、多くの者には見通しがつかなかつた。従つてその直面した現実の姿相に対して、或は戸惑い或は反抗する者を生じたのも亦止むを得ないことであつた。即ち明治維新の如き大変革が行われる時には、その理想と現実の間に、当局者と一般民衆の間に、新勢力と旧勢力の間に、常に距離があり、間隙が生ずるのは当然である。

問題はその距離や間隙が如何なる性質のものか、又如何にしてそれが埋められてゆくかということにあるのであつて、それが円滑に埋められない場合には対立が起り摩擦抗争が生ずるのである。明治維新後の文明開化の運動や産業官営の政策は、そういう距離間隙を埋める一つの手段でもあつたわけである。

その間に於ける国民の動向というもの、換言すればこの大変革を如何に受入れたかということは、明治維新そのものを究める鍵ともなるものである。

ここに述べようと思うのは、明治八年に岐阜県にて行われた民俗調査に現れた国民の姿である。この調査は県より県下各学区の取締三十五名に対して、受持域区の調査報告を命じたもので、県からの指令内容は不明であるが、報告書によつて判断すれば、産業宗教衣服頭髪開化状況等の項目があり、それを現わすべき評語の規準も示されていたものの様である。この報告書は「美濃国民俗史稿」として岐阜県庁に在り、その一部は「岐阜県史稿民俗編」となり、昭和十二年一信社刊行の「濃州徇行記」の後尾に収められているが、その他の部分は未だ知られていないので、ここに紹介したいと考えるのである。

この報告者は相当な学問もあり見識もある、いわば地方の先達者達であつたから、そこに一般民衆との間に多少の懸隔があり、その叙述の態度にも一つの立場があるけれども、その懸隔なり立場なりも亦当時代を知る興味ある問題と思う。

一、門閥打破

明治維新の前後を比較して、先ず何よりも変つたことは、階級制身分制の崩壊ということであつた。維新前に於ては士農工商の区別があつたばかりではなかつた。農民の間に於ても村役人とか小前とか、水呑とか名子家抱とか、上から下まで経済的社会的のいくつかの区分があり、幾段かの階層があつた。区別はそればかりではなく、領主が将軍であり、親藩譜代大名であり、旗本であることによつても、農民に身分的な差異がつけられていた。幕領の民は「天領の民」と誇称し、大藩の領民は小藩の民を侮蔑したのである。

四民平等をその一つの標語として明治維新は士農工商という固い鉄鎖を断ち切り、豪農が小作人ともなり、水呑が大地主とも成り得る可能性を示した。この事実は直に強い反応を現したのであつた。

此郡（多藝郡）往昔封建ノ比所轄ノ侯伯興亡或ハ移城変遷一ナラス、近古ニ至テハ幕府及尾張大垣ノ両藩之ヲ分領セシカ、其法令制度大同小異ニシテ民俗気象亦従テ異ナリ、尾張藩所轄ノ人民藩臣ノ給地モ此ノ中ニ在リ世系門地アル者、富有ニシテ用金等ヲ調達スルモノ双刀ヲ帯フコトヲ許シ、又年賀ノ謁ヲ賜フ等其格式階級有ル殆ント士族ニ異ナラス、下民ニ至テモ尚其領主ノ位官尊クシテ門閥高ク、且其封域ノ大ナルヲ以テ頗ル傲慢ノ意ヲ呑ミ他ヲ蔑如スルノ気風有リ、大垣藩所領ノ人民ニ於ケル格式等級有ル者ト雖モ更ニ驕態ノ色ナク唯意気揚揚トシテ自得スルノミ、幕府領ノ人民ニ至テハ世系門地ヲ貴フノ習風有レトモ濫ニ格式等級ノ許可ヲ得ルコト能ス、然レトモ気格高クシテ敢テ両藩所轄ノ人民ニ下ラス、事有テ議席ニ臨メハ必ス上座ニ在リ、其澆季ノ世ニ及テ売官ノ法ニ倣ヒ、冥加金ト称シ巨多ノ金額ヲ富有ノ人民ニ課シ、其出ス所ノ大小ヲ以テ格式ヲ許可スルコト各等差有リ、又其ノ所轄ノ県吏種々ノ名目ヲ設ケ双刀ヲ帯スルコトヲ許ス、是ニ於テ一時競テ双刀ヲ帯フ者多シ、士カ農カ殆ント辨ス可カラサルニ至ル、有識ノ者竊ニ牛犢ヲ売リ刀劍ヲ買フノ歎有リ、又一種ノ悪習有リ下民瓦室ヲ建築スルヲ禁ス、甚タシキニ至テハ庇檐ト雖モ瓦ヲ以テ葺クヲ許サス、之ヲ郷例ト称ス、若シ禁ヲ犯セハ其庁ヘ訴ヘ速ニ之ヲ毀タシム、王政維新ノ今日ニ至リ風俗大ニ変シ、固有ノ悪習ヲ一洗シ、唯腰ニ手布ヲ挿ミ襟ニ銀鎖ノ袖時計ヲ掛ケ、行者ハ路ヲ譲リ、又処々ニ小学校ヲ建設シ、学齢ノ子弟貧富トナク漸次学ニ就シム、嗟夫皇化ノ遍キ置郵ヨリモ速ナル実ニ意表ニ出ツ、（多藝郡）

御維新ノ前封建ノ際、領主其土地ヲ異ニスル尾州領笠松郡代其外旗本知行所或ハ地頭アツテ民情風義モ亦不レ同、或ハ村長旧家ノ者門閥ヲ重シ細民ヲ束縛シ、甚シキニ至テハ細民小前ノ者或ハ被管ノ者ニ衣服ノ制度ヲ限、上下羽織袴及下駄雪踏傘等用フルヲ不レ許、又細民ノ者富ルト雖モ家作ヲ新築スルニ至テハ瓦庇シ或ハ釣天井三尺床ニ框戸或ハ土蔵ノ土扉《トビラ》等営ヲ不レ許、大キニ威権ヲ張リ門地ヲ唱フル者此ニ記ス門閥ハ従來村内ニテ名主庄屋或ハ頭分ト唱ヘ世襲セシノ徒ニシテ、實ノ門地ノ家ハ全郡ニ少シ、所謂昔時富家ナル者累年權ヲ取シ者ナリ、貧窮ニシテ無智文盲ト雖トモ村民ヲ蔑視スルノ弊アツテ、又公私ノ間ニ賂物行ル、ガ故ニ民心狡猾ノ風アツテ人民互ニ疑惑ヲ生ルアリ、或ハ遊惰ノ徒博奕淫賣アツテ産ヲ破リ国ヲ脱スル等ノ者不レ少、然ルニ御維新ノ際人民競テ一般ニ御政体ヲ感戴シ、右等ノ弊一時ニ消除シ、旧弊ヲ改メ漸次御政体ノ御徳風ニ化ス、（武儀郡）

人情ハ従前門閥ヲ主張シ大イニ愚論ヲ募リシモ方今漸々此旧染ヲ洗滌セリ、（各務郡）

慶長六年ヨリ高木三人（旗本）此村ニ住シ、多良郷中他領ノ人モ御三所ト唱ヘ尊大ナリシカ、御維新以来同等トナリ元ノ風更ニナク、高木三家ハ頗ル開化セリト諸方ニ云フ、（石津郡宮村）

開化ヲ以目スヘキ無シト雖トモ其一端トモ名スヘキモノ一二ヲ掲ク、小学校開業士民ノ子弟就学ノ際坐次長幼ノ序ヲ以ス方今ハ學級ヲ以序次ヲ爲ス新民舊□□ノ子弟ヲシテ門地子弟ノ上ニ列セシムルモアリト雖トモ一人ノ不平ヲ唱ヘ出ルモノ無ク、即今生徒交際上ニ於テ毫モ別アルヲ見ス、士族一般夙ニ刀袴ヲ廃シ従来倨傲ノ弊ヲ脱シ農工商ニ対シ礼ヲ卑フシ互ニ敬愛シ同一ニ帰ス、（恵那郡岩村）

永い因襲と伝統によつて守られて来た封建的な身分別の消失は、同時に社会秩序の混乱を引起すこともあつた。

此区（厚見郡上郷十一ケ村）タルヤ旧加納藩ノ領地多クシテ、従前ハ領主圧制ノ為ニ卑屈ノ民俗ナリト雖トモ、村治ニ至リテハ門地ヲ推シテ其村ノ役員タラシメ唯領主ノ令条之レ懼レ、恰モ淳樸ナルニ似タリ、輓近其弊風大ニ起リ、門地ノ役員タルモノ私慾ヲ逞シ、之カ為ニ村治大ニ乱レ風俗ヲ傷害スル其底止有ルヲ知ラサルニ到レリ、然ルニ丕新以降盛運ニ際シ漸ク開化ノ善端ヲ発キ、自然自主ノ気象ヲ顕ハシ後昆ノ期スル所文明屈指シテ俟ツ可シト雖トモ、当今不学無識愚民翟俄ニ自由権ヲ得タルカ如ク誤解シテ、其門地ヲ廃止セラレタル機会ニ乗シ、区戸長ヲ軽蔑シ門地ヲ蹂躙スルノ兆アリ、今ニシテ村治ノ良制ヲ得スンハ恐ラクハ文明却歩シ反テ曩日圧抑ノ朴質ニ劣ルコトアランカ、（厚見郡）

しかしこの反面に於て、門地が依然尊重せられ旧慣が墨守せられていた所も少くはなかつた。

士俗旧風ニ慣泥シ、富ル者ハ弥門閥ヲ以テ貴重シ、最モ威権ヲ逞シ、中下ノ貧賤ヲ甚蔑如シ、又貧者ハ聊モ抗言スル能ハス惶々トシテ使役ヲ蒙ル、却テ是ヲ愧ツル色アルヲ見ス、（本巣郡美江寺驛）

旧来門地ヲ別ツノ弊風甚大ニシテ、維新以降陽ニ之ヲ廃スルニ似タリト雖トモ陰ニ之ヲ脱スルコト能ハス、其余波小民ヲ侮謗スル形情アリテ民心穏ナラス、（厚見郡日置江村）

門閥ノ弊風更ニ脱セス、（各務郡岩瀧村）

維新以降漸々門地ヲ別ツノ風習ヲ廢スト雖トモ其余波猶遺レリ、(厚見郡六條村)

旧套を打破するに急なる所もあれば、先格を固守するに強き所もあつた。或る所では行過ぎ、或る所では因循に陥つた。しかもこの混乱期を経て、社会生活が安定を取戻した時、やはり門閥も家格尊重の風も残されていた。只その門閥も家格も、以前とは異る意味を附加され、異つた秩序を以て置き据えられたのは、この動揺があつた為であつた。

二、産業の景況

明治維新が経済部門に如何なる形で現れて来たか、というよりは、それと如何なる聯関表裏をなして進行展開したかということは、ここに改めて述べる迄もないと思う。

社会上に於て身分制度が崩壊し門閥打破が叫ばれると共に、経済上に於いて百姓町人に加えられていた穢多の束縛が解かれた。明治四年十二月、在官者以外の華士族が農工商に従事することが許され、五年八月には農民が商業その他に従事することが許された。相前後して田畑勝手作りが認められ、土地の永代売買が差許された。そして六年七月には地租改正条例が布告されたのである。

生れながらにして、その職業住居食物衣服を制限されていた国民は、ここに自由な意志と行動を持つことが出来たのである。農商に携わる士族も生ずれば、商業に転ずる農民も生じた。その事実はこの報告書の中にも明白に現れている。

先ず士族達に就いて見よう。彼等は明治維新の変動を最も痛切に体験したのであつて、概して言えば俸禄によつて最低生活を保障されて徒衣徒食していた者達が、俄に生活の資を求めて働かなければならなくなつたのである。嘗ては蔑視した農工商の何れかに身を投じたのである。そういう変転を如実に示したのが城下町の景況であつた。戦国時代以来美濃国の中心をなした加納城下（宝暦六年以後永井氏城下）もその例を洩れなかつた。

明治四年ニ至テ此城ヲ破壊ス、旧藩士族猶コヽニ住ス、城郭変シテ田園トナル、其景況村落ニ異ナラス、旧来ハ藩士中各家ニ営繕及冠婚葬祭等ノ冗費ハ皆主君ヨリ給助シ、又加フルニ各自給禄アリ、現今十三名之者上等トス給与ス、故ニ城士ハ高枕鼓腹ヲナセリ、其人現今王化ニ俗シ、武ヲ事トセスト雖モ性固陋旧習ヲ墨守シ世ノ変遷ニ疎ク、学事ノ沿（マヽ）革ヲ好マス、又生業ニ及ンテハ或ハ農ニ心ヲ用フルモアリ、亦商ニ意ヲ托スル有リト雖モ、素ヨリ士族ノ本業ニ非サレハ事業ノ計算ヲ謬リ資金ヲ空スルモノ有リ、最雑工ヲ稼傘骨ヲ削、傘張ヲ専ラトス、文学ニ依頼シ小学ノ教員タル者上品ノ稼ト言フ可シ、（中略）此地ノ人員宝暦度ト寛政度ト慶応度トヲ照準スルニ漸次相減ス、現今又大ニ減セリ、

かくの如きは独り加納町に限られたことではなく、松平氏の城下であつた恵那郡岩村に於ても同様であつた。

一般ノ里俗ヲ論スレハ質樸ニシテ柔弱先ヲ譲リ人後ニ立ノ風ナリ、文学ノ如キハ之ヲ好ムト謂フ可ラス、然レトモ旧藩ノ制ニ士族ノ子弟ヨリ軽卒ノ子弟ニ至ルマテ必読書セシム、其余風ハ存セリ、（中略）士族ハ淘籮士俗ザルト云ヲ製スル者農事ヲ勉ムルモノ多シ、又士族中傭書ヲナスモノ銃猟ヲナス者商ヲナスモノ引火奴ヲ製スル者傘ヲ造ル者網罟ヲ結フモノ木屐ヲ作ル者アリト雖トモ其人員ハ僅々ノミ、

旧藩士が蒙つた打撃が最も急激且つ深刻であつたことは疑ない所であるが、農民や商工業者の受けた影響も決して僅少ではなかつた。そしてそれは城下町や宿駅に於て特に顕著に現れた。例えば加納町では次の如くであつた。

宿駅ノ盛ナル文化文政ノ頃ナリ、此地東山道ノ駅路ニシテ、西鳥屋ニ亙リ、東川手ニ境ス、北ニ当リ民家断絶スト雖モ、岐阜ヨリノ町続キナリ、近来舟車ノ便開ケ、宿駅極テ衰微シ家屋ヲ糊スル者不少、

中山道筋の大湫村や美江寺駅に於ても時代の風波は劇しい渦をまき起していた。

此地ハ中仙道筋ニシテ旧幕府ノ頃諸侯及旗本等往復ノ要駅ニシテ、意外ノ米金輸入シ富者トナク貧者トナク、活計タレリトス、近来諸侯ノ通路止ミ、固リ土地ノ物産モナク、即今ノ疲弊云フヘシ土岐郡ノ第一等ト、（土岐郡大湫村）

王政已前ニハ無頼ノ徒闔駅ノ裡ヲ徘徊シ所謂雲助ノ類連檐ノ下或ハ辻ナドニイスミ、駕籠或ハ馬等ヲ以テ旅人ヲ欺荷シ或ヒハ博奕ヲシ、邪悪ノ末多クハ寒天ニ倘襦袴一枚甚シキハ裸体ノ者モマヽ在リ、漸ク焚火等ヲ以テ凍寒ヲ避ケ空ク一生ヲ送致スルノ輩少シトセス、然レトモ王政ノ際コノ浮徒ノ者ヲシテ悉ク原籍ニ復サシメ一人トシテ無籍無住ノ輩ナキニ至ル、又幾干ノ風俗ヲ改良シタリト云フヘシ、（本巣郡美江寺驛）

かくの如きは多かれ少かれ、凡ての土地に見られた所で、商業町には商業町としての変化があり、農村には農村としての動揺があつた。それがどんな形態で、又はどんな強度を以て現れたかということは興味ある所である。

美濃第一の都会であつた岐阜は如何であつたというに、商業町であつただけに、加納や岩村に於ける様な激変は見られなかつたが、そこにも時の推移は明瞭に知られるのであつて、旧来市中に惣年寄及び六人役が置かれて市中

の事務を惣括していたものが、明治二年には六人役が廃止されて旧習が洗除された。報告書には、北条時頼の著と伝えられる人国記に、美濃国の風俗は水精の如しとあるのを引用して、岐阜の風俗も維新以来皇風に櫛り雨露に浴し次第に琢磨され光明を放つに至つたとなし、

今ヤ殆各々正業ヲ尽シ、高尚狭固ノ俗変シテ開明ニ浴セントス、又其市中ニ旧庁名古屋藩ノ治務局アリ、之ヲ廃シ中小学校ヲ建設シ、庁内ノ空地ハ民家トナリ競テ諸商ヲナス、稍盛大ノ地トナラン、又豪商夫（マヽ）ニ渡辺某平田某二箇ノ橋ヲ架シ人民ノ便宜ヲナセシコト等市中ノ景況前日ニ比スレハ豈霄壌ノ隔絶ナラン、

と記している。かかる変化は、岐阜の属邑と呼ばれたその周囲の村々にも見られた。元来それら附属村は溝又は堀を以て市中と堺し、市街の四方には木戸を設けて区別していたのであるが、維新後その木戸も破却されて殆ど一市中の如くになつた。

南西に今泉村アリ、其西辺隅ヲ本郷ト云、市中ニ接シタル東隅ヲ堀外町々即中古ノ出郷ナリト云人家稠密セリ、人愚ニシテ質朴ナラス、此地へ移庁以来稍面目ヲ洗滌シ旧習ヲ脱シ人情順ニ帰ス、又従前ノ田園ハ変シテ公園トナリ学校トナリ或ハ民家ヲ建築シ諸商ヲ鬻ム、其家幾百ナラン、

という様な景況が見られたのである。

同じ厚見郡の内、岐阜加納の南方、中山道に沿つた六条・清・鳥屋等の上郷十一ケ村は、西北に長良川あり南に百曲川あつて自ら境界をなし、百曲川の河口に著名な水門がある為に水内とも称せられる地方であるが、この地の産業は農九分商工各一分の半という状態であり、間々男は船車を以て稼を為し、或は縄索草履草鞋を製し、女は機

織をなし縷掛車を稼ぎ、その所得を販売して衣食に給する者もあつたが、それも僅々二十分の一に足りなかつた。

かくの如き地方に於ては「開化ノ地ニ比較スレハ陋醜ノ誚リヲ免レス」と称せられるのはもとより当然のことであるが、中に鳥屋村の如きは、「其地小都会ニ近接スルヲ以テ維新後人情開化ニ進歩シ、商家数十戸ニ及ビ、女ニシテ機織スル者十之三ニ至レリ。」という景況を呈した。鏡島村も中山道に接する所である為に、「従前農間ニ余業ヲ為ス者十中之一ナリシカ、近日職業大ニ変革シ、専ハラ商法ニ意ヲ用ウル者十中之二、工業ヲ為ス者其三アリ、其他農間ニ雑業ヲ営ム者亦多シ。」と称せられるに至り、純農村であつた西ノ荘村も亦、「維新後漸ク世運ノ変遷スルヲ知リテ、旁ハラ商法工業ヲ為ス者多シ。」といわれる様になつた。

併し農村がその旧来の面目を変貌させるのは容易ではなかつた。それは力強く確実ではあつたが、徐々であり緩慢であつた。都会を少し離れ交通路より遠ざかれば、未だ目ざましい変化も顕れなかつた。

厚見郡の内、東南を長良川、北を古川、西を尻毛川に洗われて、嶋方又は嶋内と称せられる地方は、田地少く畑地が多くして農務繁劇の為に、俗に「島の七秋《ナナアキ》」と称せられた所であるが、農耕養蚕の外に野菜を販ぐ者などあつて、住民中十分の一は農間に商業を営み、又農間船を以て稼する者もあつた。或は早田村の如く皮職三十余戸・木偶戯業（原註、旧称川原者東伝寺ト称フ、元禄度五六戸ナレトモ方今如此）三十余戸を数える所もあつた。かかる所の維新後の景況は如何であつたろうか。

旧幕府ノ代、其料所ニシテ、旧大垣藩ノ預リ地又旧名古屋藩ノ領地アリテ、皆圧制ノ管下ナレトモ、他ノ小私領ニ比スレハ其処置稍寛大ナル所アルヲ以テ、繁忙ノ中ニモ民俗大率遅慢ニ流レ、人事ヲ尽サスシテ貧民多カリシカ、近来物価騰貴シ土産大ニ進ミ一般小富ヲ来スト雖トモ、不学無識ノ衆民旧汚ヲ洗除スルヲ知ラス、維新以降隣里耳目ヲ改ムル之ヲ見聞スレトモ敢テ自顧変換スル能ハス、人或（マヽ）リテ之ヲ勧誘スレトモ更ニ聴カサルカ如シ、実ニ蒙昧暗愚ノ人質ニシテ開化ノ進歩ニ至リテハ前途遼遠ナリ、（中略）其取ル可キハ遊惰ノ者少キ而已、此意ヲ移シテ少シク開明ニ用ヰ令メハ又観ル可キアラン、

厚見郡は岐阜県の中枢であり、この地方も岐阜町に近接する所であつたが、未だ右の如き有様であつた。その他の地方に於て著しい変化が見られなかつたことは寧ろ当然といわなければならなかつた。併しながらやがて農村にも、徐々に根柢的な変質が見られる様になつたのである。それは右の如き観察報告には現れていない大きな動きであつた。

三　宗教問題

明治初年に於ける宗教上の重要問題の一つは基督教に対するものであり、他の一つは神仏分離及び廃仏棄釈に伴うものであつた。前者は暫し措いて、廃仏棄釈の運動後、国民の信仰が果して如何なる変化を見たかということは興味あることではあるが、諸郡の報告書は、仏教が依然圧倒的に盛んであることを述べている。

教法ノ如キハ神ヲ敬セサル者ナシト雖トモ当今神教ヲ信スル者神官ヲ除ノ外千中之一ニシテ衆人皆仏教ヲ信スルヲ常トス、（厚見郡嶋方）

敬神スルモノ殆稀ナリ、然ト雖仏ヲ信仰スル亦甚シカラス、（可児郡）

敬神学事注意ノ者少ク、真宗多クシテ仏陀信仰ノ徒尤甚シ、（可児郡兼山村）

敬神ノ徒十ニ一アリテ神葬ヲ願ヘリト云フ、（同郡伏見驛）

敬神ノ有志アリ村中半バ神葬ヲ願ヒ、祖先ノ霊祭等祠官ニ託シ一洗シタリ、（同郡御嵩驛）

敬神ノ道ニ薄ク信仏ノ途ニ厚ク、最モ真宗ヲ以テ仏宗ノ第一トス、（各務郡）

敬神ノ意薄ク仏ハ禅宗真宗ノ二派ヲ信ス、（同郡鵜沼村）

人民仏教ヲ信スルコト真宗ヲ以最トス、其他諸宗有リト雖寥々タレハ之ヲ遠ケ、独リ真宗盛ニシテ法談所々ニ行レテ花々シケレハ、愚民之ニ惑溺シ、水ノ下ニ就テ沛然トシテ禦クコト能ハサル勢ノ如シ、或人曰、斯ノ如ク民ヲ蠱シ政ヲ害シ開化文明ノ妨害ヲナスコト是ヨリ甚シキハ無シト、宜ナル乎、仏教ノ流弊ハ人ノ意志ヲ迷シ、人ノ智識ヲ暗シ、帰スルトコロ仏法方便ヲ以テ人民ノ自由ヲ束縛スルニ至ル、故ニ之ヲ固守スルノ人民多クハ迂僻シテ無智頑陋ナルモノアリ、敬神ノ意アルモノ郡中三四十名アリト雖、敬神奥儀ヲ知リ而シテ之ヲ尊敬スルモノ屈指スレハ三四輩ニ過キス、全郡戸数五千六十五戸人口二万二千八百二十一人明治八年春算スル處ノ數ナリ（方県郡）

教法一向宗ヲ奉スル者多ク、間浄土日蓮等ノ宗ヲ奉スル者有リ、神葬祭ヲ行フ者僅々十余名ニ過ス、（多芸郡）

敬神ノ情薄クシテ仏魔ニ沈溺セラル、者未タ減セス、（大野郡野方）

宗教ハ信仏一途、敬神ノ者稀ナリ、就中真宗派夥多ナリ、（池田郡六合村）

教法ハ仏法盛ンナリ、真宗派ヲ以テ最第一トス、又敬神ノ徒モ不尠、然レトモ仏ヲ信スルモノ（実ハ之レニ淫スルナリ）ニ比較スレハ又十中ノ一二ニ不過ナリ、然レトモ仏ヲ信スルモノハ下等ノ賤民ニ関リ、神ヲ敬スルモノ

ハ上等ノ富民ニ係ル、(本巣郡)

教法ハ仏法ヲ盛ンナリトス、就中真宗派ヲ以テ第一トス、然レトモ実際ニ於テハ却テ仏ヲ信スルニアラス概ネ外飾以テ形容ヲ表スルノミ、又敬神ノ者モ有リト雖トモ仏徒ニ較レハ十中ノ一ニモ不及ナリ、(本巣郡美江寺驛)

神仏共ニ甚タ敬重セサルノ習沿ナリ、(恵那郡岩村)

敬神スル者十中ノ一二、仏ヲ信スルモノ又十中ノ一二、神仏共ニ信スルモノ二三、信セサルモノ四五、神葬祭ナルモノ萩原村全戸、日吉村ノ内七十戸、土岐村ノ内六十戸、其余多ハ仏葬祭ナリ、(土岐郡ノ内)

敬神ノモノ殆無カ如シ、仏陀ヲ信スル者多シ、(土岐郡高山村)

以上の如く大部分の所では、依然仏教が信仰されていたが、明治四年以来徹底的な廃仏棄釈を実行した苗木藩領のみはその趣を異にした。即ち恵那郡苗木村では、「総テ神教ヲ重シ仏ヲ廃シ、神社ノ造営祭典ニ至リテハ頗ル盛大ヲナセリ」と報ぜられている。

元来神仏分離廃仏棄釈を以て一概に反動的保守的の暴挙となし、寺塔や経像の損失を以て、その運動の性質や価値を判断決定しようとするのは不当であつて、寧ろそれは明治維新の線に沿つた革新運動の一つと見倣すべきである。これは当時の切支丹弾圧の態度にも窺われるのであつて、人道主義や信教の自由を強力的に押附けようとする欧米列強に対して、神国日本の理念を以て敢然対抗しているのである。之等も併せ理解しなくては廃仏棄釈の問題も十分には究明出来ない。且つ又美術上の少からざる損失にしても、日本全国の神社から仏教的要素が全く排除されて、社寺ともにその本然の姿に復したことを以てすれば相償うに十分であつたと考えられるのである。

併し乍ら神仏分離の方法に無理があつたことは否むことが出来ない。敬神廃仏を単に仏葬式を神葬祭に改めることにあると考えた如きも、その目的を正解しなかつた為である。前陣の報告中、「敬神スル者殆稀ナリ、」とある如きも、多くは神葬祭に移つたか否かを述べているのである。その意味からすれば廃仏棄釈は全然失敗であつた。若し又人間救済を神社に求めたとするならばそれも失敗であつた。

併し廃仏棄釈の真の目的はそこに在つたわけではない筈であり、民族がその原始的乃至は固有な状態に還元しようと試みる大きな運動の一断面であつた。そうした復古運動が、その民族の進展に寄与するものか、或は反動的役割を演ずるものであるかは別の問題である。只そういう復古運動は必然的な過程を以て、屢〻現れるものであるという事実を肯定すれば足りるであろう。

四　文明開化

文明開化ということは明治初年に於て官民共に標榜した重要題目であつた。封建組織・封建思想、凡て旧物を去つて、国家の新体制を整えんとする物心両面の革新を意味した。従つて一朝一夕に為し遂げられるべきものではなかつたが、当時の国民が此の目標に向つて一致協力し得たことは誠に仕合であつた。たとえ文明開化に対する理解に相違があり、その行動に緩急があつたとしても、目標が一つであつたことは、明治維新の遂行上絶大の力となつた。今日の新体制運動が未だにその旗幟不分明であり、国民の嚮う所が一致していないのとは大きな相違である。

文明開化という言葉の意味が広汎なだけに、それを受取る人々によつてどの様にでも解釈出来、甚だ漠然たる感じを与えるのであるが、併しその間に自ら相通ずるものがあり、時代を指導する標語として十分な任務を果したのである。

勿論明治八年頃に於て、文明開化という言葉の持つ内容がどれだけ具体的となつたかというと、この頃に於ては未だ開化の域には遠く及ばないものであつたことは事実である。

戊辰以来幕政ノ旧ヲ去リ王政ノ新ヲ布キ玉ヒショリ人心従テ革新シ、口ヲ開ケハ開化ヲ唱ヘ早ク文明ノ域ニ至ラント夙夜文事ニ目ヲ晒シ、操觚ノ人漸々輩出スト雖、其之ヲ学フャ最モ富家ニ非ラサレハナシ得ルコト能ハス、故ニ寥々トシテ概ネ皆智識ニ暗ラク局量褊少(小)ニシテ、百姓ハ唯々鍬ヲ投ケ鋤ヲ掲ケ耕耘ヲ営ミ親子ヲ育ミ衣食住ニ不自由ナケレハ足レリトシ、更ニ学芸ノ上進ヲ要メス、郡ノ辱則我辱、郡ノ栄則我栄ト為ルノ義ヲ知ラサルモノ比々、是意フニ愛国ノ情乏シキ所以ナリ、斯ノ如キハ何ソヤ教化未タ全ク及ハサルニ由ルナラン、(方県郡)

即今王政ニ沐浴シテ朝旨ノ厚キヲ奉戴シ村治宜キヲ得ルモノカ、且建学以来学校漸ヲ以テ盛ンニ、一般子弟ヲシテ就学セシムルモノ十ノ七八、爾後絲竹ノ鄭声湮滅ス、他日必文明ノ域ニ至ノ魁タリ、(笠松)

文華未全開ト雖トモ上等ノ富民ニ至テハ頗ル王化ニ薫陶サレ少シク開化ノ端ヲ為セリト云ヘシ、然レトモ亦外部ノ形容多シテ心術ノ開化ニ至ツテハ最モ寥々タリ、ソノ下等ノ賤民ニ至ツテハ更ニ文華ノ何者タルヲ不辨知、只朦昧タリ、然レトモ又王政ノ前ニ較スレハ時勢ニ従ヒ不知々々旧弊ヲ去リ幾干ノ開端ニ進メリト云ヘシ、(本巣郡)

文華未全開ト雖モ文学ヲ好ムノ民情アリ、況ヤ曩ニ学校ノ設令アリシヨリ児女駸々トシテ文学筆算ニ附セシメ、漸々文盲ノ子弟ナキニ至ラン、亦士俗髻髪ノモノ多ク断髪ノ者ハ該ノ内上等ノモノト学校生徒トニ限ルヘシ、以上ヲ以テ開未ヲ論スルトキハ、下等ニシテ中齢以上ハ賤弊未開タリト云ヘシ、又之レニ反シ上等ノ人民及幼稚ノ子弟ハ能ク時運ニ化浴シ頗ル開化ノ端ヲ占ムルニ似タリ、（本巣郡美江寺驛）

当今ノ景況ヲ察視スルニ人智益開達スルノ勢アリテ、学校日々盛ニシテ校舎新築等年々増加ス生徒ノ進歩隣郡加茂郡各務郡山縣郡郡上郡ニ比較スレハ発達ノ勢アリ、是人心公務ヲ電スル故ナリ、然ト雖モ全郡ノ民俗ヲ概視スルニ是ヲ半開ノ地ト可謂歟、（武儀郡）

夫此地ノ景況タルヤ下街道ノ駅路ヲ占メ、加ルニ陶器製造商法稍盛ト云ヘキ地ニシテ、業ヲ分テハ農ナキモノ百分ノ五六、工商ヲ兼サルモノ百分ノ五六、之ヲ分チテ名クレハ商ハ甲ニ位シ、工農ハ乙丙ニ居ルト云ンカ、人質之ヲ隣村ニ比較シテ云ハ、敏ナリ、然リト雖人ヲ蔑視スルノ意アラン歟、文学ハ専ラ為スニアラスト雖又好マサルニ非ス、新聞紙西洋歴史等閲スルモノ尠シトセス、人民ノ開化ハ近傍ニ勝レリ、（土岐郡高山村）

学校が建設され、新しい書籍が読まれる様になつたことは、文明開化の一つの計示であつたが、更に風俗習慣にも変化が現れた。

農民ノ風俗ハ多ク麁服夏月ハ木綿長襦袢股引ノ類冬ハ綿入ヲ不着多ク袷ヲ着シ上ニ胴着ヲ用ユル者多シヲ着、草履草鞋ヲ以テス、（厚見郡）

衣服ハ夏時単衣長襦袢ヲ用ヒ、冬時ハ布衣胴着𧝒股引等ヲ以テス、履ハ平生草履鞋ヲ以テス、（各務郡）

風俗家屋ノ制板簀ヲ高シ、厚席ヲ以テ其上ニ布ク、而シテ坐スルヲ以テ彝トス、衣服ハ濶袖大襟綿帛ヲ以テ是ヲ裁ス、男子ハ額髮ヲ剃テ結髮ス、女子ハ髻ヲ結ヒ笄櫛ヲ戴キ、長衣大帯ヲ着ケリ、維新以来村吏区長等チハ皆斬髮ニシテ帽履衣服等多ク泰西ノ風ニ倣ヒ習俗稍〻変化セリ、（方県郡）

衣服ハ布又ハ木綿ヲ着ス、男女共カルサンヲ用、（恵那郡加子母村）

衆人ノ衣服ハ県下近傍ノ人民ニ異ナラスト雖偶洋服等ヲ用フルアリ、頭ハ野郎髷多クシテ斬髪漸十中ノ一二ナラン、（土岐郡）

この最後の頭髪は、斬髪が直に文明開化を意味する如くに考えられ、一つのバロメーターとして取扱われていた時代なので、この報告書にもその景況の記述を要求されてあつたと見えて、どの報告書にも記されているが、未だ斬髪は極めて少かつた。

頭髪ノ如キハ維新後斬髪ナル者幼童ヲ算入シテ而シテ三十分之一トセンカ、他ハ皆野老髷多クシテ、旧来ノ陋習ヲ脱スル者幾ト希ナリ、（厚見郡上郷十一ケ村）

斬髪百中ノ四、余ハ皆野郎髷ナリ、（同郡上加納町）

之を他の地方と比較してみると、明治六年東京府下では、「四民合シテ七分半髪三分斬髪ナリ、商人職人ノ散髪日ニ多シ、途中尚半髪、割羽織帯刀着袴ノ者アリ、」新聞雑誌八十一号という状態であり、西方では、「西京（京都）ハ洋風ヲ専ニ用ユヘキ御趣意ナル故、令ヲ奉シテ大概斬髪ナリ。滋賀県下ニ至テハ十ニ八九ハ断髪ニナリタリ、其故ハ髪ノアル者ハ月毎ニ何程カ納税イタサセ学校ノ費ニ充テタキトノ許可ヲ得テ、区戸長ヨリ令セシ故余儀ナク斬髪ノ者多シ。又愛知県下ニテハ悉皆斬髪ノ厳令之アリ、邏卒所々ニ出張、往来半髪ノ者ヲ見受レハ生国住所ヲ糺シ、管内ノ者ナレハ理解ノ上直ニ髪ヲ断トノコト故十カ十迄斬髪ナリ。又三重県下ハ滋賀愛知ノ間ナル故ヤ十ニ三四迄ハ断髪ナリ。浜松県以東ヘ近ヨル程半髪野郎ヘツツヒアタマ抔多クナリ、」新聞雑誌百卅一号という状態であつた。

これに比すれば美濃の斬髪は稍〻後れている様であるが、美濃辺の景況が寧ろ全国一般を代表するものであつたと考えられる。そして斬髪が漸増するに比例して「文明開化」も進捗し、立憲政治の確立した明治廿二年頃には全国に殆ど結髪を見ない様になつたのである。

結

この報告書は千篇一律に流れた所があり、その為に十分に「民俗」を示してはいない様に考えられるが、大概の動向を知ることは出来る。封建制下の圧制に苦吟していた大多数の国民は、とにもかくにもその圧制を脱することが出来たのである。たとえ新時代が、彼等の予想又は希求した所と多大の懸隔があつたとしても、旧に比すれば、「御一新」と称して謳歌するには十分価した。その「御一新」の進みゆく姿がここに示されているのである。

それともう一つ明治初年の万事その緒についたばかりの際に、県史編纂を目的にかかる調査の行われたということは重要な意味を持つている。それは単に頭髪の状態が如何であつたかという様なことが主眼ではなくて、明治維新という大変革に対する反省と批判の現れであり、新秩序遂行に対する熱意の表現に外ならないと思うのである。その事は、この報告書に盛られた具体的な事実とは別に吾々の興味を誘うものである。実際明治維新に際しては、こうした落着きというか余裕というか、冷静な態度が到る所で保たれていた様に考える。そしてそれが維新そのものを成就させた大きな力であつたのであるまいか。（昭和十六年八月）

（昭和十六年十二月、歴史地理第七十八巻第六号掲載）

六、農村社会生活の一面

——明治末年の鹿児島県下の例——

序

農村史の研究には、農政方面からの究明と共に農業技術や村落社会生活の調査も必要とするのであるが、我国の農村史では後者は漸く注目を向け始められた所である。

農村に於ける娯楽調査なども、民俗学などの方面で断片的に取上げられているのみで、甚だ不十分な状態にある。ここに掲げようとするのは、明治末年の農家の娯楽及び休日調査であるが、大体江戸時代の習慣を伝えておる一方、その崩れ去る状態をも併せ記しておるのであつて、農村社会史の一面を窺うに足りるものと考える。

明治四十二年六月鹿児島県に於て、内務部長関屋貞三郎氏の名を以て、島司郡長に宛て、左記事項の調査報告を命じ、所謂「農村娯楽調査」を行つた。

一、神社祭式典又ハ諸集会等ノ際ニ於ケル余興ノ種類

二、体育上又ハ士気ノ振作上裨益アリト認ムル踊及歌ノ種類

三、青年（男女）社交倶楽部様（講ノ類モ含ム）ノモノノ種類組織

四、青年外ノモノニ属スル同上（講ノ類モ含ム）

五、団体神社参詣ノ種類

六、現在行ハル、遊芸遊戯音楽歌謡等農村娯楽ノ総テノ種類

七、月別農家休日表（従来慣行ノ休日ハ終日休マサルモノヲモ含ムコト）

八、前記以外ニ属スル娯楽類似ノ種類

備考

一、右ハ何レモ沿革ヲ知リ得ルモノハ其ノ概要及所在村名ヲ記スコト

一、右ノ内風教上有害ト認メラル、モノハ其旨附記スルコト

一、今後新ニ採用セントスル娯楽アラハ之ヲ附記スルコト

一、歌ハ其文句ヲ記述スルコト

一、本調査ハ小学校長村農会長等聯合調査ノ法ニ依ルコト

これに就いての調査報告書は現在鹿児島県庁に蔵せられている。各項目は相互に出入があり、又郡を一まとめにせるもの、村毎のものがある。ここには便宜上第三第四の項目から始めて、第一第二及び第六の項目に移り、最後に第七の項目に及ぼうと思う。

報告書は片仮名であるが、凡て平仮名に改め適宜句読点を施した。又川辺郡に一箇村村名を脱した報告があり、万世村と推定されるが、文中では村名不詳としておいた。

一　講について

第三項第四項は講を主とするものであるが、両項を区別することが困難であるから、両項目に現れたものをまとめて述べることとする。

調査報告に現れた講の名称は、二才講・愛宕講・伊勢講・霧島講・天神講・八幡講・産神《ウブスナ》講・秋葉講・馬頭観世音講・虚空蔵講・早馬講・山神講・田神講・雛講・雷講・庚申講・水神講・宮地講・観音講・小組講・徳講・男講・女講・井戸講・庭講・毘沙門講・血出講・地蔵講・諏訪講・彼岸講・報恩講・大日講・悪火講・三日講・初午講・老姿《ウボ》講・恵比寿講等、殆どあらゆる集会が講の名称を以て呼ばれているのである。

しかも是等講の主体は、青年仲間であるとか、婦人仲間とか限られたものであるから、同一主体により多数の講が営まれたのであつて、従つて屢〻混同しているのである。例えば或る地にて愛宕講と呼ばれるものが、他の地にては天神講と呼ばれ、或は両者を併用するという類である。ここにその主要なるものに就いて、報告書に基づいて説明を掲げることとする。

尚その前に注意すべきことは、鹿児島藩領に行われた二才《ニセ》組である。二才組は所謂若者仲間であるが、一般の若者仲間と異り、武士間に於て団結修養の機関として組織立てられていたものである。

即ち鹿児島藩にては城下の士は勿論、百二外城と称する各地屯田の士に至る迄、その方限《ハウギリ》(区域又は部落)毎に団結せしめ、成年者には与を組織させて戦時の用意となし、未成年者には郷中を組織させて士風の振作に努めた。

郷中に属するものは二才及び稚児にて、二才は元服より妻帯に至る迄の者にて、所謂若者に属するものである。慶長元年正月の二才咄格式定目には疑問を存するとしても、その起原は相当古いことが明かである。

併し乍ら郷中組織、就中二才の組織は、単に士気振作の為にのみ存したのではなく、二才の名称そのものが若者を意味する如く、各地一般に見られる若者の制度が之に混入しているのである。従つて武士の二才組も城下に於て、特に地方の外城下に於て「若者仲間」であつた。他地方に於ては農民にのみ見られる「若者制度」は、ここでは武士特に郷士の間に於ても顕著であつた。これは又実に、鹿児島藩の郷士の中世的な、又農民的な性質を示すものに外ならなかつた所である。従つて以下述べる講に於ては、武士の二才即ち兵子二才《ヘコニセ》の講が主要な地位を占める場合が多く、之を農民の夫から区別する事は出来ない。勿論郷士は凡て麓と称する一区域に居住し、農民との間には厳重なる区別があり、郷士が来れば農民は道を避けたという程であるから、同じ仲間となることは両者にとつて思いもよらぬことであつた。

けれども一方に於ては、その武士的な要素が民間の娯楽や慣習の中に少からず入り込んで来ていることも注意されなければならない。夫等は記述に従つて明かになるであろう。

二才組に就いては既に研究されたものもあるが、(註)この調査報告書の中から二三抜抄しよう。

是は旧来郡内各部落毎に組織せられ、十五歳より二十五歳乃至二十七八歳迄の青年男子の集団にして、社交及風紀改良を以て其目的とす。二才組に加入すると同時に少年時代を脱し、社交上一人前の男子としての待遇を受くるに至る。会合は年数回にして（此外臨時に集会することあり）相互の親睦を図り諸般の事項を協議すること

あり。組合員若し風紀を乱し其他不都合の行跡ありたる時の如きは、相応の制裁を加えて其改心を促すを主とす。（鹿児島郡）

各村多くは各部落に二才組と称するものありて〃年齢十五歳以上三十歳迄の男子を以て組織し、毎夜一定の小屋に集合し、青年間の和親を図るは勿論、兼て部落内の火災盗難等の取締を為しつつあり。（揖宿郡）

各部落には旧慣に依れる青年団体あり。之れは古来部落平民の団体にして、主として消防或は盗賊の見締等の如き保安の務に任ずるものにして、年齢十五歳に達すれば当然加入せざるべからざるの義務を負ふものとす。古来士族に属する青年団ありしも、今は概ね廃絶に帰して現存するものなし。（川辺郡知覧村）

この二才組によつて行われる講は二才講を初め数多い。

二才講

男子青年は旧正月七日に二才講を開き、二才に入りしものに二才の本務を訓示し、而して祝賀をなす。祝賀費は各自負担する方限あり、或は二才に入りしもの費用の全部を負ふ方限ありて区々たり。（川辺郡加世田村）

男子十五才に達し初めて二才と称し社交に入る。集会宿を設け毎夜此宿に来り宿す。（人家の都合よき家をかり之に充つ）旧慣に因つて成る不文の締りを有し、之に依つて活動す。年一回二才講と称し餅を舂き講を行ふ。（日置郡串木野村）

二才講組織は十五才以上三十歳以下の青年を以て成る。年二回又は一回開講す。（同郡西市来村）

二才講なるものは男子十五歳以上二十五歳以下の者を以て組織し、毎年（正月脱カ）十五日の晩に集会を開き、天災地変等不時の災難ある場合応急救助の労を取ること並に風紀の矯正を計ること等を講究或は議決をなす。又春秋の彼岸中を期し、其期間に於ける凡ての出来事に就き会則に照し、会員中にて犯則者等ある場合は夫々処分を行ひ、尚ほ将来に於ける実行事項を協議し最も荘厳に順序整然親睦の宴に移る。(薩摩郡山崎村)

本村大字楠之元上下に各二才講あり。青年中相会して目下単に親睦を図ると云ふ。(同郡平佐村)

とれ等の二才講も時勢の推移に伴つて次第に衰頽に赴きつつあつたことは否まれない。

二才講はもと武者講と称して毎年旧正月に於て神官を招きて祓祈禱をなし、以て厄災を祓ひ幸運を祈りしものにして、今は青年相互の親睦を計り気風を矯むるに止まるのみ。(川辺郡西南方村)

二才講　大崎村に於て十五歳以上三十歳以下の青年を以て組織し、毎月一回集合して談話をなせしも、現時は廃滅に傾き、年一回之を行ふに至れり。長幼の序厳格にして風教の維持上必要なるものなりしも漸次其精神を忘れ唯其形式を存するのみ。(曽於郡)

村内各部落中多くは夜学校ありて其の建物は平生小学校児童の既習教科復習所に充てありと雖ども、一面之れを青年者の集会場として、青年は定時或は随時に玆に会同して士気を砥励し諸般の協議を為す所とせり。而して其の組織は、二才と称して十五歳以上二十五歳乃至三十歳迄を以てす。各部落毎に団結したるものなるも右は全く往古来の慣行を踏襲したるものにして今や概して時勢に称はざるの感なきを得ざるものあり。(日置郡東市来村)

二才組を中心とする講は、外に愛宕講がある。又二才講と呼ばれることもある。

旧二月二十四日士族にして十五歳以上の男子相集り愛宕講と称するもの催さる。軍神を祭るなりと云ふ。山のものを集めて神前に供して祭りたる後、今年より始めて此講に加入する十五歳のものに向ひ、年長者より礼儀作法のこと日常心得のことなど訓戒するまでは真面目なれども、各人の飲食始められるゝや、「ワキ」という当日の掛員を困らせんとし、種々の副食物などを要求し、または馬食など試みて快とし、談笑半日を消し日暮家に帰る。（川辺郡村名不詳）

二才団体に於て愛宕講又は二才講と称し、毎年秋の候に於て相会し酒宴を張るの例あり。（日置郡東市来村）

庚申講も亦多く二才によつて行われた。

庚申待と称し各部落毎に年齢十五歳以上二十五歳以下のもの庚申日の夜集合し酒宴を張る。（男子のみ）（日置郡郡山村）

庚申の当夜（年六回位）青年各部落に於て毎戸輪番に開講す。此講に於ては俗に農神を祭ると云ひ、食費酒代四五銭位づゝを持寄り酒を買ひ農神を祭り、且つ農事上の協議又は青年の風俗取締等に関することを議決す。（伊佐郡）

大崎村に於て農作の豊穰を祈る。各部落毎に年六回集合し飲食をなす。農談会を利用して有益なり。（囎唹郡）

以上は大体二才を中心とするものであつたが、他の講はその区別が明瞭でなく、所によつて相違がある。

伊勢講

旧正月十一日に御伊勢講と云ふあり、伊勢神宮を祭る講なり。方限中にて輪番に酒肴を饗して幸福を祈る。（川辺郡加世田村）

旧正月十一日御伊勢講と称するものあり、先づ御伊勢様座元に於て祭をなし、当時寄り合の人々に酒食を供し、くじ引を以て次ぎの鎮座の家を定むるときは、一座の人々は神輿を奉し、鐘を鳴らし鼓を打ち三味線を弾き墨紅なども て顔を塗り異様の装をして、騒擾しながら御供をなすを常とす。（同郡村名不詳）

御伊勢講は農家の農作祝として毎年陰暦正月九月の各十一日に講をなし、輿を添ふる為仁才歌棒踊歌を以て快を尽せり。（薩摩郡入来村）

御伊勢講は正月五月九月若くは正月九月に会合し祭礼を行ふ。（同郡山崎村）

市成・恒吉の各村落別に之を行ふ。（囎唹郡）

十五歳以上三十歳以下の青年を以て組織し春秋二回開講す。（日置郡西市来村）

山神講（ヤマンカンコ）

毎年正月八月の十六日の夜に山の神を祭ると云ひ青年間に行はるゝの講なり。此講に於ては重に青年の風俗習慣の悪習に流れざる様取締をなす。（伊佐郡）

山の神講毎月十六日（薩摩郡高城村）

林業開墾建築等に属する労働者間には毎月十六日に山神祭りとて慰労会をなせり。（川辺郡川辺村）

これについては中島馨氏が鹿児島民俗研究会誌「はやと」（第四号）に載せられた報告がある。

正月と九月の十六日は山の神の御祝ひをする日で講がある。此の日は山に登ると怪俄をすると云ふ。講に加入してゐる人の家で御飯や焼酎を飲食し、その日その家にホコを立てる。

肝属郡佐多村出身の第七高等学校造士館生徒橋元春海君の報告には、

之は主に男の人、殊に大工・木挽等が牛馬の神としてするものであつて、一名「十六日講」とも云つて、正月五月九月の十六日に酒等飲んで一種の懇親慰安会である。

とある。牛馬の神というのは疑問であるが、鹿児島市内では正月五月九月の十六日には山の神祭りが行われ、水神地神も共に祭つた。神官が来たり七五三縄を替え、神前に小豆飯にシトギを載せて供える習慣で、一切男子の手で行い、女子にはさせなかつたということである。現に鹿児島市内至る所に、水神・地神の石の碑を見ることが出来る。又同じ日の講を伊勢講・庚申講などと称した所もあつた。

各村各方限に伊勢講又は庚申講なるものあり。毎年旧正五九の十六日に集会して祭事を営み、一般の無事息災豊年を祈願し、且つ隣保相互救助の方法其他農事改上の談話を交換し、且つ種々の協議を了へ小宴を開き散会する例とせり。（揖宿郡）

恐らく山の神と大なる関係のない地方では他の農事神等の祭に転化したものであろう。

正月十六日晩青年輩各小部落にて「計り祝ひ」といふを催し、酒肴を備へて楽む。同夜また老若の女子各小部落にて一処に集り酒肴を供へ太鼓三味線を打鳴らし、歌ひつ踊りつ相楽しむ。同じく之を計り祝ひといふ。蓋し一年の計を定むるといふより其名の来りたるものか。（川辺郡村名不詳）

女子の十五六歳以下のものは旧正月十五日に「ハカ祝」と云ふを開き、三味線太鼓を鳴らし俗歌を歌ひ踊る。会費は一名壱銭乃至弐銭位なり。此会は害ありて益なし。改善すべきものならん。（同郡加世田村）

旧の正五九月の十六日には十六日講を女はした。（佐多村竹之浦、楢木範行氏報告、はやと第四号）

前述の意味からして**田の神講**に関する報告は多い。

十五歳以上三十歳以下の青年を以て組織し稲作植付けの後一回開講す。（日置郡西市来村）

田の神講とは農家に於て稲作を守る神（田の神といふ。）を信仰する為毎年陰暦二月十月の丑の日に各部落毎に餅を搗きて講をなす。（薩摩郡入来村）

田の神講は田の神を祭る為に設けあるものにして、餅を搗き祭典を行ふ。之れは期日は彼岸に執行す。（同郡山崎村）

男女老若を問はず各戸一人づゝ出会し、農作物の豊穰を祝し且将来の豊熟を祈る為にす。講費は各戸四五銭づつ拠出し或は其部落に於て田の神面と称する田地の共同耕作をなし、其収穫米を以て之に充つるもあり。（伊佐郡）

田神講　財部村各部落毎に農家集会す。（噌唹郡）

田神講と共に田ノ神舞に就いての報告を挙げると、

各村に於て神社祭典の際に神官醜婦の姿に変装し此舞をなす。（日置郡）

中古以来行はれたる田楽猿楽の余流なるべし。鬼面を冠りて田の神に扮したる者十数人、これに男神一体（スベといふ、統の意なるべし）女神一体（嫁御といふ）あり。外に三吉と唱ふる狂言冠者ありて種々の可笑味あり。全体の脚色は豊年祝の餅を搗きて田の神に奉つるといふ簡朴なるものなり。（出水郡）

現在鹿児島高等農林学校では記念日の祝典の中にこの民俗を採用している。田の神講・田の神舞、何れも豊年を祈願する民俗である。「お田植神事」と称せられるものも亦同様である。

本村各部落に鎮座の神社あり、神社に神田あり、神田に植るを農家の田植初めとす。氏子等男女相集まりて田植を成す、其苗採り丼に田植共太鼓を打ち鳴す、其響に連れて苗田に向て集まる。

其　歌

やれ苗代の植木は誰か植初めたる植木か（ヤレ）神にあらで誰か植よう（ヤレ）神の苗(植カ)たる苗なれば何時採るも皆集まれ（ヤレ）苗採る上手の取る苗は本《モト》に手を掛け双手をー（ヤレ）苗取る下手の取る苗は末先を摑かんでのせ引く（ヤレ）上手の取りたる苗なれば（ヤレ）元末揃て善く別あるー（ヤレ）苗取る下手の取る苗は元末揃わず団子だらけー

田 植 謡

急《セイ》て入れよ急て入れ、元と叔母に添て入れ（此時縄帳に添て併列す）田作子よ若い子（ヤイ）髪をなづる若い子ー日暮しの千鳥は笠の縁を廻るどー（太鼓打如上の如く謡ひ掛ると田植夫は）やれ苗を限りと見るときは踏込指込み作ろーよー（太鼓打又日暮の句を謡ふ）田植夫（壱回毎に苗を限りの句を答）以下三回づゝ太鼓打音頭に田植の答（太）田に充たる苗なれば、（田）田を限りと云ふときは踏張踏張作ろーよー（太）腰の痛さよ腰延せばー、（太）田主殿の目様よう、（太）田主殿の目付はー、（田）雉子の目にもそも似たり、（ヤレ）たかの目にもそも似たり。

右の歌謡相答へて面白く田植初て終了して後、神に供へたる神酒を頂戴して帰る、之れ即ち本村各部落の田植初めとす。（熊毛郡南種子村）

苗採歌や田植歌の中に、その仕方を教える一方では、雉子の目や鷹の目の様な田主の目附きを歌つているのである。太田南畝の一話一言に、奥州の田唄、「笠やたんび《（足袋）》はどもともせうに二斗のへいふ《（年貢のこと）》がちんばかな」とあるのが思い出される。

三国名勝図会には薩摩郡久見崎村柳櫛大明神社の神事が載せてある。「正祭二月二日なり、農業神又船神とし、正祭の日村民打植《ウチウエ》の祭りをなし（打とは、田を耕すなり、植とは、稲苗を植るより、社前にてその形勢を成り）船長棹子《センドウカコ》船歌を謡ふの式あり、観る者堵の如し。」川内川の河口に臨んだこの地に於ては農業神は又船神を兼ねたのである。又「はやと」第一号には鹿児島郡吉田村本名の八幡神社の「田打」の報告がある。官幣大社鹿児島神宮の夫も著名である。更に祭田に関して楢木範行氏の報告によれば、（はやと第四号）

春祭・夏祭・秋祭の祭田は別々に決つていて、その年の祭主が管理し、祭田の印《シルシ》としては畔に蘇鉄を植えた。辺塚では二月田五月田九月田と言つた。（肝属郡佐多村竹之浦）

カドは薩藩全体にあつたのであるが、辺塚では神社と関係が深かつた様である。カド(門)にメヨウツ《（名頭）》、その下に数人のナゴ《（名子）》が居たらしい。そしてこのメヨウツが祭主にもなつて、祭田を管理していたためにメヨウツだつた家は財産が多いと言われている。即ち、何某は何祭（春夏秋祭）の祭主ときまつていたようである。（佐多村辺塚）

祭田の印に蘇鉄を植えるとは如何にも大隅半島の南端らしい風情であるが、門の名頭が祭主を勤めていたということとは、鹿児島藩特有の土地制度たる門制制度を考える上にも興味ある事柄といわなければならない。

作物の豊穣を祈り又は児ら春の新年祭や、お田植神事に対して、秋には感謝の祭りがあり、慰労の宴がある。

各部落毎に毎年一回男の講、女は女の講を、ありとあらゆる珍味を設け、俗称仕舞取《シメト》り上《アガ》り（一ケ年の労働終了せる時期にて秋の収穫時の余暇のこと）に慰労会を催すを例とせり。或部落にて田植終了後及稲収穫終了後各一回宛「田の神祭」及庭上げとて慰労会をなす処もあり。（川辺郡川辺村）

水稲及甘藷等の作付又は収穫を了したる時、作付上り又は収納上りと称し、各自河海に撈したる獲物及野菜等の手料理と自製の甘藷焼酎に腹鼓を打ち俗謡など呻るを以て無上の娯楽とす。（熊毛郡北種子村）

併しそれさえも次第に廃れた。

部落一般の状況は往時は秋季願成就の祭典として到る処の部落に於て鎮守の社前に太鼓踊等の如きものを演じ、所在の老若男女集会置酒せしも、世の推移と共に自然衰廃し、南種子村に於て旧慣の踊を演ずるものあり。其他は時に触れ之を演ずることあるも甚稀有にして、是亦自然廃絶に帰しつゝ有之。（熊毛郡）

これは熊毛郡のみではなく、全国的な現象であつた。祈年祭や秋祭は、少くとも其意義が昔とは異つて来た。単に農業神の祭ではなくなつて来たのである。

次に他の講と名付けられているものに就いて見よう。

早馬講

旧暦二月十五日晩青年等早馬講といふを催す。昨年の早馬講以後妻帯したるものを上座に置き、配膳の際此等の人にはトベラとて悪臭ある樹の葉を煮たる吸物及び此樹にて作りたる箸を供す。他の者は何の懸念もなく食すと雖も、新婚の者等は此の吸物と箸とを投げ棄てたる後初めて当り前のものを供せらる。此等の悪戯は「ワキ」

と名づくる掛員が斡旋するところにして、悪戯を以て祝意を表するなりといふ。或る部落の如きは「ワキ」四人もありて新婚者を其座に組み伏し末座まで引きづりもどす、当夜花嫁も亦末座に坐せざるべからず、御祝ひとは申しながらむごたらしさに涙を流すもあり、乱暴なる御祝といふべし。（川辺郡村名不詳）

放生會

秋九月収穫の後出稼の青年等も放生会なればとて帰りたるとき青年輩寄り合ひと云ふを催す。各人餅米一升宛を持ち寄り、之を搗き終れば該部落の老若男女ツト出シとて藁又は布呂敷の中に銭蜜柑鶏卵など入れて、之を長き竹竿の先に結びつけて戸外より中に差入る。時に焼酎を入れたる徳利を差入るゝもあり。さて青年等は之を受取りて相応はしき餅を入れて返し、餅ども食べ更に交換して得たるものにて酒宴を開き一夜の興を尽して家に帰る。奇習と云ふべし。（同上）

雛講

十二三歳以上の未婚小女を以て組織され、秋春両度の彼岸に於て集会を催し互に胸襟を開き和気愛楽を尽す。（薩摩郡山崎村）

女講

雛講に大差なし。唯だ成婚以上の女を以て組織す。（同上）

老弱《(ママ)》相互の女講なるものあり、村内最寄りの土地に区劃し、別に年齢等に制限を置かず、各講員輪番にて座元をなすを例とす。（同郡水野村）

一郷の女子全部集合し、講員の和親娯楽を旨とするもの。(薩摩郡樋脇村)

女人講＝宗教上より組織せられしものにして、老若打寄りて相互の親睦を計り法話を聴聞するにあり。(川辺郡西加世田村)

女子には部落により女子《ヲナゴ》講又は老婆《ウボ》講といふがあり、簡単なる酒宴をなし三味太鼓にて歌舞談笑し懇親の情を温むるを目的とす。(出水郡)

虚空蔵講

旧二月及八月彼岸の入りに「コクゾ講」と名つけて女子の会あり、之も三味太鼓を鳴らし俗歌俗踊をやりて噪ぐなり。会費壱銭乃至弐銭位なり。此会合は害ありて益なし、故に母の会を以て代ふるの方針なり。(川辺郡加世田村)

毘沙門講

各戸の女子一人づゝ集会して祭礼をなす。(日置郡郡山村)

観音講

婦人の集会にして毎年二月八日(月カ)の十八日開講す。起因は一家の安全及姙婦の安産を祈る為めなりと云ふ。(伊佐郡)

地蔵講

市成・大崎・恒吉・西志布志の各村部落に於て行ふ。(囎唹郡)

女子の講。一定の日なし。当日は一般の女子業を休み老幼打集ひ、酒食談話及三味太鼓を打鳴し踊等を催し、主として親睦を旨とす、風教上害なきものと認む。（薩摩郡下甑村）
女子にかては地蔵講等あり。（薩摩郡高城村）

彼岸講

彼岸に執行し、以前は白酒を醸造し飲むの慣ありしも今は焼酎に化せり。（薩摩郡山崎村）
毎年春秋彼岸中一回老若男女を問はず毎戸一人づゝ出講し、諸病除の祈願を為すと云ひ開講す。（伊佐郡）

雷講

毎年四五月頃（日不定）田植前にかて行ふ。是れは俗に落雷を避くると言ひ伝へ、各方限毎に青年男女別に集合し御酒を神前に供へ而して宴会を始む。（伊佐郡）

初午講

女子の講にして蚕業の上作を祈る。（出水郡）

氏神講

同族を以て組織す。（薩摩郡高城村）

二十三夜待

正月五月九月の二十三日には他へ旅行者ある家にては二十三夜待と名付け、餅団子を製し三味線太鼓を鳴らし、俗歌を歌ひ踊等をなし月の出づるを待つ。余りよろしき風習にあらず、弊のみあり。（川辺郡加世田村）

是は他国へ旅行せしものゝ家族が其運気を祈願するの主旨に出でしものにして、重に旧暦正月五月九月の二十三日の当夜知己親族若くは隣保の男女相会し、飲食物を供して酒宴を開き時としては三味線太鼓手踊等の大騒ぎを成し、夜の更るを覚えざる事あり。又十二夜待なるものあり、是も殆んど二十三夜待の類似のものにして、何れも風教上弊害あるを認む。（鹿児島郡）

アテノミ

旧六月中に「アテノミ」と名付ける会あり。之れは各戸より一人宛出会し親睦会を為すあり、組中に罪科を犯し或は他の迷惑に係る道義の違犯者は組の協議により違犯金を徴収し、この会の費用を負はしむ。故に「アテノミ」と云ふなり。若し犯則者なきときは各自辨とす。違犯金を徴収することを「焼酎を買はせる」と云ふ。（川辺郡加世田村）

以上の如き多数の講は大部分が宗教的な起原を有していた。しかるに早くよりその発生の意義は忘れられて、単なる娯楽や慰労の行事として行われていたものが多いのである。封建制度の重圧下にあえぐ農民にとつて、これこそ彼等が公然と営み得る慰安であり集会であつた。芝居や見世物や商人や勧進や、凡て農業に関係なきものの入つて来ることを禁ぜられ、一般集会を一切禁ぜられ、居地を一日離れるにも届を要し、一生をその土地に緊縛された農民にとつて、講と名のつく一夜こそ、無上の慰めであつたに違いないのである。近隣数戸から十数戸、又は二三十戸から一部落は、講の名によつて相集まり相慰め、日頃の苦労を暫くなりと忘れることが出来た。その宗教的起原などはどうでもよかつたのである。

勿論いろんな呪術的な意味や迷信的な信仰等が附髄して離れないものもあつた。併し今やその本質的な意義は消失していた。

二月十五日は釈迦誕生の日として老幼打集ひ酒宴を催し祝意を表するのみ。四月八日は釈迦入滅（死亡の日）の日として聊か弔意を表せんが為め老幼一所に打集り仏供養をなす。（薩摩郡下甑村）

釈迦の誕生日と入滅日が入れ代つても差支えがなかつた。祝意も弔意も同じ方法で表現された。

観音講、火の神講と称し毎月一回之を行ひ、家内安全身体健康且安産を祈り、且つ火の神と称して庚申像を祀り火災の予防注意を促すを以て目的とす。（肝属郡）

観音菩薩は火の神となり安産の神となり遂には庚申様と同一となつたが、それも差支えがなかつた。愛宕講が天神講となるも同じ理であつた。そこには講を必要とする民衆があつた。その意味で釈尊も天神様も御利益を授けられたのである。従つて明治維新以来の講の衰退は、農民が封建的な諸々の束縛から解放された所に重要な原因があつた。頭の圧しを除かれ、四方の柵を除かれた農民は、講仲間だけに頼る必要がなくなつた。縦にも横にももつと広いつながりを持ち得た。二才組に代つて青年会が新しい装いを以て登場し、庚申講の代りに農会が新しい知識と共に普及したが、それさえも農民の生長と併行する事は困難であつた。間もなく夫は指導的な地位から後退し始めたのである。

農産物は今や商品であつた。農民相互は競争的な立場に置かれた。講仲間も部落民も個々に独立したものとなつて娯楽も夫々に求める事が出来た。お釈迦様や観音様の名を借りる必要もなくなつた。「世の推移と共に自然衰廃」

して行くのは当然であつた。

（註）鹿児島県立第二鹿児島中学校「郷中の研究」

二　一般娯樂及餘興について

次にこの調査事項の第六項に現れた一般娯楽に就いて見よう。

娯楽としては春の花見、部落全部の男女老若各自に行厨を持出して若草萠ゆる河原の芝生さては産土《ウブスナ》の庭に莚を敷き、例の三味線太鼓にて舞へや歌への大陽気、これぞ一年一度の部落大懇親会なりける。五月五日の御馬追《オウマオヒ》、十五歳以下の児童が往時牧の馬追の風俗を残したる遊戯にて、あとにて石合戦をなす。所謂印地打《インヂウチ》なり。盂蘭盆には村の若者角力を催し、中秋には随所綱引の遊あり。十月は各部落の方祭にて他村の知己友人を招きて振舞の甘酒に腹鼓を打たせ、十一月は各戸の氏神祭なれば親戚を集めて馳走とりどりなり。（出水郡）

農村の娯楽として種々ありと雖も先づ唯一のさかもり春の花見等なり。而して「さかもり」はハンヤ節伊勢音頭大津江節（ママ）等の雑曲あり。（薩摩郡高城村）

イ、十五夜の綱引き。ロ、舟遊（浜下り川流等といふ）是は田植後青年団体にて之を行ふ。重もに酒食をなし慰安を目的とす。ハ、花見、郊外にて酒食を共にして太鼓三味線の騒ぎをなすこともあり。ニ、六月燈。1旧六月十八日招魂社。2同二十八日諏訪神社等。（薩摩郡下東郷村）

本村にては農村の娯楽となるべき遊芸及遊戯なく、只青年（男）の主催に関はる綱引角力の如きものあるのみ。

（川辺郡東南方村）

毎年八月十五日（旧暦）綱引の催。（同郡西南方村）

遊戯は春の花見八月十五夜の綱引九月頃の相撲等、音楽は三味線太鼓尺八等の外楽器なし。（同郡勝目村）

遊戯ローンテニス、ヴートボールの類、並に旧暦八月十五夜綱引、旧暦三月節句の馬駈ケ及旧暦四月八日の鈴掛馬等にて他に記すべきものなし。（日置郡）

毎年陰暦三月四日俗に出開《デビラキ》と称し郊外若しくは海岸へ一日を過せり。（川辺郡西加世田村）

相撲、船漕競争、馬乗競争、闘牛、馬の噛合。（大島郡）

三月十日、是は旧暦三月十日花見とて各部落毎に老弱（ママ）男女各自に酒肴を携帯して山野に於て酒宴を開き一年中の労を慰め同時に相互の親睦を図るにあり。（鹿児島郡）

　東西櫻島村の島廻、是は秋季彼岸に各部落の青年が他部落と船漕競争を成すものにして、一周するに僅か二時間余を費し優勝者は非常に名誉あるものとす。翌日は盛大なる酒宴を開き親睦的慰労会を催すと云ふ。（同上）

以上に見られる如く一般的な娯楽も数多いものではない。花見の宴が「一年一度の部落大懇親会」であり、「甘酒に腹鼓を打たせ」る程度であり、恐らく実際には見てもいなかつたであろう「ローンテニス」や「ヴートボール」（ママ）迄書き上げねばならなかつたのである。

　がその中にも郷土的な色彩が強く見られるのであつて、角力や綱引が最も普及せる娯楽であつたことなどは興味深い。角力も綱引も神意を占い年の豊凶を占う所に起原があるといわれ、共に古くから存している。角力の如き、高句麗の都城として、又好太王碑の所在を以て有名な通溝の古墳の壁画に残されたものは、四つに組んだ角觝であつて、我国で知られている野見宿禰が当麻蹶逸を蹶殺した式のものより、現在我国で行われている式のものに近似している。角力が江戸時代に全国の農村で娯楽として如何なる地位を占めていたか不明であるが、少くとも鹿児島地方は最も盛んな地方であつた。

綱引にしても、各地方では神事や特別な慣行としてのみ残されていたのに、この地方では全地に行われ、且つ現在にも行われている。そして秋田県の大曲では旧正月の十五日夜に行われるのに、ここでは中秋名月の行事であるのは面白い対照である。その当初の意義の如き全く忘失されていたとは言え、こうしたものの残存率の濃いことは興味があるといわなければならない。

次にこれらの娯楽の際、又は神社祭典等の折の余興に就いて見よう。これは調査報告の第一項及び第二項に属するものである。

この項目に属するもので最も一般的なものは、棒踊・太皷踊・綱引等であるが、その他部分的に行われたものは頗る多く、中には内容は大同小異で名称を異にするものも少くなかつたであろうが、之を列挙すると次の如くである。

士踊(武士踊)・剣舞・天狗踊・俄芝居(仁和加)・手踊・疱瘡踊・山神祭・虚無僧踊・兵六踊・吉祥踊・樽踊・鷹踊・亀捕踊・兵子踊・バラ踊・荒ヤッコ・殿踊・目踊・ヅヅ踊・金山踊・紙幣踊・太郎踊・次郎踊・錫杖踊・川踊・テクテン踊・ヨンシー踊・琉球人踊。ヒヨータン踊・垣踊・大踊・七夕踊・四方太刀・虫追踊・馬踊。

右の内で主要なるものに就いて報告書によつて説明を加えよう。

棒　踊

棒踊と称し棒組及鎌組の二列に別れ活潑に踊るものにして、該踊の沿革を知る能はざるも、往古より武を練る一班として之を始めしものならんか。其動作確かに体育上士気の振作上多大の稗益あるを認む。(川辺郡西加世田村)

棒踊は其起源今に詳ならず。維新前迄は例規として毎年五月節句に各部落に於ける青年団の演ぜしものにして、用具に棍棒と鎌薙刀の(脱字カ)種あり。例規は維新の変革と共に廃せられたるも、式典等の際には常に余興として随時演ぜられる。(同郡知覧村)

三尺棒踊・六尺棒踊・鎌踊・金山踊、もと武芸の奥儀より出でたるものにして、世に大肥前と謡はるゝ示現流の元祖東郷肥前守重位が、国分地頭在職の折から八幡宮神領田植に集る壮丁等に自家の秘術より工夫し出したる手を教へて踊らせたるに始まる。その丁々発止千変万化の手を尽して打合の様実に壮快を極む。(出水郡)

三尺及六尺の棒を以て左右に列し、歌に揃へて演ずるものとす。平佐踊と称するもの、又は鎌を以て演ずるものあり、何れも俗に棒踊と云ふ。(日置郡)

旧藩時代に於て棒踊は概ね春季、太鼓踊は秋季、郷村(社カ)及村社の祭典に各部落より必ず挙行せしむることとなり居りしが、維新後は廃して行はれず、只時々祭典及諸儀式の余興に挙行せり。(伊佐郡)

棒踊は郷社祭日になす慣例なりしも近来廃止するに至る。(始良郡)

棒踊の歌は種々あるが、代表的なものは次の如くで、歌は民謡である事が判る。

後は山で前は大海（後は山で前は大《ダイ》川）
一本苗《ヒトモトナヘ》は米《ヨネ》が八石《ハチコク》
清めの雨がはらりと降り通る（清めの雨は三度ばらいと）
今こそ通る神の参詣《モノメリ》
山太郎かに（蟹）は川の瀬に住む
焼野の雉子は岡の瀬に住む

太鼓踊

前に直径一尺五寸以上の太鼓を抱き、背に薙刀及ヤバタ（竹を割りて赤白等の紙片を付けたるもの）を負ひしもの二十人許と、鐘を打つもの二人、小太鼓を打つもの二人ありて踊るなり。

此踊と歌とは日新公（島津忠良）多布施高橋城を攻めらるれど城堅くして容易に落ちず、故に兵士を農民に擬し、右の踊をなさしめ城中の士の徒然を慰めんとて正門より向はしめしに、城中のもの農民と信じ、城門を開き迎へたり。踊衆即ち背薙刀を取り奮闘し、内外を攻立しに遂に城落ちたり。それより此踊をなしたるやの口碑残れり。（川辺郡加世田村）

本村大浦に於て毎年陰暦七月十六日を期し太鼓踊を為す。其沿革は詳ならざるも日新公時代より始めたるものならん。（同郡西加世田村）

相伝ふ山田昌厳の工夫し出したるものなりと。一団の壮佼各自に幟を負ひ太鼓を擁き別に鉦打ちの一組あり、鉦皷相待て序破急の調べおもしろく、皆踊躍して跳ね廻わる様、実に勇壮活潑鬼神も為に走り避けんとするの慨あり。蓋し往昔決死の勇士が旗指し物勇しく驀直《マッシグラ》に敵陣へ駈け入らんとするの状を伝へたるものならんか。（出水郡）

太皷踊は島津義弘朝鮮征伐記念として毎年一定の月日（村により異にす）になす慣例なりしも近来廃止するに至る。（姶良郡）

正装せる太皷踊の如きは其の踊り子の躾として少くも一人に付平均五円以上の経費を要するに依り、純粋なる農村の娯楽にはあらず。重に豊年又は数年前より設計せし共同事業等の竣功せし時等に農家が其一部の希望を達し、只一時的に最大の愉快を感じたる時其余興として踊るを普通とす。

神殿下里小組合にある太皷踊中のシカショ踊は加藤清正公が韓国牙山の城を攻め落したる時の踊りなりとも謂ひ、又は昔或る殿様が豊後城を攻め落したる時の踊りなり等謂ひ伝ふるものあれども、該踊の歌の文句に依れば牙山陥落の方信（眞）ならん。（川辺郡川辺村）

要するに其起原は不明である。歌の内容も雑多である。

空ゆく雲は何処《ドナタ》に行くか、日本にゆくなら文をやる。（川辺村）

ぶんごの御城を攻め落し。（同上）

明日は富田の城攻めなかまへりを見てやれば大和の夫卒はかずしれず、長い刀は津の国に音には聞けどまだ見えん。（日置郡日置村）

高橋殿の世が世の時は、白金を展べてたすけに掛けて黄金《コガネ》の舛で米《ヨネ》を量る。（川辺郡加世田村）

佐渡と越後は船向へ橋を架けんね船橋を。（鹿児島郡吉田村）

行けば佐渡島越後嵐で寒むござる。抜いて着す胸身は裸我もうきもありしや。（同郡吉野村）

この内、高橋殿云々の歌は、日新公が多布施の高橋城を陥れる奇計を用いた時自ら作つたものであると伝えるが、（前文参照）或は農民が現在の支配者に対する不満を述べたものであるかも知れない。そして日新公作ということによつて之を公然と歌つたのかも知れない。

又佐渡と越後云々の歌は、類似のものが相当散在しているが、これは薩摩と佐渡越後方面の関係を示すものとして興味がある。

即ち維新前に於て南方貿易に活躍した薩摩の商船は、又北方貿易にも活躍した。彼の浜崎太平次はその代表的なものであつた。浜崎の家、即ち山川の∧木は個人にて北方貿易に従事していた。その北前船は山川から砂糖を持つて函館に行き、昆布・数の子・鱈・いりこ等を仕入れた来た。或は新潟で米を積んで行つた。佐渡や隠岐等にも寄港することがあり、太平洋を廻ることもあつた。会津戦争の時には薩摩の兵隊が奪取つた鉄砲弾薬を積んで帰つた。佐渡と越後云々の歌は、この貿易の名残りに違いない。(註)

太鼓踊と棒踊については、明活二十年代のことを記した本富安四郎の「薩摩見物記」に左の通り記している。

太鼓踊は朝鮮征伐に打勝て国主が帰国せらるゝ時迎へ出で祝ひて踊りたるより起れりと聞く。其状甲冑を着し弓矢を佩び大刀を横へ（甲冑弓矢大刀大抵模造品）、背に獣皮を着し長き竿の指物を負ひ、各々太鼓を胸に懸け、其大さ直徑三尺に余れるもあり、数十人一組となり、金を打ち太鼓を敲き、或は数列となり或は一行となり、或は急に走り或は緩く歩み、或は一所に立止まり、或は周囲を廻り走り、又金鼓の音急なれば忽ち列伍崩れ、入り乱れ混雑して敵味方の差別なく合囲乱闘するが如く、歌曲徐かに起れば乱軍漸く解けて次第に舊形に復し、部伍整正儼として動かず、凛として犯し難きの風あり。背幟は大抵三四間もある長竿の頭を羽毛又は種々の造花等にて美しく飾り、紅白等の紙にて馬簾形にしたる者多く、音曲節調に従ひて振動し、誠に壮観といふべし、勇壮活潑なること此舞跳の如きは稀なるべし。此背幟は故さら非常の長く大なる竿を用ふる習ひにて、嘗て一の旅人あり、薩摩に来り、適々数丈の大竹を負ひ直径数尺の大太鼓を懸け舞跳するを見て、とは如何なる大罪のありて斯る厳刑に逢ふかと傍人に問へりとて、伝へて一笑話となせども、他境の人初めて之を見れば斯く怪むも無理にはあらず。

棒踊は若者数人にて一組となり、種々の色どりたるきれを以て鉢巻及び襷となし、大抵揃ひの衣服を着し、五六尺の欅棒を持ち、合ひつ離れつ種々様々に変化し、節に応じ掛声をなし、棒を以て撃ち合ひて舞ふ。殆んど撃剣の如く丁々発止の声遠く聞ゆ。珍らしき跳《おどり》なり。此太鼓踊及び棒踊は少しく祭礼祝事等ある時は必ず直に之を行ふ。鎮守祭にてもあれば近傍の村々より数多の踊組出で、数里の処よりも途中踊りつゝ来り又踊りつゝ帰る。市中にては之に祝儀を与ふるなり。国会議員当選の祝ひ政党の親睦会抔に斯る踊組の出ること幾十百組といふことを知らず、其混雑実に甚だし。凡そ是等の舞跳までに皆武国の性質を現はさゞるはなし。

綱　引

旧暦八月十五日は夕刻より男女老若相集り綱引をなし優劣を争ひ以て楽みとなす。（揖宿郡）

中秋には随所綱引の遊あり。（出水郡）

綱引は各部落共年に二回は必ず青年団体（十五歳以上二十八歳迄）にて月夜見祭を挙ぐ。月東山に昇るを待ち礼装して月を拜し、之にて祭式終へ綱曳の余興に移る。此日朝より字全体の男子にて十四歳以上二十一歳迄のもの茅を苅り取り、又は藁等を集め、回り五尺《（ママ）》以上乃至三尺、長十間乃至二十間位の大小の綱を作り、上方下方の両方に分れ、男女小供に至るまで打交りて勝負を決す。又は二三組の争力をも出す。余興全く終れば青年は一堂に会して宴を張る部落所々あり。（熊毛郡下屋久村）

川辺・日置・薩摩諸郡も旧暦八月十五日夜綱引を行うことは既述の通りである。

既に橘南谿の「東西遊記」に、

薩州鹿児島八月十五日太き腕の如き長さ半町一町にも及べる大縄を作り、大道の真中に引渡し、小児等夥敷集りて左右に別れ、此綱を引合ふ事なり。後には夜の事なれば若きおのこ皆出で引く、其賑かなること祭の神輿の渡るがごとし。是を綱引といふ。古代には上方にても有しと聞しが、今辺土にのみ残れり。此十五夜には家々多く門に出で三味線を引き酒を酌みて遊ぶ。甚だ賑かなり。余も此時彼町見物し歩行て夜更るまでたのしめり。

とあるが、「薩摩見聞記」には、

腕の如きと云へるも形容猶ほ足らず、其太さ実に直径五六寸に至るもあるべし。鹿児島にては此風今は衰へたれども城外にては猶ほ盛んに行はる。大抵当日小児等戸々を訪ふて其費金を募り、之にて許多の縄を求め来り、藤蔓等を交へて固く之を纒ひ、数十間の大綱とし、月の出づるを待ちて之を引く。叫び競ふ声遠く聞え、見物人山を為す。初めは多く小児なれども後には青年を主とし、年長者も其間に加はり、下女娘共抔も出で来りて加勢す。大方綱の方向に由つて分れ、其家上町にあるものは綱の上の方に就き、下町の方に住む者は下の方を引くと故、町内の面目に掛るとして競争すること甚だ烈し。或は酒樽を傍に置き自由に之を飲ましめて勢を助け、又は各々其贔負を以て両方に分れ、互に声を揚げ手を拍ちて之を励まし、又は種々の計略を用ひて其味方を勝たしめんとする等誠に愉快なり。若し何れの方か既に数十百間も引き行かれ取り返す見込なき時は、使を遣はし敵軍に至りて綱を貰ひ受け来り又前の位置に直し、再び改めて之を引き始む。若し敵軍にて綱を与へざる時は之にて勝敗は決し、綱は勝ちたる方の物となる。去れども双方共に長く楽まんとする故に、綱を与へて復た引き始め、十数度繰り返し深更に至りて止むが例なり。時には暁に至ることとあり。

と記している。

士踊

旧暦六月二十三日当村内士族にして十五六歳以上のものが日新公の威霊を慰めんが為に竹田神社庭にて踊るもの。（川辺郡加世田村）

侍踊も其起源は記録の徴すべきものなきを以て今明に之を知り難きも、一説には秀吉朝鮮征伐の際島津配下従軍戦士の凱旋祝に演ぜしより始まると云ふ。本村の侍踊は文化の頃鹿児島より堪能の士を聘して大に改良を加へしものゝ趣なれば、鹿児島の侍踊と大同小異のものにして、毎年七月の盆に武士の青年団が演ぜしものなり。

（薩摩郡高城村）

従前行はれし士レ踊と称するものありしが、今や世の変遷と共に廃る。中廻り数十人（児童）太鼓打十六人乃至三十二人（壮年）鐘打四人乃至八人（壮年）入れ太鼓打四人（児童）歌上ゲ一人（青年）唱歌十数人（老年）垣廻り数十人（壮老混合）を以て組織し、何れも佩刀厳めしく陣羽織や鎧着たる武者振りにて歌と鐘太鼓の囃につれて舞ひ踊るなり。（同郡高城村）

中世武装の軽装を為して武器を携帯せずに舞ふ。（同郡宮之城村）

体育上又士気の振作上尤も裨益ありと認むる踊としては武士踊（一名盆踊）と称して県下優秀なるものと信ず。然れども明治二年以来其の跡を絶ち目下廃頽せりと雖も歌のみは今尚存す。（同郡里村）

本踊及歌は証すべき記録なきも古来よりの言伝として老翁の証言する所に拠れば、今を去る四五百年前慶長年間豊臣時代三韓征伐凱旋後、其当時の領主島津兵庫頭義弘公士気振作の為め、該凱旋の状況を踊に編作し、島司小川氏へ命じ毎年旧七月十四日十五両日に武士をして演武せしめたるものなりと。（同郡下甑村）

士踊にも二才のやる二才踊と、稚児のやる稚児踊があるが、今でも加世田では士族の子弟に限られ、稚児踊は加世田小学校の士族の男生徒がやるという事である。（七高生神田一郎君報告）

直接農民の生活に関係せるものには疱瘡踊・虫追踊等がある。疱瘡踊について報告のあるのは、薩摩郡山崎村・宮之城村・川辺郡知覧村・西南方村で、何れも薩摩国に属する。疱瘡追の方法は不明で、宮之城村に左の報告があるのみである。

疱瘡踊の歌（婦人覆面優装多人数一緒に手踊）

一、さまは御伊勢の御祓ひ箱よ見れば其日の禱となる。

一、今年しやよい年御疱瘡がはやる、御疱瘡御神踊が好きで御座る、踊り踊れば御疱瘡が軽るい、顔に三つ四つ身に又七つ、もはやすゝんで目出度き踊り。

参考の為「はやと」第二巻第一号に載せられた基道広氏報告の喜界島の疱瘡追の方法を掲げると、

明治二十一二年頃喜界島に疱瘡が流行つて来た時の事である。部落民は疱瘡神を追ひ払ふと言うて、毎夕世話人が部落の里の方の道路で法螺貝を鳴らすと、各戸一人づゝ金盥や鉄葉《ブリキ》罐の様な鳴物を持つて集り、一齊にホウホウと大声で叫びつゝ、鳴物を鳴らし村外れまで追ふて行くものであつた。又部落の大通りの端と端とには疱瘡小屋《サンカ》を造り、各戸連番に昼夜番手を置き、他部落から来る人を通さなかつた。強ひて通過しようとするものがあると、番手は法螺貝をならした。すると村中の人が出て来て、追ひ戻したといふ。

なお「西海紀游」には、

ほうそうおどりは六十の老女にても十七八の女のすがたにこしらへ、おどりの者は御幣をもち拾人程、あとは三味線、太鼓、つゞみ、かねなり。

からだい町のとんかめ女《じよ》、ほうそうもかるい、あれはよいこれはよいかるいぞかるいぞ〳〵〳〵

とはやすなり。又はやり病あれば女子打寄り、三味せん太鼓にて夜中はやしてあるくなり、是をときといふ。

とあり、「薩摩見聞記」には、

此疱瘡踊の踊手は皆老婦人のみなれども、様々の装束を為し、若き姿に作り、多くは頭巾にて面を包み、又は異様に面を色どり、滑稽の風をなしたるもあり、其容貌態度更に老者の様には見えず。

と記している。

蟲追踊は歌詞のみであるから省略する。七夕踊に就いて日置郡より左の報告がある。

旧暦七月七日に西市来村に於て虎・牛・鶴の形を製し、又は太鼓踊及琉球人行列等終日之を演ず。

前述のチクテン踊・ヨンシー踊・琉球人踊・ヒヨタン踊・垣踊・大踊等は種子島のものであり、同島にはこの外安城踊・新吾踊・三吾踊等があり、その歌詞も記しているが、ここには省略する。大島でも流行節・諸鈍長浜節《シヨトンナガハマ》・俊良節《シユンリヨ》・浦富節（一名モチヤカナ節）カンツメ節・クロダンド節・ヤチヤボ節等の歌詞が報告されている。

（註）浜崎太平次伝・岩倉市郎編「薩州山川ばい船聞書」

三　農家の休日

第七項は農家休日調査である。報告が郡を一纏めにしたものもあり、村別のものもありで、統計を取り難いし、全部掲げることは繁に失するから、ここには郡別のものを挙げて大要を示すこととする。即ち村毎の報告のある鹿児島・川辺・薩摩・囎唹・日置・熊毛の各郡を除く。欄内の数字は休みの日を指し、何れも旧暦である。

正月三ケ日の休みは殆んど共通であるが、その外に七草の七日、十四日又は十五日を休む所が多い。二月は彼岸の入り、中日、終日の三日間、三月は三日の節句、五月は五日の節句、七月は盆の三日間と七夕の七日、八月は彼

郡名＼月	一月	二月	三月	四月	五月	六月	七月	八月	九月	十月	十一月	十二月
揖宿	一、二、三、七、十四、廿、卅、	彼岸中日	三、四、		五、十六、		七、十四、十五、十六、	一、十五、彼岸ノ中日	九、		十、	
出水	一、七、十五、	彼岸七日	三、十、			十五、	盆	彼岸ノ中日		方祭	氏神祭	
伊佐	一、二、三、七、十四、廿八、	十八、廿八、	三、四、十、	三、廿八、	五、	丑ノ日	七、十四、十五、	一、	方祭十九二十九	廿八、		
姶良	一、二、三、七、十五、廿、	彼岸ノ入、中、終、	三、十、	三、八、廿、	五、サノボリ(日未定)	十八、	七、十四、十五、	十五、彼岸ノ入、中、終、	十九	十五、	初酉	
肝属	一、二、三、七、	彼岸ノ入、中、終、	三、	八、	六、	十五、	七、	十五夜祭	方祭九、十九、廿八、	亥ノ日		
大島	一、二、三、七、		三、		五、		十四、十五、十六、	丙丁壬癸甲乙ノ日、十五、	九、			

岸の外に一日の八朔を休む所があり、九月十月には方祭（ホゼ）と呼ばれる秋祭の日を部落毎に休み、出水郡の氏神祭は各戸毎の氏の神の祭である。サノボリは早苗上りで田植休である。十一月十二月には殆ど休日がない。

この外に三大節等の祝日があるが、この表に現れたのみでは十五日より三十日未満である。これは農民が一年に公然と休み得る日である。前述せる講の如きものがたとえ一夜の慰労とはいえ、如何に必要であるかが明白となるのである。

東北地方の如く、一年の三分一を雪に蔽われる地方に比すれば、殆ど雪のないこの地方が農作上甚だ有利の如くであるが、必ずしもそうとは言い得ないのである。北国にては冬季に凍死する蟲が、この地方ではその儘翌年に生き残つて夥しい蟲害を蒙る。暴風は屢々襲来する。河川に乏しく沃野の少いこの地方は、畑作が多くして年中働かざるを得ない。農業技術はその一般的文化と共に概して低い。のみならず租税は頗る重かつた。門割制度によつて、一定の土地を配分され、一般の貢租の外に、知行主に労力及び雑貢物を納め、門の名頭にも労力を納める必要があつた。

鹿児島地方の坂口加兵衛翁の談によれば、「百姓の殆んど全部は読み書き修業する寸暇もなく、自分の小作地からどれだけの上納米を納めねばならぬかについても知らされず、秋の収穫時になると旦那方が田畑を見廻つて勝手に上納をきめた。何里もの道を納米を自分で馬に背負せて運んで行つても、飯を喰わせず追い散らされても、旦那いくら百姓でも喰わずには動かれませんがと精一つぱいこれだけのことをいつても、長い刀をひねつて切るぞといつておどかされた。馬もよぼよぼになり、どうにか馬を持つて居る百姓はすくなかつた。」という。(註一)されば「辺民ナト公方様ト旦那トヲ知ル切リ」であつた。(註二)

幕末にこの地方を視察せる秋月胤永は、

農家ハ床障子或ハ土蔵ヲ造ルコトヲ禁ス、足駄雨傘ヲ用ヒ手巾ヲ以テ面ヲ掩フコトヲ許サス、故ニ往々制ヲ犯ス者アリト雖トモ百姓ノ居宅衣服類総シテ疎悪ナリ、全国已ニ米ヲ得ル少ク、且ツ大隅日向辺多ク黍稷稗又ハ芋ヲ作ル、故ニ民食十ノ八ハ稷芋ヲ用ヒ、米ヲ用ユルハ其二分ナリ、諸郡郷士甚多ク百姓極メテ少ナシ、又絶ヘテ富豪ノ民ナシ、年貢取立厳重ナリ、郷士ノ勢ニ圧サレ甚難澁ト見ユ、凶年ナラサルモ民菜色アリ、故ニ隣封飫肥高鍋ノ恵政ヲ慕ヒ、往々逃レ行キ家ヲ成スモノアリトソ、然ルニ民風ハ総シテ実直ニ見ユ、往来少ク他界ニ接セサル所ハ口々ニ上ヲ譏ルニモアラス、畢竟他国民産ノ優カナルヲ見サル故ナリ、

郡吏郡村ニ入リ兎角酒食ヲ貪リ甚シキ者ハ民家ノ婦女ヲ挑ムニ至ル、近時之ヲ禁スレトモ犯スモノアリト云フ。

と記している。(註三)

旧鹿児島藩の門割制度を考究された小野武夫博士は、その農民生活を述べて、「農民は社会的に云へば全藩社会の最下層者、軍制上より云へば兵粮の生産者、雑役の応召者たることを強ひられ、剰へ外城内には無数の郷士幅を利かして農民の上に立ち、農民は朝夕郷士に対して敬礼を払ひ、彼等の機嫌を傷はざらんことに腐心すると共に、経済上に於ては正税として配当地の耕作より得る穀物を貢納する外、雑税として四節季毎に武士の家庭に要する凡百の雑品を徴収せられ、尚亦丁男子は公役に出でて村役人のために無報酬もて労役を課せらる。斯くて郷村武装制度の特色と之に伴ふ弊害とは此農民に対する無報酬労役の強制に於て最も多く示さるゝを見たり。」「農民は其の平素の生活に於て、殆ど身辺を梗塞せられ、公辺より与へられる社会生活の圏外に進み出づることを得ず、一生を通じて寒素、窮屈、暗冥の裡に住まざるべからざりき。斯く鹿児島藩の農民は封建制度に伴ひ来る武士階級の制縛を最も強烈に蒙り、為に彼等は限りある力を以てしては到底之に堪ふる能はず、父子相分れ、一家流散するものあるを見るに至れり、左れば、人、鹿児島藩の百姓を以て農奴に等しき生活を為せりと言ふものある、必ずしも単に侮

蔑の言としてのみ斥くる能はざるを思ふなり。」と論じられている。(註四)

都城史抄を書かれた本多精夫氏は、「農民は精神的及物質的に抑圧せられ、其の生活は実に農奴に等しき悲惨なるものであつた。搾取階級たる武士が農民の平素の苦痛を解かん為に、毎年正月四日を以て「仕度い放題の日」と定め、飲酒。歌舞。音曲等を許したのは、悲しむ可き必要であつた。」と言われている。(註五)

農民の娯楽を探ろうとする筆者も亦同じ結論に達せざるを得ない。しかも之は一鹿児島藩のみの問題ではなかつた。(十五、一、八)

註(一)　中央公論昭和十五年一月号羽仁五郎氏「明治維新史研究」
註(二)註(三)　觀光集卷之七
註(四)　土地経済史考証八三―八五頁
註(五)　都城史抄一五六頁

(昭和十五年四月、社会経済史学第十巻第一号掲載)

索引

昭和二十八年十二月八日発行

著者　児玉幸多
東京都下保谷町上保谷新田二九四

発行者　吉川圭三
東京都世田谷區下馬一ノ一四一

印刷者　川瀬壬子
東京都千代田區神田鎌倉町一三

東京都千代田区神田神保町三丁目一九番地
発行所　株式会社　吉川弘文館
電話九段(33)一九〇〇番
振替東京二二四番

(鎌倉印刷株式会社印行)

近世農村社会の研究（オンデマンド版）

2017年10月1日　発行

著　者　児玉幸多《こだまこうた》

発行者　吉川道郎

発行所　株式会社 吉川弘文館
〒113-0033 東京都文京区本郷7丁目2番8号
TEL 03(3813)9151(代表)
URL http://www.yoshikawa-k.co.jp/

印刷・製本　株式会社 デジタルパブリッシングサービス
URL http://www.d-pub.co.jp/

児玉幸多（1909～2003）
ISBN978-4-642-73000-6